司法正義之光

司法教育與研究中心
香港城市大學
City University of Hong Kong

中國法官法學研究文庫編輯顧問委員會

胡雲騰	中國法學會案例研究會會長
孫曉勇	國家法官學院院長
李曉民	國家法官學院副院長
林峰	香港城市大學法律學院教授、副院長、司法教育與研究中心主任
朱國斌	香港城市大學法律學院教授

香港城市大學司法教育與研究中心　網址：www.cityu.edu.hk/cjer

中國法官法學研究文庫

司法正義之光
中國法院司法波蕩現象分析

鄭昌華

香港城市大學出版社
City University of Hong Kong Press

國際統一書號：978-962-937-571-3

出版

  香港城市大學出版社
  香港九龍達之路
  香港城市大學
  網址：www.cityu.edu.hk/upress
  電郵：upress@cityu.edu.hk

The Undulating Road to Justice:
An Analysis of Litigation Statistics in Contemporary China
(in traditional Chinese characters)

ISBN: 978-962-937-571-3

Published by
  City University of Hong Kong Press
  Tat Chee Avenue
  Kowloon, Hong Kong
  Website: www.cityu.edu.hk/upress
  E-mail: upress@cityu.edu.hk

Printed in Hong Kong

目　錄

詳細目錄

序言

　　本書對 1950 年以來中國大陸法域的法院 [1] 司法活動統計資料，進行了廣泛細緻的研究。

　　本書的研究主要應用了統計學的量與質相關分析法。即在觀察中國法院歷年司法活動所完成的工作數量時，觀察其內在品質，從而分析司法活動的利害得失，探尋司法活動的缺陷不足，揭示司法活動的問題成因，證明司法活動以及司法制度應有的原則和精神，從而追尋最基本的司法正義 [2]。

　　本書在進行統計分析的過程中，設定了「司法波蕩現象」這一概念，用以代指司法活動統計數據的表現形態。設定這個概念，不過是製作一把鑰匙，以利打開司法活動真實內景的大門。全書的論述將以「司法波蕩現象研究」的方式展開，並因循「司法波蕩的表象」、「司法波蕩的內在」、「司法波蕩的生成」、「司法波蕩的平抑」的線路而進行。

　　當前，中國的司法改革已覆蓋司法制度體系和司法活動方式的各個方面，取得了深刻的重大的進展。但是，改革「只有進行時沒有完成時」。本書研究司法波蕩現象，得出的結論和觀點，或許可供作司法改革繼續推進的一份參考材料。

1　本書所用「中國法院」，即指中國大陸法域的各級「人民法院」。

2　本書所用的「司法正義」，是指司法制度和司法活動應當秉持的正確道理和原則。

導 論

❦❧❦❧❦❧❦❧❦❧❦❧❦❧❦❧❦❧

司法波蕩現象研究的範疇

一、法域

　　法域（scope of law），又名法境，指法律規定適用的範圍、解釋的範圍，以及施行的區域，即法律效力所及之地理上的境域，也可以說是法律效力所及的空間範圍；因此，法域有「與領土之範圍相同」的情況，也有「於一國中有數個法域並立」的情況[1]。內部具有數個法域的國家被稱為「複合法域國家」或「多法域國家」[2]。中國是一個多法域國家，包含四個法域，即：中國大陸法域、中國香港法域、中國澳門法域、中國台灣法域；中國大陸法域是「主法域」，港、澳、台三個法域為「輔法域」[3]。法學界一般認為中國四個法域中的法律制度分屬不同的法系：中國大陸法域的法律制度屬於中國特色社會主義法律制度體系；中國香港法域的法律制度屬於英美法系；中國澳門法域和中

1　鄭競毅編著：《法律大辭書》，商務印書館，1936年出版，2012年9月重新排印第1版，第674頁，「法域」條。

2　曾慶敏主編：《法學大辭典》，上海辭書出版社，1998年12月第1版，第138頁，「區際法律衝突」條。

3　中國社會科學院法學研究所法律辭典編委會編：《法律辭典》，法律出版社，2003年1月第1版，第332頁，「法域」條。

國台灣法域的法律制度屬於大陸法系【4】。一切司法權和司法活動都存在於一定的法域之中。也就是說，不同的法域中，有着其內容各自不同的司法權並開展着形式各不相同的司法活動。

本書主要研究中國大陸法域，即中國主法域內的法律現象和法律問題，對港、澳、台三個輔法域的法律現象和問題,只在很少的時候作一些參照。因此，書中論述所及的情況，除特別指明外，都是指中國大陸法域範圍內的情況；所引用的冠以「全國」或「中國」的統計數據，實際只是中國大陸法域內的統計數據。

二、司法

(一) 司法詞義

「司法」在中國漢語中，本是由「司」和「法」二詞語組成的片語（phrase）。「司」是動詞，為「掌管、主持」之義【5】，「法」是名詞，是「司」的賓語，即動作對象。「司法」作為一個動賓結構的片語，字面含義表示的是主管法律的活動過程。但在中國古代，「司法」被作為一個名詞，所指的是主管法律工作的官職【6】。中國近代以來所用的「司

4　香港從1840年鴉片戰爭後淪為英國的殖民地,回歸前的150多年間一直適用英國的法律即普通法、衡平法、條例、附屬立法和習慣法。1997年香港回歸祖國後，雖然全國人民代表大會制定了《香港特別行政區基本法》,香港特別行政區立法機關也根據需要制定了一些法律,只是原有的大部分法律仍繼續保留並發揮重要作用,所以香港特別行政區的法系仍屬英美法系。澳門從1553年起淪為葡萄牙的殖民地,回歸前的400多年間一直適用葡萄牙的法律法令、行政法規及規範性檔。1999年澳門回歸祖國後，基本保持原有法律制度不變。葡萄牙是屬於大陸法系的國家,因此澳門特別行政區的法系屬於大陸法系。台灣與祖國大陸尚未統一,台灣目前仍適用1947年國民黨在南京召開國民大會制定的《六法全書》,而《六法全書》是國民黨向德法兩國學習後制定的,所以無論從歷史淵源和表現形式看,台灣的法系屬於大陸法系。參見蔣必果:〈淺析「一國兩制」與三法系四法域法律框架的構成〉;載《法制博覽》（Legality Vision）2015第10期。

5　李格非主編:《漢語大字典》（簡編本）,湖北辭書出版社、四川辭書出版社,1996年9月出版,第271頁。

6　《辭源》（修訂本全四冊）,商務印書館,1979年7月至1983年12月第1版,第一冊,第464頁。

法」一詞，是從日語中引進回來的名詞【7】，不再指官職，而是指：「檢察機關或法院依照法律對民事、刑事案件進行偵查、審判」的活動【8】。

在中國法學界，對司法的解釋則較為複雜。如：「司法是指司法機關依照法定職權和程序，運用法律處理案件的專門活動」【9】；司法「是對法律的適用，是特定機構運用法律處理訴訟案件的一種專門活動」【10】；「從狹義上看，司法是指法院裁判案件的活動；從廣義上看，司法是指為實現狹義司法目的所為的一切與司法性質相符的活動，諸如司法行政事務、檢察院偵查起訴、公證等等活動都屬於廣義司法的範疇，廣義的司法又可以稱為形式意義上的司法」【11】。法理學教授沈宗靈在其主編的教材中說：「法的適用，通常是指國家機關根據法定職權和法定程序，具體應用法律處理案件的專門活動。由於這種活動以國家名義來行使司法權，故一般簡稱『司法』」【12】。

上述這些解釋雖各有千秋，但其中有一點是統一的：都認為司法是用來指代司法活動。

但是，現實中也有很多時候司法並不指代司法活動。如：「司法改革」，其中「司法」是指司法制度、司法體制、司法機制、司法理念、司法工作方式等；「司法界」，其中「司法」是指司法實務人員和司法理論研究人員；「司法獨立」，其中的「司法」是指司法權；「司法史」，則是指有關司法活動的各方面社會現象的歷史；「司法當局」中的「司法」是指國家司法機關。也有將「司法」直接解釋成「國家權力之一」

7　在黃遵憲《日本國志》中，判明「司法」一詞來自於日語。參見崔崟、丁文博著：日語外來詞探源》，中國出版集團，2012年12月第1版，第10頁。

8　李葆嘉、唐志超主編：《實用現代漢語規範詞典》，吉林大學出版社，2001年5月出版，第1068頁。

9　卓澤淵：《法理學》，法律出版社，2004年3月第2版，第339頁。

10　鍾玉瑜：《中國特色司法制度》，中國政法大學出版社，2000年1月第1版，第2頁。

11　任永安：〈論司法行政化及其解決之道〉，載《暨南學報》，2009年第5期。

12　沈宗靈主編：《法理學》，北京大學出版社，2014 年10月第4版，第8頁。

而僅指司法權【13】。在上述這些情況下,「司法」其實並不是一個名詞,而是作為形容詞來使用,即「司法的」,對應的是英語「judicial」「judiciary」、日語「司法の(Sihouno)」。

本書所用的「司法」一詞,在沒有加以限定時,多數情況下是指司法活動。

(二) 司法活動

對於司法活動(judicial activities),由於世界各國法律制度不同,直到目前對其外延和內涵仍有不同的表述。大體分為四類:

第一類,將司法活動等同於法院進行的審判活動(court proceedings)。有的表述為:司法活動是「法院或者法庭將法律規則適用於具體案件或爭議」【14】;有的表述為:司法活動是「法院依已定法令加以解釋,並以之對特定事實而施行審判」【15】。直至今日,持這一觀點的人仍然很多。現在所謂「狹義的司法活動」、「傳統意義上的司法活動」就是指法院的審判活動,其最大特徵是:「法院遵循一定的程序,以既定的法律規則為前提,運用其特有的解紛原理,以維護社會秩序和安全、保障公民的各項權利為基本職能」【16】。這一觀點所稱的司法活動,只是指法院純粹的審判活動,甚至不包括法院工作中除審判之外的其他各種活動,如:認為法院內部對人、財、物的行政管理活動,立案送達、庭前調解、強制執行、安全保衛、理論研究、司法解

13　中國社會科學院法學研究所法律辭典編委會編:《法律辭典》,法律出版社,2003年1月第1版,第1330頁。

14　【英】大衛·米勒、韋農·波格丹諾:《布萊克維爾政治學百科全書》,鄧正來等譯,中國政法大學出版社,1992年出版,第6頁。

15　鄭競毅編著:《法律大辭書》,商務印書館,1936年出版,2012年9月重新排印第1版,第246頁。

16　楊一平:《司法正義論》,法律出版社,1999年4月第1版,第8頁。

釋等司法輔助工作，都不屬於司法活動【17】。因為，「審判」只是法院組織開展的訴訟活動中的審理和判決的稱謂【18】。

第二類，將司法活動等同於各種司法機關所開展的訴訟各階段活動（litigation activities）。這種觀點認為訴訟活動就是司法活動，而所謂訴訟活動就是「司法機關在當事人和其他訴訟參與人的參加下，依據法定程序，為處理案件而進行的活動」【19】。司法機關，是「掌握國家司法權的機關」【20】。在中國，並無法律明文規定「司法機關」的範圍，實踐中一些人認為司法機關就是法院和檢察院，而更通行的觀點，是認為只要與訴訟有關涉的國家機關都是「司法機關」，包括公安機關、國家安全機關、檢察院、法院、司法行政機關【21】，由這些機關按規定程序開展的偵察、批捕、公訴、審判、執行等刑事訴訟活動及由當事人起訴而引起的民事訴訟與行政訴訟活動，都被認為是司法活動。不過這種通行的觀點也存在內在矛盾。因為，訴訟是由國家專門機關組織開展並作出裁斷，由訴訟提起人和相關人參與，並由當事人自己落實裁斷結果或申請強制執行，從而解決和處理社會矛盾糾紛的活動。參與訴訟的主體有國家的司法機關，但也有廣泛的社會成員，如原告、被告、證人、鑒定人等，可以說訴訟是社會成員人人皆有可能參與的社會活動。這些主體中僅有司法機關行使的是國家司法公權力，其活動和行為是「司執法律」的活動和行為；而各種訴訟參與人行使的則是法律賦予的訴訟權利，其行使訴訟權利所實施的行為，都是

17　「司法權與司法行政權不可相混，司法權為獨立的，即審判時不受任何人之干涉是也。司法行政權則非獨立的，上級官吏可以訓令下級官吏，加以發揮，而下級官吏有服從之義務」。見鄭競毅編著：《法律大辭書》，商務印書館，1936年出版，2012年9月重新排印第1版，第250頁。

18　曾慶敏主編：《法學大辭典》，上海辭書出版社，1998年12月第1版，《法學大辭典》第1145頁。

19　曹建明、何勤華分科主編：《大辭海・法學卷》（修訂版），上海辭書出版社，2015年12月第1版，第395頁。

20　李偉民主編：《法學辭源》（全五冊），黑龍江人民出版社，2002年8月第1版，第二冊，第943頁。

21　中國社會科學院法學研究所法律辭典編委會編：《法律辭典》，法律出版社，2003年1月第1版，第1332-1333頁。

維護自己實體權利的行為，都是自主行為，如民事案件的原告起訴、被告答辯、雙方舉證、雙方履行等，並不具有司法機關司執法律的司法活動的性質。因此，訴訟活動是一種包含司法活動與非司法活動的活動，既可以看成當事人參與司法機關活動，也可以看成司法機關參與和控制當事人之間的社會活動。訴訟實際是司法機關職權與當事人的各種權利共同運行、以解決當事人之間矛盾糾紛的過程。在有些情況下，訴訟甚至是當事人及其代理人與司法機關進行博弈和對抗的過程，如虛假訴訟、惡意訴訟、訴訟後的纏訪鬧訪等。因此，把訴訟活動「全等」於司執法律的司法活動並不準確。

第三類，將司法活動視為更廣泛的國家機關處理社會矛盾糾紛案件的活動。在中國有一種觀點，是將司法活動理解為不僅包括偵查機關、檢察機關、審判機關、司法行政機關的活動，還包括仲裁機構、調解機構、公證機構、社區矯治機構等各種機構和組織為主體辦理的工作。包括監獄獄政工作、人民調解工作、仲裁工作、公證工作、對非監禁服刑犯罪人的監管校治工作都被視為司法工作和司法活動。不過，這種觀點也有內在矛盾。因為，這些國家機關、事業單位和社會團體的活動，有很多屬於行政活動和類行政活動，如果都作為司法活動對待，就使司法活動的概念出現泛化，而包括大量行政活動了。這就模糊了司法活動與行政活動之間的界限與區別，結果會導致司法活動與行政活動範圍上的混同。

第四類，將司法活動理解為更廣泛的居中解決社會矛盾糾紛的活動。這種觀點強調司法活動的社會性。如有的學者明確地提出：「在現代意義上，司法是指包括基本功能與法院相同的仲裁、調解、行政裁決、司法審查、國際審判等解紛機制在內，以法院為核心並以當事人的合意為基礎和國家強制力為最後保障的、以解決糾紛為基本功能的一種法律活動」[22]。熊先覺教授則將司法活動分為國家司法、國際司法、社會司法三部分，其中「社會司法就是既非國家司法又非國際司法

22　楊一平：《司法正義論》，法律出版社，1999年4月第1版，第26頁。

的解決糾紛機制。換言之，社會司法就是自治司法、民間司法、市民司法、民眾司法，它不以國家強制力為後盾，而是靠當事人的自治行為、合意行為，自己管理自己、自己教育自己、自己解決糾紛的特殊形式」[23]。

　　歸納上述對司法活動的種種描述，可見，中外法學界多數認可司法活動是指國家司法機關依照法定職權和程序把法律運用於對民事、刑事、行政案件的處理，以及對這種處理過程進行法律解釋、法律監督的涉法律活動。其本質上是說，司法活動就是國家設立的司法機關以辦理案件的方式來解決各種社會矛盾糾紛、調整社會關係的活動，是人類社會解決社會矛盾糾紛的方式的一種，是社會發展到一定歷史階段——即產生了法律以後的一種方式[24]。

　　但是，這種內涵的司法活動，與「法的適用」的內涵已完全一樣了。所謂法的適用是「指國家機關及其公職人員依照其職權範圍把法律規範應用於具體事項的活動，特指擁有司法權的機關及司法人員依照法定方式把法律規範應用於具體案件的活動」[25]。既然已有法的適用來表達這些法律現象了，何須用司法再來表達同一的法律現象呢？況

23　熊先覺：《司法學》，法律出版社，2008年6月第1版，第437頁。熊教授的這種觀點，也是對司法活動原始本質的回歸。因為在國家產生之前的原始氏族部落中，就已經廣泛地存在著由酋長、長老、巫師等公共主體依據共同規則來解決部落內部矛盾、衝突、糾紛的活動，這在對現存的一些原始部落的考察中也得到了證實。這種原始的解決糾紛活動具有與現代的司法活動相同的本質，都是一種公共社會主體依據共同社會規則來解決社會矛盾糾紛的活動。在現實社會則表現為團體內部的解決糾紛方式、社區鄉村依據村規民約解決村民居民糾紛的方式、家族內部的矛盾解決方式，只要具有協力廠商主持和進行判斷的特徵，就都能算是這種觀點下的司法活動。當然，這種「司法活動」中的「法」，可以說包括了各種社會公共規則。

24　馬克思主義認為法是人類社會產生私有制、階級、國家之後才產生的，司法活動與法的產生同時具有。非馬克思主義者，不認同「階級社會」理論，將原始社會的宗教裁判活動也視為司法活動。參見恩格斯：《家庭、私有制和國家的起源》，載《馬克思恩格斯選集》（1-4卷），人民出版社，1972年5月第1版，第4卷，第92-93頁。

25　曹建明、何勤華分科主編：《大辭海・海學卷》（修訂版），上海辭書出版社會2015年12月第1版，第8頁。

且司法一詞在日語中和從日語引進之初就是指法院之內的活動【26】，現代漢語詞彙已足夠豐富，也不是不夠用，何必非拿着司法這一詞彙到處用呢？幸而司法實務中不少人認同的司法活動，還是指以法院「司執法律」的活動，而將其他所謂司法機關和司法組織的諸如偵查、起訴、檢察監督、人民調解、行政裁決、仲裁裁決等活動，都只視為圍繞法院裁斷活動所開展的配套銜接的輔助性、配合性的活動，並不作為司法活動來對待。

本書所研究的司法活動就是指中國法院受理案件、審理案件、裁斷案件、調解案件、直接進行強制執行或交付其他機關強制執行、涉訴信訪處理、審判管理、法律研究和解釋等活動，即法院「司執法律」的活動，並着重研究其中裁斷活動。這一司法活動的外延比上述第一類概括的要寬，而比其他各類概括都要窄。當然，研究中也會涉及其他所謂司法機關的「司執法律」的活動以及法院內部的行政管理活動，但都將被視為對法院司法活動的輔助性、配合性的活動。

（三）司法行為

這是一個從屬於司法活動的概念，即司法行為（judicial act）。所謂司法行為，就是指作為司法活動主體的司法機關及其工作人員依據法定的職權所實施的司執法律的具體行為。司法行為是組成司法活動的元素和單元，或者説司法活動就是由一系列具體的司法行為所組成的集合體。如：一個案件的司法裁斷活動，就包含閱卷、開庭、合議庭合議、文書擬稿、文書簽發、宣判、文書送達等司法行為，由這一系列司法行為所組成。顯然，司法行為不包括案件當事人或其他訴訟參與人在參與訴訟等過程中的行為。

司法行為自身作為「行為」，也有不同的分類。以行為的目的為標準，可以分為意思表示行為和客觀動作行為；以行為的動機為標準，

26　「法院依已定之法令加以解釋，並以之對特定事實而施行審判，是曰司法」。見鄭競毅：《法學大辭書》，商務印書館1936年出版，2012年9月重新排版第1版，第246頁。

可以分為意志行為和潛意識行為；以行為的結果是否具有法律效果為標準，可以分為有法律效果行為和無法律效果行為。有的學者將司法行為切分為「司法語言」和「司法行動」，認為語言本身也是人的一種行為方式，認為「如果沒有司法行動，僅僅只有司法語言，或反之，司法行為便不能實現，至少不能徹底實現」【27】。

本書在論述中，使用「司法活動」一詞時一般都包含了「司法行為」，但在特別強調時也會將「司法活動」與「司法行為」並列使用，偶爾也會單獨使用「司法行為」。

三、司法權

(一) 通用的定義

朱國斌教授對司法權（judicial power）下了通用的定義。他指出：狹義上的司法權，就是法院的審判權，即法院及法官運用法律辦理刑事、民事、經濟和行政案件的專門性權力；廣義上的司法權則是更多的司法機關在審判、檢察、偵查等司法活動中行使的權力，具體包括：審判權、檢察權、偵查權。並認為司法權與其他國家權力相區別，具有自己的特性：

(1) 司法權具有裁斷性。司法機關適用法律、處理具體的案件，目的就是對爭議作出一種裁斷。在這個過程中，法官對案件事實作出調查和判斷，得出適用法律的結果，即司法裁判文書，表明國家對案件的判斷和決定。

(2) 司法權具有中立性。司法中立是指法院以及法官的態度不受其他因素影響，至少在個案的判斷過程中不應當受這些非法律因素所左右。這是因為，司法要解決對立的雙方之間的爭議，因此要求司法必須嚴守中立，不得與任何一方存在利益關係，不得偏袒或歧視任何一方。與此相對，行政權在面臨各種社會矛盾時，其態度具有鮮明的傾向性。

27　宿遲、宋北平：《司法行為及其規範》，載《人民法院報》，2011年11月11日第5版。

(3) 司法權具有救濟性。當社會成員權利受到侵害時，司法能夠提供權威性的救濟機制使其得到恢復、補救並使侵權者承擔法律責任；相比其他形式的救濟方式，司法的救濟具有更高的權威性和法律效力。

(4) 司法權具有監督性。如通過行政訴訟，司法可以直接對行政權的濫用進行糾正；通過司法審查，司法機關可以對行政機關制定法律規範行為的合法性作出裁斷，進行監督。

(5) 司法權具有獨立性。司法權及其運行的內在規定性，要求一種理性自治狀態，即獨立性要求。其核心就是司法權的行使過程完全自主，不受外部因素特別是政權系統的其他組成部分的幹擾。司法權獨立的保障機制主要表現在司法權的憲政地位上：一方面，司法權在由憲法確立的國家權力構架中應該具有獨立的地位；另一方面，這種獨立地位應該表現在對立法權和行政權等政治系統中其他權力的足夠制衡的關係之中。司法機關應該成為立法、行政機關的中間機構，監督該兩者在其權力範圍內從事活動，也就是說，司法機關應當享有憲法解釋權和違憲審查權，擔負起中立的裁決人的角色[28]。

（二）延伸的理解

根據朱國斌教授以上的闡述，延伸開來可以認為：

第一，司法權是以裁斷權為核心的一種國家公權力。公共管理學認為公共權力是公民權利的產物，來自每個公民的權利讓渡即授權，本是公民的共同權力，為全體公民共同所有，但在實際社會生活中，這種公共權力的行使不可能由全體公民來共同行使，而只能由其代表即國家機關來行使。在中國，憲法第2條規定「中華人民共和國的一切

28　參見朱國斌：《中國憲法與政治制度》，法律出版社，2006年8月第1版，第226-227頁。

權力屬於人民」、「人民行使國家權力的機關是全國人民代表大會和地方各級人民代表大會。國家行政機關、監察機關、審判機關、檢察機關都由人民代表大會產生，對它負責，受它監督」；第27條規定：「一切國家機關實行精簡的原則，實行工作責任制，實行工作人員的培訓和考核制度，不斷提高工作品質和工作效率，反對官僚主義」、「一切國家機關和國家工作人員必須依靠人民的支持，經常保持同人民的密切聯繫，傾聽人民的意見和建議，接受人民的監督，努力為人民服務」。公共權力也可稱為國家權力、國家公權力，或簡稱為公權力。國家公權力被劃分為很多種類，司法權是其中一種。司法權的核心權能是法院或法官代表國家處理案件時的裁斷權。裁斷權是人類社會自從有了共同行為規則以後，即產生的一種公共權力。即當人們在共同生活的過程中因為對共同的行為規則的遵守、理解和實施的過程中認識不一致而產生爭議時，由爭議主體之外的社會成員或組織機構等第三方主體來行使的裁斷爭議主體誰是誰非的權力。這種裁斷權的建立和行使，能夠公允地裁斷爭議主體各方的主張，從而平息爭議，維持共同生活的社會關係的存續、社會組織的存續及至人類社會的存續。在原始氏族組織裏就存在酋長、首領、長老、巫師依據神靈啟示、經驗習慣、生活禁忌等共同規則來裁斷氏族內的紛爭的活動，這在對現存的一些原始部落的考察中也得到了證實。宗教組織需要有宗教領袖依據教義來裁斷教徒間的紛爭；經濟組織需要仲裁機構裁斷其組織與組織、組織與成員間的糾紛；國家之間需要有國際組織的機構來裁斷其一部分爭端，等等，在人類共同生活過程中，裁斷活動廣泛存在。但是，從國家和法律產生開始，一部分社會裁斷活動就上升為國家活動了，由國家設立的專門機構來專門實施。在這種專門性的基礎上，又增加了國家強制性等屬性，從而形成了一種專屬國家所有的依據法律進行裁斷並由國家強制力作保證從而解決社會矛盾糾紛的國家裁斷權，並配套設計，形成偵查權、檢察權、法律監督權、強制執行權、司法行政權等配合性、輔助性的權力，從而構成裁斷權為核心的一種國家公權力體系。

　　第二，司法權本是對普通社會矛盾糾紛的裁斷權。自古以來，在一個國家內部以及不同國家中的社會成員之間發生各種矛盾爭議糾紛時，可作為第三方裁斷主體的社會成員和社會組織是可以有多種的，可以是爭議主體共同認可的尊長、親友、社會賢達等自然人，也可以是商會、工會、協會、聯合會、仲裁委員會、調解委員會、依據國際條約成立的國際調處組織等各種社會組織，也可以是司法審判機關、行政執法機關、司法行政機關等國家機關。這些第三方裁斷主體只要受到爭議主體的請求、獲得爭議主體的信賴，就可以對爭議主體之間的具體爭議行使裁斷權。可見，裁斷權實際源自爭議主體的委託和權利讓渡。但是，因為司法權是由國家專門設定的、由國家專門機關行使的、並由國家強制力保證執行的「對案件事實和法律的判斷權和裁決權」【29】，所以司法權比其他任何裁斷主體行使的裁斷權都具有更高的權威。司法權的行使主體不僅可以依照法律原則和法律規定就案件當事人提出的事實和法律問題的主張，在是非、曲直、正誤、真假、取捨、予奪等各種可能性之間進行辨別和選擇並最後作出裁斷，而且可以對其他裁斷主體所作出的裁斷進行再裁斷。對於司法權的這種權能（powers and functions），可以稱之為普通社會糾紛裁斷權。

　　第三，司法權在近現代世界多數國家都增加了對國家公權力糾紛進行裁斷的權能。世界上各憲政（Constitutional　Government)國家將對立法權、行政權等國家公權力的制約權納入司法權當中，使司法權包含了對國家公權力的制約權能。對國家公權力的制約權，本身具有國家公權力的性質，將這種制約權分配給司法權行使主體，由司法權行使主體按一定程序去行使，從而使司法權整體上成為與其他至高無上的公權力平等制衡的國家公權力，也使司法權行使主體具有了與其他國家公權力行使主體平起平坐的崇高地位。雖然英美法系法學辭典上只

29　習近平：「司法活動具有特殊的性質和規律，司法權是對案件事實和法律的判斷權和裁決權，要求司法人員具有相應的實踐經歷和社會閱歷，具有良好的法律專業素養和司法職業操守」。引自習近平：《在中央政法工作會議上的講話》（2014年1月7日），載中共中央文獻研究室編《習近平關於全面依法治國論述摘編》，中央文獻出版社，2015年4月第1版。

是説：「司法權是指法院和法官依法行使的審理和裁決案件、並作出有拘束力的判決的權力，還包括政府官員（public officer)所行使的在影響人身和財產權益的案件中裁決有關權利問題的權力，它涉及判斷及裁量權的行使，與不涉及裁量權行使的行政性權力（ministerial power)相對」[30]；美國的法律詞典中，也只是説：「司法權是憲法賦予法院和法官的審理案件並對其作出具有約束力的判決的權力，以及解決爭議時解釋和適用法律的權力」[31]，但是事實上英美法系國家的司法權，幾百年來都不僅僅包含對普通社會糾紛的裁斷權和對法律的解釋權，而且都一直包括對其他公權力的制約權。如：美國的法院普遍具有司法審查權，可以針對案件當事人提出的違憲審查要求，對法條和行政行為是否違憲在判決書中作出宣告，並形成判例；首席大法官有在參

30　《元照英美法詞典》English-Chinese Dictionary of Anglo-American Law (MINNOR SEXTODECIMO)，北京大學出版社，2003年5月第1版，第750頁。

31　Judicial power: The authority vested in courts and judges to hear and decide case and to make binding judgments on them; the power to construe and apply the law when controversies arise over what has been done or not done under it. Under federal law, this power is vested in the U.S. Supreme Court and in whatever inferior courts Congress establishes. The other two great powers of government are the legislative power and the executive power.

"The exercise of judicial power by the Supreme Court is provided for, in part, by the Constitution, but Congress is authorized to define their respective jurisdictions; to bestow upon a court so much judicial power; and to make such restrictions, rules, and regulations as Congress itself may deem proper. Thus Congress establishes such courts and defines their several jurisdictions, but whatsoever judicial power a court possesses, by act of Congress, the court derives from the Constitution in its grant of such power, the jurisdiction of any inferior court of the United States, thus defined by Congress, may vary, from time to time, by act of Congress, but every case arising in the court must be shown, by the record of this important rule (and seeming restriction). Conforms to the essential principle in all judicial proceeding: the principle of authority. No count acts without authority and, as judicial examination has for its ultimate purpose the settlement of the court is of primary importance. One of the purposes off the Union is 'to establish justice,' and precision in the whole matter of exercise of judicial power is essential". Francis Newton Thorpe, *The Essentials of American Constitutional Law* 101, at 118–19 (1917).

A power conferred on a public officer involving the exercise of judgment and discretion in deciding questions of right in specific case affecting personal and proprietary interests. In this sense, the phrase is contrasted with ministerial power.

引自*Black's Law Dictionary Tenth Edition.* Bryan A. Garmer (ed.) Thomson Reuters. p. 976.

議院對美國總統提出彈劾時主持審判【32】等權力。在大陸法系國家，司法權也都包含對公權力的制約權。如：法、德、意、韓等大陸法系國家專門設立憲法法院行使違憲審查權，法國的大法官實際還曾長期行使行政長官的權力【33】。日本法學界則認為：「司法權是統治權的權能，與立法權及行政權相對，由各級法院行使」【34】。即但凡交由法院或法官行使的公共權力就是司法權，如果事實上將某些立法權賦予了司法機關行使，那麼司法權也就會包括立法權；如果將某些行政權交由法院行使（如簽發死亡證明、結婚證明），那麼司法權又包含了行政權。其實，這時的司法權與其他公權力已無須進行嚴格的區分，只要司法機關有足夠的強勢，就可以擁有足夠多的國家公權力，並不在

32　美國首席大法官（Chief Justice of the United States）這一稱謂在1866年7月31日的法律第一次被正式使用。到1869年，補充條例規定，最高法院由一名首席大法官和八名大法官組成。首席大法官是最高法院的行政長官，但在裁決案件時，同其他法官一樣，只有一票的表決權。美國最高法院的大法官和首席大法官都是由總統提名，然後由美國參議院批准。《美國憲法》規定「（合眾國的）司法權屬於最高法院及國會隨時規定和設立的下級法院。法官潔奉公，非因行為違法，終身在職。」美國是典型的三權分立的國家。作為三權的一權，首席大法官可以宣佈立法機關的法律違反憲法，甚至可以廢除法律；此外，首席大法官享有終身任期，總統以及國會都不能簡單開除他的職務；反過來，首席大法官還可以主持彈劾總統的審判，有權頒佈逮捕令等等，這都使得美國首席大法官可以叱吒風雲，成為美國「最有影響的人」。首席大法官的義務主要有：1、如果首席大法官是最高法院審理的案件中的多數派成員，他/她需要書寫「最高法院判決意見書」，或者可以指派一名和他/她意見一致的大法官來完成寫作。2、憲法規定首席大法官應在參議院對美國總統提出彈劾時主持審判。（歷史上，只有蔡斯和倫奎斯特主持國總統彈劾審判，前者主持的是1868年對總統安德魯.詹森彈劾案，後者主持的是1999年的克林頓案。）3、當副總統擔任代總統時，主持對副總統的彈劾審判。（這一條並不屬於憲法規定的義務，而是參議院的規定。美國歷史上，尚無副總統被彈劾，主要是代總統的任職時間大多不過幾個小時。1973年美國副總統斯皮羅.安格紐曾迫於被彈劾的威脅而自動辭職。）4、主持美國總統就職典禮時的宣誓儀式。（首席大法官的這項義務是傳統性的，而非憲法性的。事實上，在美國，所有的州法官、聯邦法官以及公證員都享有法律賦予的權力主持宣誓和聲明。）5、擔任斯密森南研究院的院長（Chancellor of the Smithsonian Institution）。6、擔任美國聯邦法院主要行政機構——美國司法會議的會長。司法會議主要是由《權力授予法案規則》賦予權力，來制定規則確保聯邦法院的平穩運行。參見：《美國首席大法官的權與責》，載：http://www.docin.com/p-331508765.html。

33　英國首相布雷爾2003年進行改革之前，英國大法官這一職位具有三種職責：他既是司法界的領袖，又是內閣部長，還是上議院議長。首相進行這一改革的主要原因是為了使英國的司法體制適應現代化要求。參見：《大不顛大法官》，載https://baike.so.com/doc/737491-780710.html。

34　[日]我妻 榮編：《新法律學辭典》，董璠輿譯，中國政法大學出版社，1991年6月第1版，第430頁。

乎這些公權力屬於哪門哪類。現行日本國憲法第81條規定：「最高法院為有權決定所有法律、命令、規則或者處分是否符合憲法的終審法院」【35】。可見，這些國家的司法機關不僅行使了對其他公權力的制約權，甚至還直接行使了多樣的國家公權力。由於司法權對國家公權力的制約權的行使也是以審查和裁斷的形式出現的，所以對於司法權中這部分權能，不妨稱之為公權力糾紛裁斷權。

（三）中國的司法權

在中國法學界，有的說司法權是國家司法機關行使審判和監督法律實施的權力【36】；有的說司法權是「國家制度化了的第三方即法院來行使的權力」【37】；有的說司法權是國家權力的重要組成部分【38】。其實大家都是在搞循環論證，都是在說「司法權就是司法機關行使的權力，司法機關就是行使司法權的機關」，都沒有揭示司法權的實際內涵。如果就中國法治現實狀況來闡明，應當承認，司法權在中國就是法院以裁斷權為中心的處理案件的權力。當然在司法權之外還存在偵查權、公訴權、檢察監督權、刑事判決執行權等相關輔助權力的存在，但是由於其並沒有被憲法歸入到法院權力之中，而是屬於檢察機關或行政機關行使，就沒有必要將之稱為司法權。

雖然，國外的司法權中大多包含了違憲審查權，甚至以此作為司法權的標誌而參與到國家政治權力的分權制衡之中，但中國憲法和法律都沒有任何條款賦予司法主體對涉嫌違憲行為的審查權，因此，中國的司法權並不具有明確的對公權力的制約權能，即並不像憲政國家那樣包含對公權力糾紛裁斷的權能。事實上，即使在行政訴訟中，也只可以對具體行政行為是否符合行政法規進行司法審查，而這種司法

35　見：《日本國憲法》，載：https://baike.so.com/doc/6301295-6514818.html。

36　賈湛總主編、周振想主編：《法學大辭典》，團結出版社，1994年1月第1版，第375頁。

37　程春明：《司法權及其配置：理論語境、中英法式樣及國際趨勢》，中國法制出版社，2009年10月第1版，第288頁。

38　鄒瑜、顧明總主編：《法學大辭典》，中國政法大學出版社，1991年12月第1版，第433頁。

審查所作出的裁斷。結果也只是交由行政機關自行對照處理，對行政權並沒有強制制約的力度【39】。因此，中國的司法權主要就是法院對普通社會糾紛案件的裁斷處理權。

當然，中國的司法權的行使，也並不是純粹地只搞搞審判、搞搞對社會糾紛的裁斷，在實際中司法機關也常常被賦予政治機關的性質，司法官員同時也兼具政治官員身份，都會經常參與和開展社會政治活動。但這都是對行政權等公權力的支持和協助，絕對不是任何意義上的對公權力的制約，並且實際上還是司法權與其他公權力界限混淆不清的一種表現，更表明司法權不具有對其他公權力的制約權能。

四、司法制度

(一) 司法制度的內容

因為有了司法權，就必然有關於司法權的制度。即對司法權的內容組成、行使主體、運行規則、活動程序、行為方式等各方面要作出制度性規定，這就構成了司法制度（institution of judicial）。在中國法學界，對於司法制度的定義通常是從制度性文件的形式和內容上進行概括和加以說明的。如：「司法制度是規定國家體系中司法機關及其他的司法性組織的性質、任務、組織體系、組織與活動的原則以及工作制度等方面規範的總稱，包括訴訟法、法院組織法、檢察院組織法、公安機關適用的法規條例等」【40】。當然，也可以從司法權與司法活動關係的角度給中國的司法制度重新下一個定義：司法制度就是指關於一定法域內國家制度體系中司法權行使主體的性質任務、組織結構、職權職責，及其行使司法裁斷權、組織和開展各種司法活動的全部規

39　參見汪習根主編：《司法權論——當代中國司法權運行的目標模式、方法與技巧》，武漢大學出版社，2006年5月出版，第95-104頁。

40　李偉民主編：《法學辭源》（全五冊），黑龍江人民出版社，2002年8月第1版，第二冊，第994頁。

則、原則、程序、機制所組成的制度規範總體系，是全部司法裁斷權運行及司法活動開展的軌道。簡單地說，司法制度就是規制司法權和司法活動的內容及邊界的規範體系。

（二）司法制度的體系

既然司法制度規制司法權和司法活動的內容和邊界，其中邊界問題就不僅是關涉司法權和司法活動的問題，必然涉及邊界之外的相關方面內容。如：司法權與行政權的邊界必然要對行政權進行表達；司法權與立法權的邊界必然有對立法權的表達；司法權與輔助性的偵查權、起訴權、執行權的關係要表達；司法權與檢察監督的關係要表達，因此，司法制度表述和規制的內容要寬於司法權和司法活動本身的內容。從世界各國司法制度的情況來看，目前司法制度規範體系都是以法院裁斷制度為核心而構成，並以「裁斷」的形式為主要特徵而區別於國家行政管理等制度。至於其他也被稱為「司法制度」的制度，如治安管理、獄政管理、社會矯治、律師管理等制度，以及法院內部的立案制度、訴前訴中調解制度、庭審制度、審判監督制度、執行制度等，都是圍繞裁斷來設計和制定的，這些制度或者是裁斷前走向裁斷的準備環節，或者是裁斷後落實裁斷結果的執行環節，或者是分擔裁斷工作量的制度，都可以視為法院裁斷制度的輔助、附屬的制度。這也表明，司法制度是國家全部法律制度體系中的一個子系統、一個組成部分，與整個法律制度體系具有相對獨立又不可分割的聯繫。

司法制度規範體系，實際包含三塊：第一是司法權行使制度即司法活動運行制度，也即法院裁斷為核心的全部司執法律的制度，這是司法制度中具有中心意義的部分；第二是司法體制，即規定司法主體的組成和權力來源的制度，這是司法制度的基礎部分，這一部分既可以視為司法制度，同時，也屬於政治體制和政治制度，是國家根本政治制度的組成部分；第三是司法輔助制度，即與司法制度相關聯、相輔助的制度，這一部分制度也具有雙重性質，可以劃為司法制度的體

系，更屬於行政制度、立法制度等。司法制度正是由這樣三個方面的制度構成，從而形成一種「凹槽」式的軌道，從而規範和保障司法權順利行使和司法活動有效運行。

(三) 司法制度的施行

司法權行使和司法活動的運行，必須完全受到司法制度的規制，不僅要受到司法權行使和司法活動運行制度的規制，還必須遵守司法體制的規制，同時要受司法輔助制度的制約。也就是說，法院司執法律，不僅要遵守和服從對法院的司法制度，還要遵守和服從司法體制的全部要求，並且遵守和服從司法輔助制度等制度的要求。實際工作中，不僅要完成案件的受理、審理、裁斷、執行工作任務，還要做好裁斷前的與偵查、起訴、立案、聽證、調解制度相關聯的工作，做好裁斷後的監督、複查、信訪等實際工作環節，與公安、檢察、司法行政等方面保持協作。

雖然司法權行使、司法活動運行理應等同於司法制度的施行過程，但是事實上，司法制度一般是寫在文本紙面上的東西，而實際的司法權行使和司法活動運行常常並不是徹底地、準確地、完整地遵循和貫徹司法制度的要求，並不完全服從司法制度的規制。可以說，司法權行使和司法活動運行的實際運行狀況往往顯示出另一套實際存在的司法制度，而這一套實際存在的司法制度與文本紙面上勾畫出來的司法制度並不完全相同，有時甚至出入較大。因此，對於司法制度的研究、思考，不僅要看到文本紙面上的司法制度，還要看到實際存在於司法權行使和司法活動運行之中的司法制度，即必須始終關注和研究司法實際。

五、司法改革

(一) 司法改革的含義

司法改革有時表現為對司法制度文本的調整修訂，有時表現為對司法活動實際運行方式的變革調整。當然，只有具有一定規模和程度的對司法制度內容及司法活動運行方式的變革與調整，才能稱得上是司法改革。董開軍大法官說：司法改革「既包括在全面否定舊模式基礎上的大規模重建，也包括在現有模式基礎上較大幅度的調整與完善」[41]。

很多國家、很多時代都搞司法改革。中國在1952–1953年進行過一次「司法改造」。當時是進一步廢除從國民黨政權遺留下來的司法制度而模仿蘇聯建立新的司法制度[42]，並通過1954年憲法和法院組織法、檢察院組織法等規範性文件加以固定，最後一直沿用下來。1999年10月開始，中國再次興起司法改革。其中，最高法院連續制訂實施了五個「五年改革綱要」，在全國法院推行司法工作理念、司法工作機制、司法工作方式、司法工作綜合配套制度的改革。而在這一期間，國家也主導開展了全面的司法體制改革，即對司法權配置方式的改革。

(二) 司法改革的準備

一切改革總是急風暴雨般地啟動的，並往往是改革的行動已經開弓放箭，而改革的理論才開始提煉概括。所以，改革啟動以後，總是需要繼續進行改革內容、改革舉措和改革深度的整理與思考，並繼續進行理論論證。司法改革也是如此。中國當代的司法改革已經進行了較長時間的實踐，推進到了司法體制改革即司法權重新配置階段，但司法主體和司法改革主體都還有很多認識不明的問題與雜然紛呈的意見。

出版於1999年的《依法治國與司法改革》一書，彙集了當時國內一

41　董開軍主編：《司法改革形勢下審判管理基本理論與實踐研究》，法律出版社，2016年12月出版，第4頁。

42　熊先覺：《1952–1953年司法改革運動》，載《炎黃春秋》，2012年第05期。

批學者關於司法改革的論文,可以算是司法改革早期的理論準備。然而,其中的「司法獨立」、「司法公開」、「司法制約」等各種改革主張都是學者們「從國際普遍承認的角度」,「指出」、「強調」、「認為」、「以為」而提出來的[43],主要是從國外現代法學理念中引進和移植而來,而較少有以分析研究中國司法制度和司法活動的歷史狀況和現實狀態為基礎。這些在司法制度本身狀況沒有得到深刻詳盡地研究分析的情況下,直接給出的理論性答案和主張,雖然使人感到頗具「新穎性」、「創造性」,卻着實難以令人信服。直到當下,對於為什麼非要進行全面深入的司法改革的問題,也幾乎沒有見到深入翔實的論證。這種情況說明,中國司法改革的「為什麼改」、「改什麼」的基本問題一開始就沒有在理論上探索得很清晰,而正在進行的司法改革是直接進入「怎樣改」的施工階段的,因此,也正在被人感到「理論準備不足」[44]。

(三) 司法改革的論證

司法改革的綱領性文獻已宣佈:中國當前司法改革的任務就是要消除「司法不嚴格、司法不規範、司法不廉潔、司法不公正」,要「建立公正、高效、權威的司法體制」[45]。似乎並不需要再從理論上探討司法改革的必然性、必要性和不可避免性。或許正是這種狀況限制了對司法改革的理論探索,才更加造成對於司法改革理解還不統一、行動還不一致、實際推進依然猶豫彷徨的狀況。一些人甚至覺得:改革的行動能否不斷地順利前行,尚不能確定;改革掉的東西將來是否又被恢復、改革所形成的東西將來是否又被改掉,也難以保證。對這

---

43 參見信春鷹、李林主編:《依法治國與司法改革》,中國法制出版社,1999年9月出版,第609-616頁。

44 陳瑞華:《司法改革的理論反思》,載《蘇州大學學報》哲學社會科學版,2016年第1期,第56-64頁。

45 參見張志銘、韓大元、肖建國等編:《建設公正高效權威的社會主義司法制度研究》(全四冊),中國人民大學出版社,2013年3月第1版,第一冊,第90頁。

些思想上的疑問，如果始終不給以令人信服的解答，就難以避免改革路途中會出現阻力。由此可見，當前對中國司法改革的依據和路向問題繼續進行深入的理論研究，並不是多餘的，而恰恰是現實所迫切需要的。

六、司法波蕩

(一) 司法波蕩的含義

司法波蕩（undulation of judicial activities），是本書設定的一個創新性的概念和專門研究的對象，也是本書展開深入研究的一把鑰匙。

波（wave），是指震動在介質中的傳播過程，最常見的有機械波和電磁波。其結構如圖所示[46]：

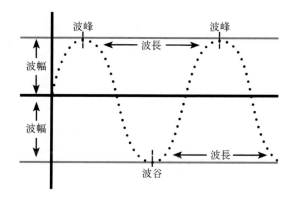

波蕩（undulation），則是指起落不定、飄蕩、動盪、不穩定的狀態[47]。

司法波蕩是指司法活動統計數據表現出來的不穩定、不確定、不可預期、大起大落的性狀。

46　參見《現代漢語詞典》（修訂本），中國社會科學院語言研究所詞典編輯室編，商務印書館，1996年修訂第3版，第94頁。

47　《辭源》（修訂本全四冊），商務印書館，1979年7月至1983年12月第1版，第三冊，第1761頁。

(二) 司法波蕩的發現

新中國成立，伊始，作為政權機構體系組成部分的各級法院和作為國家制度體系組成部分的司法制度也很快建成[48]。在司法制度中，一開始就包含了司法統計制度。這一司法統計制度經過六十多年的實施，已積累了海量的完整翔實的司法活動的統計數據。最高法院對這些司法統計數據多次進行了公開發佈[49]，以供社會各方面進行研究。

如果翻開這些公開發佈的司法統計數據，將每年的刑事審判、民事審判、行政審判的各類統計數據，分門別類按時間先後用線段連接起來，會發現所形成的曲線，時而如駭浪驚天，時而如飛流直下，時而如異峰突起，時而如斷崖跌落，呈現劇烈的波蕩性狀。司法統計數據呈現的這種波蕩性狀，應是中國司法活動總體狀態的客觀寫照。

(三) 司法波蕩的內容

假如承認最大限度地維護社會正義是司法活動的最高價值、核心功能和終極社會效用的話[50]，那麼維護社會正義的有效程度就可以作為衡量全部司法活動品質的標準。在對司法統計數據波蕩的研究中發現：中國司法活動統計數據波蕩之中，還隱藏了司法活動在品質方面的一系列重要情況——在司法統計數據波蕩的峰谷起落之間，實際包含了司法活動維護社會正義有效程度大起大落的不穩定性，即某些時候存在着核心功效缺失和偏離的問題。甚至可以明顯看到：很多時候，司法活動未能很好地保障和維護社會正義，很多的人都曾受到過司法

48　參見《中國人民政治協商會議共同綱領》，載《中華人民共和國憲法學習參考資料》，法律出版社，1957年3月第1版，第104-116頁。

49　最高人民法院對1950年至1998年全國法院司法統計資料進行了彙編，命名為《全國人民法院司法統計歷史資料彙編》(1949-1998刑事部分)、《全國人民法院司法統計歷史資料彙編》(1949-1998民事部分)，各一冊，由人民法院出版社2000年9月公開出版；此後最高人民法院每年都將全國法院司法統計公報在《人民司法》、《中國法律年鑒》上公開刊載，向社會公佈。這些向社會公開的資料和資訊，應當可被學術研究所應用。

50　此判斷需在正文中作詳細論證，故此處只能暫作假定。

活動的不公正對待。可以說，中國司法活動在品質上也存在着明顯的波蕩性特徵。

綜上所述，司法波蕩的內容，不僅包括中國司法活動的各種宏觀數據曲線所呈現的波幅大起大落、波峰或高或低、峰谷之間動盪不已的狀況，也包括其中案件品質上忽好忽差、忽寬忽嚴、忽輕忽重、忽緊忽松、反覆無常、搖擺不定的性狀。

由此可見，司法波蕩實際是中國司法活動在數量和品質整體上的不穩定、不確定、不可預期、大起大落的現象。這種現象是各時期司法制度所決定的司法活動運行狀態的客觀真實的反映。

司法波蕩現象研究的價值

一、司法波蕩現象是法律現象

法律現象，是中國法理學的一個概念，是對「全部法律上層建築的泛稱，包括法及因法而存在或取得法律意義的一切社會現象」[51]。也就是說社會生活中各種與法律有關的社會現象都可以被稱為法律現象。司法波蕩之所以被認為是一種法律現象，是因為其本身就是法律運行過程中的客觀表現，無論其被評價為好還是不好、正常還是不正常、合理還是不合理、正確還是不正確，都不影響其被認定為是一種法律現象。當然，法律現象範圍極為廣泛，可以進行不同標準的分類。如果將因立法活動而呈現的現象叫做立法現象、因司法活動而呈現的現象叫做司法現象、因行政執法活動而呈現的現象叫做行政執法現象，那麼，司法波蕩就應被劃入司法現象之中。而司法現象也是司法制度建立和實施過程所引發的社會現象的統稱，屬法律現象中的一類。

51　曾慶敏主編：《法學大辭典》，上海辭書出版社，1998年12月第1版，第1107頁。

二、司法波蕩現象是法學對象

法學對象，或稱法學研究的對象，是在中外法學上通行的概念，是指有理論研究價值的在法學上應當加以分析研究的問題【52】。司法波蕩雖然是一種實踐性的法律現象，但其牽涉大量法學理論問題。而且越是實踐性的東西，越對理論具有檢驗的作用。正如毛澤東所說：「許多理論的真理性是不完全的，經過實踐的檢驗而糾正了它們的不完全性」【53】。司法波蕩發生和發展的過程，恰恰是對既有的法學理論的檢驗過程，其本身就帶有「檢驗真理的標準」的性質。當司法波蕩被當作法學對象來加以分析研究時，這種分析研究過程實際就是對相關法學理論進行對照、判斷、檢索、驗證的過程。這種檢驗理論的過程，不僅確屬理性思維的過程，而且必然會對有關法學理論產生肯定、否定、否定之否定，以及補充、修改、完善、發展的結果，那麼，這何嘗不是一種純粹的理論研究過程呢？所以，司法波蕩作為法學對象，是完全夠格的。

三、司法波蕩現象是司法學研究課題

司法波蕩作為問題【54】提出來而成為法學研究的對象，那麼，其到底屬於法學學科中哪個領域、哪個部門或哪個方面的課題呢？這其實是對這一問題展開研究後才能說清的問題，因而，在全部研究工作展開之前，是沒有答案的。但是，先行進行初步假想也並不是不可能，因為「想像比知識更重要,知識是有限的，想像卻可以包圍整個世

52　曾慶敏主編：《法學大辭典》,上海辭書出版社,1998年12月第1版,第1093頁。

53　毛澤東：《實踐論》,載《毛澤東選集》(一卷本),人民出版社,1964年4月第1版,第269頁。

54　「問題」一詞,係從日語中引進,指需要研究或討論並加以解決的疑難、矛盾。見：史有為《新華外來語詞典》,商務印書館,2019年3月第1版,第1192頁。

界」【55】。按照司法波蕩現象的關聯狀況看：司法波蕩與中國法學中的司法學學科關係最為密切。

　　中國的司法學是近幾年創立的一門新興的法學學科。創立學科的學者，是原中國政法大學教授熊先覺先生。他在長期研究中國大陸法域以及世界各國司法制度的基礎上，於2008年6月出版了《司法學》一書，完整地構建了司法學學科體系。該書「將司法學的體系結構分為：司法原理、司法主體、司法客體、司法行為、司法技能、社會司法，共六篇三十四章。着重研討司法領域的基本理論及前沿問題；博採眾說，收集最新資料，汲納最新研究成果，分析比較研究，反映司法規律，草創司法學科，期有助於教學與科研，以及關心司法建設的讀者」【56】。根據熊教授的理論，「司法學是指對司法現象與事實進行系統的有組織的研究所獲致的原理、法則和方法等系統知識」【57】。熊教授認為：司法學是同立法學和行政學相對應的一門獨立科學。立法學研究如何立法的問題，主要講民主立法、科學立法、創制良法、完善法律體系。行政學研究如何行政的問題，主要講依法行政、科學行政、控制行政權的膨脹與濫用。司法學則是研究如何正確實施法律的問題，主要講公正司法、保障人權、在全社會實現公平與正義。立法學、司法學和行政學是三門重要學科，鼎足而立，共同肩負着保障國家憲法內容實現的重任。它們相依相存，不可或缺，否則，即便立法機關根據憲法原則制定了良法，如果得不到實施而束之高閣，那麼也只是徒有形式的一紙具文。行政機關的行政權日益擴張，如果沒有司法權予以有效制約，那麼公民的基本人權便得不到保障。足見，司法學的價值與地位是實實在在的，並非可望而不可即的空中樓閣。

55　"Imagination is more important than knowledge. For knowledge is limited to all we now know and understand, while imagination embraces the entire world, and all there ever will be to know and understand." 愛因斯坦名言。

56　熊先覺：《司法學》，法律出版社，2008年6月第1版，前言，第2頁。

57　熊先覺：《司法學》，法律出版社，2008年6月第1版，第1頁。

　　熊教授開山之作問世之後，研究司法學的學者漸多。華東政法大學崔永東教授2011年9月出版了《司法學原理》一書，2014年12月又出版了《司法學論綱》一書。崔永東教授所在的華東政法大學，在全國高等院校中率先設立了司法學學科課程，並設立了全國首家實體科研機構司法學研究院，由崔教授擔任院長。此後，吉林大學、中國人民大學、山東政法學院等設立了司法學學科，一些高等院校還開始招收司法學專業的研究生，並將司法學列入其本科生、研究生課程體系之中。2014年以來，由華東政法大學司法學研究院主辦的「司法學論壇」已召開多屆，一批法學界和司法實務界學者、專家積極參與，司法學學科漸見繁榮。

　　總的來看，目前在中國法學界，司法學正處於搶佔學術領地階段，熊先覺教授已系統設立了大量的司法學名詞、概念；崔永東教授提出了司法學下屬分支學科的框架，並論證司法學學科建設的必要性與現實可能性。熊先覺和崔永東兩位教授，一致認為：司法學是研究「司法現象」的專門學科[58]。但目前，司法學學科草創性特徵還很明顯：一是概念體系的精准度還不高，每一個概念還沒有做到論證透徹清晰；二是分支學科的框架體系還是空洞的，並沒有填充進具體的分支學科內容，實際只是一些分支學科的名稱而已；三是説是以司法現

58　崔永東教授提出：司法學是對人類司法現象進行全方位系統研究的新興學科。他闡述道：司法學既是一門探討司法理念、司法制度和司法實踐的學問，也是一門探索司法傳統及其現代轉化的學問，同時它還總結司法管理規律、探索司法運作程序、論證司法改革。它不僅研究司法權的行使，還研究輔助司法權行使的體制、機制及方式等問題。從學科性質上看，司法學交叉性與獨立性兼備。交叉性是指司法學借用其他學科的視角和方法來研究司法問題，比如哲學、文化學、倫理學、社會學、行政學、管理學、心理學等學科方法，因而可以派生出如下的子學科：司法哲學、司法文化學、司法倫理學、司法社會學、司法行政學、司法管理學、司法心理學等等。獨立性是指司法學具有獨立存在的價值和地位，或者説具有獨立的品格和屬性，這主要表現在如下子學科：司法體制學、司法理念學、司法制度學、司法監督學、司法方法學、司法行為學、司法傳統學、民間司法學、國際司法學等等。崔教授認為：構建司法學學科的理論意義在於，通過對司法學及其與子學科之間關係的研究，弄清其理論體系及其與各部分之間的內在關聯，對司法現象的各個側面進行深度理論思考，並將這種理論思考變成指導司法實踐的精神資源，同時為司法改革與司法文化建設提供必要的理論支撐。參見：崔永東〈司法學研究大有作為〉，載2015年9月7日《人民日報》評論文章。

象和司法實踐作為司法學的研究對象，但還沒有廣泛展開這種研究；四是沒有對有關研究提供方法論的東西，整體學科還不具有方法論的意義，沒有具備學科應有的科學性質。

司法波蕩雖然往往被社會上的人感知為社會關係和社會心理的波蕩，但其波蕩範圍還是屬於司法活動數量和品質上的波蕩，是緊緊圍繞着司法活動而呈現的，整體上可以説是司法領域的事，屬於司法現象。對於司法波蕩現象的研究，如果放在國內，是可以歸入新興的司法學的範圍的，但目前從司法學角度研究司法波蕩現象還沒有任何成果面世。並且，因為司法學學科剛剛創立，本書如果對於司法波蕩進行司法學的研究，必然對所涉及的司法學的基本概念和範疇都要同步進行填空式的梳理、論證。這不僅是一個艱苦的研究過程，而且是一種額外的負擔，將會使本書篇幅加大不少。但是，不進行這樣一些填補，就無法將研究工作做下去。當然，這些對司法學概念和範疇的研究或許也能成為對這個學科的小小的貢獻。

在國外以及港、澳、台諸法域的法學理論中，有關司法現象的研究著述其實有很多，但分屬不同學科。其中：關於司法權的研究，一般屬於憲法學的範圍；關於司法權運行過程即案件處理中的理論問題則屬於訴訟法學範圍；關於司法權運行實踐即司法活動中出現的各種客觀現象的研究，如美國大法官波斯納《法官應當怎樣思考》等眾多著作，往往屬於法社會學的研究範圍。司法波蕩問題，在海外應當歸屬於法社會學的研究範圍。

四、司法波蕩現象的研究是司法改革的現實需要

揭示和分析司法波蕩現象，絕不是「為賦新詞強作愁」式的故作深沉狀態或「卻道天涼好個秋」式的無奈歎息[59]。司法波蕩現象是一個本來就存在於司法實踐中的亟須進行理論分析的有社會價值和學術價

59　【宋】辛棄疾：〈醜奴兒‧書博山道中壁〉，載《辛棄疾詞全集詳注》，新疆人民出版社，2002年12月出版，第101頁。

值的研究課題。司法波蕩現象是司法制度的歷史和現實施行狀態的真實表現，也是司法制度所存在的弊端和缺陷的客觀反映。對司法波蕩現象的研究，就是要透過司法統計數據的波蕩歸納其中隱含的司法品質問題，再透過這些隱含的司法品質問題歸納司法制度存在的弊端和缺陷，最終必然地透過司法制度的缺陷而形成對司法制度改革的認識和推動。

司法波蕩是司法制度施行中長期客觀存在的現象，也正是需要通過司法改革予以解決的大問題。至於消除司法腐敗、提高辦案效率、保持公正司法、解決執行難等問題，都是可以通過完善微觀司法工作機制來解決的，尚不能成為要進行司法制度全面深刻改革的依據和理由。唯有司法波蕩的存在表明了司法制度中存在着重大的甚至是根本性的缺陷，從而證明中國進行全面深化司法改革的必要性。

對司法波蕩現象的研究，是對司法改革的實踐依據和理論基礎所進行的一種歷史回溯性的梳理和論證，對於司法改革衝破阻力、克服困難、精准推進、不斷深化，應當是可以用為參考和助力的東西。

司法波蕩現象研究的現狀

一、多門社會科學學科對司法波蕩現象有所關注

有關司法波蕩現象，存在着極其豐富的基礎材料。社會上大量公開發佈的司法統計數據、政策文件、年鑒、志書、資料彙編，以及日益公開透明的現行司法活動，都在等待人們去發掘與研究。很多親歷司法歷史過程的社會各界人士留下的回憶、紀實和親身感受，也給研究司法波蕩現象留下了大批素材。

近年來，公共管理學[60]利用這些素材，對於司法活動相關的社會

60　公共管理學（Public Administration or Public Management），是運用管理學、政治學、經濟學等多
　　學科理論與方法專門研究公共組織，尤其是政府組織的管理活動及其規律的學科群體系。參見：
　　莊序瑩主編《公共管理學》，復旦大學出版社，2006年3月第1版，第3頁。

公共管理活動,如公安機關所從事的「嚴厲打擊嚴重刑事犯罪」、「嚴厲打擊賣淫嫖娼活動」、「集中整治市場經濟秩序」等工作環節,展開了廣泛的討論和研究。在公共管理學的研究中,已經歸納和設定了「運動式社會治理」、「運動式社會管理」等概念來專題研究公安機關工作中的非常規性、集中整治型的工作過程。

華東師範大學蔣錦洪、雷琳教授指導的博士研究生張興華的博士學位論文《當代中國國家治理——現實困境與治理取向》[61]認為中國長期應用的是政治導向型國家治理方式,其主要特徵之一就是以政治運動作為治國的主要路徑,但當前應當推進的國家治理現代化的路徑,是實行服務導向型的國家治理。也有的學者提出:「運動式治理的突出特點是(暫時)打斷、叫停官僚體制中各就各位、按部就班的常規運作過程,意在替代、突破或整治原有的官僚體制及其常規機制,代之以自上而下、政治動員的方式來調動資源、集中各方力量和注意力來完成某一特定任務」[62],運動式社會治理的特殊效用值得肯定。還有學者提出:運動式執法等社會治理行為在短期內取得的成績是巨大的,社會效果也是顯著的,但這種方式存在防範不能、有悖法治精神、成本高效率低、違背市場運行規律的缺陷,應當走制度性執法的路子[63]。更多的學者則認為,反思運動式執法存在的一個共同病症在於,「雖然相應的法律、法規授予了行政機關根據個案具體情況進行裁量的許可權,但作為『運動式』執法『導火線』和直接依據的『紅頭文件』總是傾向於對行政行為的內容做格式化處理,且通常將立法授權的法律效果定格在行政相對人權利侵害最大的選項上」[64]。

61　張興華:〈當代中國國家治理——現實困境與治理取向〉,載「中國知網優秀博士論文庫」。

62　周雪光:〈運動型治理機制:中國國家治理的制度邏輯再思考〉,載《開放時代》,2012年第9期。

63　參見羅許生:〈從運動式執法到制度性執法〉,載《重慶社會科學》,2005年第7期

64　鄭春燕:〈行政裁量中的政策考量——以「運動式」執法為例〉,轉引自程琥:〈運動式執法的司法規制與政府有效治理〉,載《行政法學研究》,2015年第1期。

　　在行政管理學、政治學、公共政策學【65】等學科的研究中，也有很多的相關文論。如：孫培軍《運動國家：歷史和現實之間──建國60年以來中國政治發展的經驗和反思》、褚添有著《嬗變與重構：當代中國公共管理模式轉型研究》、馮仕政《中國國家運動的形成與變異：基於整體的整體性解釋》、張華青《社會公共管理必須從運動化範式走向常態化範式》、楊志軍《當代中國政府「運動式」治理模式的解釋與反思》、郎興友《中國應告別「運動式治理」》、馮志峰《中國政府治理模式的發展：從運動中的民主到民主中的運動》、葉敏《從政治運動到運動式治理──改革前後的動員政治及其理論解讀》、劉澤《芻議運動式治國模式的得失》【66】，這些論文、論著從各種不同學術領域對中國的「運動式社會治理」問題進行了探討和分析，絕大多數肯定了其弊端及消極作用。同時，因為運動式社會治理與司法波蕩有着千絲萬縷的聯繫，這些論文論著實際上也對司法波蕩現象進行了局部的分析。

<hr />

65　公共政策學（政策科學或政策分析）是第二次世界大戰後首先在西方興起的一個全新的跨學科、應用性研究領域，以公共政策為研究對象的科學，具有跨科學的視野、知識、理論和技術手段，它的顯著特徵是：可檢驗、可驗證性（方法論上的基本特徵）；跨科學或多學科交叉、滲透性（理論上的）和功利性等。公共政策學（政策科學或政策分析）是第二次世界大戰後首先在西方興起的一個全新的跨學科、應用性研究領域，它的出現甚至被說成是當代西方政治學和行政學乃至整個西方社會科學的一次「革命」。參見王騷編著：《公共政策學》，天津大學出版社，2010年5月第1版，第10-20頁。

66　孫培軍：〈運動國家：歷史和現實之間──建國60年以來中國政治發展的經驗和反思〉，載《理論與改革》，2009年第1期；褚添有：〈嬗變與重構：當代中國公共管理模式轉型研究〉，廣西師範大學出版社，2008年出版，第15頁；馮仕政：〈中國國家運動的形成於變異：基於整體的整體性解釋〉，載《開放時代》，2011年第1期；張華青：〈社會公共管理必須從運動化範式起向常態化範式〉，載《探索與爭鳴》，2003年第11期；楊志軍：〈當代中國政府「運動式」治理模式的解釋與反思〉，載《當代中國政治研究報告》，2012年，第25-244頁；郎興友：〈中國應告別「運動式治理」〉，載《同舟共進》，2008年第1期；馮志峰：〈中國政府治理模式的發展：從運動中的民主到民主中的運動〉，載《領導科學》，2010年第2期；葉敏：〈從政治運動到運動式治理──改革前後的動員政治及期理論解讀〉，載《華中科技大學學報（社會科學版）》，2013年第2期。

二、法制史學對司法波蕩現象有所觸及

最高法院原副院長何蘭階和原研究室主任魯明健作為中國當代司法歷程的親歷者主編了《當代中國的審判工作》【67】，給後來者的進一步研究留下了寶貴的基礎資料；中國政法大學蔡定劍教授所著《歷史與變革──新中國法制建設的歷程》【68】、西南政法大學張培田教授主編的 11 卷《新中國法制研究史料通鑒》【69】及其著寫的《法的歷程──中國司法審判制度的演進》【70】，對中國司法的歷史狀況進行了描述和總結；中國人民大學韓大元教授、中央財經大學於文豪講師合著發表了《法院、檢察院和公安機關的憲法關係》一文，「以制度演進歷史為脈絡，力圖還原三機關關係的演變歷程，並從憲法規範中找尋合乎立憲主義原理的三機關關係演變邏輯」，提出要「回歸憲法文本，實現從『公檢法』到『法檢公』的轉變」【71】。這些論文論著均涉及了中國司法的不穩定現象，只是沒有對這種不穩定現象進行專門剖析，沒有提取出一個概念或問題而展開研究。同時，最高法院官方對建國以來司法活動的運行歷史，也有非學術的論述和總結，所發佈的《六十載光輝歷程，一甲子司法為民──數說人民法院審判工作 60 年》【72】，對新中國司法歷程進行了回顧描述，不過，由於「數字就是成績」的思維習慣所限而將所有審判數據都說成是成績，並無對當代中國司法活動得失的分析研究。但是，種種跡象表明無論在理論上還是在實務上，司法波蕩問題是越來越難以被繞開了。

67　何蘭階、魯明健主編：《當代中國的審判工作》（上下冊），當代中國出版社，1993年12月第1版。

68　蔡定劍：《歷史與變革──新中國法制建設的歷程》，中國政法大學出版社，1999年第1版。

69　張培田主編：《新中國法制研究史料通鑒》，中國政法大學出版社，2003年9月第1版。

70　張培田：《法的歷程──中國司法審判制度的演進》，人民出版社，2007年6月第1版。

71　韓大元、於文豪：〈法院、檢察院和公安機關的憲法關係〉，載《法學研究》，2011年第3期。

72　載《人民司法》，2010年第1期。

三、刑事政策學對司法波蕩現象有所涉獵

　　西方關於刑事政策的理論源遠流長，是在啟蒙運動時代法國的孟德斯鳩、義大利的貝卡利亞、英國的邊沁、德國的費爾巴哈努力使反犯罪鬥爭理性化以後產生的【73】。中國的刑事政策學研究，主要是在反思幾次全國性的「嚴打」【74】鬥爭的基礎上（曲新久教授指出「嚴打是一種戰爭模式」【75】），特別是在研究當前實施的「寬嚴相濟」刑事政策的基礎上展開的【76】。所提出的主張概括起來，大致是：過去中國司法上實行了「鎮壓與寬大相結合」、「懲辦與寬大相結合」、「從重從快」、「嚴厲打擊」等刑事政策，現在要建設和諧社會，最合適的是實行「寬嚴相濟」的刑事政策。但是，對於「寬嚴相濟」與「鎮寬結合」、「懲寬結合」有什麼區別也都沒有論證清楚，最後較為統一的傾向是：過去太嚴了，現在應該「用刑寬緩」、「少殺慎殺」【77】。在這種研究中，注意到了刑事政策對於刑事司法平穩性的嚴重影響，更多的是論證刑事政策的重大積極作用，而並不分析刑事政策有否弊害。多數學者只是認為「刑事政策是一個國家的重要政策之一，制定和執行何種刑事政策，與國家的興衰、公民的生命財產安全都有密切關係，研究這一課題具有重要的理論與實踐意義」【78】。刑事政策學的研究必然地對

73　李衛紅：《刑事政策學》，北京大學出版社，2009年1月第1版，第30頁。

74　「嚴打」，即「嚴厲打擊嚴重刑事犯罪」的簡稱。

75　陳興良主編：《中國刑事政策檢討——以「嚴打」刑事政策為視角》，中國檢察出版社，2004年6月第1版，第14頁。

76　參見盧建平主編：《中國刑事政策研究綜述》，中國檢察出版社，2009年8月出版，第70頁。

77　參見上海交通大學趙運鋒博士論文：《寬嚴相濟刑事政策司法適用研究》，載：http://www.cnki.net.

78　楊春洗：《刑法理念新探索——楊春洗文集》，北京大學出版社，2003年7月第1版，第167–168頁。

於反覆變換的刑事政策進行「線性思維」【79】，從而必然地涉及刑事司法活動的不穩定性即波蕩性特徵。

四、司法波蕩現象研究屬開創性研究

　　隨着中國司法改革的深化、探索的深入，對於司法改革的思考不可能不直面司法活動的歷史與現實，而且也只有重新客觀地分析研究歷史和現實，才能找到走出困境的路徑。雖然司法波蕩這種現象早已給予國人以切膚之痛的感覺、引起無數質疑和思考，但是，至今確實還沒有得到法學界的專門研究。或許是因為將這種現象作為一個問題來研究會遇到很多非學術方面的麻煩而被視為禁區，或許是因為研究工作在量上過於巨大，或許在需要研究的素材上過於龐雜，或許在理論上、方法上難點過於繁多。總之，很長時間以來，對於司法波蕩這一法律現象的專門研究，在法學理論研究領域中還是一片不毛之地。到目前為止，不僅在中國的法學界還沒有開展以司法波蕩現象為專門對象的研究工作，同時，海外和國外的法學研究者，對中國的這種司法波蕩現象雖不排除有所觀察，但也沒有專門的研究成果面世。然而，司法波蕩現象的研究價值決定：真實的歷史和客觀的現實終究要被正視，尤其在司法改革全面深化的時代節點之上。

---

79 「線性思維」，是指思維沿着一定的線型或類線型(無論線型還是類線型的既可以是直線也可以是曲線)的軌跡尋求問題的解決方案的一種思維方法。線性思維在一定意義上說來屬於靜態思維。而非線性思維是指一切不屬於線性思維的思維類型，如系統思維、模糊思維等。參見：《線性思維》，載：https://baike.so.com/doc/5974374-6187333.html

司法波蕩現象研究的內容

本書除導論外分4篇共12章對司法波蕩現象進行遞進式的研究：

一、導論

對有關司法理論與概念進行梳理。主要闡述法域、司法活動、司法權、司法制度、司法波蕩等基本概念的含義，為下一步全面展開研究論證奠定基礎。當然，有關司法的概念還有很多，如：司法主體、司法客體、司法對象、司法目的、司法標準、司法體制、司法機制等，不可能全部在導論中講清，必須留待正文中隨時作出界定。同時，導論對司法波蕩現象的研究價值、學科關聯與研究內容也作了交代。

二、司法波蕩表象篇

全篇歸納和描述中國司法活動數量的波蕩性特徵，即不穩定性、不確定性、突發性特徵。分為第一、二、三章進行論述。運用統計學的數據比較分析的方法對大量的司法統計數據進行比較，分別確認刑事、民事、行政三種司法活動的運行過程所具有的波蕩性。並以列表和列圖的形式，證明司法波蕩現象的客觀存在。包括自1950年以來的刑事司法縱向波蕩情況、各個年代橫斷面的橫向波蕩情況、某些單項犯罪的歷史波蕩情況；1950年以來民事司法縱橫交錯的波蕩情況；1987年以來行政司法縱橫交錯的波蕩情況。

三、司法波蕩內在篇

全篇分析和揭示司法波蕩中隱含的司法活動品質的波蕩情況。分為第四、五、六章進行論述。運用統計學的量與質的相關分析方法揭示刑事司法波蕩、民事司法波蕩、行政司法波蕩的表面現象背後所隱含的司法品質上的負面問題。揭示刑事司法波蕩中所包含的縱向刑事司法不公、橫向刑事司法不公以及大面積刑事冤假錯案的問題；揭示民事、行政司法波蕩中包含的混淆正義與非正義等負面情況。

四、司法波蕩生成篇

全篇辨析和證明產生司法波蕩的基本的和根本的原因。分為第七、八、九章進行論述。首先，認為司法目的附從化是司法活動方向上的偏差，是司法波蕩生成的根本原因；其次，認為司法標準的偏執化是司法活動價值觀上的偏差，是司法波蕩生成的重要原因；其三，認為司法體制一長化、不能科學配置司法權是司法權運行軌道設計上的偏差，也是司法波蕩生成的直接原因。結論是，司法波蕩現象和司法不公問題的根源，在於司法活動的目的、標準、體制上均存在偏差。

五、司法波蕩平抑篇

全篇分析和論證中國司法改革的必然趨向。分為第十、十一、十二章進行論述。主要是針對前文各篇的分析論證而提出對策方案。認為：司法波蕩現象總的發展趨勢必然是要被平抑。平抑的路徑就是進行全面深化的司法改革：司法目的必須去附從化，以維護社會正義為根本司法目的；司法標準必須去偏執化，以實現本原公正為最高司法標準；司法體制必須去一長化，以法院與法官獨立司法為司法體制的核心原則。

六、對一些司法學理念的澄清

司法統計數據不僅記錄了司法活動在一定司法制度軌道上的運行軌跡，而且有效地反映和檢驗着指導建立和完善司法制度的那些理論的真理性。因此，本書另一任務，是要釐正一些司法學概念、梳理一些司法學理論，從而希求引起司法學的「與時俱進」[80]。

---

80 李大釗在《此日》中寫道：「月異歲新，與時俱進，頁頁聯綴，永續無窮。以過去之此日為紀念，以未來之此日為理想；以過去之此日為陳跡，以未來之此日為前程。如是推嬗，吾人之此日無空期，即吾人之進步無止境。然則新中華無疆之休，將以此日為發軔之始矣」。載《李大釗選集》，人民出版社，1959年5月第1版，第91–92頁。

第一篇
司法波蕩的表象

　　司法統計資料是社會司法活動運行狀況的可靠記錄。對中國法院1950年以來司法統計數據進行分析[1]，雖然是一件令人望而生畏的浩繁工作，但是除了進行這樣全面細緻的研究，還有什麼更好的辦法能令人信服地發現司法活動中的真正特徵性和規律性的東西呢？本篇進行的研究將是對中國法院刑事司法、民事司法、行政司法三類司法活動的數據波蕩性狀的歸納和揭示。即對司法活動進行數量分析，以及對司法活動數量特徵進行描述。

1　以下分析凡運用「我國」、「全國」的統計數據，均未包含港、澳、台地區，僅是中國大陸法域的統計數據。

第一章　刑事司法波蕩

❧❧❧❧❧❧❧❧❧❧❧❧❧❧❧❧❧❧❧

縱向刑事司法波蕩

一、1950–2012年判決有罪人數的縱向波蕩情況

　　刑事司法活動的中心工作就是對社會人口中實施了犯罪行為的人加以正確地判罪和施以刑罰[2]。可見，刑事司法活動的最核心的對象是「人」即「被告人」，而不是物，也不是過去已實施的犯罪行為。當然，刑事司法活動常被稱為「辦案」，案件也可以説是刑事司法活動的對象，但是，案件只是對一件事務或一件工作的稱謂，其核心的內容仍然是案件中的「被告人」[3]。所有「被告人」都是社會成員分子，因此，對於「被告人」的定罪判刑當然是整個社會治理工作的組成部分，事關社會整體的運行和全部社會關係的變化。那麼，下面將刑事判決有罪人數放在全社會人口之中進行對比將是有必要的；而法院刑事判決有罪的人數只能是在起訴到法院來而為法院審理的被告人數之中形成，因此，將法院判決有罪的人數與法院審理的被告人數進行對比也是有意義的。

（一）基本數據

　　1.　根據國家統計部門發佈的資料，可以獲得全國歷年人口數據。詳見表1.1。

2　《中華人民共和國刑事訴訟法》第2條規定：「正確應用法律，懲罰犯罪分子，保障無罪的人不受刑事追究」，確定了刑事司法的直接任務。

3　參見謝進傑：《刑事審判對象理論》，中國政法大學出版社，2011年9月第1版，第37頁。

表1.1　1950–2012年全國歷年人口數一覽表

年度	萬人	年度	萬人	年度	萬人	年度	萬人	年度	萬人	年度	萬人	年度	萬人
1950	55,196	1960	66,207	1970	82,992	1980	98,705	1990	114,333	2000	126,743	2010	134,091
1951	56,300	1961	65,898	1971	85,229	1981	100,072	1991	115,823	2001	127,627	2011	134,735
1952	57,482	1962	67,295	1972	87,177	1982	101,654	1992	117,171	2002	128,453	2012	135,404
1953	58,796	1963	69,172	1973	89,211	1983	103,008	1993	118,517	2003	706,725	–	–
1954	60,266	1964	70,499	1974	90,859	1984	104,357	1994	119,850	2004	747,096	–	–
1955	61,465	1965	72,538	1975	92,420	1985	105,851	1995	121,121	2005	767,961	–	–
1956	62,828	1966	74,542	1976	93,717	1986	107,507	1996	122,389	2006	890,755	–	–
1957	64,653	1967	76,368	1977	94,974	1987	109,300	1997	123,626	2007	933,156	–	–
1958	65,994	1968	78,534	1978	96,259	1988	111,026	1998	124,761	2008	1,008,677	–	–
1959	67,207	1969	80,671	1979	97,542	1989	112,704	1999	125,786	2009	997,872	–	–

註：此表數據（年底資料）提取自：國家統計局人口統計司、公安部三局編：《中華人民共和國人口統計資料 1949–1985》，中國財政經濟出版社，1988年1月第1版，以及歷年國家《人口統計公報》。

表1.2　1950–2012年全國法院審理判決的刑事被告人數一覽表

年度	人數	年度	人數	年度	人數	年度	人數	年度	人數	年度	人數	年度	人數
1950	169,847	1960	500,727	1970	304,798	1980	197,143	1990	582,184	2000	646,431	2010	1,007,419
1951	134,011	1961	460,052	1971	206,867	1981	258,457	1991	509,221	2001	751,146	2011	1,051,638
1952	661,789	1962	291,190	1972	183,012	1982	275,223	1992	495,364	2002	706,725	2012	1,174,133
1953	675,476	1963	335,477	1973	142,035	1983	657,257	1993	451,920	2003	747,096	–	–
1954	805,279	1964	131,217	1974	118,770	1984	600,761	1994	547,435	2004	767,951	–	–
1955	965,828	1965	118,279	1975	148,220	1985	277,591	1995	545,162	2005	844,717	–	–
1956	473,042	1966	154,233	1976	147,970	1986	325,505	1996	667,837	2006	890,755	–	–
1957	552,782	1967	54,978	1977	210,464	1987	326,374	1997	529,779	2007	933,156	–	–
1958	1,682,446	1968	71,299	1978	144,304	1988	368,790	1998	533,794	2008	1,008,677	–	–
1959	532,772	1969	87,502	1979	140,108	1989	482,658	1999	608,259	2009	977,872	–	–

註：此表數據提取自：（1）最高人民法院研究室編：《全國人民法院司法統計歷史資料彙編》（1949–1998 刑事部分），人民法院出版社，2000年9月第1版；（2）《中國法律年鑒》，中國法律年鑒出版社，1999– 2013歷年出版。

2. 從歷史資料考證，可以獲得歷年全國法院審理判決的刑事被告人的數據。詳見表1.2。

3. 從歷史資料考證，可以獲得歷年全國法院判決有罪的刑事被告人的數據。詳見表1.3。

4. 將歷年全國法院判決有罪的人數與全國人口總數進行對比，可得出比例數。詳見表1.4。

5. 將歷年全國法院判決有罪人數與審理刑事被告人數對比，可得出比例數。詳見表1.5。

表1.3 1950–2012年全國法院判決有罪的刑事被告人數一覽表

年度	人數	年度	人數	年度	人數	年度	人數	年度	人數	年度	人數	年度	人數
1950	169,847	1960	499,806	1970	304,798	1980	193,861	1990	580,272	2000	639,814	2010	1,006,420
1951	130,018	1961	456,648	1971	206,867	1981	256,219	1991	507,238	2001	744,549	2011	1,050,747
1952	634,765	1962	285,482	1972	183,012	1982	273,094	1992	492,817	2002	701,722	2012	1,173,406
1953	630,825	1963	330,275	1973	142,035	1983	645,787	1993	449,920	2003	742,261	—	—
1954	773,619	1964	129,750	1974	117,318	1984	594,998	1994	545,282	2004	764,586	—	—
1955	936,337	1965	116,302	1975	146,966	1985	274,765	1995	543,276	2005	842,555	—	—
1956	449,378	1966	152,690	1976	146,967	1986	323,184	1996	665,556	2006	889,042	—	—
1957	527,361	1967	53,482	1977	209,233	1987	324,024	1997	526,303	2007	931,739	—	—
1958	1,671,725	1968	69,793	1978	142,107	1988	366,565	1998	528,301	2008	1,007,304	—	—
1959	529,957	1969	85,538	1979	135,183	1989	480,992	1999	602,381	2009	996,666	—	—

註：此表數據提取自：（1）最高人民法院研究室編：《全國人民法院司法統計歷史資料彙編》（1949–1998刑事部分），人民法院出版社，2000年9月第1版；（2）《中國法律年鑒》，中國法律年鑒出版社，1999–2013歷年出版。

表1.4 1950–2012年全國法院判決有罪人數佔人口數的比例（犯罪比）一覽表

年度	萬分比	年度	萬分比	年度	萬分比	年度	萬分比	年度	萬分比	年度	萬分比	年度	萬分比
1950	3.08	1960	7.55	1970	3.67	1980	1.96	1990	5.08	2000	5.00	2010	7.51
1951	2.30	1961	6.93	1971	2.43	1981	2.56	1991	4.38	2001	5.83	2011	7.80
1952	11.04	1962	4.24	1972	2.10	1982	2.69	1992	4.21	2002	5.46	2012	8.67
1953	10.73	1963	4.78	1973	1.59	1983	6.36	1993	3.80	2003	5.74	—	—
1954	12.84	1964	1.84	1974	1.29	1984	5.70	1994	4.55	2004	5.88	—	—
1955	15.23	1965	1.60	1975	1.59	1985	2.60	1995	4.49	2005	6.44	—	—
1956	7.15	1966	2.10	1976	1.57	1986	3.01	1996	5.44	2006	6.76	—	—
1957	8.16	1967	0.70	1977	2.20	1987	2.97	1997	4.26	2007	7.05	—	—
1958	25.33	1968	0.89	1978	1.48	1988	3.30	1998	4.24	2008	7.59	—	—
1959	7.89	1969	1.06	1979	1.39	1989	4.27	1999	4.79	2009	7.47	—	—

註：此表數據從換算獲得。

表1.5　1950-2012年全國法院判決有罪人數佔審判被告人數比例一覽表

年度	%	年度	%	年度	%	年度	%	年度	%	年度	%	年度	%
1950	100.00	1960	99.82	1970	100.00	1980	98.34	1990	99.67	2000	98.98	2010	99.90
1951	97.02	1961	99.26	1971	100.00	1981	99.13	1991	99.61	2001	99.12	2011	99.92
1952	95.92	1962	98.03	1972	100.00	1982	99.23	1992	99.49	2002	99.30	2012	99.94
1953	93.39	1963	98.45	1973	100.00	1983	99.62	1993	99.56	2003	99.35	−	−
1954	96.07	1964	98.88	1974	98.78	1984	99.04	1994	99.61	2004	99.56	−	−
1955	96.95	1965	98.33	1975	99.15	1985	98.98	1995	99.65	2005	99.74	−	−
1956	95.00	1966	99.00	1976	99.32	1986	99.29	1996	99.66	2006	99.81	−	−
1957	95.40	1967	97.28	1977	99.42	1987	99.28	1997	99.34	2007	99.85	−	−
1958	99.36	1968	97.99	1978	98.48	1988	99.45	1998	98.97	2008	99.86	−	−
1959	99.47	1969	97.76	1979	96.48	1989	99.67	1999	99.03	2009	99.88	−	−

註：此表數據從換算獲得。

（二）視圖描繪

1. 將全國人口數繪製成示意圖，可以獲得圖1.1直接的視圖。
2. 將歷年全國法院審判被告人數繪製成示意圖，可以獲得圖1.2直接的視圖。
3. 將歷年全國法院判決有罪人數繪製成示意圖，獲得圖1.3直接的視圖。

圖1.1　全國人口變化示意圖

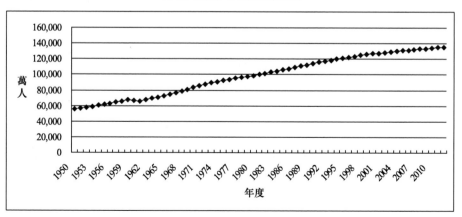

圖1.2 1950-2012年全國法院審判被告人數示意圖

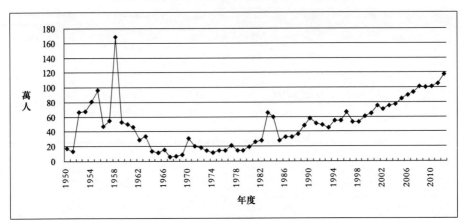

圖1.3 1950-2012年全國法院判決有罪人數示意圖

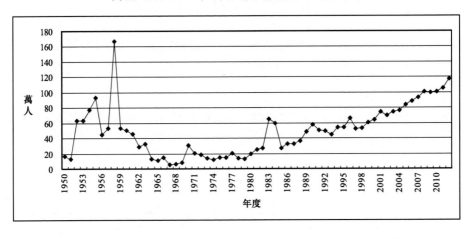

4. 將全國法院判決有罪人數佔人口比例繪製成示意圖，獲得直
   接視圖。詳見圖1.4。

5. 將全國法院判決有罪人數佔審判被告人數比例繪製成示意
   圖，獲得直接視圖。詳見圖1.5。

圖1.4　1950-2012全國法院判決有罪人數佔人口數的比例示意圖

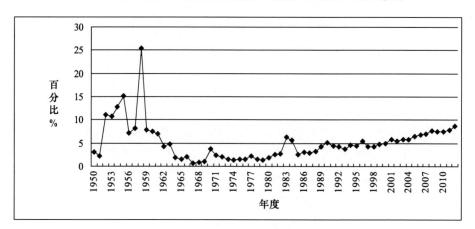

圖1.5　1950-2012全國法院判決有罪人數佔審理被告人數比例示意圖

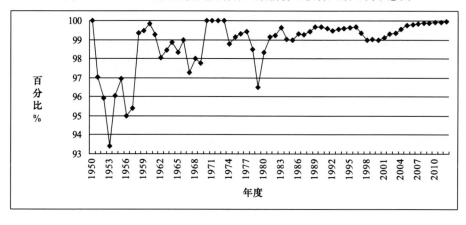

（三）特徵描述

1. 人口數總體平穩增長，極少年度急劇下降

中國人口1950年末達55,196萬人，到2012年末已達135,404萬人，其間總體逐年增長，但在1960、1961兩年突然出現人口下降的情況。其中，1960年比1959年人口淨減少1,000萬人，1961年比1960年再淨減少309萬人。

2. 全國法院被判決有罪人數呈現大起大落、或多或少的狀態

其中1958年一年是判決有罪人數最多的一年，達1,671,725人，而之前的1951年被判決有罪人數只有130,018人，之後最少的1973年被判決有罪的人數為142,035，最多數的年份與最少的年份被判決有罪人數相差十倍以上。這種狀況被描述為「波蕩」，是不為過的。

3. 全國法院判決有罪人數與全國人口數的比例情況，表明被判決有罪的人數與社會人口數增減之間呈單向影響的關係

刑事司法對人口數的減少有明顯的關係。人口數對於司法活動來說，是一種前置因素，司法活動是在人口數的範圍內開展的，司法活動是對人口數之內的人口之間社會關係發生影響的社會活動，其總體上對人口數必然產生影響。如果司法上濫施刑罰，當然會使人口數急劇減少。1958年全國法院判刑人數1,671,725人，佔人口每千人2.5人，是新中國歷史上判刑人數最多的一年，這一次大規模的判刑高峰，與1960、1961年的全國人口的大規模減少，從時間上來看是契合的，在當時大饑荒的情況下，被判刑的人及其家庭人員的命運可想而知。這次司法判刑高峰對於人口大規模減少的「貢獻率」還需要證明嗎？

而反過來看，人口數的增長與判刑人數的增減關係並不大。1950年以來，全國人口整體上是較勻速地遞增的，而全國法院判決有罪人數則並非勻速遞增，而是忽增忽減。這種情況表明，被判決有罪人數不能突破社會人口數、特別是不能突破符合法定責任年齡人口數的最大制約[4]。但是，從人口勻速增長與判罪人數忽增忽減的對比可見，人口增長這種客觀因素不是影響被判決有罪人數變化的決定因素。被判決有罪人數的變化更可能是司法主體人為操作的結果。刑法學理論通行的「罪刑法定」理論，也證明：人的行為是否屬於犯罪，是由立法者所立之法規定的，即立法者主觀認為是犯罪的就是犯罪。立法者主

4　目前國家並沒有公佈過歷年全國人口年齡結構的統計數據，因此無法進行犯罪人數與符合法定的刑事責任年齡人口數的比對。

觀未認為是犯罪的，哪怕社會危害性很大或者未來可能被立法者認為是犯罪的行為，也不是犯罪。凡立法者新規定的犯罪，在過去往往都不是犯罪。中國法理學也認為：法本質上是「統治階級意志」[5]，是「國家按照統治階級意志制定或認可，並由國家強制力保證其實施的行為規範的總稱」[6]。由此可以推論，刑法規定的犯罪，不過是立法者和司法者主觀認為是犯罪才成其為犯罪的。也可以說，實施了違背立法者和司法者意志的行為，才被定為犯罪。因此，一個社會被判決有罪人數的波蕩起落的原因，最終要從立法主體和司法主體主觀意志方面尋找原因；如果這種波蕩起落中存在問題，最終也必然要從作為立法主體與司法主體的人的主觀方面尋找解決的途徑。

4. **審判被告人數對於司法審判主體來說，是一種由起訴而給定的因素**

因為司法審判的最基本的原則是被動受理，起訴來有多少案件，法院才能審理多少案件，法院的案件審理數不可能大於偵查和起訴主體所起訴的案件數。1950年以來全國法院案件審理數所呈現的起落波蕩狀態，實際反映了偵查和起訴機關起訴移送到法院來的案件數的不穩定狀態。法院判決有罪人數呈現上下波動、時而多時而少，實際是由偵查、起訴機關起訴的案件數的大起大落、上下波動、時而多時而少的狀態所決定的。

5. **法院判決有罪人數與審判被告人數的比例，反映的是法院判決對偵查起訴機關的肯定的程度，即偵查起訴機關的勝訴率**

其比例越高，包含的是宣告無罪的被告人數就越少，偵查起訴機關起訴的正確率就越高。反之，這種比例越低，意味着法院對偵查起訴機關制約力度越大，同時，與偵查起訴機關起訴案件數的契合度越

5　張文顯主編：《法理學》，高等教育出版社、北京大學出版社，1999年10月第1版，第46頁。

6　浦法仁編著：《法律辭典》，上海辭書出版社，2009年1月第1版，第1頁。

表1.6 1950-2012年全國法院判決有罪的被告人中處以刑罰的人數一覽表

年度	人數	年度	人數	年度	人數	年度	人數	年度	人數	年度	人數	年度	人數
1950	169,317	1960	491,344	1970	148,316	1980	782,498	1990	573,022	2000	630,044	2010	988,463
1951	89.551	1961	396,725	1971	113,944	1981	246,478	1991	499,569	2001	733,961	2011	1,032,466
1952	488,129	1962	237,884	1972	97,420	1982	263,196	1992	484,777	2002	690,506	2012	1,154,432
1953	462,498	1963	284,688	1973	94,312	1983	641,958	1993	443,549	2003	730,355	—	—
1954	890,472	1964	89,331	1974	105,704	1984	574,248	1994	537,602	2004	752,241	—	—
1955	797,193	1965	11,088	1975	435,178	1985	267,424	1995	535,365	2005	829,238	—	—
1956	353,561	1966	142,358	1976	136,729	1986	316,424	1996	656,349	2006	873,846	—	—
1957	452,345	1967	46,720	1977	196,607	1987	318,580	1997	517,513	2007	916,610	—	—
1958	1,630,563	1968	65,237	1978	129,593	1988	361,240	1998	518,886	2008	989,992	—	—
1959	510,306	1969	79,583	1979	119,757	1989	474,957	1999	593,347	2009	979,443	—	—

註：此表數據提取自：(1)最高人民法院研究室編：《全國人民法院司法統計歷史資料彙編》(1949-1998刑事部分)，人民法院出版社，2000年9月第1版；(2)《中國法律年鑒》，中國法律年鑒出版社，1999-2013歷年出版。

小。當然從數據和視圖上看，法院對偵查起訴機關制約力度大的情況並不存在，有的年份，有罪判決率甚至達到100%，意味着怎樣起訴就怎樣判決，基本沒有進行真正意義上的審判。

二、1950-2012年判處刑罰人數的縱向波蕩情況

(一) 基本數據

1. 從最高法院公開的資料，可以獲得全國法院歷年判處刑罰的人數。詳見表1.6。
2. 將表1.6與表1.3相比對，可以得出以下比例數。詳見表1.7。

表 1.7　1959-2012 年全國法院判決有罪人數中處以刑罰的比例（處刑比）

年度	%	年度	%	年度	%	年度	%	年度	%	年度	%	年度	%
1950	99.69	1960	98.31	1970	48.66	1980	94.14	1990	98.75	2000	98.47	2010	98.23
1951	68.88	1961	86.88	1971	55.08	1981	96.20	1991	98.50	2001	98.58	2011	98.26
1952	76.90	1962	83.34	1972	53.23	1982	96.38	1992	98.37	2002	98.40	2012	98.38
1953	73.30	1963	86.20	1973	66.40	1983	98.04	1993	98.58	2003	98.40	－	－
1954	76.33	1964	68.85	1974	71.92	1984	96.51	1994	98.59	2004	98.39	－	－
1955	85.14	1965	78.34	1975	91.98	1985	97.33	1995	98.54	2005	98.42	－	－
1956	78.68	1966	93.27	1976	93.03	1986	97.95	1996	98.62	2006	98.29	－	－
1957	85.78	1967	87.36	1977	93.97	1987	98.32	1997	98.33	2007	98.38	－	－
1958	97.54	1968	93.53	1978	91.19	1988	98.55	1998	98.23	2008	98.28	－	－
1959	96.29	1969	93.04	1979	88.59	1989	98.75	1999	98.50	2009	98.27	－	－

註：此表數據從換算獲得。

（二）視圖描繪

1. 將全國法院歷年判處刑罰的人數（表 1.6）繪製成示意圖，可得出視圖。見圖 1.6。

2. 將全國法院歷年判處刑罰的人數佔判決有罪人數的比例數（表 1.7）繪製成示意圖，可以得出視圖。詳見圖 1.7。

圖 1.6　1950-2012 年全國法院歷年判處刑罰人數示意圖

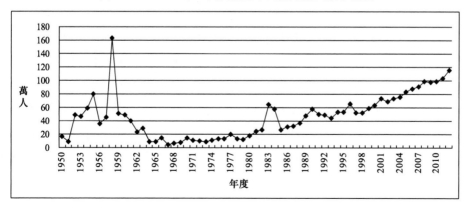

圖 1.7 1950–2012 年全國法院判決有罪人數中處以刑罰的比例示意圖

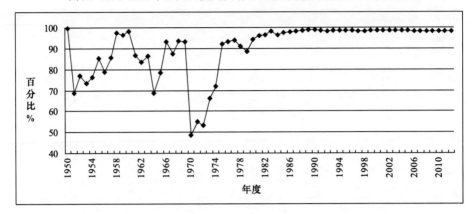

（三）特徵描述

1. 觀察判處刑罰的人數的波蕩（見表1.6、圖1.6）

第一，1950年代的判刑人數高峰。1950–1959年，判刑人數共計5,663,380人，其中1958年判刑人數高達1,657,079人。判刑人數明顯異常突起，並且沒有在高位遷延，而是在短時間內迅速跌落，而從其中高峰下落過程的比較可見：1958年判刑人數是1957年判刑人數的3.27倍，比1957年判刑人數陡增了1,149,990人，同比增長227個百分點；1958年判刑人數也是1959年判刑人數的3.25倍，1959年判刑人數比1958年判刑人數則陡降了1,146,773人，同比下降了225個百分點。這陡增陡降中的110餘萬人，傲然挺立於司法數據庫內，成為空前絕後的奇觀。這個時期的處刑比，起伏較大，1950、1951年達100%，其餘各年則在70.46–99.12%之間波動。

第二，1960年代判刑人數低谷。1960–1969年，判刑人數共計1,954,042人，比1950–1959年減少3,709,338人。這十年之間，判刑人數從1960年的491,344人開始逐年減少，其中1965、1967、1968、1969四個年度都在10萬以下，1964、1966也都在10多萬人。其中1967年僅判

刑46,720人，為中國司法審判活動歷史上最少的一年【7】。判刑比，除1960年達98.31%，其餘各年在78.34–93.63%之間起伏，整體比上一個十年要略高一點。

第三，1970年代的判刑人數高峰。1970–1979年，判刑人數共計1,525,109人，比1960–1969年減少428,933人，比1950–1959年減少4,138,271人。這十年間，全國法院判刑人數相當均衡，除1970年判刑人數達到256,470人，其餘各年都在10幾萬人。處刑比整體低於上一個十年。

第四，1980年代的判刑人數高峰。1980–1989年，判刑人數共計3,649,200人，比1970–1979增加了2,124,091人。這十年之間，判刑人數從1980年的182,453人，逐年遞增，其間1983–1984年兩年為異形突顯達到643,800人和574,248人，其餘各年呈現較均勻的遞增狀態，只達到475,041人。處刑比進入高位平台期。

第五，1990年代的判刑人數高峰。1990–1999年，判刑人數共計5,360,067人，已逼近1950–1959年的判刑人數。這十年之間，判刑人數只有1996年達到656,349人，其餘各年都在40幾萬、50幾萬的層位上小幅波動。處刑比保持在98%以上衡定的比例。

第六，新世紀刑事判決逐年遞增勢頭明顯。2000–2009年，判刑人數共計8,126,236人，已遠遠超過1950–1959年的判刑人數。這十年間，判刑人數在2000年630,044人的起點開始，連續不斷地在高位上遞增，使年判刑人數越來越逼近100萬。處刑比繼續保持在98%以上衡定的比例。

7　1967年全國法院均成為公安機關軍管會下屬的「審判組」，原來的組織不復存在，公安機關軍管會行使國家的審判權。同時，大量群眾組織實際行使着審判以及執行權，直接處理了很多案件，並不能進入司法統計數據。故此年代，刑事司法波蕩中的低谷現象，是一種特殊時期的歷史反映。參見何蘭階、魯明健：《當代中國審判工作》（上下冊），當代中國出版社，1993年12月第1版，上冊，第130–131頁。

從上述六個分段來看，可以認為六個分段是六個數量增減的平台。在每個平台之上則有一些異常突起的高峰：第一個高峰：1950–1959 年中位平台上的 1958 年高峰；第二個高峰：1970–1979 年較低位平台上的 1970 年高峰；第三個高峰：1980–1989 年較低平台上的 1983–1984 年高峰；第四個高峰：1990–1999 年高位平台上的 1996 年高峰；第五個高峰：2000–2009 年以及 2010–2012 年，共十二年正在構成一個整體上高峰的上升段。這六個高峰及其跌落的相對低谷，以及一個低谷的相對回升，構成了判處刑罰人數的六次大起大落的波蕩。這些大起大落，直接證明了刑事司法波蕩現象的客觀存在；同時，其中每一異常突起的高峰也表明當時出現了某些異常的立法主體或司法主體方面的因素的影響，而不是客觀犯罪行為猛然增長。

2. 觀察判處刑罰的人數與判決有罪的人數之間的關係

可見：判決有罪的人數多，處刑的人數就多；判決有罪的人數少，當然處刑的人數就較少。大多數年份有罪人數與處刑人數之間的比例較穩定，如 1987 年至 2012 年，25 年間，這種比例都在 98.5% 左右。但是，也有一些時候，處刑比例較低，如：1970 年僅有 48.66%；1971 年僅有 55.08%；1972 年僅有 53.23%。處刑比的高低，直接反映了司法主體對於刑罰運用的選擇偏向，即對於被判定為有罪的人免予刑事處罰或給以刑罰之外的處罰的狀況。處刑比高，一般情況下反映了用刑嚴峻；處刑比低，一般情況下反映了用刑寬緩。如果，這種選擇偏向完全由司法主體中的裁判者作出，恰恰反映了裁判者的裁量權威的狀況和裁判者的裁判意志獨立的狀況。相應地說，真正在裁判者的裁判意志獨立的情況下所形成的處刑比例，如果其中存在問題，當然需要從裁判者方面尋找原因和問責。但是，如果並不是裁判者獨立意志所形成，則當然要從影響或強制裁判者意志的因素方面去追問和尋求解決的途徑。

三、1950–2012 年判處重刑人數的縱向波盪情況

（一）基本數據

1. 從最高法院公開的統計資料，採集到 1950–2012 年全國法院判處五年以上徒刑直至死刑人數的數據。見表 1.8。
2. 將表 1.8 與表 1.6 作比對，得到表 1.9 的比例數據。

表 1.8　1950–2012 年全國法院判處 5 年以上徒刑直至死刑人數一覽表

年度	人數	年度	人數	年度	人數	年度	人數	年度	人數	年度	人數	年度	人數
1950	15,465	1960	183,805	1970	65,826	1980	36,641	1990	215,338	2000	163,422	2010	159,261
1951	21,365	1961	136,669	1971	42,507	1981	48,968	1991	184,334	2001	188,610	2011	149,452
1952	129,554	1962	66,321	1972	34,778	1982	48,369	1992	171,424	2002	160,324	2012	158,296
1953	96,285	1963	77,897	1973	35,309	1983	311,482	1993	173,897	2003	158,562	—	—
1954	91,106	1964	28,431	1974	39,155	1984	223,973	1994	208,267	2004	146,237	—	—
1955	319,941	1965	34,028	1975	55,664	1985	84,612	1995	219,922	2005	150,878	—	—
1956	132,799	1966	38,848	1976	60,345	1986	96,025	1996	287,537	2006	153,724	—	—
1957	77,350	1967	19,998	1977	94,743	1987	99,378	1997	209,309	2007	151,378	—	—
1958	482,241	1968	35,028	1978	51,491	1988	113,589	1998	149,142	2008	159,020	—	—
1959	151,688	1969	37,170	1979	30,102	1989	165,272	1999	157,462	2009	162,675	—	—

註：此表數據提取自：（1）最高人民法院研究室編：《全國人民法院司法統計歷史資料彙編》（1949–1998 刑事部分），人民法院出版社，2000年9月第1版；（2）《中國法律年鑒》，中國法律年鑒出版社，1999–2013歷年出版。

表 1.9　1950–2012 年全國法院判處重刑比例一覽表

年度	%	年度	%	年度	%	年度	%	年度	%	年度	%	年度	%
1950	9.10	1960	37.41	1970	44.38	1980	20.08	1990	37.64	2000	25.94	2010	16.11
1951	34.91	1961	34.45	1971	37.30	1981	19.87	1991	36.90	2001	25.70	2011	14.48
1952	26.54	1962	27.88	1972	35.70	1982	18.38	1992	35.36	2002	23.22	2012	13.71
1953	20.81	1963	27.36	1973	37.44	1983	48.52	1993	39.20	2003	21.71	—	—
1954	15.43	1964	31.83	1974	37.04	1984	39.00	1994	38.74	2004	19.44	—	—
1955	40.13	1965	37.36	1975	41.18	1985	31.64	1995	41.09	2005	18.20	—	—
1956	37.56	1966	27.29	1976	44.13	1986	30.34	1996	43.81	2006	17.59	—	—
1957	17.10	1967	42.80	1977	48.19	1987	31.19	1997	40.45	2007	16.52	—	—
1958	29.58	1968	53.66	1978	39.70	1988	31.44	1998	28.74	2008	16.07	—	—
1959	29.72	1969	46.70	1979	25.14	1989	34.80	1999	26.54	2009	16.61	—	—

（二）視圖描繪

1. 根據表1.8，可以繪製以下圖1.8的示意圖。
2. 根據表1.9，可以繪製以下圖1.9的示意圖。

（三）特徵描述

1. 觀察表1.8、圖1.8

可見：判處重刑人數高峰是1958年（482,241人）；1955年（319,941人），1983年（311,482人），1984年（223,973人），1996年（287,537人），

圖1.8 1950–2012年全國法院判處5年以上徒刑直至死刑人數示意

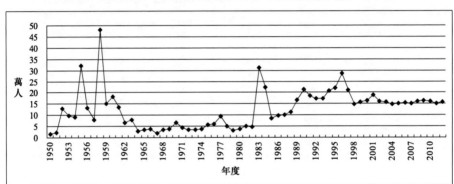

圖1.9 1950–2012年重刑比例變化示意圖

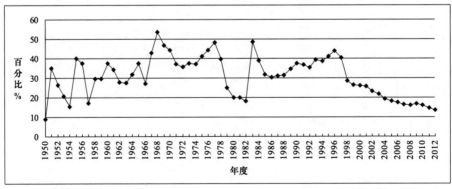

註：所謂重刑，通常是指判處五年以上有期徒刑、無期徒刑、死刑緩期二年執行、死刑立即執行。

1997年（209,309人）。判處重刑人的低谷是在1950、1967、1972、1980這幾年。

2. **觀察表1.9、圖1.9**

可見：判處重刑人數在判處刑罰的人數中的比例：

第一，1950–1959年，從9.1%上升到29.72%，中間經歷了幾次動盪起伏，十年有五年是在20%以上，其中最高為1955年達到40.13%，整體狀若拋物線。

第二，1960–1969年，從37.41%上升到53.66%，中間在高位上起伏多次，其中1968年為史上比重最高年，達到53.66%，重刑比例超過判刑人數一半。為史上所罕見。

第三，1970–1979年，從44.38%漸降至25.14%，中間幾年則有較大起伏，這一階段的重刑率整體呈「魚背狀」。其中1976、1977兩個年度分別為44.13%和48.19%。

第四，1980–1989年，從1980–1982三年為低比例期，在20%左右之間微動，1983年跳躍至48.52%，超過前三年平均值約30個百分點，然後一直保持在高比例的高位平台狀態，至1989年的期末仍處在34.8%的高比例上。

第五，1990–1999年，從1990年37.64%開始，延續8年，都是在35–40%的高比例平台上持續，直到1998年才有所下降。1998年和1999年兩年均降到30%以下，分別為28.74%和26.54%。1998年實際是此後延續的重刑率不斷下降趨勢的起始。

第六，2000–2012年，2000年為25.94%，比1999年的26.74%下降了0.8個百分點，此後每年遞減下降。

整體上看，判處重刑比例較高的年份為：1955、1968、1976、1977、1983–1997。判處重刑比例從1996年43.81%逐年下降，到2012年僅有13.71%。判處重刑的比例情況，是能夠反映司法主體用刑是嚴峻還是寬緩的顯著指標。對於司法審判主體而言，真實最能體現裁判權的就是量刑上的「從嚴」和「從寬」的選擇權；法官最大主動權、主觀

性、自由限度的體現就是在量刑上對於重刑的適用度。歷史實踐中客觀發生的重刑比率，恰恰是最具有裁判者主觀性的自由裁量權運行的結果。簡單地說重刑率就是裁判者主觀製造的結果，裁判者可以創造較高的重刑率，也可以創造較低的重刑率。而事實上裁判者選擇較低的重刑率，即選擇寬緩的量刑原則，也是有出發點的，並不是個人的個性使然，其出發點通常就是試圖感化犯罪、減少犯罪率。然而事實恰恰確鑿無疑地證明，用刑寬緩不可能減少犯罪，也就是說，近17年來的用刑寬緩的選擇，尚沒有達到預期效果。在重刑之中，最重的莫過於死刑的執行數。雖然這是一個不公開的數位，但局部的仍有公開。1983年為24,000人[8]，到2013年僅為2,400人[9]，實際下降了90%。假定按照勻速下降推算，三十年來減少被執行死刑人數總數或許可以達到36萬人（24,000×30÷2=360,000）。可是在減少了如此之多的死刑執行人數的情況下，社會治安狀況好轉了嗎？犯罪率下降了嗎？事實上重刑率遞減，並未減少犯罪數量。這似乎是在反過來證明：用刑越是寬緩，犯罪率就越是增加。

橫向刑事司法波蕩

一、1950–1959年判刑人數的橫向波蕩情況

（一）基本數據

從最高法院公開的資料提取的數據並重新分類後得出分類數據，詳見表1.10。

---

8 〈歷史上的今天，1984年10月31日，最大規模嚴打24,000人被判死刑〉，載法律圖書館http://www.law-lib.com，2010–10–31，來源：人民網。

9 〈根據美國對話基金會的報告，去年，中國對2400名罪犯處以死刑〉，載新浪網新聞中心http://news.sina.com.cn/c/2014–10–28，來源：參考消息網。

表1.10　1950–1959年全國法院各類犯罪判刑人數一覽表

	反革命	危害公共安全	破壞經濟秩序	侵犯公民人身民主權利	侵犯財產	妨礙社會管理秩序	妨害婚姻家庭	貪污賄賂	瀆職	其他	合計
1950	18,815	–	14,989	19,440	55,408	34,616	15,291	9,518	–	1,240	169,317
1951	20,904	–	11,494	6,155	24,706	17,434	3,891	4,235	490	242	89,551
1952	155,089	–	33,262	101,633	44,699	75,690	49,621	17,350	6,090	4,695	488,129
1953	115,994	–	37,490	108,154	53,090	29,113	65,384	13,058	8,872	31,343	462,498
1954	59,980	2,693	71,003	26,254	127,983	–	107,017	18,174	4,752	172,616	590,472
1955	215,007	2,941	82,857	25,770	147,620	–	85,682	19,254	4,204	213,858	797,193
1956	142,923	1,480	–	56,328	54,374	–	25,788	11,028	2,091	59,549	353,561
1957	139,020	1,076	–	66,924	84,532	–	44,694	15,483	1,122	99,494	452,345
1958	699,296	4,000	–	133,346	277,233	–	60,283	60,203	3,358	392,845	1,630,563
1959	249,317	10,847	7,257	36,826	84,584	40,980	12,425	22,800	–	36,270	501,306
合計	1,816,345	23,037	258,352	580,830	954,229	197,833	470,075	191,103	30,979	1,012,152	5,534,935

註：此表數據提取自：最高人民法院研究室編：《全國人民法院司法統計歷史資料彙編》（1949–1998刑事部分），人民法院出版社，2000年9月第1版。

（二）視圖描繪

根據表1.10可以繪製示意圖。詳見圖1.10。

圖1.10　1950–1959年全國法院各類犯罪判刑人數分佈圖

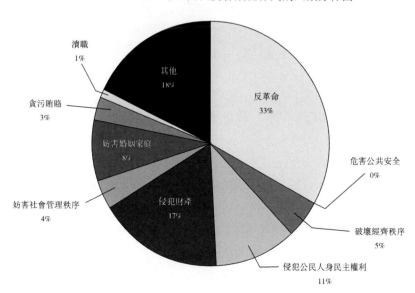

（三）特徵描述

通過觀察1950-1959年代歷年分罪名判刑人數（見表1.10、圖1.10），可見：

1. 在整個1950-1959年代，反革命罪在多數年份是被判刑人數中比重最大的成分

1958年反革命罪被判刑人數達699,296人，佔當年全部被判刑人數的42.89%。這其中明顯反映出，反革命罪被作為重點強調到了足夠的高度，判處反革命罪犯的數量，成為司法主體必須完成並要努力「創造先進」的工作任務。同時，司法主體對於反革命罪的認定也並沒有嚴格的邊界與標準。

2. 普通刑事犯罪並不因為新政權建立而絕跡

殺人、傷害、強姦等侵犯公民人身權利、民主權利的犯罪，搶劫、盜竊、詐騙等侵犯財產的犯罪，以及妨害社會管理秩序的犯罪等，是歷朝歷代存在的犯罪。在中國稱這些種類的犯罪為普通刑事犯罪[10]，以區別於反革命罪。普通刑事犯罪並不因為新政權建立而絕跡，反而是建國一開始就廣泛發生。司法主體對這些種類犯罪的裁判一定程度上沿襲了前政權時期的實體標準，前政權的法律體系和新政權的法律體系都認為這類行為屬於犯罪，都認為需要定罪量刑。因此，這些種類犯罪的定罪量刑，對於司法主體來說並沒有受到法律規定以外的其他意志過多的影響，司法主體在定罪量刑過程中的獨立自主性必然要強一些。

二、1960-1969年判刑人數的橫向波蕩情況

（一）基本數據

從最高法院公開的資料提取的數據重新分類後得出表1.11的分類數據。

---

10 中國曾長期將刑事犯罪劃分為反革命罪與普通刑事犯罪兩大類。參見：1979年頒佈的《中華人民共和國刑法》。

表1.11　1960–1969年全國法院各類犯罪判刑人數一覽表

	反革命	危害公共安全	破壞經濟秩序	侵犯公民人身民主權利	侵犯財產	妨礙社會管理秩序	妨害婚姻家庭	貪污賄賂	瀆職	其他	合計
1960	147,341	13,756	14,940	29,781	130,007	92,086	12,785	23,229	–	17,419	491,344
1961	74,174	10,192	32,238	19,952	141,032	68,487	18,503	15,899	–	16,248	396,725
1962	27,730	6,064	26,053	19,138	85,401	10,897	24,050	9,449	–	29,102	237,884
1963	52,020	7,327	20,213	32,713	79,608	22,832	38,557	6,897	198	24,323	284,688
1964	22,742	1,462	7,550	14,526	13,365	6,788	16,439	2,525	68	2,866	89,331
1965	18,456	1,527	7,006	22,797	12,050	6,972	12,267	4,399	231	5,483	91,088
1966	74,565	1,894	6,027	23,166	11,046	6,292	9,223	3,284	654	6,207	142,358
1967	10,198	634	–	11,569	6,658	–	4,160	656	–	12,845	46,720
1968	19,472	644	–	14,140	10,553	–	3,952	943	–	15,569	65,273
1969	22,468	746	–	16,393	10,779	–	3,799	1,336	–	24,062	79,583
合計	469,166	44,246	114,027	204,175	500,499	214,254	143,735	68,617	1,151	165,124	1,924,994

註：此表數據提取自：最高人民法院研究室編：《全國人民法院司法統計歷史資料彙編》（1949–1998刑事部分），人民法院出版社，2000年9月第1版。

（二）視圖描繪

而根據表1.11，可以繪製出下面圖1.11的示意圖。

圖1.11　1960–1969年全國法院各類犯罪判刑人數分佈圖

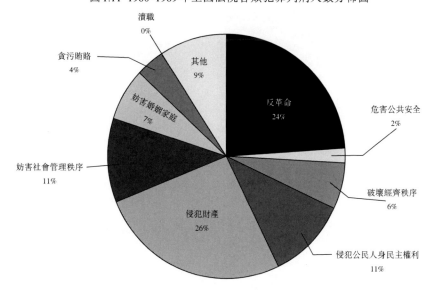

（三）特徵描述

觀察表1.11、圖1.11，可見：

1. **整個1960–1969年代，每年判刑人數都較少**

在這些較少年份當中，反革命罪仍然是所佔比重最大的犯罪種類。

2. **結合歷史知識可知，這個年代國家處於連續不斷的政治運動之中**

如「四清」、「文化大革命」等，在這些政治運動中，司法審判權從法院分離出來並落入「軍管會」等其他組織之手。法院判刑的人數減少了，並不是當時認為的應當施以刑罰的行為減少了，也並不是當時認為應當給予刑罰處罰犯罪人數少，而是大量的被認為是犯罪的行為被施以常規刑罰之外的懲罰方式予以處理了。這種法外施罰的懲罰方式，嚴厲程度有些遠遠超過常規的法定刑罰[11]。

三、1970–1979年判刑人數的橫向波蕩情況

（一）基本數據

從最高法院公開的資料可以提取的數據並加以分類得出數據。詳見表1.12。

（二）視圖描繪

根據表1.12可以繪製以下示意圖。詳見圖1.12。

（三）特徵描述

觀察表1.12、圖1.12，可見：

11　這些方式如：群眾專政、群眾糾鬥、群眾管制、長期關押反省、關牛棚、關農場、關幹校、甚至施以捆綁吊打等肉刑。

表1.12　1970-1979年全國法院各類犯罪判刑人數一覽表

	反革命	危害公共安全	破壞經濟秩序	侵犯公民人身民主權利	侵犯財產	妨礙社會管理秩序	妨害婚姻家庭	貪污賄賂	瀆職	其他	合計
1970	61,975	1,720	25,402	27,489	4,399	—	6,737	—	—	20,594	148,316
1971	38,071	1,265	20,685	27,436	2,388	—	6,094	—	—	18,005	113,944
1972	12,405	1,566	22,977	25,313	4,163	—	5,788	—	—	25,208	97,420
1973	10,434	1,374	24,513	24,661	5,625	—	5,769	—	—	21,936	94,312
1974	9,489	1,504	1,646	31,126	29,676	5,720	9,437	1,301	—	15,805	105,704
1975	11,852	1,737	2,381	38,609	37,625	8,569	10,605	2,074	—	21,726	135,178
1976	15,556	1,718	2,511	35,496	34,554	10,422	9,760	2,536	—	24,176	136,729
1977	22,218	2,252	3,961	45,511	55,991	16,704	10,455	5,211	—	34,304	196,607
1978	11,482	1,336	2,670	30,041	38,308	11,458	7,101	3,921	—	23,276	129,593
1979	3,980	1,573	1,542	36,063	44,088	6,630	5,070	2,826	1,530	16,455	119,757
合計	197,462	16,045	108,288	321,745	256,817	59,503	76,816	17,869	1,530	221,485	1,277,560

註：此表數據提取自：最高人民法院研究室編：《全國人民法院司法統計歷史資料彙編》(1949-1998刑事部分)，人民法院出版社，2000年9月第1版。

圖1.12　1970-1979年全國法院各類犯罪判刑人數分佈圖

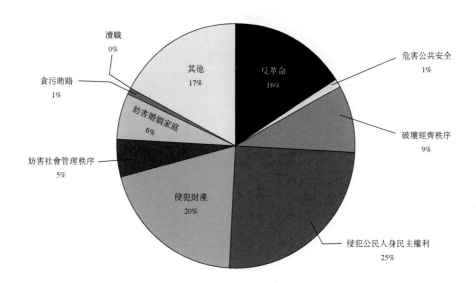

1. **反革命罪只有1970年是一個猛增的年份**

整個1970-1979年代,在各年度犯罪種類的比重結構上,反革命罪判刑人數在較低平台上波動,只有1970年是一個猛增的年份,其後至該年代末則漸趨減少,但始終佔有很重要的地位和一定的份額。

2. **侵犯人身權和侵犯財產權罪的判刑人數比重相對增大**

並且超過了反革命罪的比重。侵犯人身權、財產權罪,屬於普通刑事犯罪,司法上的處理相對而言是比較客觀的。

3. **出現法院被「砸爛」、審判權旁落的狀況**

整個1970-1979年代,歷史上雖然被分解為政治上的幾個時期,法院大多數時間處於被「砸爛」、司法審判權旁落的狀態,但司法審判權並沒有從社會中消失,也沒有從社會治理主體的手中失去過。

四、1980-1989年判刑人數的橫向波蕩情況

(一)基本數據

從最高法院公開的資料提取的數據,重新分類而得出分類數據。詳見表1.13。

(二)視圖描繪

根據表1.13可以繪製以下示意圖。詳見圖1.13。

(三)特徵描述

觀察表1.13、圖1.13,可見:

1. **反革命罪被判刑人數日漸減少**

1980-1989年代,反革命罪被判刑人數日漸減少,趨向於微小比重。而侵犯人身權、財產權的犯罪被判刑的人數比重日漸突出,同時危害和侵害公共利益的犯罪被判刑人數也在增加,反映了司法審判有了新的側重點。

表1.13　1980–1989年全國法院各類犯罪判刑人數一覽表

	反革命	危害公共安全	破壞經濟秩序	侵犯公民人身民主權利	侵犯財產	妨礙社會管理秩序	妨害婚姻家庭	貪污賄賂	瀆職	其他	合計
1980	685	8,949	3,221	58,641	92,068	11,097	4,635	2,669	533	−	182,498
1981	1,003	10,378	5,793	68,889	134,761	16,322	4,894	3,767	671	−	246,478
1982	1,470	9,732	8,298	71,564	138,876	18,569	5,629	7,666	1,392	−	263,196
1983	2,007	12,792	14,639	150,802	311,050	126,598	10,562	11,632	1,876	−	641,958
1984	3,605	10,723	9,082	134,284	255,916	136,423	8,977	13,979	653	606	574,248
1985	1,783	8,761	3,967	68,398	137,546	30,369	5,661	10,395	544	−	267,424
1986	711	13,049	5,355	69,394	169,967	29,576	6,011	21,513	967	−	316,543
1987	526	12,079	5,304	71,978	178,972	29,257	6,396	13,178	890	−	318,580
1988	321	14,039	6,761	77,025	217,403	29,647	5,978	9,382	−	684	361,240
1989	424	23,443	7,996	78,789	316,682	29,577	5,308	12,128	618	−	474,965
合計	12,535	123,945	70,416	849,764	1,953,241	457,435	64,051	106,309	8,144	1,290	3,647,130

註：此表數據提取自：最高人民法院研究室編：《全國人民法院司法統計歷史資料彙編》（1949–1998刑事部分），人民法院出版社，2000年9月第1版。

圖1.13　1980–1989年全國法院各類犯罪判刑人數分佈圖

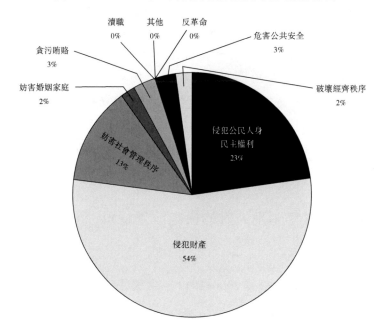

2. **殺人、傷害、搶劫、強姦、流氓罪比重增大**

殺人、傷害、搶劫、強姦、流氓罪日漸成為被判刑人數中的重點，比重越來越大。其中1983年，殺人、搶劫、強姦、盜竊、流氓五類犯罪被判刑人數，在當年所判刑人數中的比重超過50%。這種情況也說明司法審判的側重點已經更多傾向於維護社會安定和民眾生活的穩定。

五、1990-1999年判刑人數的橫向波蕩情況

（一）基本數據

從最高法院公開的資料可以提取的數據，重新分類後得出分類數據。詳見表1.14。

（二）視圖描繪

根據表1.14可以繪製各類犯罪人數分佈圖。詳見圖1.14。

（三）特徵描述

觀察表1.14、圖1.14，可見：對殺人、搶劫、強姦、盜竊、流氓五類犯罪處刑較多。

1990-1999年代，全國性地延續了上一個年代興起的重點判處「嚴重危害社會治安刑事犯罪」的傾向。判刑人數中侵犯財產罪達到61%、侵犯公民人身權利民主權利的犯罪達到25%、妨害社會管理秩序罪達到15%。主要顯示了對殺人、搶劫、強姦、盜竊、流氓五類犯罪處刑較多。

六、2000-2012年判刑人數的橫向波蕩情況

（一）基本數據

從公開的資料提取獲得2000-2012年全國各類犯罪判刑人數數據。詳見表1.15。

表 1.14 1990–1999 年全國法院各類犯罪判刑人數一覽表

	反革命	危害公共安全	破壞經濟秩序	侵犯公民人身民主權利	侵犯財產	妨礙社會管理秩序	妨害婚姻家庭	貪污賄賂	瀆職	其他	合計
1990	648	28,598	9,316	98,230	376,212	35,858	5,317	17,150	714	—	572,043
1991	453	20,681	9,542	98,366	313,900	33,342	4,343	18,933	—	—	499,560
1992	478	18,018	8,399	101,827	284,888	37,364	4,190	18,886	727	—	484,777
1993	249	16,343	6,852	93,347	277,409	35,293	2,781	10,792	483	—	443,549
1994	135	18,086	9,329	96,608	349,256	41,913	2,378	19,071	826	—	537,602
1995	318	18,319	10,325	90,966	351,404	40,451	2,324	20,292	966	—	535,365
1996	281	24,808	13,510	112,408	426,953	54,875	1,933	19,007	1,919	646	656,340
1997	209	20,660	10,006	95,858	324,036	49,962	1,356	12,818	2,026	582	517,513
1998	—	25,635	11,934	107,956	300,626	58,069	—	13,927	724	375	518,886
1999	—	39,014	15,988	197,959	262,870	63,682	—	21,097	1,391	359	602,380
合計	2,771	230,182	105,201	1,093,525	3,277,554	450,809	24,622	171,973	9,776	1,962	5,368,015

註：此表數據提取自：（1）最高人民法院研究室編：《全國人民法院司法統計歷史資料彙編》（1949–1998
刑事部分），人民法院出版社，2000年9月第1版；（2）《1999年度全國法院審理刑事一審案件情況統計
表》，載《中國法律年鑒》（2000），中國法律年鑒社，2000年9月第1版。

圖 1.14 1990–1999 年全國法院各類犯罪判刑人數分佈圖

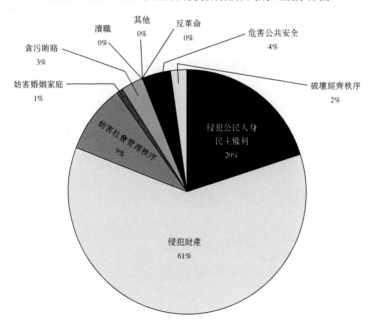

（二）視圖描繪

根據表 1.15 可以繪製各類犯罪人數分佈圖。詳見圖 1.15。

（三）特徵描述

觀察表 1.15、圖 1.15，可見：

1. 司法審判中不再有反革命罪和流氓罪

隨着新《刑法》的實施，1998 年以後，司法審判中不再有反革命罪和流氓罪。

2. 普通刑事犯罪成為刑事審判的主要部分

在各類犯罪中，危害公共安全、侵犯人身權利、侵犯財產權利的犯罪行為成為刑事審判的主要部分，民眾參與度增強，司法主體的隨意裁斷性趨弱。

3. 司法裁判用刑漸寬

對於這些普通刑事犯罪，司法裁斷無論是「用刑嚴峻」還是「用刑寬緩」都會受到民眾質疑。因為這些傳統的犯罪，與民眾切身利益關涉較多，民眾有必要也有權利來觀察和議論。

幾種主要刑事案件的縱向波蕩

一、故意殺人罪歷年判刑人數的波蕩情況

（一）基本數據

根據公開的歷史資料可以提取 1950–1997 年全國法院以故意殺人罪判刑人數的數據。詳見表 1.16。

表1.15 2000–2012年全國各類犯罪判刑人數一覽表

	危害公共安全	破壞經濟秩序	侵犯公民人身民主權利	侵犯財產	妨礙社會管理秩序	妨害婚姻家庭	貪污賄賂	瀆職	其他	合計
2000	45,678	19,350	214,085	264,324	69,950	132	24,272	1,650	373	639,814
2001	61,112	17,890	230,056	315,218	93,419	185	25,940	2,140	368	746,328
2002	59,654	17,010	208,313	311,675	86,490	144	21,383	1,752	286	706,707
2003	67,661	17,385	216,518	328,239	89,678	182	24,630	2,416	387	747,096
2004	81,464	16,639	207,573	339,092	93,776	180	25,733	3,095	399	767,951
2005	92,607	18,626	219,881	375,270	107,718	267	26,444	3,251	302	844,717
2006	100,365	21,182	223,843	393,980	120,555	239	26,173	3,697	450	890,755
2007	109,440	24,732	222,476	408,865	136,867	294	29,035	3,913	396	933,156
2008	118,959	28,461	232,567	434,408	159,424	239	28,556	4,972	612	1,008,677
2009	112,983	32,562	234,640	408,877	173,923	256	28,556	5,167	908	997,872
2010	115,038	38,959	238,699	380,195	197,536	268	30,290	5,569	865	1,007,419
2011	148,239	42,697	234,442	376,127	213,969	222	28,631	5,667	1,644	1,051,638
2012	207,725	74,645	231,244	404,533	216,793	258	30,813	6,474	1,648	1,174,133
合計	1,320,925	370,138	2,914,337	4,740,803	1,760,098	2,866	348,632	49,763	8,638	11,516,263

註：此表數據提取（並經過換算）自：2000–2012年曆年《全國法院審理刑事一審案件情況統計表》，分別載於《中國法律年鑒》，中國法律年鑒出版社，2001–2013年曆年出版。

圖1.15 2000–2012年全國各類犯罪判刑人數分佈圖

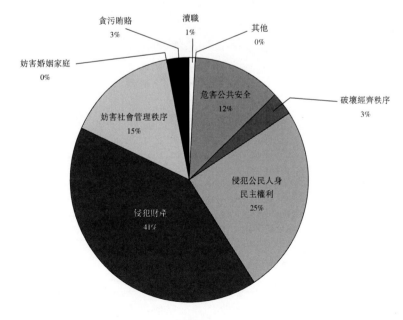

（二）視圖描繪

根據表1.6的數據可以繪製示意圖。見圖1.16。

（三）特徵描述

1. 故意殺人犯罪具有客觀性

故意殺人罪是一種古老的犯罪，民眾人人皆知故意殺人是犯罪，人人皆知殺人必受刑罰制裁，因而殺人者都是抱有甘受刑罰嚴懲的態

表1.16 1950–1997年全國法院以故意殺人罪判刑人數一覽表

年度	人數	年度	人數	年度	人數	年度	人數	年度	人數
1950	9,072	1960	9,675	1970	8,141	1980	7,954	1990	13,587
1951	770	1961	6,441	1971	6,573	1981	8,996	1991	13,008
1952	42,002	1962	5,236	1972	6,690	1982	8,555	1992	13,408
1953	11,448	1963	6,112	1973	5,597	1983	13,769	1993	13,462
1954	6,337	1964	3,370	1974	5,114	1984	8,200	1994	13,531
1955	6,092	1965	3,469	1975	7,043	1985	7,791	1995	13,721
1956	6,311	1966	3,708	1976	5,995	1986	8,658	1996	17,011
1957	5,848	1967	1,471	1977	8,144	1987	9,339	1997	13,869
1958	16,763	1968	2,387	1978	5,711	1988	9,785	1998	14,363
1959	7,805	1969	3,564	1979	8,230	1989	11,418	－	－

註：此表數據提取自最高人民法院研究室編：《全國人民法院司法統計歷史資料彙編》（1949–1998刑事部分），人民法院出版社，2000年9月第1版。1999年以後資料因未公開發佈，故不列入分析。

圖1.16 1950–1997年全國法院以故意殺人罪判刑人數示意圖

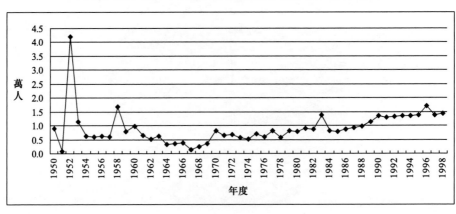

度而實施殺人行為的。故意殺人犯罪是最具有客觀性的，即必須具有客觀的殺人行為才可以被追究，不應因為政策的原因，將不屬殺人行為作為殺人行為，也不應當因為政策的原因將是殺人行為不當成殺人行為。

2.　故意殺人發案主要是個人原因

故意殺人行為的發生有社會的原因，更主要是微觀個人的原因。如果一個社會短時間內故意殺人犯罪突然增多，當然以社會原因為主。而社會的原因又與政治的原因密切相關。但是這種情況是不多見的。只要社會和平穩定、運行正常，那麼故意殺人罪在司法數據和指標上，是不應當存在異常波蕩的。甚至可以說，故意殺人罪就不具有司法波蕩性，並且可以作為司法波蕩存在與否的觀察指標來對待。

3.　故意殺人案件審判較平穩

從表1.16、圖1.16看：犯故意殺人罪的人數多數時候是較平穩的。因此，司法活動中反映出來的情況也是多數情況下只有一點微小波動而整體平穩，大多數年份故意殺人罪判刑只在幾千人，直到1989年以後才漸增到1萬多人。但是其間有幾個年份有着異常的波蕩。其中，1952–1953年，達到42,002和11,448人，是後兩年的6–5.5倍；1958年16,763人，是前後兩年的2–3倍；1983年達到13,769人，是其前後兩年的1.6倍。這種突起突降的表現，應當有着深刻的社會原因或政治原因。正常推理，應當是在該年份或其以前的年份中，社會成員個體之間的利害衝突、利益爭鬥普遍激化所引起的結果。實際並不一定是社會矛盾激化的結果，而僅僅是因為集中統一處理。

1952–1953年的高峰，並不可能是該兩年殺人案件發生突然增多，而更可能是對之前的積壓的故意殺人案件的大力集中追究而引起的司法

活動的數據波蕩；1958年的高峰則顯然是「辦案大躍進」[12]的辦案方式引起的對之前的積累的故意殺人犯罪的集中追究；1983年的波蕩，在其之前四年都是8,000人左右，在其之後四年也都是8,000人左右，唯獨該年達13,769件，當然沒有證據表明當年實際發生的故意殺人案件猛增了60%多，而更顯然是當時集中處理了以前積累的故意殺人案。

這種大力集中處理案件必然引起司法活動數據的明顯波蕩，而這種全國性的大力集中處理案件的行動，當然不可能是任何法律規定的，而只可能由某種法律之外或是凌駕於法律之上的力量所驅動。

二、強姦罪歷年判刑人數的波蕩情況

（一）基本數據

從公開的歷史資料可獲得1950–1998年全國法院以強姦罪判刑人數的數據。詳見表1.17。

（二）視圖描繪

根據以上數據可以繪製示意圖。詳見圖1.17。

（三）特徵描述

1.　強姦罪是基於性衝動而發生的犯罪

強姦犯罪發生的直接動機絕大多數是滿足性欲，因而個體的性心理和性生理原因是強姦犯罪行為發生的主要原因，而社會原因應當不屬於強姦犯罪的直接原因。

12　1958年到1961年，地方各級人民法院掀起審判工作「大躍進」，公檢法三機關聯合辦案，公安局長、檢察長、院長可以互相代替行使權力。普遍提出了每人月結案件幾十件甚至上百件的高指標。為證明辦案效率，虛報浮誇也曾一度成風。某法院3個合議庭一天審案53起，某地公檢法進行辦案試驗，從提請逮捕到判決，55分鐘結案。參見：何蘭階、魯明健主編：《當代中國審判工作》（上下冊），當代中國出版社，1993年12月第1版，上冊，第87–90頁。

表1.17　1950–1998年全國法院以強姦罪判刑人數一覽表

年度	人數	年度	人數	年度	人數	年度	人數	年度	人數
1950	–	1960	16,448	1970	19,348	1980	21,407	1990	33,212
1951	1,490	1961	9,393	1971	19,086	1981	26,715	1991	31,583
1952	26,584	1962	8,797	1972	18,623	1982	33,017	1992	31,939
1953	29,442	1963	18,582	1973	19,064	1983	72,522	1993	28,798
1954	12,636	1964	7,790	1974	23,431	1984	82,011	1994	28,860
1955	14,346	1965	16,699	1975	28,166	1985	37,684	1995	26,463
1956	20,034	1966	16,269	1976	26,448	1986	34,824	1996	32,131
1957	23,301	1967	8,451	1977	32,711	1987	31,959	1997	25,263
1958	68,645	1968	10,046	1978	20,941	1988	28,388	1998	24,694
1959	23,691	1969	11,128	1979	18,261	1989	28,437	–	–

註：此表數據提取自最高人民法院研究室編：《全國人民法院司法統計歷史資料彙編》（1949–1998刑事部分），人民法院出版社，2000年9月第1版。1999年以後資料因未公開發佈，故不列入分析。

圖1.17　1950–1998年全國法院以強姦罪判刑人數示意圖

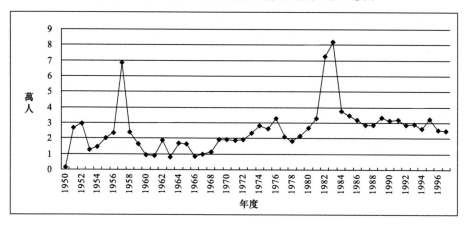

2.　強姦的發生數量比較平穩

在社會人口中總有一些人會實施強姦犯罪行為，但比例很小，在沒有特別理由的情況下，每年的人數應當比較恆定。而且強姦行為在道德層面永遠是醜行，為人所不齒，並不會有更多的人會去實施這種行為。同時，自古以來，法律都將強姦作為犯罪來予以懲罰，民眾世

世代代都深知強姦的違法性,只有極少數人願意去實施這種行為。因此,在整個社會中,強姦的發生數量是少而平穩的。

3. 集中力量短時間運動式地開展的行動引起波蕩

從表1.17、圖1.17看:有的年份強姦罪卻陡然增長,呈現波蕩。主要是:1958年判刑人數達68,645人,是1957、1959年的3倍;1983–1984年分別達72,522人和82,011人,是1981年和1985年2倍以上。為什麼強姦罪的司法統計數據也會發生大的波蕩?顯然這不是法律規定的原因所導致,也並非司法主體的主動原因所導致,也不可能是強姦犯罪實際猛然增長,而只能在於審判前的因素影響。即審判前的偵查、起訴工作方式出現了特別的變化,偵查部門對原有積壓的強姦案進行了大力集中偵查處理。這種集中處理可以推定有幾種情況:第一種情況是原來潛在隱藏的犯罪行為,一直未被察覺,現在被偵破;第二種情況是原來已經察覺因工作力量不足,而擱置未偵,現在偵破;第三種情況是原來已經偵查,但不能確定,現在宣告偵破;第四種情況原來偵破了但不認為屬於犯罪,破而未訴,現在根據新文件政策視為犯罪而予以起訴。這些情況中,多數情況都屬於偵查部門在日常工作應當完成的任務,是不應當累積下來的。集中力量短時間運動式地開展的行動,實際上是對偵查部門平時工作不力、工作失誤、工作失職和不作為的清理和補救,實際也是一種縱容。

三、搶劫罪歷年判刑人數的波蕩情況

(一)基本數據

從公開的歷史資料可以獲取1950–1998年全國法院以搶劫罪判刑人數的數據。詳見表1.18。

(二)視圖描繪

從以上數據可以繪製示意圖。詳見圖1.18。

表1.18　1950–1998年全國法院以搶劫罪判刑人數一覽表

年度	人數	年度	人數	年度	人數	年度	人數	年度	人數
1950	–	1960	3,480	1970	1,636	1980	15,646	1990	71,840
1951	2,179	1961	7,870	1971	1,777	1981	25,684	1991	64,970
1952	3,201	1962	3,646	1972	1,100	1982	22,061	1992	69,380
1953	1,823	1963	2,009	1973	1,549	1983	53,561	1993	77,526
1954	2,319	1964	691	1974	2,009	1984	36,220	1994	91,266
1955	3,655	1965	456	1975	2,671	1985	12,429	1995	86,642
1956	2,402	1966	347	1976	2,703	1986	14,332	1996	106,410
1957	1,145	1967	542	1977	4,815	1987	19,805	1997	79,250
1958	5,972	1968	1,099	1978	3,097	1988	30,437	1998	80,380
1959	2,887	1969	1,252	1979	5,688	1989	52,965	–	–

註：此表數據提取自最高人民法院研究室編：《全國人民法院司法統計歷史資料彙編》（1949–1998刑事部分），人民法院出版社，2000年9月第1版。1999年以後資料未因公開發佈，故不列入分析。

圖1.18　1950–1998年全國法院以搶劫罪判刑人數示意圖

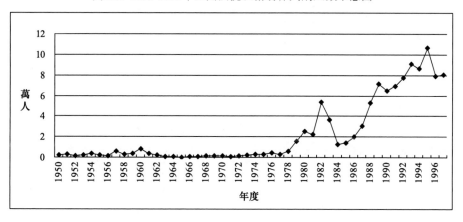

（三）特徵描述

1.　搶劫罪發案率一般不高

搶劫罪作為惡性侵犯財產和人身權的犯罪，社會危害性極大，歷來是法律嚴懲的對象，是司法活動刑事處罰的重點，所以搶劫罪在和平發展時期發案並不會很多。

2. 搶劫罪判刑人數有三次波蕩

從表1.18及圖1.18觀察可見：搶劫罪判刑人數有三次波蕩：1958年為5,972件，為1957、1959年的2-3倍；1983年為53,561人，是1982年的2倍，1996年則超過10萬件。結合歷史情境，顯然與當時社會治理機構的集中行動有關。

3. 搶劫案予以集中處理引起波蕩

搶劫罪的數量突然增多：第一種可能是當時社會客觀經濟狀況出現嚴重危機，民不聊生，搶劫風起；第二種可能是社會治理機構擴大了搶劫犯罪行為的認定範圍；第三種可能是對過去積壓未理的搶劫案予以集中處理。

四、盜竊罪歷年判刑人數的波蕩情況

(一) 基本數據

根據史料整理可以得出1950–1998年全國法院以盜竊罪判刑人數的數據。詳見表1.19。

表1.19　1950–1998年全國法院以盜竊罪判刑人數一覽表

年度	人數	年度	人數	年度	人數	年度	人數	年度	人數
1950	–	1960	120,104	1970	–	1980	68,907	1990	280,393
1951	16,624	1961	127,781	1971	–	1981	98,230	1991	228,542
1952	33,165	1962	76,419	1972	–	1982	102,482	1992	205,163
1953	40,946	1963	69,472	1973	–	1983	225,738	1993	181,857
1954	125,619	1964	9,978	1974	22,913	1984	190,015	1994	235,093
1955	143,965	1965	9,738	1975	28,382	1985	111,241	1995	238,968
1956	51,972	1966	9,015	1976	25,338	1986	139,973	1996	282,218
1957	83,387	1967	5,387	1977	42,207	1987	143,372	1997	210,485
1958	271,261	1968	8,308	1978	29,275	1988	171,952	1998	185,837
1959	75,569	1969	8,230	1979	33,713	1989	246,537	–	–

註：此表數據提取自最高人民法院研究室編：《全國人民法院司法統計歷史資料彙編》（1949–1998刑事部分），人民法院出版社，2000年9月第1版。1999年以後資料因未公開發佈，故不列入分析。

圖1.19 1950–1998年全國法院以盜竊罪判刑人數示意圖

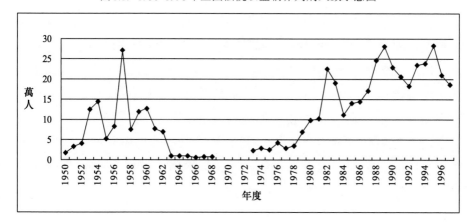

（二）視圖描繪

根據表1.19的數據可以繪製出上面圖1.19的示意圖。

（三）特徵描述

1. 盜竊罪什麼社會都有

盜竊罪是一種古已有之的犯罪，過去和現有的一切社會制度之下都大量地發生過和發生着。中國新國家政權機構建立以來，在對國家社會的治理過程中，也始終未能消滅盜竊犯罪。

2. 盜竊案審判有四次高峰

從表1.19、圖1.19觀察可見：全國法院判處盜竊犯罪人員，除1950、1970–1973年因數據未收集到而尚無確證之外，其餘各年份都在數萬人以上。但其中也有突然增多的年份，主要是：1958年，達271,267人，是1957、1959年3倍以上；1960–1961年分別為120,104人、127,781人，與之前的1959年和之後1962年相比，都超過5萬人以上；1983–1984年分別達到225,738人、190,015人，是之前的1982年和之後的1985年2倍左右。1996年達282,218人，超出1995和1996年5–7萬人。

3. 盜竊罪的波蕩與集中打擊有關

盜竊罪被判刑人數突然增多的原因：第一種可能是集中打擊、集中處理積案的結果，依據歷史資料資訊可知，1958年全國司法系統有一次司法「大躍進」的運動，集中處理大批案件。第二種可能是社會經濟狀況確實出現了危機，為了衣食生存而去偷盜。如1960–1961年盜竊犯罪的增長，應是與大量增長的偷竊糧食和食物有關。第三種可能是為了實現某種治理社會政治效果，實現某種理想的社會狀態，而擴大對盜竊罪的認定範圍，而致被判刑的人數突然增多，1983–1984年、1996年的盜竊罪判刑人數陡增屬於這種可能。

五、流氓罪歷年判刑人數的波蕩情況

（一）基本數據

從公開資料獲取1950–1957年全國法院流氓罪判刑人數的數據。詳見表1.20。

（二）視圖描繪

從表1.20數據可以繪製示意圖。詳見圖1.20。

表1.20 1950–1957年全國法院流氓罪判刑人數一覽表

年度	人數	年度	人數	年度	人數	年度	人數	年度	人數
1950	–	1960	5,064	1970	–	1980	–	1990	18,796
1951	–	1961	–	1971	–	1981	–	1991	17,806
1952	–	1962	–	1972	–	1982	–	1992	19,849
1953	–	1963	–	1973	–	1983	91,903	1993	19,201
1954	–	1964	1,384	1974	5,720	1984	107,241	1994	22,099
1955	–	1965	–	1975	8,569	1985	17,319	1995	18,859
1956	–	1966	1,934	1976	10,422	1986	15,495	1996	24,136
1957	–	1967	–	1977	16,704	1987	16,025	1997	18,106
1958	–	1968	–	1978	11,458	1988	16,848	–	–
1959	7,504	1969	–	1979	6,630	1989	16,186	–	–

註：此表數據提取自最高人民法院研究室編：《全國人民法院司法統計歷史資料彙編》（1949–1998刑事部分），人民法院出版社，2000年9月第1版。1999年以後資料因未公開發佈，故不列入分析。

圖 1.20　1950–1997 年全國法院流氓罪判刑人數變化示意圖

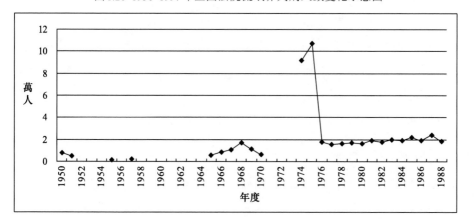

（三）特徵描述

表 1.20、圖 1.20 表明：

1.　1983 和 1984 兩年突起波瀾

流氓罪在 1950 年到 1975 年的 25 年間，在司法活動中從未成為過重點，甚至大多數情況下都沒有數據統計，僅有的幾年數據也很小或並不完整[13]。從 1976 年開始進入每年判刑人數達萬人以上，但絕大多數年份都是在 1 萬到 2 萬人左右，比較平穩。唯有 1983 和 1984 兩年，突起波瀾，達到 9–10 萬人左右，而之後仍恢復到 1 萬到 2 萬左右。

13　1957年中共中央批轉的中央公安部黨組《關於處理盜竊、流氓、詐騙、兇殺、搶劫等刑事犯罪分子政策界限的規定》已對「流氓罪」作出了規定：嚴重破壞社會秩序的流氓分子：1、擾亂社會秩序，破壞公共財產的流氓集團的主要分子和有嚴重罪惡的流氓分子；2、毆打國家公務人員和群眾，情節嚴重的流氓分子；3、污辱、猥褻婦女，情節惡劣、群眾義憤或引起嚴重後果的流氓分子；4、組織暗娼賣淫或誘騙、脅迫婦女賣淫的流氓分子。」1979年頒佈的《中華人民共和國刑法》第160條對流氓罪作出更明確的規定：「聚眾鬥毆，尋釁滋事，侮辱婦女或者進行其他流氓活動，破壞公共秩序，情節惡劣的，處七年以下有期徒刑、拘役或者管制。流氓集團的首要分子，處七年以上有期徒刑。」1983年9月2日全國人大常委會《關於嚴懲嚴重危害社會治安的犯罪分子的決定》規定：「對下列嚴重危害社會治安的犯罪分子，可以在刑法規定的最高刑以上處刑，直至判處死刑：1、流氓犯罪集團的首要分子或者攜帶兇器進行流氓犯罪活動，情節嚴重的，或者進行流氓犯罪活動危害特別嚴重的。」
1997年修訂的《中華人民共和國刑法》不再有關於流氓罪的規定，刑法罪名中不再有此罪名。

2. 流氓罪存在的歷史並不長

流氓罪單項犯罪的司法活動的波蕩也只有1983-1984年這一波,其餘各年雖有一些微小波動,應當在正常的司法波蕩範圍之內[14]。為什麼有關流氓罪的司法活動在1983-1984年突起波瀾?顯然不可能是因為這一兩年社會中客觀上陡增了如此多的流氓犯罪人,而只能是社會中大量原來未被視為流氓犯罪的行為突然被認為是流氓犯罪行為了。

3. 流氓罪是口袋罪

流氓罪之所以能夠被掀起波瀾,也與流氓罪的特點有關。流氓罪曾被稱為「口袋罪名」,很多不好定罪的行為都可以裝入流氓罪這一「口袋」而予以定罪處刑。這表明該罪名構罪標準並不嚴謹,罪與非罪界限易於混淆,由此才具有人為增減的可能。

14　司法數據的微小波動,在任何時候任何國家都是存在的。

第二章 民事司法波蕩

～～～～～～～～～～～～～～～～～～～～～～～～～～～～

民事司法的縱向波蕩

一、民事一審案件的縱向波蕩情況

（一）基本數據

1950–2012年全國法院一審審結民事案件數一覽表。詳見表2.1。

（二）視圖描繪

1950–2012年全國法院一審審結民事案件示意圖。詳見圖2.1。

（三）特徵描述

從表2.1、圖2.1的情況看，全國法院民事案件審判的縱向波蕩情況中，大起大落的頻率並不高。其波蕩狀況大體可以分為三個階段：建國初有較密集的小波動，然後經過二十年低數量低波蕩的低谷期，從1980年以後進入持續大幅度逐年增長的高漲期。總體上看，民事案件審判只有一個大波蕩，而且是一個正處於上坡階段的不斷攀升的波型，何時到達波峰頂點、何時開始下落都難以確定。具體表現為：

1. 1950–1959年

在此十年間，全國法院審結的民事案件，共計8,691,778件，也呈現高低起伏的狀態，其中1952、1953、1954三個年度都突破百萬件，而其餘年份都在幾十萬件數目上波動。

表2.1 1950–2012年全國法院一審審結民事案件數一覽表

年度	結案數	年度	結案數	年度	結案數	年度	結案數
1950	616,649	1970	102,443	1990	2,448,014	2010	6,112,695
1951	843,459	1971	134,217	1991	2,493,784	2011	6,558,621
1952	1,356,912	1972	89,721	1992	2,598,317	2012	7,206,331
1953	1,755,122	1973	250,563	1993	2,975,332	–	–
1954	1,265,090	1974	299,383	1994	3,427,614	–	–
1955	297,356	1975	271,832	1995	3,986,009	–	–
1956	749,640	1976	233,651	1996	4,588,958	–	–
1957	823,215	1977	245,359	1997	4,720,341	–	–
1958	513,044	1978	284,411	1998	4,816,275	–	–
1959	471,291	1979	367,369	1999	5,060,611	–	–
1960	299,182	1980	555,078	2000	4,733,886	–	–
1961	547,123	1981	662,800	2001	4,616,472	–	–
1962	818,046	1982	778,358	2002	4,393,306	–	–
1963	783,953	1983	792,039	2003	4,416,168	–	–
1964	604,828	1984	931,358	2004	4,303,744	–	–
1965	539,260	1985	1,056,002	2005	4,360,184	–	–
1966	336,804	1986	1,009,828	2006	4,382,407	–	–
1967	218,173	1987	1,561,620	2007	4,682,737	–	–
1968	100,411	1988	1,900,979	2008	5,381,185	–	–
1969	55,193	1989	2,477,981	2009	5,997,160	–	–

註：此表資料提取自最高人民法院研究室編：《全國人民法院司法統計歷史資料彙編》（1949–1998刑事部分），人民法院出版社，2000年9月第1版。1999年以後資料因未公開發佈，故不列入分析。

圖2.1 1950–2012年全國法院一審審結民事案件示意圖

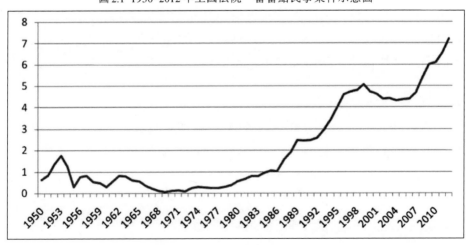

2. 1960–1969年

在此十年間，全國法院審結的民事案件，共計4,302,973件，比上一個十年減少50%以上，並呈較大的起落，其中1969年只有55,193件，只佔1962年的6.75%。

3. 1970–1979年

在此十年間，全國法院審結的民事案件，共計2,278,949件，比上一個十年又減少47%。每年都在10-30萬件數目波動，低數目平緩地發展。

4. 1980–1989年

在此十年間，全國法院審結的民事案件，共計11,726,043件，比上一個十年增加了4.15倍，超過千萬件。且每年以數十萬件的幅度大幅增長，只漲不落。

5. 1990–1999年

在此十年間，全國法院審結的民事案件，共計37,115,255件，比上一個十年增加2.17倍。每年以最多60萬件的增幅大幅增長，只漲不落。

6. 2000–2009年

在此十年間，全國法院審結的民事案件，共計47,267,249件，比上一個十年增加一千萬件，每年增速與上十年略有下降。

7. 2010–2012年

在此三年間，全國法院審結的民事案件，共計19,877,647件，年增加最多達60萬件。

二、民事二審案件的縱向波蕩情況

（一）基本數據

1950–2012 年全國法院民事審判二審結案數一覽表。詳見表2.2。

（二）視圖描繪

1950–2012 年全國法院民事審判二審結案示意圖。詳見圖2.2。

（三）特徵描述

從表2.2、圖2.2情況看：

1. 1950–1959年

十年間，全國法院二審審結民事案件526,356件，佔同年代一審案件的6.1%；

2. 1960–1969年

十年間，全國法院二審審結民事案件201,685件，佔同年代一審案件的4.69%；

3. 1970–1979年

十年間，全國法院二審審結民事案件81,400件，佔同年代一審案件的3.57%；

4. 1980–1989年

十年間，全國法院二審審結民事案件637,509件，佔同年代一審案件數的5.44%；

5. 1990–1999年

十年間，全國法院二審審結民事案件1,634,010件，佔同年代一審案件數的4.4%；

表2.2　1950–2012年全國法院民事審判二審結案數一覽表

年度	結案數	年度	結案數	年度	結案數	年度	結案數
1950	6,038	1970	–	1990	114,401	2010	593,373
1951	37,608	1971	–	1991	128,396	2011	571,762
1952	40,115	1972	–	1992	129,079	2012	583,855
1953	86,274	1973	–	1993	118,638	–	–
1954	78,453	1974	10,864	1994	123,005	–	–
1955	60,596	1975	12,791	1995	138,585	–	–
1956	64,786	1976	11,752	1996	159,702	–	–
1957	83,542	1977	12,096	1997	177,317	–	–
1958	53,580	1978	13,168	1998	204,958	–	–
1959	15,364	1979	20,729	1999	339,929	–	–
1960	12,146	1980	34,494	2000	363,522	–	–
1961	16,109	1981	43,353	2001	377,672	–	–
1962	35,061	1982	53,296	2002	357,821	–	–
1963	43,054	1983	56,289	2003	370,770	–	–
1964	34,811	1984	57,741	2004	377,052	–	–
1965	30,295	1985	56,925	2005	392,191	–	–
1966	13,405	1986	61,768	2006	406,381	–	–
1967	8,840	1987	76,359	2007	422,041	–	–
1968	5,736	1988	87,670	2008	517,873	–	–
1969	2,228	1989	109,614	2009	598,355	–	–

註：本表數據採自：(1)最高人民法院研究室編：《全國人民法院司法統計歷史資料彙編》(1949–1998民事部分)，人民法院出版社，2000年9月第1版；(2)中國法律年鑒出版社：《中國法律年鑒》，1999–2013年曆年出版。

圖2.2　1950–2012年全國法院民事審判二審結案示意圖

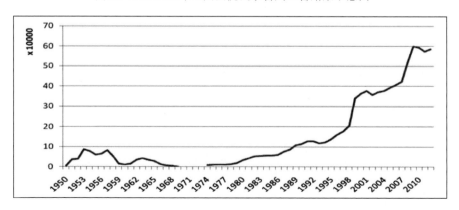

6. **2000–2009年**

十年間，全國法院二審審結民事案件4,183,678件，佔同年代一審案件數的8.85%；

7. **2010–2012年**

三年間，全國法院二審審結民事案件1,748,990件，佔同年代一審案件數的8.80%。

上述分析可見，全國法院二審民事案件的辦案狀況與一審民事案件的發展狀況相似，也是在建國初辦案數較高，然後有較長時間的低迷期，再後來從1980年始案件數量也是逐年大幅度上升。同時，二審案件佔一審案件的比例也呈緩慢上升狀態。

三、民事再審案件的縱向波蕩情況

（一）基本數據

1950–2012年全國法院民事再審案件數一覽表。詳見表2.3。

（二）視圖描繪

1950–2012年全國法院民事再審案件數示意圖。詳見圖2.3。

（三）特徵描述

從表2.3、圖2.3的情況看：

1. **1950–1959年、1960–1969年、1970–1979年**

此三個年代中，全國法院民事再審案件的資料皆不完整，因而沒有分析價值，故予以忽略；

2. **1980–1989年**

十年間，全國法院辦結民事再審案件128,583件，佔同年代全國法院一審民事案件辦結數的1.1%；

表2.3 1950–2012年全國法院民事再審案件數一覽表

年度	結案數	年度	結案數	年度	結案數	年度	結案數	年度	結案數	年度	結案數	年度	結案數
1950	－	1960	785	1970	－	1980	8,380	1990	23,582	2000	85,155	2010	41,331
1951	3,345	1961	－	1971	－	1981	7,517	1991	29,286	2001	82,550	2011	38,609
1952	－	1962	－	1972	－	1982	7,810	1992	31,980	2002	48,916	2012	33,902
1953	5,799	1963	－	1973	－	1983	12,146	1993	30,639	2003	47,412	－	－
1954	3,829	1964	－	1974	3,560	1984	12,228	1994	30,780	2004	44,211	－	－
1955	－	1965	－	1975	2,205	1985	16,288	1995	34,475	2005	41,461	－	－
1956	－	1966	6,909	1976	1,821	1986	15,449	1996	37,274	2006	42,255	－	－
1957	－	1967	1,791	1977	1,638	1987	13,714	1997	43,347	2007	38,786	－	－
1958	－	1968	1,126	1978	2,251	1988	14,393	1998	48,152	2008	35,704	－	－
1959	1,059	1969	849	1979	5,795	1989	20,658	1999	81,589	2009	38,070	－	－

註：本表數據採自：(1)最高人民法院研究室編：《全國人民法院司法統計歷史資料彙編1949–1998》（民事部分），人民法院出版社，2000年9月第1版；(2)中國法律年鑒出版社：《中國法律年鑒》，1999–2013年曆年出版。

圖2.3 1950–2012年全國法院民事再審案件數示意圖

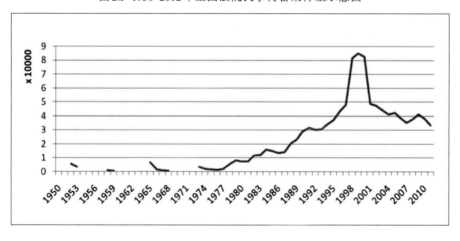

3.　1990–1999年

十年間，全國法院辦結民事再審案件391,104件，佔同年代全國法院一審民事案件辦結數的1.05%；

4.　2000–2009年

十年間，全國法院辦結民事再審案件504,520件，佔同年代全國法院一審民事案件辦結數的1.07%；

5.　2010–2012年

三年間，全國法院辦結民事再審案件113,842件，佔同年代全國法院一審民事案件辦結數的0.57%。

民事司法幾種主要案件的縱向波蕩

一、婚姻糾紛案件的波蕩情況

（一）基本數據

1950–2012年全國法院審結婚姻家庭繼承糾紛案件數。詳見表2.4。

（二）視圖描繪

1950–2012年全國法院審結婚姻家庭繼承糾紛案件數示意圖。詳見圖2.4。

（三）特徵描述

1.　1950–1954年

1950年5月1日《婚姻法》頒佈實施，全國各級法院充分運用審判職能，通過對典型婚姻案件的審判，宣傳《婚姻法》精神，激發廣大婦女同封建婚姻作鬥爭的勇氣。到1951年底，全國法院審結的婚姻案件

表 2.4　1950–2012 年全國法院審結婚姻家庭繼承糾紛案件數

年度	結案數	年度	結案數	年度	結案數	年度	結案數	年度	結案數	年度	結案數	年度	結案數
1950	262,841	1960	26,683	1970	70,021	1980	270,324	1990	809,825	2000	1,347,808	2010	1,428,340
1951	843,459	1961	488,177	1971	9,506	1981	314,224	1991	873,863	2001	1,345,963	2011	1,609,801
1952	904,221	1962	667,629	1972	62,107	1982	378,301	1992	897,771	2002	1,277,516	2012	1,647,464
1953	1,109,191	1963	606,875	1973	172,926	1983	372,966	1993	950,835	2003	1,266,593	–	–
1954	1,185,512	1964	513,861	1974	198,820	1984	424,260	1994	1,036,073	2004	1,160,346	–	–
1955	611,605	1965	417,502	1975	184,989	1985	408,585	1995	1,133,301	2005	1,132,458	–	–
1956	516,035	1966	271,102	1976	166,695	1986	454,019	1996	1,208,773	2006	1,159,437	–	–
1957	522,952	1967	163,918	1977	172,858	1987	543,080	1997	1,235,689	2007	1,215,776	–	–
1958	298,570	1968	75,984	1978	179,916	1988	621,505	1998	1,231,778	2008	1,320,636	–	–
1959	339,138	1969	40,595	1979	208,224	1989	747,047	1999	1,399,898	2009	1,380,762	–	–

註：本表數據採自：(1)最高人民法院研究室編：《全國人民法院司法統計歷史資料彙編》(1949–1998民事部分)，人民法院出版社，2000年9月第1版；(2)中國法律年鑒出版社：《中國法律年鑒》，1999–2013年曆年出版。

圖 2.4　1950–2012 年全國法院審結婚姻家庭繼承糾紛案件數示意圖

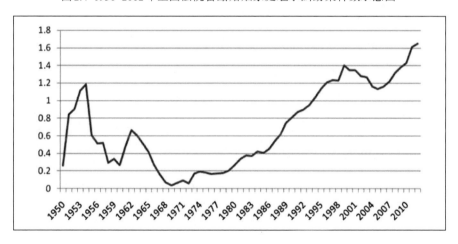

已達 458,319 件，是上年的 1.74 倍，其中離婚案件 382,742 件，佔婚姻案件的 83.51%，佔同年民事結案數的 45.38%。同時，家庭繼承糾紛案件也大量發生，1953 年最為突出，全國法院共審結繼承案件 51,059 件，是新中國成立初結案最高的一年。

2. 1955–1959年

法院受理的婚姻家庭繼承案件逐年下降，由於生產資料所有制的變化和社會主義生產關係的建立，在婚姻家庭領域中，強迫、包辦、買賣等封建婚姻案件雖然仍是構成婚姻糾紛案件的主要原因，但已大為減少，這個時期，因喜新厭舊以及經濟問題引起的離婚案件日益增多。法院對這類案件的處理，根據不同情況，區別對待。每年受理案件呈50萬件—40萬件—30萬件數量範圍波動。

3. 1960–1967年

法院每年受理的婚姻家庭繼承案件，除1960年僅有26,683件，其餘年份都在20萬件—60萬件—16萬件的總數範圍內波動。此期間政治運動不斷，對婚姻家庭矛盾糾紛也起到解決的作用，婚姻家庭繼承糾紛案件發生並不多。

4. 1968–1972年

這幾年受理婚姻家庭繼承案件量猛然連續降到6、7萬件，甚至降到1萬件以下。此期間是「文革」中期，民眾更注重政治生活，對婚姻糾紛問題不作為首要問題來加以解決。政治生活或許預防、化解和處理了大量的婚姻家庭矛盾糾紛。

5. 1973–1997年

這二十四年間，全國法院審結的婚姻家庭繼承糾紛案件逐年持續上升，從1973年的17.3萬件到1997年的142.87萬件，增幅達7.3倍。

6. 1998–2008年

這十年間，婚姻家庭繼承糾紛案件在110萬件以上高位運行，年均120萬件左右。反映了全國婚姻家庭關係正發生着巨大變化，婚姻家庭的倫理規範也呈現出多元化、易變性等特點，婚姻糾紛案件的變化正是這一現象的風向標。

二、債務糾紛案件的波蕩情況

（一）基本數據

1950–2012年全國法院民事審判審結債務糾紛案件數一覽表。詳見表2.5。

（二）視圖描繪

1950–2012年全國法院民事審判審結債務糾紛案件示意圖。詳見圖2.5。

（三）特徵描述

從表2.5、圖2.5看：

1.　新中國成立初期

新中國成立初期起訴到法院的債務案件，數量在民事案件中僅次於婚姻案件，居第二位；大多數是新中國成立前形成的債務，其中主要是借貸糾紛。全國法院1950年至1952年共審結債務案件422,630件，其中借貸糾紛（包括買賣欠帳）241,000件，佔57.02%。

2.　1955–1978年

從1955年起，債務案件逐年下降，直至1969年全國法院僅審結1,038件債務案件，達到60年代最低。這種狀況一直持續到1978年。1955年至1978年全國法院共審結債務案件384,613件，年均19,230.65件。

3.　1979–2001年

全國法院共審結債務案件13,291,454件，年均577,889.30件，增長近30倍。

表2.5 1950-2012年全國法院民事審判審結債務糾紛案件數一覽表

年度	結案數	年度	結案數	年度	結案數	年度	結案數
1950	143,569	1970	−	1990	567,926	2010	3,239,740
1951	137,440	1971	−	1991	543,322	2011	3,286,997
1952	141,621	1972	−	1992	565,880	2012	3,720,160
1953	173,324	1973	−	1993	638,318	−	−
1954	124,259	1974	2,936	1994	783,077	−	−
1955	99,633	1975	2,309	1995	939,927	−	−
1956	69,466	1976	1,969	1996	1,156,431	−	−
1957	59,083	1977	2,394	1997	1,243,159	−	−
1958	41,178	1978	2,915	1998	1,294,294	−	−
1959	11,442	1979	5,234	1999	1,411,387	−	−
1960	5,815	1980	10,106	2000	1,327,763	−	−
1961	7,034	1981	12,487	2001	1,293,006	−	−
1962	13,722	1982	18,840	2002	2,251,113	−	−
1963	20,891	1983	27,625	2003	2,269,167	−	−
1964	16,452	1984	48,417	2004	2,235,890	−	−
1965	14,411	1985	70,594	2005	2,255,651	−	−
1966	6,556	1986	150,589	2006	2,236,888	−	−
1967	3,939	1987	250,140	2007	2,440,738	−	−
1968	1,430	1988	364,612	2008	2,905,603	−	−
1969	1,038	1989	568,320	2009	3,154,347	−	−

註：本表數據採自：(1)最高人民法院研究室編：《全國人民法院司法統計歷史資料彙編1949-1998》(民事部分)，人民法院出版社，2000年9月第1版；(2)中國法律年鑒出版社：《中國法律年鑒》，1999-2013年曆年出版。

圖2.5 1950-2012年全國法院民事審判審結債務糾紛案件示意圖

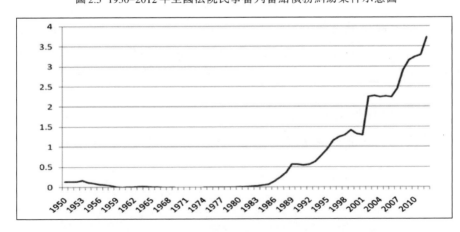

4.　2002–2008年

2002年，司法統計報表進行了革新，債務案件也被範圍更大的合同案件取代。2002年至2008年，全國法院共審結合同案件16,595,050件，年均2,370,721.43件，增長近4倍。

三、財產權益和其他民事糾紛案件的波蕩情況

（一）基本數據

1950–2012全國法院民事審判審結財產權益及其他民事糾紛案件數一覽表。詳見表2.6。

（二）視圖描繪

1950–2012全國法院民事審判審結財產權益及其他民事糾紛案件示意圖。詳見圖2.6。

（三）特徵描述

從表2.6、圖2.6的情況看：

1.　新中國成立初期

新中國成立初期，人民法院受理的財產權益糾紛案件，主要是債務、房屋、土地及勞資糾紛。1953年，與生產直接相關的土地、水利糾紛案件成倍上升，1952年為50,926件，1953年為111,804件，增長2.20倍。

2.　1956–1957年

1956年全國法院共審結債務、土地、水利、房屋、山林、牧場案件131,392件，比1955年的202,225件下降了35.03%。

表2.6 1950–2012全國法院民事審判審結財產權益及其他民事糾紛數一覽表

年度	結案數	年度	結案數	年度	結案數	年度	結案數
1950	188,256	1970	27,574	1990	358,329	2010	1,444,615
1951	218,466	1971	30,920	1991	339,334	2011	1,661,823
1952	270,184	1972	22,915	1992	321,775	2012	1,838,707
1953	421,548	1973	65,464	1993	339,660	–	–
1954	475,403	1974	81,648	1994	385,539	–	–
1955	206,027	1975	69,798	1995	443,783	–	–
1956	122,621	1976	51,763	1996	513,111	–	–
1957	173,633	1977	56,664	1997	555,133	–	–
1958	85,040	1978	70,082	1998	623,422	–	–
1959	39,944	1979	204,565	1999	691,318	–	–
1960	14,310	1980	226,743	2000	728,666	–	–
1961	41,831	1981	252,274	2001	803,624	–	–
1962	119,423	1982	309,576	2002	864,677	–	–
1963	124,768	1983	278,628	2003	880,408	–	–
1964	95,751	1984	301,214	2004	907,508	–	–
1965	78,976	1985	298,417	2005	972,075	–	–
1966	41,950	1986	263,016	2006	986,082	–	–
1967	39,740	1987	276,975	2007	1,026,223	–	–
1968	18,646	1988	295,622	2008	1,154,946	–	–
1969	11,066	1989	344,362	2009	1,262,051	–	–

註：本表數據採自：（1）最高人民法院研究室編：《全國人民法院司法統計歷史資料彙編》（1949–1998民事部分），人民法院出版社，2000年9月第1版；（2）中國法律年鑑出版社：《中國法律年鑑》，1999–2013年曆年出版。

圖2.6 1950–2012全國法院民事審判審結財產權益及其他民事糾紛示意圖

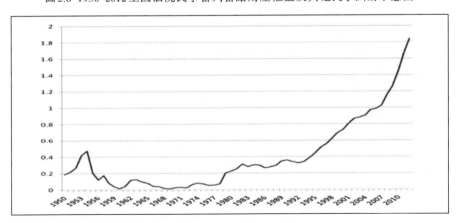

3.　1958–1960年

1958年開始財產權益訴訟案件急劇下降。1960年全國法院審結的財產權益糾紛案件僅11,988件，佔民事案件總數4.01%。

4.　1961–1965年

從1961年起，人民法院受理的財產權益糾紛案件有所增加。其中1963年為90,915件，較1960年的11,988件，上升6.58倍。

5.　1966–1976年

人民法院民事財產權益糾紛案件審判工作基本停滯。

6.　1977–2000年

1977年全國法院共審結財產權益糾紛案件為22,795件，佔民事案件總數的9.29%。此後，逐年增長，至2000年達72.8萬件。

7.　2001–2008年

2001年以後，民事案件呈井噴式增長，統計報表制式也進行了革新，傳統的財產權益糾紛案件被進一步細化、分類。涉及財產的糾紛案件早已超越婚姻家庭糾紛案件，成為民事案件的主要類型，尤其是合同糾紛案件，每年結案數量都會佔民事案件總數的一半以上。2001年全國法院共審結涉及財產的糾紛案件803,624件。2008年全國法院共審結涉及財產的糾紛案件1,154,946件。

第三章　　行政司法波蕩

❦❦❦❦❦❦❦❦❦❦❦❦❦❦❦❦❦❦❦❦❦❦

行政訴訟的縱向波蕩

一、行政訴訟結案數的縱向波蕩情況

（一）基本數據

表 3.1 是 1987–2012 年全國法院一審行政訴訟案件審結數一覽表。

表 3.1　1987–2012 年全國法院一審行政訴訟案件審結數一覽表

年度	結案數	年度	結案數	年度	結案數	年度	結案數
1987	4,677	1996	79,537	2005	95,707	1980	95,707
1988	8,029	1997	88,542	2006	95,052	1981	95,052
1989	9,742	1998	98,390	2007	100,683	1982	100,683
1990	12,040	1999	98,759	2008	109,085	1983	109,085
1991	25,202	2000	86,614	2009	120,530	1984	120,530
1992	27,116	2001	95,984	2010	129,806	1985	129,806
1993	27,958	2002	84,943	2011	136,361	1986	136,361
1994	34,567	2003	88,050	2012	128,625	1987	128,625
1995	51,370	2004	92,192	–	–	1988	–

註：本表數據採自：(1)最高人民法院研究室編：《全國人民法院司法統計歷史資料彙編》(1949–1998民事部分)，人民法院出版社，2000年9月第1版；(2)中國法律年鑒出版社：《中國法律年鑒》，1999–2013年歷年出版。

（二）視圖描繪

圖 3.1 則為 1987–2012 年全國法院一審行政訴訟案件審結數示意圖。

圖 3.1 1987–2012 年全國法院一審行政訴訟案件審結數示意圖

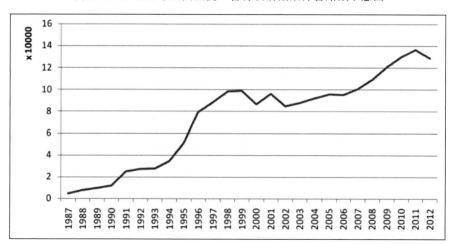

（三）特徵描述

從表 3.1、圖 3.1 分析可見：1990 年 10 月 1 日，《中華人民共和國行政訴訟法》的正式實施，全國法院全面開展行政訴訟案件的審判工作。但此前，從 1987 年始，全國部分法院已試驗開啟行政訴訟案件的審判工作。

1.　1987–1989 年

是中國法院開啟行政訴訟審判工作的試驗階段，每年結案只有幾千件，數量極其微小，但極具有開創意義。

2.　1990–1999 年

這是全國法院行政訴訟開展的第一個十年，辦結案件的數量由 1 萬餘件啟程，逐年以萬位的幅度遞增，直至接近十萬件。

3.　2000–2009 年

這是全國法院行政訴訟開展的第二個十年，辦結案件的數量增長幅度不大，列年結案數基本保持在 1999 年的水準，至 2009 年才稍有增加。

4. 2010-2012年

此三年案件辦結數與2009年基本持平，增長速度很慢。

僅從總體數量上看，全國法院行政訴訟開啟以來，縱向發展緩慢，對於社會影響不大，對於調整社會關係和社會秩序的作用發揮很有限。

二、行政訴訟案件處理結果的縱向波蕩情況

（一）基本數據

表3.2是1987-2012年全國法院判決行政機關勝訴案件數及所佔案件比例一覽表。

（二）視圖描繪

1987-2012年全國法院判決行政機關勝訴案件數示意圖。詳見圖3.2.1。

1987-2012年全國法院判決行政機關勝訴案件所佔比例。詳見圖3.2.2。

（三）特徵描述

從表3.2、圖3.2.1、圖3.2.2分析可見：

1. 1987-1989年

行政機關勝訴比例很高，佔40%-60%。反映行政訴訟審判中對於行政機關的行政行為還是以維持為主，審判時的要求不嚴格。

2. 1990-1999年

行政機關勝訴比例有較大起落，從1990年的36.2%直降到1997年的12.7%，反映了行政訴訟案件的審判工作，對行政機關行政行為的法律審查趨於嚴格。

表3.2　1987–2012年全國法院判決行政機關勝訴案件數及所佔案件比例一覽表

年度	行政機關勝訴件數	佔案件總數%	年度	行政機關勝訴件數	佔案件總數%	年度	行政機關勝訴件數	佔案件總數%
1987	2,769	59	1996	11,549	15	2005	15,769	17
1988	3,929	49	1997	11,230	13	2006	16,779	18
1989	4,135	43	1998	13,036	13	2007	16,832	17
1990	4,337	36	1999	14,672	15	2008	20,236	19
1991	7,969	32	2000	13,431	16	2009	16,010	13
1992	7,628	28	2001	15,941	17	2010	15,598	12
1993	6,587	24	2002	15,520	18	2011	14,023	10
1994	7,128	21	2003	16,356	19	2012	12,431	10
1995	8,903	17	2004	16,393	18	–	–	–

註：本表數據採自最高人民法院研究室編：《全國人民法院司法統計歷史資料彙編》（1949–1998民事部分），
　　人民法院出版社，2000年9月第1版；中國法律年鑒出版社，1999–2013年出版，歷年《中國法律年鑒》。

圖3.2.1　1987–2012年全國法院判決行政機關勝訴案件數示意圖

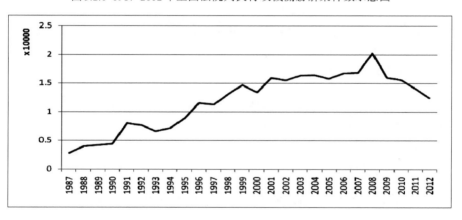

圖3.2.2　1987–2012年全國法院判決行政機關勝訴案件所佔比例

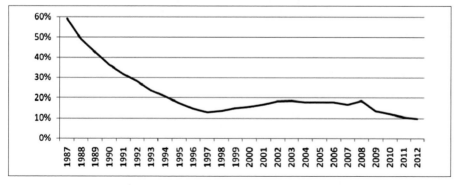

3. **2000–2009年**

行政機關勝訴比例在13%到19%波動，反映了行政訴訟案件的審判工作基本固定了一種實際上的審查判斷標準。

4. **2010–2012年**

行政機關勝訴比例在下降，到2012年已是10%以下，為歷史上最低，反映了行政訴訟案件的審判工作正在脫離種種束縛，更加嚴格準確地體現了對行政行為司法審查的目的和作用。

行政訴訟幾類主要案件的縱向波蕩

一、公安行政管理類行政訴訟案件的波蕩情況

（一）基本數據

表3.3是1987–2012年全國法院審結公安行政管理類行政訴訟案件數量及比例一覽表。

（二）視圖描繪

1987–2012年全國法院審結的公安行政管理類行政訴訟案件數量示意圖，詳見圖3.3.1。

1987–2012年全國法院審結公安行政管理類行政訴訟案件佔比例示意圖。詳見圖3.3.2。

（三）特徵描述

從表3.3、圖3.3.1及圖3.3.2的分析可見：

表3.3 1987-2012年全國法院審結公安行政管理類行政訴訟案件數量及比例一覽表

年度	行政機關 勝訴件數	佔案件 總數%	年度	行政機關 勝訴件數	佔案件 總數%	年度	行政機關 勝訴件數	佔案件 總數%
1987	2,225	48	1996	15,095	19	2005	9,602	10
1988	3,320	49	1997	13,932	16	2006	9,215	10
1989	3,311	41	1998	13,620	14	2007	9,750	10
1990	4,044	34	1999	14,907	16	2008	10,455	10
1991	7,644	30	2000	13,173	15	2009	9,563	8
1992	7,873	29	2001	14,554	15	2010	10,732	8
1993	6,993	25	2002	11,761	14	2011	10,137	7
1994	8,454	25	2003	10,950	12	2012	10,665	8
1995	11,427	22	2004	11,247	12	–	–	–

圖3.3.1 1987-2012年全國法院審結的公安行政管理類行政訴訟案件數量示意圖

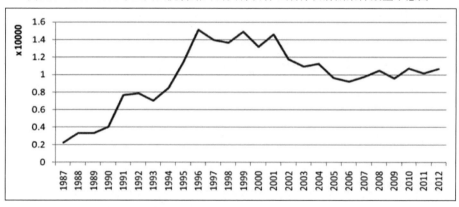

圖3.3.2 1987-2012年全國法院審結公安行政管理類行政訴訟案件佔比例示意圖

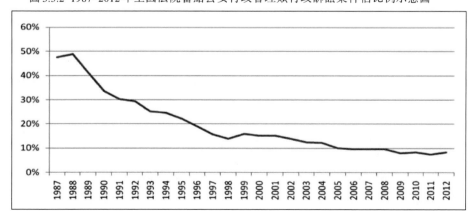

1. 1987–1989年

公安行政管理類的案件佔行政訴訟案件的比例近50%。反映了當時的社會管理工作中，公安行政管理的作用較大。

2. 1990–1999年

公安行政管理類的案件佔行政訴訟案件的比例從33.6%的高比例逐年下降，直至1998年的13.8%。顯示其他行政管理的作用加大，可訴範圍逐步擴大。

3. 2000–2009年

公安行政管理類的案件佔行政訴訟案件的比例越來越小，到2006年，已低於10%。表明國家社會管理手段在全面加強，民眾對於行政行為的鑒別力在增強，同時行政訴訟的可訴範圍也在擴大。

二、資源行政管理類行政訴訟案件的波蕩情況

（一）基本數據

1987–2012年全國法院審結資源管理類行政訴訟案件數及比例一覽表。詳見表3.4。

表3.4 1987–2012年全國法院審結資源管理類行政訴訟案件數及比例一覽表

年度	行政機關勝訴件數	佔案件總數%	年度	行政機關勝訴件數	佔案件總數%	年度	行政機關勝訴件數	佔案件總數%
1987	1,282	27	1996	13,932	18	2005	18,835	20
1988	2,479	31	1997	12,739	15	2006	20,643	22
1989	3,239	33	1998	14,506	15	2007	19,705	20
1990	3,855	32	1999	15,692	16	2008	18,892	17
1991	7,973	32	2000	13,640	16	2009	21,352	18
1992	8,453	31	2001	14,661	15	2010	23,372	18
1993	8,155	29	2002	13,506	16	2011	24,927	18
1994	7,914	23	2003	16,804	19	2012	20,104	16
1995	10,009	20	2004	17,390	19	–	–	–

註：本表數據採自：(1)最高人民法院研究室編：《全國人民法院司法統計歷史資料彙編》(1949–1998民事部分)，人民法院出版社，2000年9月第1版；(2)中國法律年鑒出版社：《中國法律年鑒》，1999–2013年曆年出版。

圖 3.4.1　1987–2012 年全國法院審結資源管理類行政訴訟案件數示意圖

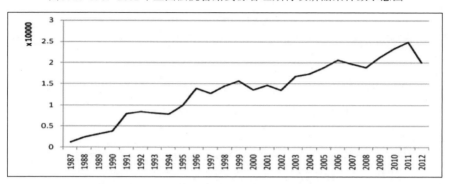

圖 3.4.2　1987–2012 年全國法院審結資源管理類行政訴訟案件數佔比示意圖

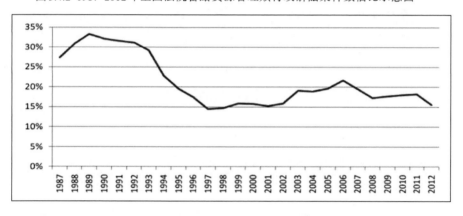

（二）視圖描繪

　　1987–2012 年全國法院審結資源管理類行政訴訟案件數示意圖。詳
見圖 3.4.1。

　　1987–2012 年全國法院審結資源管理類行政訴訟案件數佔比示意
圖。詳見圖 3.4.2。

（三）特徵描述

　　從表 3.4、圖 3.4.1 及圖 3.4.2 分析可見：

1.　1987–1989 年

　　以土地資源管理行政訴訟為主的資源管理類行政訴訟所佔比重較
大，已佔行政訴訟案件的三分之一左右。

2. **1990–1999年**

此類案件比例由高向低趨行，從1995年開始已低於行政訴訟案件數的20%以下。

3. **2000–2009年**

此類案件比例維持在15–20%左右，較為穩定。

4. **2010–2012年**

此類案件比例維持在15–20%不變。

5. **總體上看**

此類案件數量每年增長幅度不大。最大數值也只在二萬件左右。

三、城鄉建設行政管理類行政訴訟案件的波蕩情況

（一）基本數據

1987–2012全國法院審結城鄉建設行政管理類行政訴訟案件數及比例一覽表。詳見表3.5。

表3.5　1987–2012全國法院審結城鄉建設行政管理類行政訴訟案件數及比例一覽表

年度	行政機關勝訴件數	佔案件總數%	年度	行政機關勝訴件數	佔案件總數%%	年度	行政機關勝訴件數	佔案件總數%
1987	181	3	1996	4,438	6	2005	18,864	20
1988	405	5	1997	4,902	6	2006	20,334	21
1989	562	6	1998	6,029	6	2007	21,052	21
1990	647	6	1999	7,659	8	2008	28,672	26
1991	1,043	4	2000	8,234	10	2009	22,741	19
1992	1,324	5	2001	9,063	9	2010	25,016	19
1993	1,991	7	2002	15,672	19	2011	24,898	18
1994	2,245	7	2003	19,793	22	2012	23,337	18
1995	2,949	6	2004	18,970	21	–	–	–

註：本表數據採自：（1）最高人民法院研究室編：《全國人民法院司法統計歷史資料彙編》（1949–1998民事部分），人民法院出版社，2000年9月第1版；（2）中國法律年鑑出版社：《中國法律年鑑》，1999–2013年曆年出版。

（二）視圖描繪

1987–2012全國法院審結城鄉建設行政管理類行政訴訟案件數示意圖。詳見圖3.5.1。

1987–2012全國法院審結城鄉建設行政管理類行政訴訟案件比例。詳見圖3.5.2。

圖3.5.1　1987–2012全國法院審結城鄉建設行政管理類行政訴訟案件數示意圖

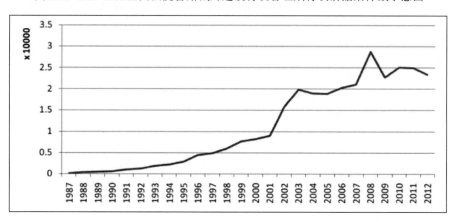

圖3.5.2　1987–2012全國法院審結城鄉建設行政管理類行政訴訟案件佔比示意圖例

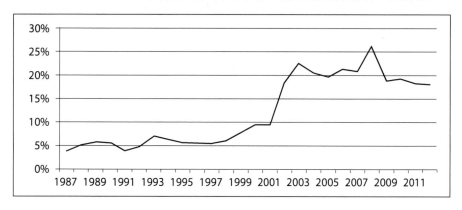

（三）特徵描述

從表3.5、圖3.5.1、圖3.5.2分析可見：

1. 1987–1989年

此類案件所佔比例極低，數量很少。

2. 1990–1999年

十年間，此類案件數量有所上升，但所佔比例基本不變，每年仍在5%上下徘徊。

3. 2000–2009年

十年間，此類案件數量有較大增加，所佔比例也逐年上升，2008年已高達26.3%。

4. 2010–2012年

此類案件數量承接2009年的18.9%的比例，沒有大的變化。

5. 總體上看

數量和比例的波蕩，反映較多的是城鄉環境建設工作的行政管理越來越受重視；在司法層面，此類案件同樣受到了普遍重視。

第二篇
司法波蕩的內在

　　司法波蕩表象上只是一種司法統計數據的性狀，對司法波蕩的研究當然不能止步於對這種表象的描述。對司法波蕩研究的價值所在，應該是揭示出司法波蕩表象的背後所隱藏的內在的東西。本篇將專門探究刑事、民事、行政三類司法波蕩中所隱含與深藏着的那些與司法活動維護社會正義目標相關聯的內在問題。即對司法波蕩進行品質波蕩情況的分析，也即對中國司法活動運行結果進行品質分析，從而揭示深層次的重要問題。

第四章　　刑事司法波蕩的內在

❀❀❀❀❀❀❀❀❀❀❀❀❀❀❀❀❀❀❀❀❀❀❀❀❀

縱向刑事司法不公

一、縱向刑事司法不公的含義

縱向刑事司法波蕩的內在特徵，是包含了縱向刑事司法不公。公正，本是人們的一種感覺和品評。這種感覺的產生應當是符合人們思想認識的一般規律的，即來自人的各種方式的感知，其中最重要的一種感知就是對比。司法的公正與不公正是人們對司法主體實施各個司法行為進行對比而得出的結論。無論是普通民眾，還是作為法律人的律師、法官也普遍有着種種對比的思維習慣。在縱向刑事司法波蕩過程中，在相距不遠的不同時期，司法主體對同種類的犯罪行為給予的刑罰處理如果忽輕忽重、具有較大的不穩定性，就會使人們通過前後、縱向的對比而認為受到不公正的對待，或者不因為自己而是出以公心也感到不公正，這就是縱向刑事司法不公。其特點是：

（一）「縱向刑事司法不公」是整體性的刑事司法不公

一定時期內同類刑事案件的處理在數量上、處罰程度上大起大落，所涉案件的當事人進行前後對比時，感到受到了不公正的待遇。這種不公正覆蓋了全社會所有同時期的刑事案件，涉及成千上萬的當事人，故而是社會整體上的司法不公。縱向刑事司法不公的裁判，都會成為永恆的歷史傷痛——永遠不可補救和挽回。即便是如上世紀80、90年代初那樣每每對「歷史老案」進行大面積複查平反，但對於受到傷

害的當事人來說，也根本不足以彌補其損失。而對於整個社會來說，巨大的社會損失已經造成，再也無可挽回了，所謂國家補償或賠償不過是拿後來民眾的勞動價值轉移支付給了受傷害的個體民眾，對民眾整體來說還是「羊毛出在羊身上」，對於國家民族來說就是一種無謂的內部損耗和永遠收回不了的成本支出，是國家民族發展前進中的自殘性的停步。

（二）「縱向刑事司法不公」是綜合性的刑事司法不公

裁判起落之間，大量的個案必然是不僅僅違反了既有程序法，也必然違反了實體法的相對恆定的精神原則。因此，縱向司法不公實際包含了大量的成批的甚至橫越一個時代的程序與實體上的錯亂。因此，縱向司法不公包含的是司法制度乃至整個法律制度體系的被扭曲、被破壞、被顛倒，也是對司法機構及其人員乃至全部司法主體的存在及其全部付出被徹底作廢。

（三）「縱向刑事司法不公」是現實性的刑事司法不公

案件處理的起落作為一種客觀的歷史存在，給了所有當事人以實證對比的機會，在前後對比中發現的不公正所引起的往往是全社會的不公正感和憤懣情緒。而憤懣的對象，既會包括對現時的司法行為（當現時的司法行為偏重偏嚴時），也會包括對之前的司法行為（當現時的司法行為偏輕、偏寬時），因此，全社會經過了司法行為處理的人員及其相關人都會感受到不公正。縱向司法不公，總是以客觀歷史事實的狀態存在着，任何政治家都不可能抹滅得了，任何理論家都不可能辯駁得清。縱向司法不公，並不因為被司法主體視為歷史問題，是歷史老案、歷史造成，時過境遷，無須重視就算了。任何歷史的問題與現實的利益都是相聯繫的，任何現實都不過是歷史的遞進和延續。當歷史的司法不公客觀存在並被人們所感知的時候，就會被認為是現實的人們生活狀態不如

意的形成原因，成為維護和爭取個人利益甚至是對抗社會的理由。所以縱向司法不公，並不是歷史問題，而是現實問題。即便被稱之為「歷史遺留問題」，那也是歷史遺留給當下的現實問題。

二、縱向刑事司法不公的狀態分析

（一）對「刑猛」期狀態的分析

1997年以前48年的中國刑事司法，各項縱向曲線都呈不斷高低起伏的波蕩狀態。將重刑率曲線與判罪人數曲線對比（參見第一章，圖1.9、圖1.3），可以看到，一個重刑高峰期過去，明顯會帶來一個犯罪人數相對較低的時期。但是這樣的時期並不長，緊接着會出現犯罪人數相對較高的時期。再接着就有一個重刑率較高的時期，再接着又是一個犯罪人數較低的時期。犯罪人數與重刑率之間客觀地顯現出了一種交相互動的狀態。這或許就是古人所言：「刑寬則民慢，慢則刑猛，刑猛則民殘，殘則刑寬」[1]的交替狀態。但是在這種「寬」、「猛」交替之間至少有以下兩種社會群體感到不公正：

第一，被告人。遇到「刑猛」之時而被判刑的被告人，只要活到「刑寬」的時候，看到自己身邊越來越多的比自己得到輕判的犯罪人，就會感到不公平，感到司法不公正，會有「早生了幾年」的感歎，因

1　【春秋】左丘明：《左傳》（昭公二十年），山西古籍出版社，2004年7月出版。

此，其內心的委屈感、不服感當會陡然而生【2】。類似這樣的情況，還會增加更多的不安定因素：不排除有的人會增加對社會的仇視，進而產生新的犯罪意念。

第二，被告人親屬。任何時候被重處的被告人的親屬都會受到嚴重的傷害。在全國各地經年累月不斷上訪的人群中，為了自己的子女、配偶、父母、兄弟、姐妹尋找公道和公正的，實在難以數計。他們有的討回了公道，有的幾十年的堅持也沒能找到他們心中期望的那一份公正，但是無論結果怎樣，他們內心深處不可能不對社會不滿，不可能不心存怨恨而心平氣靜地生活。其實他們正在用腳投「司法不公」的反對票。

（二）對「刑寬」期狀態的分析

從1998年開始：判刑人數從40多萬，逐年增長，一路飆升至2014年已超120萬人，判罪數、判刑數、人口犯罪率都呈持續不斷上升的狀態，但是1998年開始至2014年的十六年時間中，重刑比率卻呈「斜下

2　案例：歌手遲志強流氓案。

1983年，當時江蘇省南京市中級法院的一份刑事判決書中，一共有8名被告人，年齡在22歲至29歲之間，被告人中排在第一位的是王某，27歲，捕前系江蘇省級機關某車隊駕駛員，他是這起流氓團夥案的主犯，遲志強位列第三。判決書中認定：「1983年4月某日晚，王某夥同被告人遲志強及曹某（已判刑）在雙門樓賓館分別與女流氓劉某（另案處理）進行流氓淫亂活動；同年3月某日晚，王某駕駛小轎車夥同遲志強誘女青年陶某乘車兜風，兩被告在車內分別與陶某進行流氓淫亂活動。」「被告人遲志強還在1983年元月至1983年5月間，先後與女流氓陳某、徐某（均另案處理）、劉某以及女青年曹某，進行流氓淫亂活動。在此期間，通過王某認識並猥褻了女青年王某。」作為流氓團夥案的主犯，王某被法院認定為「利用其駕駛的公用小轎車多次勾引婦女，姿意進行流氓犯罪活動，危害特別嚴重，已構成流氓罪。」判決書中對他描述稱：「被告人王某自1981年至1983年間，駕駛小轎車，先後在本市大方巷、夫子廟、大行宮、工藝美術大樓、軍人俱樂部、察哈爾路等處，以乘車觀夜景、兜風為名，勾引並姦污了女青年劉某、查某、宋某；勾引並猥褻了女青年徐某、蔣某、李某、方某、陳某、龔某等人。」而遲志強和其他被告人也被認定為「各自採用不同手段進行流氓犯罪活動，情節惡劣，均已構成流氓罪。」但法院認為遲志強歸案後認罪態度較好，應給予輕判。出獄後的遲志強，在大街上看到擁抱親吻的情侶，他就會忍不住在心裏感歎：「這世界真的是此一時，彼一時。要是我晚生20年，我一定不會坐牢！」參見：〈揭秘當年遲志強為什麼坐牢〉，載《九千網》，2016-05-31，14:20。

向」逐年降低的狀態。這個時期整體呈現用刑寬緩的態勢。但刑寬期間必然會有以下問題：

第一，被害人方面的反響。一切刑寬時期對被告人的處刑，對於被害人來說都會感到不公平，因為嚴格依法懲處被告人是被害人的期望，也即一種「精神利益」[3]，刑寬期判處被告人的刑罰要比刑猛期的刑罰普遍要輕，這對被害人而言就意味着應當獲得的精神利益被減少。這種減少的差別，有的案件甚至是殺與不殺、定罪與不定罪的天壤之別。這時被害人普遍就會感受到不公正。作為被犯罪行為侵害的具體對象，每個被害人都有着自己對犯罪人的處罰標準。當然被害人內心的對犯罪人的處罰標準有很多非理性的因素，正因為如此，法律的規制就嚴肅、穩定地賦予被害人以理性的標準，從而使被害人艱難地讓自己理性起來。如果司法現實讓被害人看到他們所信賴的對犯罪人刑罰處罰的理性標準居然也輕率地不斷變化、搖擺不定，甚至滑行到被害人心理底限之下，這時，他們無論如何也不可能認為司法主體對犯罪人的刑罰處罰是公正的。

第二，被害人親友方面的反響。被害人的親友多數都是被害人利益共同體的成員，刑寬之時的量刑，當然對他們的精神期待有所降低，這時同樣會使他們感受到不公正。他們甚至會因為這種不公正感是來源於一種無法抗衡和抗辯的體制性、制度性的力量，這時不公正的感覺就會轉變為極為憤怒的對抗社會的情緒。從而陡增了多倍於原來犯罪行為人帶給社會的潛在的不安寧因素[4]。

第三，社會大眾方面的反響。社會大眾絕大多數人是期待着司法主體能夠匡扶正義、嚴懲罪犯、除暴安良，而且沒有人認為犯罪具有正當性和正義性。同時，每個人都會感覺到社會上存在的犯罪分子對於自己及自己的親人的人身財產利益和生存環境的潛在威脅，人人

3　徐金平：〈利益中精神利益探究〉，載《求實》，2010年第1期。

4　有法官表示，參與審理的刑事案件中，很多被害人親屬都流露復仇情緒。

都渴望撲滅犯罪。但是，如果司法主體對既有的犯罪行為人量刑一味從寬、偏輕，那麼，在廣大民眾中只會得到司法不公的認識和評價。作為公訴案件來說，犯罪危害的是社會民眾整體的生存條件，每一個民眾都關注着犯罪分子受到的處罰和犯罪被控制情況。民眾的觀察必然要進行前後情況的對比，當民眾對刑猛時期的犯罪處罰程度有所瞭解的時候就已建立了一種對比的標準，而當觀察刑寬時期對犯罪行為人的處罰的嚴峻程度在大幅遞減的時候，每一個民眾都會感到深深的不安，會感到司法主體總是以保護犯罪行為人的人權為藉口，對民眾不負責任和不公正對待。民眾都會發問：犯罪人數在逐年上升，惡性案件在頻頻發生，民眾基本人權和生存基本條件受到犯罪的危害在逐年加大，而司法主體對犯罪行為人的處罰力度在逐年減弱、態度逐年溫良友好，司法主體如此偏向犯罪人，偏向於侵害民眾利益的非正義的邪惡的犯罪人一方，怎麼可能評價司法是越來越公正了呢？民眾真實地感受到的只能是司法的縱向不公正。任何司法主體、社會治理主體，或者社會統治權的實際掌握者，都不應當忽視這樣的事實：所有感受不公正的群體的疊加、累積，速度和數量都將是驚人的，隨着時間的推移其佔社會總人口的份額會越來越多，從而最終會成為國家社會的巨大的不穩定因素。事實上，司法主體對犯罪人實行寬緩的刑罰處罰從來沒有民意的依據，只不過是根據少數幾個學者閉門提議，而人為實施，其合理性何在、必要性何在、要達到什麼目標，幾乎是屬子虛烏有，其公正性根本沒有來源，怎麼可能得到肯定的評價？現實的結果，只能使民眾普遍感到「司法越來越不公正，判決越來越不像話」。並且感覺到整個司法系統的司法不公已呈塌方式出現，甚至生出「法官、律師、罪犯，蛇鼠一窩、沆瀣一氣」的抱怨。

第四，各種社會成員對焦點問題的反響。中國對犯罪人的刑罰處罰中，最為焦點的問題是死刑的適用的問題。對罪大惡極的罪犯處以死刑，是中國千百年來千千萬萬的民眾的共同意志，幾個法學家，為什麼要改變民眾的共同意志？有什麼實證的依據可以否定這一民意？以任何嘩眾取寵的「國際影響」的偽命題是說服不了民眾的。因為，

當今民眾的知識、文化、思想認識水平遠非幾十年前所可比,任何欺瞞、矯揉造作,都只能引起民眾的恥笑和反感。以任何非法定的理由人為地減少死刑適用,試圖樹立「標杆」[5]來引導民眾,都不可能得到民眾的擁護,都不可能得到民眾在公正司法上的肯定評價,唯一的後果,只能是得到「司法不公」的負面評價。

三、對「刑罰世輕世重」觀念的分析判斷

(一)「刑罰世輕世重」的前提不靠譜

縱向刑事司法波蕩始終不被人們質疑,反而認為在不同的時期「刑罰世輕世重」或「亂世用重典」是當然的。但是,查遍現代司法

---

5 案例:李昌奎強姦、殺人案。

2009年5月14日,雲南省巧家縣茂租鄉鸚哥村村民李昌國(李昌奎兄長)與陳禮金(王家飛母親)因收取水管費的瑣事發生爭吵打架。遠在四川西昌打工的李昌奎在得悉後,隨即趕回村,5月16日下午1點在王家飛家門口遇到王家飛(女,18歲)及其弟王家紅(3歲),李昌奎將王家飛褲襠撕爛,並在王家廚房門口將王搯暈後實施強姦,然後使用鋤頭將王家飛敲打致死,將王家紅倒提摔死在鐵門門口,並將姐弟二人用繩子把脖子勒緊。李昌奎在製造血案之後出逃,4天后在四川省投案自首。2010年7月15日雲南省昭通市中級人民法院經審理認為:被告人李昌奎犯罪手段特別兇殘、情節特別惡劣、後果特別嚴重,罪行極其嚴重,社會危害極大,應依法嚴懲,雖有自首情節,但不足以對其從輕處罰;以故意殺人罪判處李昌奎死刑,剝奪政治權利終身,以強姦罪,判處有期徒刑五年;決定執行死刑,剝奪政治權利終身;賠償家屬王廷禮、陳禮金經濟損失3萬元。2011年3月4日,雲南省高級人民法院二審認為:原判認定事實清楚、定罪準確、審判程序合法,但量刑失重:李昌奎在犯罪後到公安機關投案自首,並如實供述犯罪事實,其具有自首情節,認罪、悔罪態度好,積極賠償受害人家屬經濟損失。遂撤銷昭通中院判決,改判李昌奎死刑,緩期二年執行。這一判決,頓時在被害人親屬之間引起軒然大波,被害人親屬不服判決,向法院申訴,要求啟動審判監督程序,撤銷二審判決,依法再審判處李昌奎死刑。並將雲南省高院的這份「不公平」的判決書公之於世。李昌奎案的改判情況公開後,各路媒體均被驚動,絕大多數的聲音都批評雲南高院的改判不公正。2011年7月6號,雲南高院副院長田成有、副院長趙建生公開回應,表示:該案改判有事實、法律和刑事政策的依據。但更激發了民眾對該二審改判公正性的懷疑,同時也激發了民眾對所謂「少殺慎殺」刑事政策的合理性、合法性、公正性和民意來源性的懷疑,並直接提出了「當殺必殺」的主張。2011年7月16日,雲南高院決定對該案另行組成合議庭進行再審。2011年8月22日上午在昭通市再審開庭後,撤銷原二審死緩判決,改判死刑,立限執行,剝奪政治權利終身,並報請最高人民法院核准。2011年9月29日,經最高人民法院核准,李昌奎被依法執行死刑。根據百度:《李昌奎案》;載http://sz.bendibao.com/news/2013年3月6日。

學術理論，包括作為當代中國社會思想理論基礎的馬克思列寧主義理論，也都沒有這種觀點。事實上「刑罰世輕世重」、「亂世用重典」的觀點只存在於中國古代奴隸制、封建制社會的法律思想之中。

　　在中國古代奴隸制和封建制社會的法律思想中，有關「刑罰世輕世重」的主張，最早見之於《尚書》中的《呂刑》。該文中，將「輕重諸罰有權，刑罰世輕世重」[6]作為刑事司法的基本原則之一，意即要靈活掌握適用刑罰的尺度，根據時事情況變化適時地變換適用刑罰的輕重程度。這一刑事司法思想為儒家所肯定和繼承。孔子在進一步闡發這種思想時說：「政寬則民慢，慢則糾之以猛；猛則民殘，殘則施之以寬；寬以濟猛，猛以濟寬，政是以和」[7]，把這一刑法思想說得有因有果、變化有律。同時，孔子還以「有張有弛」的道理說明了隨時應變的客觀需要。他講：「張而不弛，文武弗能也；弛而不張，文武弗為也。一張一弛，文武之道也」[8]。這裏所講的「道」，自然也包括上述適時用刑的基本原則。

　　《後漢書•崔寔傳》記載了東漢名臣崔寔在其所寫的文章中提出的「治亂世用重典」的思想。原文為：「原為天下者，自非上德，嚴之則治，寬之則亂……夫刑罰者，治亂世之藥石；德教者，興平之粱肉也。夫以德教除殘，是以粱肉治疾也；以刑罰治平，是以藥石供養也」[9]。意思就治理混亂的天下，需要嚴峻的刑罰，如果採取寬宥的法則，則天下將大亂。用刑罰治世和用德教治世，不能同時進行。此思想為後世所效仿。

6　【春秋】孔子：《尚書》「呂刑」篇；載【清】阮元校刻：《十三經注疏》（全五卷），中華書局影印，2009年10月第1版，第一卷，第532頁。

7　【春秋】左丘明：《左傳》「昭公二十年」；載【清】阮元校刻：《十三經注疏》（全五卷），中華書局影印，2009年10月第1版，第四卷，第4549頁。

8　【春秋】孔子：《禮記•雜記下》：「張而不弛，文武弗能也；弛而不張，文武弗為也。一張一弛，文武之道也」。載於立文主編：《諸子百家集成》（全四卷），黑龍江美術出版社，2011年第1版，第一卷，第387頁。

9　【宋】范曄撰：《後漢書》「崔寔傳」；載姜濤主編：《二十五史》（全十二冊），線裝書局，2014年6月第1版，第二冊，第828–829頁。

但是「刑罰世輕世重」和「亂世用重典」的思想理論,前提上有一個漏洞:即把「用典」者都當成聖人,認為他們對是否「亂世」不會作出錯誤的判斷、也不會帶有其他目的來用「重典」。然而事實上,從來就沒有一個統治者不會犯低級錯誤,對社會形勢的判斷失誤的事更是經常發生的。

更重要的一個問題,無論贊成或批評「刑罰世輕世重」和「亂世用重典」的理論,前提都是把「刑罰」、「重典」當作那些凌駕於社會大眾之上的主體治理社會大眾而選擇使用的專門工具,當作社會治理主體實現自己的意圖、使社會的狀態符合自己想像的工具。而並沒有關注這個工具的使用對象,即全體民眾的眼前和長遠的生存和發展所可能受到的影響。也即對整個社會每個民眾的感受和意願並無考量。如同屠宰場在屠宰牲畜時,只會考慮如何有效地完成屠宰任務、如何提高屠宰的品質和效率,而從來沒有去考慮牲畜的感受和意願一樣,社會治理主體在選擇用「重典」或是「輕典」時,只考慮其有效地完成統治任務,而從來不會考慮社會大眾的意願和感受。所以,「治亂世用重典」、用「中典」、用「輕典」的選擇,都沒有把民眾當人看,更沒有把社會治理主體當作社會大眾的一個成員來看。因此,從本質上來說是非人道的、非平等的集權暴力統治的思想表現,與現代社會民主、平等、以人為本精神是格格不入的,與現代司法追求公平正義的根本價值觀也是完全對立的。只要按照「刑罰世輕世重」和「治亂世用重典」的觀點實施司法行為,一定會包含極大的司法不公。可以認為,在「世輕世重」觀念影響下,必然形成波蕩式刑事司法。

(二) 「世輕世重」式刑事司法並不能取得預期效果

中國在治理社會的各個時期,都較明顯地應用了古老的「刑罰世輕世重」的社會統治理論,每每根據形勢而「用重典」或「用輕典」。歷次「鎮壓反革命」、歷次打擊經濟犯罪活動、歷次「嚴厲打擊刑事犯罪」,

都是用「重典」的表現[10]。正如一位高級警官所言：「嚴打刑事政策之所以在20世紀70年代末80年代初產生，這與當時的社會形勢特別是治安形勢以及人民群眾的意願密不可分」[11]。2005年，中國提出「寬以濟嚴、嚴以濟寬，寬嚴相濟」[12]的說法，從其時開始至目前已實施了十餘年的「用輕典」的寬刑期。

　　而長期實踐的實際效果是：一旦從嚴，刑事犯罪就被遏制而減少；而一旦不從嚴而從寬，刑事犯罪立刻上升。1983年「嚴打」堅持「從重」、「從快」的原則，的確遏制了犯罪，1984年全國立案數回落到51萬起；但「嚴打」結束，此後又逐年上升，至1988年立案數量達82.7萬起；1989年翻了兩倍，有197.1萬起；1990年221.6萬起；1991年236.5萬起。因此，在1996年、2001年和2010年，又組織了三次「嚴打」，才將犯罪再遏制住。客觀數據反映的「治亂世用重典」的實際效果，很快就被「用刑寬緩」時新的犯罪數增長所湮沒。

　　就刑事司法的治理社會的效果來看，既要看到「堅持嚴打方針」的負面效果，也要看到用刑寬緩所造成的危害。

（三）「世輕世重」式的刑事司法損害社會法律信仰

　　因為有了世輕世重的波蕩式刑事司法，就有了民眾的縱向司法不公的感受；因為有了縱向司法不公的感受，就產生了對司法的不信任；因為對司法不信任，就會對司法裁判作出自己內心的裁判。因此，當事人和民眾在內心裏就都成了法官之上的法官。從而形成了當

10　1983年7月，鄧小平在嚴厲打擊刑事犯罪活動的講話中明確指出：「現在是非常狀態，必須依法從重從快集中打擊，嚴才能治住」。見：《鄧小平文選》（1-3卷），人民出版社，1993年出版，第3卷，第34頁。

11　賈東軍、國章成：《嚴打刑事政策：反犯罪的中國經驗》，中國人民公安大學出版社，2008年3月出版，第9頁。

12　《最高人民檢察院關於在檢察工作中貫徹寬嚴相濟刑事司法政策的若干意見》（高檢發研字〔2007〕2號）2006年12月28日最高人民檢察院第十屆檢察委員會第六十八次會議通過，2007年1月15日發布，http://www.law-lib.com/law/law_view.asp?id=188373。

事人在任何時候都可以向任何機關和主體表達對司法行為的不服與憤懣。而國家權力行使主體，往往認為當事人就是人民、人民就是當事人，其對司法行為的否定評價當然要接受，並要求司法主體作出現場解釋、接待來訪、判後答疑、上門服務、執行到位。因此，司法不公，就成為司法主體身上怎麼也搓不淨的「垢痂」。

縱向刑事司法不公使社會準則被毀棄、程序制度被打碎、公正之心被踐踏，繼而導致法律信仰削弱。而法律信仰，是社會成員對社會生存共同體的信賴，法律信仰的削弱是極其危險的：意味着社會成員對社會生存共同體的信賴的漸漸泯滅，其人生將失去希望和信心。一部分人會因此去打碎舊世界、建立新世界，一部分人則會作出極端的與社會共同體同歸於盡的行為，而更多的人只能苟且偷生、毫無幸福感地度過人生。

可見，真正恰當的刑事政策只能是任何時候都要「用刑中肯」、「用刑中正」，「不偏不倚」、「不枉不縱」。只有這樣才能真正實現「政是以和」。

橫向刑事司法不公

一、橫向刑事司法不公的主要表現

橫向刑事司法波蕩的內在特點是隱含了橫向刑事司法不公。「類似案件類似處理」、「同罪同罰」是當事人和社會公眾考察司法的直觀指標，是法律上的正義的應有之義，也是公正司法的「基本內核」[13]。在人們關於司法的公正與不公正的對比中，橫向的對比也是經常發生的。有時，人們在相同罪名的具體案件的處理結果之間進行對比；有時，人們會對同一罪案中不同犯罪人所受處罰進行對比；有時，人們

13　王晨：《司法公正的內涵及其實現》，智慧財產權出版社，2013年9月第1版，第209-210頁。

會將此法院的判決與彼法院的判決進行對比；有時，人們會在此罪的
社會危害性與彼罪的社會危害性的對比基礎上，對給予的刑罰處罰進
行對比；有時，是訴訟參與人在程序上實際得到的待遇與法律規定應
有的待遇的對比。因此，人們在這種橫向比較中追問並感受司法的公
正與不公正，這是不依任何司法主體意志而停止的。人們在這種橫向
比較中感受到的司法不公，就可以稱之為橫向司法不公。

（一）刑事司法中的「同為不同責」

「同為不同責」。即對具有同樣程度社會危害性的行為，被追究的
責任不同。這些行為有可能是同種、同類、同樣的行為，也可以是不
同種類、不一樣的行為，但其對於社會危害的程度相同或相似。如果
司法追究的時候，有的追究刑事責任，有不追究刑事責任，或者對社
會危害性程度大的行為不追究刑事責任或輕處，而對於社會危害性較
小的行為反而追究刑事責任或重處，那麼，這顯然就會使人們產生司
法不公的感覺。

每當刑事司法發生波蕩之時，就會表現為一些罪名突然「膨脹」起
來，罪名所指的犯罪行為的邊界突然被擴大，大量平常並不被視為該
罪名範圍內的行為，被歸入到該罪名之內。有的原來屬於輕微的違法
行為，有的屬於違反道德的行為，有的是民事爭議行為，有的還是合
法正常的行為，都被歸入該罪名的犯罪行為範圍。呈現出：社會生活
中大量不具有刑事危害性的行為或只具有輕微的社會危害性的一般違
法行為，一部分突然被視為犯罪而追究刑事責任，而社會危害性程度
原本相似的另一部分行為只被追究行政責任，還有一部分則不被追究
責任。這種使同樣不具有犯罪性質的社會行為中的一部分要承擔嚴重
的刑事法律責任，即「同為不同責」的「非罪入刑」現象，成為刑事司
法波蕩中的橫向司法不公的典型現象，其使人感受到刑事司法的不公
正性是十分深刻而明顯的。

在1958年主要以反革命罪為主要成分的刑事司法波蕩中，以反
革命罪判刑699,296人，佔全年判刑人數的42.89%（參見第一章，表

1.10)。史料反映,這些反革命犯罪行為包括:破壞工礦、交通、貿易、森林、基本建設等10,670人;破壞農業合作化事業53,849人;破壞糧棉等統購統銷政策30,438人;其他反革命行為604,294人。其中,令人震驚的是,其屬於「其他反革命行為」的竟佔86.4%,即平時「連名都排不上」的行為也被歸入了反革命犯罪行為,並且佔了絕大多數的比例,數達60萬餘人[14]。這可以視為一次巨大的「非罪入刑」的波蕩。

法制史學者張培田研究發現,其時,「在被確定為犯罪的行為中,有大量屬於以下三類的本不屬於犯罪的行為:一是群眾對政策不滿的言行。如:抵制『共產風』,反對『平調』;反對不等價交換;反對瞎指揮生產,反對浮誇風;反對某些基層幹部的違法違紀,等均被定為犯罪,甚至定為反革命犯罪行為。二是群眾的一般錯誤行為。如:群眾因饑餓等生活困難而發生的偷採集體莊稼、未成熟的稻薯等行為;逃荒外流乞討行為;與工農業生產中的自然事故、責任事故有牽連的行為。三是群眾對政治不滿的行為,如:對形勢不滿的發牢騷、講怪話、書寫不滿標語或日記的行為;檢舉壞人壞事的匿名信行為;向中央反映現實,要求中央糾正錯誤的行為;向黨政機關反映情況、提出批評意見的行為」[15]。貴州羅富興因向中央最高領導人寫信反映當地官員問題,要求中央派人下來檢查情況,被判處8年有期徒刑。山西介休縣婦女王家花,曾偷過他人一碗白麵、三塊炭、兩條黃瓜,後又偷吃了別人的一個饅頭,被縣法院判處8年有期徒刑[16]。河南有兩個老農抵制密植,少下麥種,被法院以「破壞生產罪」,各判處三年有期徒刑[17]。青海有一名21歲的學生,因饑餓偷殺了生產隊的兩隻羊,割

14　參見最高人民法院研究室編:《全國人民法院司法統計歷史資料彙編》(1949-1998刑事部分),人民法院出版社,2000年9月第1版,第62-63頁。

15　張培田:《法的歷程——中國司法審判制度的演進》,人民出版社,2007年6月第1版,第162頁。

16　張培田:《法的歷程——中國司法審判制度的演進》,人民出版社,2007年6月第1版,第162頁。

17　李若健:〈大躍進與困難時期的社會動盪及控制〉,載香港《二十一世紀》網路版,2007年7月號,總第64期,2007年7月31日出版。

了一對驢耳朵，被法院以「殺害牲畜罪」判處10年有期徒刑[18]。1958年安徽省一些法院把人民群眾對「共產風」不滿的言行，都當作現行反革命罪判處。據統計，該年全省共受理反革命案件94,384件，比上一年5,358件增長16.6倍[19]。

張培田教授揭秘：1958年全國法院錯誤地判處了一些不應當判刑的人。其中有的審判案件不僅判處了一些有輕微犯罪行為但依照法律和政策可以不追究刑事責任的人，而且錯判了一些雖然有錯誤但並沒有構成犯罪的人，甚至還冤枉審判了一些完全無辜的人，有的地方的錯案和冤案率竟高達當時全部審判案件的56.1%[20]。

儘管一種行為算不算是犯罪行為，全由社會治理主體憑其需要和好惡說了算，「眚災肆赦」[21]、「出入人罪」[22]是其專有的權利，但是，民眾畢竟生活在社會之中，對於「非罪入刑」的司法活動結果，內心必然會感到不公正。「就這一點事也被判刑？」的質疑肯定消除不了，從而對於公判大會、掛牌遊街、警笛長鳴的正義性、正當性產生根本的懷疑。而這一切在刑事司法波蕩的風暴平息之後，在民眾心中並不會平息，且司法主體最終還是要面對這些問題。

（二）刑事司法中的「同責不同罪」

「同責不同罪」，即對於同等程度社會危害性、甚至法定刑幅度相同、法律責任相同的犯罪行為，有的追究刑事責任，而有的不追究刑事責任，有的甚至不予打擊而放任其存在，這就是「同責不同罪」，顯

18　李若健：〈大躍進與困難時期的社會動盪及控制〉，載香港《二十一世紀》網路版，2007年7月號，總第64期，2007年7月31日出版。

19　安徽省地方誌編纂委員會：《安徽省志・司法志》，安徽人民出版社，1997年1月第1版，第390頁。

20　張培田：《法的歷程——中國司法審判制度的演進》，人民出版社，2007年6月第1版，第161頁。

21　「眚災肆赦」，指赦免過失犯罪。見曾慶敏主編：《法學大辭典》，上海辭書出版社，1998年12月第1版，第1395頁。

22　「出入人罪」，指判無罪者有罪，判輕罪者重罪；判有罪者無罪，判重罪者輕罪。見曾慶敏主編：《法學大辭典》，上海辭書出版社，1998年12月第1版，第393頁。

然以當事人和廣大民眾看來,這就是一種司法上的不公正。同責不同罪,往往是因為經常進行的「重點打擊」而發生。例如:在一名女性身上偷摸5分鐘,在1983年刑事司法波蕩期間,一定會作為「流氓犯罪」重點打擊而追究刑事責任。如果是在一名女性身上偷摸竊得5元錢,則一般不會作為犯罪,只追究治安處罰的行政責任;而此處的「偷摸」與「偷竊」,雖然所侵害的客體有所不同,但性質上仍然都屬於有輕微社會危害性的行為,從法律上應當承擔的責任基本相當,都屬於治安處罰的範圍。但是,一旦因為流氓罪成了打擊重點,那麼「偷摸」這種流氓行為,與「偷竊」的法律後果就不一樣了,不僅會被確定為刑事犯罪行為,而且還會從重處以刑罰,甚至可以被判處死刑。顯然,在民眾眼裏來看,司法這種「同責不同罪」的處理結果,是沒有公正可言的。史料反映,在1983年至1984年的刑事司法波蕩中,僅流氓罪即被判處199,144人。其中有大量一般違法行為而被定罪判刑的,甚至被處以死刑[23]。上述案例中的情況顯示,「重點打擊」並不能使被告人認罪服

23　案例:嚴打中的典型案件。

(1)四川瀘州納溪有一姓王的小夥,在一路上和同伴打賭敢親女孩嘴嗎?結果真的去親了過路的一女孩。被抓後,還真的被判死刑。(2)1983年,鄭州市上街區,女方家長一直不同意婚事,誘逼着女兒告男方強姦,並拿出了之前準備好的證據,不出一月,男青年命喪刑場。(3)1983年,安徽省蚌埠市小青年李和,與一個妓女發生關係不給錢,被告強姦,判刑5年;嚴打開始,改判15年;其上訴,改判死刑。(3)某北京小夥,在大街上看到一個洋妞跟別人扭打時被扯開上衣,一時衝動,上去摸了一把,被判死刑。(4)一沒有着警服的員警見到一個在自行車棚轉悠,喊其「站住」並對其搜身,發現該人帶有螺絲刀一把,所以認定其為偷自行車賊,準備將其帶回派出所,該人不從,在反抗員警揪住其衣服時,螺絲刀劃破員警胳膊,被判處死刑。(5)某女17歲,初中畢業輟學在家,與兩個小男生有性關係。「嚴打」一來,立刻被逮捕,以流氓罪名,判刑15年。(5)17歲周大維,看到參賭的同學被聚賭的農民毆打,周大維打開鑰匙圈上的折疊的削水果刀刺穿了農民掌心,被農民抓住灌糞喝尿、毒打後送派出所。時逢嚴打,周大維幾個同學被判死刑;賭徒卻沒有受到追究。(6)西安有一個叫馬燕秦的中年婦女,喜跳舞。「嚴打」開始,將馬燕秦收監,並抓捕與之跳舞的三百多人,成為轟動三秦的特大案件,《山西日報》以整版的顯要位置多次報導案情。馬燕秦等三個人被處死刑,另有三名死緩和兩名無期徒刑,其餘人被判有期徒刑。(7)一農戶新添小孩,孩子被家裏餵的豬咬死,負責照看的公婆二人被判過失殺人罪,一個死刑緩期,一個無期。(8)一個女孩夏天夜晚在自家院子裏洗澡,同村一個年齡相仿的男孩在牆頭窺視,該女大叫「流氓」,男孩被抓,被以流氓罪處決。以上案例見陶盈編撰:〈「嚴打」:非常時期非常手段〉,載《文史參考》,2010年10月第20期。

法。認為不是自己犯了罪，而是自己碰到了司法不公的時期，表面「認栽」[24]，但內心不服，加深了司法不公的感覺。

（三）刑事司法中的「同罪不同罰」

「同罪不同罰」，即對於社會危害性程度相同的犯罪甚至是同類、同種、同樣的犯罪行為，所給予的刑事處罰相差懸殊。這當然是一種司法不公。特別是給一種普通違法行為貼上「政治標籤」[25]後，就「無限上綱」[26]，明顯從重、加重處理，就更是一種司法不公。在刑事司法波蕩的過程中，廣泛存在着同罪不同罰的情況，即法律責任相同、相似、相近的行為，或者說是社會危害性相當的犯罪行為，受到的刑事處罰輕重程度相差極為懸殊。其核心內容是人為設定某些「高壓線」，將一些犯罪行為不是從其實際的危害程度而是以某種政策和策略的需要而突出為超限重罰的犯罪行為，名為「從重」、「從嚴」，其核心內容，就是輕罪重罰。

（四）刑事司法中的「同罰不同執」

「同罰不同執」，即對於判處相似或相同刑罰的人，執行方式上截然不同。如：有的交通肇事罪，判刑後宣告緩刑，而有的完全相似的交通肇事罪則不宣告緩刑。在沒有特別理由的情況下，只會引起當事人的不滿，被視為司法不公。儘管被告人上訴時如果以兩案的對比作為上訴的理由，肯定會被二審法院予以駁回，但是，作為當事人對具體案件判決的執行方式之間的自行對比則是不可能被禁止的，因而由此更多地產生橫向比較的司法不公的評價也就不可避免。在刑事司法出現波蕩的時候，為了體現「從嚴從重」的要求，對刑罰執行的要求也

24　承認自己倒楣，往往是遇到了失敗。

25　「政治標籤」，即：定性為政治問題。

26　「無限上綱」，即：把一般問題、非原則問題，也當作原則問題看待、處理，使其顯現出特別的嚴重性。屬於「文革」遺留的一種不良的思想方法。

會發生扭曲變形。對屬於打擊重點的犯罪人，原有「可判可不判的不判，可殺可不殺的堅決不殺」的政策，立即會改變成「可抓可不抓的，堅決抓；可判可不判的，堅決判；可殺可不殺的，堅決殺」[27]；教育改造為主，隨時會變成肉體上消滅為主。

二、橫向刑事司法不公的負面效應

（一）1958年的刑事司法負面效應

1958年全國法院刑事一審案件判決被告人1,682,446人，其中判刑人數1,630,518。在中國60多年司法史上是人數最多的一年，比處刑人數第二多的2013年1,138,553人還要高出543,893人。處刑人數佔當年人口總數的比例為1958年年末全國人口65,994萬人[28]的萬分之25.5；也是比例最高的一年，比2013年年末全國人口數136,072萬人[29]中處刑人數比例萬分之8.4，高出17.1個點。試想，古代「赭衣塞道，囹圄成市」[30]，不過就是這樣的情景吧。

第一，這些人被科刑以後其本人命運如何？1958年全國1,630,518人被判刑之後，緊接着從1959年開始到1961年，屬於「三年困難時期」，全國當時處於大饑荒中。這些被科刑特別是被科以重刑的人，結局會怎樣？從有關資料反映，死於勞改場所很多。一位親歷者記錄道：「1958年到1960年三年時間，安徽僅公安機關正式拘捕的人就有17萬多人，集訓、勞教了20多萬人，比1950年到1953年大『鎮反』抓的人還要多。縣裏、公社、生產大隊自己辦的勞改隊抓的人，比這還要多得多。比如定遠縣，不僅縣裏私設勞改農場，公社、大隊也有小勞

27　成光海、黃文俊：〈不宜再提「可殺可不殺的不殺」〉，載《公安大學學報》，1987年03期。

28　人口數據取自國家統計局、公安部三局《中華人民共和國人口統計資料彙編》（1949–1985）。

29　人口數據取自國家統計局2014年4月24日公佈的《中華人民共和國2013年國民經濟和社會發展統計公報》。

30　語出《漢書·刑法志》，轉引自葉孝信主編《中國法制史》，北京大學出版社，1989年8月第1版，第64頁。

改隊；全縣23個公社中，就有13個公社設了勞改隊，先後勞改了2,160人；縣勞改隊勞改了4,023人，死在勞改隊的就有1,280人」[31]。1961年4月23日，安徽省公安廳寫了一個報告，題目是：《關於發生特殊案件情況的報告》。報告稱「全省1,289名作案成員中，就逮捕136名，勞教153名，拘留881名，判處死緩2名，合計佔90.9%。這些人被逮捕、拘留後，由於他們本來身體就弱，有的還患有多種疾病。在投入勞改、勞教後，因生活管理不好，勞動過度，造成大批死亡，有的地方死亡率竟達70%以上」[32]。

第二，這些被判刑者的家人的命運如何？「大躍進」時期的司法波蕩，是司法機關在「大躍進」運動的推動下和主動迎合大躍進運動的需要而製造的。而這一司法波蕩對國民的傷害先於「大躍進」造成的災難，是「大躍進」帶來的民族損傷[33]的前奏。1958年1,630,518人被判刑，實際上他們的家人大多數連同他們一道失去了生存的可能。

第三，這些人被科刑的後果證明了什麼？1958年全國法院當年審結刑事案件189萬餘件，是1957年審結案件量的2.89倍，1959年全國法院審結刑事案件銳減至55萬件。這一巨大的起落，是中國刑事司法歷程中最大的一次整體波蕩。在1958年前後這一次司法數據的巨大起落中，隱含了巨大的司法不公，加劇了社會災難的深重程度。

（二）1970年的刑事司法負面效應

1970年為什麼會比1969年多判將近一倍的人，達73,633人？是哪一種犯罪增加最多？從數據對比可見，1970年僅反革命罪即比上年多判刑39,507人，佔多判人數53.65%。這中間有什麼原因？這種數量波蕩中的被告人結局如何？司法機關的判決後果如何？

31　尹曙生：〈「大躍進」前後的社會控制〉，載《炎黃春秋》，2011年第4期。

32　尹曙生：〈安徽特殊案件的原始記錄〉，載《炎黃春秋》，2009年第10期。

33　第一章裏的表1.1顯示：全國人口1960年比上年減少1000萬、1961年比上年減少309萬，是新中國歷史上僅有的人口減少的兩個年份。資料提取自國家統計局人口統計司、公安部三局編：《中華人民共和國人口統計資料1949–1985》，中國財政經濟出版社，1988年1月第1版。另見國家統計局編：《中國統計年鑑》(1983)，中國統計出版社，1983年10月第1版，第103頁。

　　史料反映，這一年全國開展了「一打三反」運動【34】。此運動源於社會治理性的三個文件，即：1970年1月30日發出的《關於打擊反革命破壞活動的指示》、2月5日發出的《關於反對貪污盜竊、投機倒把的指示》和《關於反對鋪張浪費的通知》。文件內容是指：打擊反革命破壞活動、反對貪污盜竊、反對投機倒把和反對鋪張浪費。但運動的重心，在於「打」，即「打擊反革命破壞活動」。運動高潮時到處懸掛的「殺！殺！殺！殺出一個紅彤彤的世界」的標語，展現了運動的恐怖和肅殺氣氛【35】。

　　「據統計，1970年2月到11月共10個月挖出了『叛徒』、『特務』、『反革命分子』184萬多名，捕了28.48萬多名，殺了數以千計的人」【36】。1972年1月，黑龍江省革命委員會把「在全省財貿戰線」破獲的3,173起「政治案件」和37,462起「經濟案件」歸功於「一打三反」運動的成功開展【37】；在同一個月，廣州市宣佈在運動中破獲了2,168起「大案」，發現了147個「反革命集團」【38】；在河北省保定市，運動一直延續到了1972年12月，在接連7場公開審判會上緊張氣氛達到了高潮，17人被處決，1,325人得到了從坐牢到模糊不清的「敵我矛盾按人民內部矛盾處理」的懲處【39】。這場「一打三反」運動，在司法上表現為一次大規模以言論思想定罪的刑事司法波蕩。由於當時判處死刑的司法權

34　「一打三反」運動，即以打擊反革命破壞活動、反貪污盜竊、反對投機倒把、反對鋪張浪費為內容的政治運動的簡稱。

35　見：《一打三反學習文件》，濟寧地區革命委員會「一打三反」辦公室編印，1970年7月。

36　王年一：《大動亂的年代》，河南人民出版社，1988年5月出版，第333頁。

37　中共黑龍江省委黨史研究室編：《中共黑龍江黨史大事記》(1949年10月–1989年12月)，黑龍江人民出版社，1991年，第436頁。

38　中共廣州市委黨史研究室編：《中共廣州黨史大事記》(1919–1989)，廣東人民出版社，1991年8月第1版，第313頁。

39　中共保定市委黨史研究室編：《中共保定黨史大事記》(1949年10月–1978年12月)，中央文獻出版社，1999年1月第1版，第361頁。

授給了各省、市、自治區革委會行使【40】，各地革委會利用此機會對很多具有獨立思想的知識份子大開殺戒，判處了大量死刑。具體案例則使後人目瞪口呆【41】。

（三）1983-1985 年的刑事司法負面效應

1983-1985年，這場以「嚴厲打擊嚴重刑事犯罪」為內容的刑事司法波蕩，從正面看所具有的效果是：

第一，對嚴重刑事犯罪分子實施了有力的懲處。已犯罪並有可能再犯罪的人被刑罰控制了自由而不能再犯罪，其他有可能犯罪受到震懾而克制實施犯罪行為的衝動，從而在短時間內達到了整個社會減少新的犯罪數量的效果。

第二，被犯罪直接侵害和間接傷害了的社會成員得到了慰藉。民眾「惡有惡報，善有善報，不是不報，時候未到，時候一到，全部報

40　革委會，即革命委員會的簡稱，是文化大革命期間全國各級政權的組織形式。1967年上海首先發起一月風暴奪權運動，由群眾組織奪取中共上海市委和上海市各級政府的權力，組織一個效法巴黎公社的大民主政權機構，命名為上海人民公社。後各地效仿，紛紛奪權，從各級行政區劃到農村、工廠、學校等單位的政權機構全部改名為革命委員會。革命委員會實行一元化方式，取消中國共產黨和政府的分別，使其合為一體。第五次全國人大第二次會議於1979年通過了《關於修改〈中華人民共和國憲法〉若干規定的決議》，地方各級革命委員會改為各級人民政府。

41　案例：「一打三反」中典型案件。
　　(1) 1970年1月27日，北京市公法軍管會在北京工人體育場召開10萬人參加的「公判大會」，處決了包括「文革思想者」馬正秀、王佩英在內的19人。3月5日，顧文選、遇羅克共19人，在北京工人體育場10萬人「公判大會」後被處決。4月18日，「北大才子」沈元等一批人被處決。(2) 1970年2月12日，南京召開數萬人參加的「公判大會」，處決了查金華等人。查金華罪行是他自己組織一個馬列主義小組。當天，南京市下鄉的高中生陳卓然，用剪刀剪下報紙上的一些字，組成「我們要真正的馬列主義」、「查金華烈士永垂不朽！」，於夜間張貼於南京主要街道，被查獲後於4月28日也被處決。(3) 49歲的女教師毛應星，收藏一些國家領導人肖像郵票而被判刑5年，其在獄中寫下30多萬字思考社會的筆記，1970年4月9日被槍決。(4) 安徽和縣水電局幹部、退伍軍人石仁祥，1968年12月26日，寫了《關於林彪問題的彙報材料》寄給中共中央、中央文革等單位，1970年3月被逮捕，同年7月被判死刑處決，時年29歲。(5) 西安第八設計院技術員施大偉，對1957年至文革期間的一些方針、政策進行議論，1970年3月被市公安機關軍管以現行反革命罪判處死刑；該市衛生宣教館美工余正常，保存部分名人字畫及自己創作的寫生素描，被以「保存黑畫、利用黑畫反黨反社會主義」為由，處以死刑。參見劉小萌：《中國知青史——大潮》，當代中國出版社，2009年4月出版，第十一章。

銷」的心理期待得到滿足,「要報仇,要申冤,血債要用血來償」【42】的願望得到實現,對犯罪分子的恐懼感、提防感,對安全的不可知感得到消除。社會擁護和讚揚聲增強。

第三,廣泛的社會生活面得到穩定。包括社會擁護、讚揚司法機關和政權機構的聲音增強;經濟活動的開展更加順暢;文化、教育、體育各種群眾活動開展較為安全;等等。

但是,也有負面的效應:

第一,大量無罪或輕罪被重處的人員及其家庭成員心中不服,感到受到了不公正的對待。有的會認為社會虧欠了他個人,因而會在適當的時機尋找平衡,或是上訪,或是申訴,或是去實施其他非法行為;有的會對社會產生怨恨、對政權機構產生不信賴和對立的情緒。特別是在這些人刑滿釋放回歸社會以後,往往成為潛在的反社會力量。

第二,大量無須羈押的社會成員被羈押,減少社會勞動人數的同時大量增加了社會供養的人口,必然導致民眾賦稅的加重。不僅減少了社會勞動產品,而且還增加大量物質資源的耗費,社會的物質損失難以估量。

第三,更大量的被作為犯罪處理的人員的家人,因此而完全改變生活內容。全社會也將會為這些家庭調整生活結構的成本買單。如犯罪人的被扶養人、被贍養人的生活資料將由其他社會成員或社會公共資源予以供給。犯罪人家庭關係的無序和矛盾也需要社會公共資源去予以解決。

如果將「嚴打」的正面效果與負面效應相對比來看,其所獲得的正面效果是明顯的、強烈的、社會擁護的,但卻是極為短暫的,反而負面效應則長期難以及消失【43】。

42　革命現代京劇《智取威虎山》台詞。

43　何立波:〈1983:黨中央決策「嚴打」始末〉,載《檢查風雲》,2008年第17期。

三、橫向刑事司法不公的深度危害

（一）損毀行為標準

　　刑罰處罰的範圍從來都是有範圍限制的。每一個時代視為犯罪而給予刑罰處罰的行為總有一個確定的範圍，這個範圍會經過最高權威的文件作出規定，而不能隨意或隨時更改。將原本未列入犯罪範圍的行為劃入犯罪的範圍而追究刑事責任，應當是十分慎重而極其少用的做法。如果某個時間為了某種目的，而突然增加入罪行為，必將明顯地導致刑事司法的波幅指數的上揚，而形成明顯的刑事司法波蕩。但是，當作為原由的目的達到時，又必然會放寬政策回歸到原本由法律確定的犯罪追究範圍之內，這樣又會形成刑事司法的波幅指數的快速回落，即形成司法波蕩的回落部分。但是，當一切回歸到平穩之時，刑事司法波蕩過程中處理的案件內部就產生了巨大的不平衡。因為，司法審判所追求的價值就是公平公正，對於經歷了刑事司法波蕩的案件，中間的公平公正價值已被破壞，人為製造的不公正就形成了永遠的遺存。司法主體也許可以暫時無視這種不公正的存在，但是當事人卻不可能無視這種不公正的存在，他們會感到自己受到了委屈，他們的權利和利益受到了不應有的損害，他們成為刑事司法波蕩過程的犧牲品。他們不可能隱忍這樣的結果，最後必然會以上訪等種種方式表達不滿，最終力促司法主體消除他們所受到的不公正的對待，並補償他們不應有的損失。這正是一部分涉法涉訴上訪人的心理根源。

（二）破壞法律原則

　　罪刑相適應又稱罪刑相當、罪刑相稱或罪刑均衡，這一原則、觀念源遠流長，最早可以追溯到原始社會的同態復仇。中國古代在西周時期就產生了「中刑」、「中罰」思想，強調刑罰的適用應當中正、合理。「刑當罪則威，不當罪則侮」（《荀子‧君子》），既反對濫施重刑、

傷及無辜，又反對有罪不罰、姑息縱容【44】。在西方國家，孟德斯鳩提出：「懲罰應有程度之，按罪大小，定懲罰輕重」【45】；貝卡利亞指出：「公民所關心的不僅是不要發生犯罪，而且還關心犯罪對社會造成的危害儘量少些。因而，犯罪對公共利益的危害越大，促使人們犯罪的力量越強，制止人們犯罪的手段就應該越強有力。這就需要刑罰與犯罪相對稱」【46】。罪刑相稱至今仍然是當代世界多數國家刑法遵循的一個基本原則。中國刑事法制中也一直肯定這一原則，如：「坦白從寬，抗拒從嚴，首惡必辦，脅從不問」的原則，不僅體現了罪責刑要相稱，而且體現了與認罪態度、悔罪表現、主觀惡性程度相稱的要求。然而，當刑事司法波蕩一旦掀起的時候，直接衝擊和否定的就是這一原則，司法主體一概都追求極端從重、從嚴，或一味從寬、從輕。

（三）形成社會恐怖

刑事司法波蕩中的橫向司法不公的實質，是臨時變動罪與非罪的界限，擴大了犯罪的邊界，而時隔不久又回歸原來的犯罪的邊界。當然，這種變動有時是經過立法機關或最高司法機關正式規定了的，下級司法機關主要是執行。這種案件的處理結果，當然不等於冤案，因為是一種依法給予的處理。但是，其中的不公正是客觀存在而不可否認的。當事人和民眾，多數直接感受的是司法主體的裁決造成了他們的不公正感，所以，民眾得出的結論不會講是立法不公，而只會認為是司法不公。刑事司法波蕩中的橫向司法不公是罪刑不相稱的表現。這種司法不公，給民眾的感覺不僅是正義感的缺乏，更嚴重的是安全感和生活安定的被破壞。本以為是正常的行為突然之間變成了犯罪，本以為是小的毛病，突然之間變成了十惡不赦的罪犯，這該是一種多麼嚴重的恐怖；本以為是十惡不赦的罪刑，突然之間被放縱回家，這

44　馬小紅主編：《中國法律思想史研究》，中國人民大學出版社，2007年3月第1版，第408頁。

45　【法】孟德斯鳩：《波斯人信箚》，羅大岡譯，商務印書館，1958年1月第1版，第141頁。

46　【意】貝卡利亞：《論犯罪與刑罰》，黃風譯，中國大百科全書出版社，1993年6月第1版，第65頁。

對民眾該是怎樣的嘲弄。每一波司法的波蕩中所包含的這種橫向司法不公，對民眾生活來說堪稱是精神上的災難。其無形的壓力和有形的壓力，將使民眾生活於「刑不可知則威不可測」[47]的恐怖之中。

刑事冤假錯案

一、刑事冤假錯案概述

（一）刑事冤假錯案的含義

　　刑事冤假錯案是專指經過了刑事司法審判過程造成的冤假錯案。在漢語裏面冤案、假案、錯案三者含義本不相同，但做為一個合稱的詞彙以後，無須再分別進行界定。所以，使用冤假錯案一詞可以確定一個統一的含義：即被告人無罪而被判決有罪的案件和被告人不應當受到刑罰處罰而被處以刑罰處罰的案件。其中至少有六種情形：一是判決認定的犯罪事實完全沒有發生，純屬虛構；二是判決認定的犯罪事實為他人實施，被告人完全沒有實施該項犯罪行為；三是判決認定的犯罪事實的發生另有其他原因，被告人實施了某種相關聯的行為，但與犯罪事實的危害後果沒有因果關係；四是被告人僅存嫌疑，並不能被證據證實實施了被判決確定的犯罪行為；五是有證據充分證明被告人是為他人所栽贓陷害；六是被告人的行為情節輕微、尚不構成犯罪，而被判決認為構成犯罪。

（二）刑事冤假錯案與刑事司法波蕩相伴生

　　當我們對刑事司法波蕩的表象進行完整的梳理以後，突然發現一個常被忽略而又不可忽視的事實，那就是：刑事司法波蕩總是密切地

47　【春秋】左丘明：《左傳》，孔穎達疏語，蔣冀騁點校，岳麓書社，2006年11月第2版，第200頁。

伴生着大批量的刑事冤假錯案。每一次刑事司法波蕩的過程中沒有例外地都隱含着大量的刑事冤假錯案。波蕩越劇烈，冤假錯案就越多；波蕩規模越大，冤假錯案批量就越大；波蕩時間越長，冤假錯案積壓時間就越長。「冤假錯案」這一頗具特色的專有名詞，就是在這樣的條件下產生的。

（三）刑事冤假錯案是絕對的司法不公

對於刑事司法波蕩中所出現的冤假錯案，沒有人能否認其存在，也沒有人公然從理論上論證其存在是理所當然。但是在中國傳統的思維中始終有着一種觀點，即「君貴民輕」[48]的思想，並且轉變成民眾權利的可犧牲觀。在社會治理過程中，從來並不回避冤假錯案的存在和發生，以至於在大型的鬥爭活動、群眾運動中，出現冤假錯案以及抓錯人、殺錯人，更不會被認為是很嚴重的事情。可以說，社會治理主體往往包藏着一種心理：為了巨大的目的，讓民眾做出犧牲是必要的，是難以避免的，出現冤假錯案也是勢所必須的。這種由來已久的觀念可能難以改變。但是，有一個領域是不能容忍和諒解任何冤假錯案的發生的，就是刑事審判領域。

因為，刑事審判制度本身就是為避免刑事冤假錯案、維護社會正義而設計的制度，本身就是避免刑事冤假錯案的機制，就是追究刑事犯罪過程中的一個專門的防錯制度。刑事審判，其根本職能就是預防和避免刑事冤假錯案發生，而且是在刑事冤假錯案即將成為現實的最後的環節上來阻卻其發生。刑事審判的工作目標就是將刑事冤假錯案避免掉，刑事審判存在的價值就是要將刑事冤假錯案消除掉。否則，

48　孟子曰：「民為貴，社稷次之，君為輕。」，由此提出「民貴君輕」的政治主張，但歷史實踐中存在很多相反的主張和行動，往往被人們概括為「君貴民輕」。參見【春秋】孟子：《孟子•盡心章句下》（第十四章），載夏延章、唐滿先、劉方元譯注：《四書今譯》，江西人民出版社，1986年9月合訂本第1版，（孟子今譯）第290頁。

由員警抓人後就直接「殺、關、管」【49】不就行了嗎？何須進行審判？如果不能避免殺錯、關錯、管錯，那麼進行刑事審判有什麼意義？豈不是多此一舉！因此，在刑事審判這個領域出現哪怕是一例刑事冤假錯案，都是對刑事審判制度的功能作用的根本否定，是不可能以任何蠻橫的理由而強迫人們予以諒解的。甚至可以說，在刑事審判之前的其他刑事訴訟活動，如偵查環節、勘查鑒定環節、檢察起訴環節，都可以允許出現差錯，而唯有刑事審判環節出現冤假錯案是不可以原諒的，是沒有理由可以獲得諒解的。

　　刑事冤假錯案，也是「絕對的」司法不公，而不是「比較的」司法不公。如果大面積、成批量地出現刑事冤假錯案，這就一定是嚴重問題，意味着一個時期的司法活動全部工作都存在絕對的司法不公。如果屢屢發生大面積的刑事冤假錯案，則意味着整個司法制度都存在絕對的司法不公的問題，因而不能不被質疑：這個司法制度在設計上難道不是缺少公正的機能嗎？

二、幾次大的刑事司法波蕩中的冤假錯案

（一）「三錯」案件

　　1950 年到 1952 年底，刑事司法中出現了以大量判處「反革命罪」和「破壞社會主義經濟秩序罪」為主要對象的第一次刑事司法波蕩，當時是以「鎮壓反革命」等社會政治運動的形式出現。在這一次大波蕩中就伴生了大量的冤假錯案。

　　1953 年 4 月 25 日第二屆全國司法會議通過並於同年 5 月 8 日政務院第 177 次政務會議批准的《第二屆全國司法會議決議》，對新的司法體系剛剛開展了三年多的司法工作就已發生了大量冤假錯案的現實，有着明確的認識，並因此將「糾錯」作為一項重要任務在全國法院進行了

49　「殺、關、管」，即：判處死刑、予以關押、予以管制。語出「鎮反」運動中。參見楊奎松：〈新中國鎮反運動始末〉，載《江淮文史》，2011 年 01 期。

部署。該文件認為：司法工作「存在着不少嚴重的錯誤和缺點」。「並且因為過去一直忙於配合一個接一個的大的運動，所收的案件總是遠超過主觀的負擔能力」，「不但總是存在着大量積案，並且還發現錯判等情況，這是相當普遍而且相當嚴重的」。為此，提出：「處理過去的錯捕、錯押、錯判案件」【50】。由此，全國法院開展了複查「三錯案件」的行動。這次刑事案件複查發現的冤假錯案，沒有全國總的數據，但局部的數位也足以證明整體數量的巨大：

據當時的抽查，解放初期三年多時間全國判處的反革命分子和普通刑事犯罪分子，「錯判案件約佔抽查案件的10%，有的無辜被捕、被關、被殺，致妻離子散，家破人亡，從而引起許多群眾的不滿」。陝西省各級法院遵照上述指示和政策原則，從1953年4月到1954年4月，對「三錯」案件進行了複查處理。據不完全統計，全省共查出錯捕、錯押973人，錯判543案，錯判率小於1950年至1952年判處總數56,166件的1%。全省錯判死刑的61人中，大部分為輕罪重判的反革命分子及其他罪惡嚴重應該處死而只是在認定犯罪性質上有錯誤，完全錯殺無辜共10人【51】。

安徽省全省法院1950至1952年，處理了各類刑事案件100,614件，「其中錯案也時有發生」。「1953年下半年開始，至1954年4月結束，歷時10個月，共查出錯案466件。其中錯殺13人，因案件處理不當而致死的12人。阜陽分院發現所屬縣法院辦錯和分院覆核錯的6起案件中，即錯殺3人，因受冤獄致死的3人，殘廢的1人」【52】。

50　中央人民政府司法部編：《第二屆全國司法會議文件》，中央人民政府司法部出版社，1953出版。

51　陝西省地方誌編纂委員會編：《陝西省志（第五十八卷）•審判志》，陝西人民出版社，1994年9月第1版，第416–418頁。

52　安徽省地方誌編纂委員會編：《安徽省志•司法志》，安徽人民出版社，1997年1月第1版，第416–417頁。

(二) 「二次鎮反」冤錯案件

　　最高法院和司法部於1956年2月20日至3月7日召開了第三屆全國司法工作會議。會議對1955年肅反鬥爭中的審判工作進行了總結,指出了在辦案品質上存在的問題。要求對反革命分子應該實行寬一些的政策,應該少捕一些,少殺一點。捕的必須是少數非捕不可的人,殺的必須是極少數非殺不可的人。並部署了對1955年肅反以來判處的刑事案件的重點複查工作[53]。

　　陝西省在1956年4月20日召開的第三次全省司法工作會議上,傳達了全國會議精神,研究部署了全省的重點刑事案件複查工作。根據這一部署,全省各級法院對於1955年7月二次鎮壓反革命開始到1956年4月底的刑事案件進行了重點抽查。這一時期全省共判處刑事案件25,042件,從中複查了5,422件(反革命2,564件,普通刑事案件2,858件),複查數佔總判處數的21.7%。經過複查,原判正確或基本正確的3,782件,佔複查數的69.7%,其中錯判案件52件,佔複查案件數的1%;認定犯罪性質錯誤的339件,佔複查數的6%;重罪輕判28件,佔複查數的0.51%;輕罪重判的485件,佔複查數的8.94%;其餘為事實不清或待定的。省高級法院對本院1955年1月至1956年6月所審結的1,317件刑事案件進行了檢查。其結果是:執行政策偏差而判錯的4件,佔結案數的0.3%;認定犯罪性質(罪名)不當的3件,佔結案數的0.2%;輕罪重判懸殊過大的8件,佔結案數的0.7%;事實不清應重新調查議處的5件,佔結案數的0.4%;判決正確的1,297件,佔結案數的98.4%[54]。

　　安徽省這一時期複查出反革命案中冤案216件;錯案1542件;處刑過輕過重和認定案件性質錯誤的1,634件,主要事實不清的895件。其

53　何蘭階、魯明健主編:《當代中國的審判工作》(上下冊),當代中國出版社,1983年第1版,上冊,第68–69頁。

54　陝西省地方誌編纂委員會編:《陝西省志‧審判志》(第五十八卷),陝西人民出版社,1994年9月第1版,第418–419頁。

中有不該殺的被殺掉了的，如孫興華被處死刑的案件、碭山縣蔣松年被處死刑案件，以及太和縣農會主任高從彥因天旱帶頭燒香求雨，被定為反革命破壞生產罪，一案處3人死刑、2人徒刑[55]。

（三）「大躍進」冤錯案件

1961年7月以後，全國各地大多數法院對1957至1961年辦結的刑事案件，有計劃、有步驟地進行了複查。複查面有的達60%，有的查了20%。查出的冤錯案件佔複查案件數有的達10-15%，有些省佔20%以上，個別省超過了30%[56]。1958年全國各級法院共受理一審刑事案件183萬件，較1957年猛增1.6倍，但普遍「發生了混我為敵、錯判無辜、盲目從嚴、輕罪重判的偏差」[57]。

陝西省，在省高級法院的統一部署下，對1958年至1961年「大躍進」和人民公社化運動時期判處的刑事案件，有計劃地進行了檢查，檢查的重點是：「破壞人民公社」、「破壞公共食堂」、「破壞農業生產」、「破壞牲畜」、「破壞糧食政策」，以及反動標語、匿名信等案件和其他認為有問題的案件。這一時期全省法院共審結刑事案件106,514件，1962年重點複查了37,597件，其中錯判需要糾正平反的984件，佔複查數2.61%，佔判處總數的0.92%。這些錯案的類型，一是定性錯誤，即混淆敵我兩類不同性質的矛盾和罪與非罪、此罪與彼罪的界限。如把

---

55 安徽省地方誌編纂委員會編：《安徽省志‧司法志》，安徽人民出版社，1997年1月第1版，第418頁。

56 何蘭階、魯明健主編：《當代中國的審判工作》（上下冊），當代中國出版社，1993年12月第1版，上冊，第99-101頁。

57 何蘭階、魯明健主編：《當代中國的審判工作》（上下冊），當代中國出版社，1993年12月第1版，上冊，第89頁。

「並社合隊」[58]過程中反對「平調」[59]和反對不等價交換的言行，當作破壞人民公社罪判處；把抵制農業生產上的瞎指揮風當作破壞生產罪判處；把反對平均主義而瞞產私分糧食當作破壞糧食政策罪判處；把批評公共食堂不合理的規定當作破壞公共食堂罪判處；把向中央和上級領導機關寫匿名信反映情況有擴大事實或錯誤言論的，當作反動信件和造謠破壞罪論處；把基本群眾因生活困難而亂拿、亂摸行為當作盜竊罪判處；把因生活困難而宰殺牲畜或因飼養、使役不當造成牲畜死亡的責任事故當作殘害牲畜罪判處；把「地、富、反、壞」分子[60]或其子弟犯有小量偷盜或鬥毆傷害行為當作階級報復罪判處；把某些群眾的落後不滿言行當作反革命造謠罪判處；把群眾對「五風」[61]不滿和正當批評當作壞分子攻擊誣衊、煽動鬧事罪判處；把農村基層幹部的一般違法行為當作混進來的階級敵人或蛻化變質分子來懲辦；把勞動人員中小量的不正當倒賣活動當作投機倒把罪判處，等等。二是在某些案件的處理上有盲目長判的偏向。主要是貫徹「懲辦與寬大相結合」的政策不全面，錯誤地理解中央提出的「少殺長判」政策，認為捕人少了，品質高了，凡捕起來的都要長判。特別錯誤的是以判處 5 年以上徒刑所佔判刑罪犯比例大小來衡量是否貫徹了「少殺長判」政策，因此，偏重了懲辦的一面，忽視了寬大的一面，產生了盲目長判。對投案自首、自動坦白交代或有立功表現該寬大的不寬大；對前科犯的罪行不問輕重或是否與新罪有聯繫，是否應從重而一概予以長判；對階級成分、家庭出身不好的人按罪行不應長判的而予長判；有的對勞改犯重新犯罪的原因、情節不加分析，一律長判；有的是把

58　「並社合隊」，指將較小的農業生產合作社、生產隊合併成較大的農業生產合作社和較大的生產大隊。

59　「平調」，指無償調用民眾財產。

60　「地、富、反、壞」分子，指經過一定的手續將一些社會成員劃定為地主分子、富農分子、反革命分子、壞分子類別，並確定其為階級敵人，施以各種專政、鎮壓、管制、改造措施。

61　「五風」，即：共產風、浮誇風、命令風、幹部特殊化風、生產瞎指揮風。

群眾一般刑事犯罪當成敵人破壞犯罪而長判；有的對同案幫助犯、脅從犯不加區別而從重判刑；也有的是為了配合運動，把較輕的犯罪從重判處等等[62]。

經複查也發現，1958年安徽刑事審判工作出現了較大的失誤，對待人民內部問題濫用懲辦手段，「辦錯了不少案件，傷害了許多好人」[63]。在全民整風、大辦鋼鐵和人民公社化運動中，對於某些不滿或落後言行的人亂戴「破壞」帽子，予以判刑。1960年突出的問題是，把群眾因饑餓而「偷青吃青」[64]、亂摸亂拿、「瞞產私分」[65]當作盜竊判罪，甚至把小偷小摸當成慣盜、慣竊罪。據統計，在這四年裏，全省法院共辦結嚴重刑事犯罪案件49,974件，其中盜竊案33,959件，佔68%。[66]安徽省通過複查發現，1957至1961年辦結的刑事案件，定性錯誤、量刑不當的約佔30–40%，其中冤、錯案件約佔20%。到1963年底，全省各級法院共複查各類刑事案件11.3萬多件，佔應複查案件總數的37.7%，查出冤、錯案件1.6萬件，佔14%；事實不清、量刑不當的2.2萬多件，佔19%。發現有問題的死刑案件9起，其中錯殺7起[67]。

62　案例：呂改娃傳謠案。
　　呂改娃，女，1943年參加反動道會「龍華門」。1958年至1960年期間曾傳謠說：「興修水利(工程)是磨人哩」、「挖育林坑是挖死人坑」、「蔣介石佔了幾個省」、「現在世道一年不如一年了，將來要把人餓死」、「世道變了，南京有火線，武漢都失了，逃過庚子年，快活如神仙」。該呂積極傳謠屬錯誤行為，但山陽縣法院判處20年有期徒刑，顯系不當，後宣告無罪。「這些錯判案件，雖然是刑事案件中的極少數，但影響很大，後果十分嚴重。它侵犯了公民的人身權利和合法權益，冤枉了好人」。見陝西省地方誌編纂委員會編：《陝西省志(第五十八卷)•審判志》，陝西人民出版社，1994年9月第1版，第421–422頁。

63　參見安徽省地方誌編纂委員會編：《安徽省志•司法志》，安徽人民出版社，1997年1月第1版，第401頁。

64　「偷青吃青」，指在饑荒中民眾偷採偷吃集體土地上未成熟的莊稼的行為。

65　「瞞產私分」，指在大躍進運動中，合作社等農村集體組織幹部，不願多報產量，從而少交公糧，多留下一些糧食，分給部分幹部群眾，以度饑饉的行為。

66　參見安徽省地方誌編纂委員會編：《安徽省志•司法志》，安徽人民出版社，1997年1月第1版，第401頁。

67　參見安徽省地方誌編纂委員會編：《安徽省志•司法志》，安徽人民出版社，1997年1月第1版，第419–420頁。

（四）「文革」冤假錯案

　　1966年至1976年十年的「文革」時期，大多數時候，刑事司法審判權由軍管會、革委會代為行使【68】。據最高法院總結，這一期間刑事司法中產生了大量的冤假錯案。10年中，全國法院共判處刑事案件145萬餘件，其中，反革命案件40萬餘件。後經複查，反革命案件絕大部分屬於錯判，普通刑事案件約有10％屬於錯判。1976年粉碎「四人幫」【69】以後，各級法院逐步恢復工作，並全面複查「文革」期間判處的刑事案件，糾正冤假錯案。1978年下半年到1981年底三年多的時間內，全國各級法院複查了「文革」期間判處的120餘萬件刑事案件，改判糾正了30.1萬餘件，涉及當事人32.6萬餘人。各地法院還主動複查了1977和1978兩年中判處的反革命案件3.3萬件，從中改判糾正了錯案2.1萬件。

　　最高法院提出：要真正做到全錯全平，部分錯部分平，不錯不平，嚴明法紀，有錯必糾。最高法院報告提出冤假錯案的類型有：因反對林彪、「四人幫」和為鄧小平鳴不平而被判刑的；發怨言、說錯話而被定為「惡毒攻擊」【70】判刑的；群眾對某些幹部不滿、對某項政策不理解或由於個人利益未得到滿足，在向上級寫信或在自己的日記、文章、詞詩中寫了一些對制度不滿甚至謾罵言詞而當做反革命「惡毒攻擊」被判刑的；把群眾由於疏忽大意寫錯字、喊錯口號或亂寫亂劃，以及少年兒童年幼無知，亂寫亂畫反動字句而當反革命判刑的；對歷史上的問題，過去已經交代並已做過處理，「文革」中又以老賬新算而判刑的；因家庭出身不好，說了錯話，做了錯事，或與幹部、群眾打架

68　軍管會、革委會行使審判權，說明司法權仍然存在、司法主體仍然存在、司法機構仍然存在，只是發生了很大變化，並不由此得出國家沒有司法活動或司法活動停止未開展，更不能否認這種狀況下國家司法活動造成的問題和應承擔的責任。

69　「四人幫」，指「王洪文、江青、張春橋、姚文元反革命集團」。

70　「惡毒攻擊」，是1970年代通用的一種罪名，指用語言攻擊毛澤東主席等的行為。

鬥毆被當作「階級報復」[71]而判刑的；把一些精神病患者的胡言亂語定為反革命罪判刑的；由於「逼供信」[72]，不調查研究，又不聽取申辯就草率定案，以致造成事實完全搞錯或基本搞錯而判了刑的[73]。

陝西省各級法院，從1979年開始，集中時間、人力，有計劃、有步驟地對「文革」期間所判處的各類刑事案件（含反革命案件），無論申訴與否，都進行了全面複查。經過三年艱苦細緻的工作，改判糾正了大批冤、假、錯案。1966年至1976年「文革」期間，全省各級法院（包括各級公安機關軍管會、革命委員會政法組）共判處各類刑事案件51,838件，其中反革命案件11,020件，普通刑事案件40,818件。到1981年6月底，共複查結案51,695件，佔「文革」期間判決總數的99.72%。在這些已經複查的案件中，反革命案件10,978件，改判糾正的6,848件，冤假錯案佔62.62%（其中宣告無罪5,853人，錯判1976人）；普通刑事案件40,717件，改判糾正3,257件，冤假錯案佔8%（其中宣告無罪1,325人，錯判2,329人）；「文革」中，全省因劉少奇冤案受株連而被錯判的案件970件，截至1980年5月已複查糾正840件，其餘繼續複查糾正；對因反對林彪、「四人幫」和為鄧小平遭誣陷鳴不平而被判刑的406人，已全部複查糾正。對「文革」之後1977年至1978年判處的反革命案件也進行了全面複查。兩年中，全省共判處反革命案件713件，截至1981年6月，已複查了527件，改判糾正425件，冤假錯案佔複查數的80.62%（其中宣告無罪330人，減輕刑罰的149人，改判糾正定性的40人）。以上共對1萬多件冤假錯案進行改判糾正[74]。

71　「階級報復」，是1970年代通用的一種罪名，指具有階級敵人成份的人毆打、傷害工人、農民、解放軍等革命人民的行為。

72　「逼供信」，是指審訊人員對被審人施用肉刑、變相肉刑或其他威脅手段逼取口供，一有招供，即信以為真，據以定案。

73　參見何蘭階、魯明健主編：《當代中國的審判工作》（上下冊），當代中國出版社，1993年12月第1版，上冊，第144-145頁。

74　參見陝西省地方誌編纂委員會編：《陝西省志•審判志》（第五十八卷），陝西人民出版社，1994年9月第1版，第428頁。

安徽省從 1979 年到 1982 年，全省共複查「文革」期間判處的刑事案件 57,484 件，佔同期判處總數的 99.73%，改判糾正 12,555 件。其中改判糾正反革命案件 8,323 件，佔反革命案件的 83%，改判糾正普通刑事案件 4,232 件，佔這類案件總數的 8.98%。發現冤假錯案中被以反革命罪處以死刑的 150 人。1983 年到 1985 年，全省各級法院對各級領導機關交辦和反覆申訴的刑事案件複查了 6,843 件，改判糾正了 3,264 件[75]。

（五）「文革」前冤假錯案

1979 年到 1982 年，全國各級法院即已複查了 1958 年「反右」上升案件和「文革」前判處的提出申訴的各類刑事案件 44,155 件，從中改判糾正了冤假錯案 23,055 件。從 1983 年到 1987 年進行了「文革」前冤假錯案的集中複查。即：對於「文化大革命」前的列次政治運動，在每次運動後期都曾進行了複查和甄別工作，發現和糾正了一些冤假錯案。但是，還有一些冤假錯案尚未得到平反糾正。對這類歷史遺留下來的冤假錯案，凡是本人和親屬提出申訴的，或有關單位和有關人員要求複查的，或公、檢、法機關自身發現可能是冤假錯案的，都要逐案複查，分期分批地在 3 年內予以平反糾正。全國各地法院共審結了刑事申訴案件 78.9 萬餘件，從中改判了 28.6 萬多件，佔 36.31%[76]。陝西省各級法院在 1979 年至 1981 年間，就已複查審結了這類案件 13,121 件，從中改判糾正 2,756 件冤假錯案，為 3,053 人作了平反糾正；從 1986 年 9 月至 1987 年 7 月，再次對建國以後到「文化大革命」以前判處的 95,867 件反革命案件和其他政治性案件，經過篩選，確定立案複查 39,211 件，改判糾正 9,169 件，其中宣告無罪 8,009 件[77]。

75　參見安徽省地方誌編纂委員會編：《安徽省志•司法志》，安徽人民出版社，1997年1月第1版，第421頁。

76　參見何蘭階、魯明健主編：《當代中國的審判工作》（上下冊），當代中國出版社，1993年12月第1版，上冊，第151-152頁。

77　參見陝西省地方誌編纂委員會編：《陝西省志•審判志》（第五十八卷），陝西人民出版社，1994年9月第1版，第430頁。

（六）「起義投誠及其他人員」冤假錯案

在歷次政治運動中，特別是在「文革」時期，錯誤地追究了一些原國民黨軍政人員起義、投誠人員的歷史問題，有的被判刑或處死。從1979年到1985年全國各級法院重視有關起義、投誠人員的申訴案件，把它作為一項任務抓緊複查審理。凡被法院判刑的由法院複查。對於起義投誠前的歷史問題，不論其罪惡大小，均不應追究。凡因追究歷史問題造成的各種錯殺、錯判或錯誤處理的，應一律予以糾正，作出的結論不留尾巴[78]。陝西省各級法院對建國後所判處的起義、投誠人員的案件，共立案複查1,347件，在查結的1,276件中，錯案868件，錯案率為68%，全部改判糾正，但其中屬於錯殺的就有100人。宗教人士案件，全省法院立案複查的98件，在查結的95件中，改判糾正81件，維持原判14件。關於知識份子案件，全省法院共受理複查361件，在查結的340件中，改判糾正214件，佔查結數的63%。台胞台屬案件，全省法院共複查17件，14件改判糾正。僑胞僑屬案件，全省法院立案複查6件，對查結的5案全部改判糾正。民主黨派成員案件，全省法院立案複查18件，在查結的17件中，改判糾正10件，維持原判7件[79]。安徽省這一期間複查起義投誠等統戰對象案件1,305件1,308人，改判1,085件1,091人，其中宣告無罪510件511人[80]。

（七）「嚴打」冤假錯案

任何一種運動式工作方式都有其積極的一面，但消極的一面同樣不可避免地存在。轟轟烈烈的「嚴打」行動，確實對犯罪分子起到巨大

78　參見何蘭階、魯明健主編：《當代中國的審判工作》（上下冊），當代中國出版社，1993年12月第1版，上冊，第152–153頁。

79　參見陝西省地方誌編纂委員會編：《陝西省志•審判志》（第五十八卷），陝西人民出版社，1994年9月第1版，第438–439頁。

80　參見安徽省地方誌編纂委員會編：《安徽省志•司法志》，安徽人民出版社，1997年1月第1版，第422頁。

的震懾作用，對於遏制犯罪、減少犯罪、穩定社會具有不可替代的積極作用，至今絕大多數社會成員是稱讚不已，甚至作為美好回憶而代代相傳。但是「嚴打」與一切運動式工作方式一樣，其對整個執法、審判工作體系的消極影響也是顯而易見的。在「嚴打」過程中極易形成只求數量不求品質的行為傾向，同時這種運動型的「嚴打」活動也是「刑訊逼供」滋生的溫床。為此，對1983至1986年的「嚴打」期間判處的案件，全國各地法院也開展了申訴複查工作。1986年3月10日，全國法院院長會議提出：對於「嚴打」中判處的案件提出申訴的，要堅持實事求是，有錯必糾的原則，對確屬搞錯了的，應當迅速糾正；判刑畸輕畸重的，要具體案件具體分析，慎重處理；判刑偏輕偏重的不要改判；對無理申訴的，要據理駁回。如福建省南平地區至1994年底止，共處理「嚴打」申訴案件1,978件，其中，維持原判1,631件，改判304件495人（內加重刑罰2人，減輕刑罰381人，免予刑事處分38人，宣告無罪34人，作其他處理40人），撤訴5件，其他38件[81]。

三、對刑事冤假錯案的綜合認知

（一）刑事冤假錯案是否具有「殺人立威」的「外部效益」

按照馬克斯·韋伯對權威的理論分類，司法權威是一種法理型權威[82]。司法權威作為一種特殊的權威類型，是指司法在社會生活中所處的令人信從的地位和力量。司法權是一種特殊的公權力，是具有權威性的公權力。與其他公權力尤其是行政權力相比，司法權不僅以國家強制力保障實施，而且還因其訴訟特質而具有權威性。就像耶林指

81　參見南平市地方誌編纂委員會編：《南平地區志》（第三十七卷），方志出版社，2004年4月出版，第六章、第八節。

82　汪閩生：〈馬克斯·韋伯權威觀的理論與實踐價值〉，載《上海人大月刊》，2010年第7期。

出的那樣:「法不僅是思想,而且是活的力量,因此,正義女神一手持有衡量權利的天平,另一手握有為主張權利而準備的寶劍,無天平的寶劍是赤裸裸的暴力,無寶劍的天平則意味着法的軟弱可欺,天平與寶劍相互依存,正義女神揮舞寶劍的力量與操作天平的技巧得以均衡之處,恰恰是健全的法律狀態之所在」[83]。也就是說,司法權威並非僅僅依靠國家強制力作為後盾就能夠樹立起來的。

在有些社會治理主體看來,殺人越多就越有政治權威,越能達到令行禁止的最佳社會治理狀態,這就是所謂「殺人立威」[84]的社會治理謀略。尤其是新政權建立之初,沒有鎮壓行動肯定是不行的。但是,這裏的權威主要是政治權威、軍事權威、革命權威,而不包括司法權威。司法權威其所堅決反對的就是由國家對社會實施整體、批量、指標性的暴力。司法權威在於微觀、具體、精確地,逐個甄別處理每個案件和社會成員的事項。對於司法權的行使來說要取得「立威」的「外部效益」[85],前提是要高度精准,任何冤假錯案都只會損害司法權威。

儘管很多人都認同:「多年來的經驗表明,依法從重從快打擊嚴重刑事犯罪,是遏制犯罪急劇上升的有效措施」[86],但是即便有如此重

83　【德】耶林:〈為權利而鬥爭〉,胡寶海譯,載梁慧星主編:《民商法論叢》第2卷,法律出版社,1994年12月出版,第12–59頁。

84　「殺人立威」,語出【宋】朱弁《曲洧舊聞》:「太祖皇帝龍潛時雖屢以善兵立奇功,而天性不好殺,故受命之後,其取江南也,戒曹秦王、潘鄭王曰:『江南本無罪,但朕欲大一統,容他不得,卿等至彼,慎勿殺人。』曹、潘兵臨城久之不下,乃草奏曰:『兵久無功,不殺,無以立威』太祖覽之,赫然批還其奏曰:『朕寧可不得江南,不可輒殺人也!』」見:《乾隆御覽四庫全書薈要》,吉林人民出版社,1997年5月第1版,(子部66),第121頁。

85　「外部效益」,係經濟學名詞,指:實際經濟活動中,生產者或者消費者的活動對其他生產者或消費者帶來的有益的非市場性影響,亦稱外部經濟性,或正外部性。此處借用,指刑事冤假錯案對司法活動本身的是否存在有益的影響。

86　肖揚:〈經濟社會轉型期人民法院將長期堅持嚴打〉,新華網,2004–12–16。

大的積極的社會意義，也不能允許司法活動和司法行為出現衝動和不冷靜，否則仍然沒有司法權威可言[87]。

（二）刑事冤假錯案掩蓋下去社會效果是否會更好些

有人認為對時隔多年的案件不應「有錯必糾」，否則，社會效果不好。

如一位檢察官認為：一個案件在經過了近十年、十幾年、甚至更長時間的檢驗，從犯罪對社會的侵害到刑事追訴對罪犯的懲罰與改造、從被害人復仇心理的滿足到被破壞的社會關係的修復，以及罪犯改造後的再回歸社會，這一切因犯罪留下的「傷痕」，均在歲月的流逝中逐漸得到了修復並達成了一種新的平衡。現在要重新打破這種平衡，將歷史的傷疤再揭一次，無論如何都是不智之舉。因此，審查這些刑事申訴案件時一定要慎重又慎重，儘量維護已生效刑事裁判的穩定。在當前構建和諧社會的語境下，為有利於化解矛盾糾紛，在考慮這些因素的影響時，就絕不能忽略現實的需要。那些沉澱在案件中雖然為申訴人留下了合法申訴「理由」、並不影響案件宏旨的瑕疵，即使符合抗訴條件對之提出抗訴，但如既不能為當事人正名（洗去罪名）和減輕處罰（刑罰已執行完畢），又不能讓當事人獲得經濟利益（國家賠償），就不宜採取所謂「有錯就糾」的做法。因此，遇此情況，很有必要綜合考慮案件的現實意義，儘量通過釋法說理、人文關懷等非抗訴的方式化解矛盾、平息紛爭，做好服判息訴工作[88]。

但問題是，在存在刑事冤假錯案這種絕對司法不公的情況下，面對經過十年、十幾年漫長的尋求公正之路的信訪當事人，除了償還給

87　參見陶盈編撰：〈「嚴打」：非常時期非常手段〉，載《文史參考》，2010年10月第20期。

88　參見閬中市人民檢察院蔣盛輝博克：〈複查刑事申訴案件應理性考慮時空環境因素的影響〉，載：http://blog.sina.com.cn/s/blog_3dec159a0100l1z2.html。

他公正之外，還有什麼辦法能「做好服判息訴工作」呢？事實上即便是經過三十年或更長時間的刑事冤假錯案，當事人尋求公正的努力也是不會放棄的。傷害人的人也許永遠不知道被不公正所傷的人心是不可能輕易平復的。司法如同其他社會關係中規則一樣：欠下的，終究是要還的[89]。

（三）刑事冤假錯案是否可以通過糾錯、平反、賠償得到徹底解決

儘管面對媒體和眾多官員，滿臉疲憊的趙作海連連鞠躬，並一再說，「感謝政府，感謝各級領導」[90]；儘管呼格吉勒圖的母親回應聽到無罪判決的第一反應是「法律是那麼的公正，感謝政府，感謝那麼多支持我們的人，感謝這麼多媒體，是大家的努力讓我兒子得到一個清白的判決」[91]，但是，誰能相信這是正常和真實的反映？實際上平反、糾錯、賠償對當事人及其家庭來說，精神意義雖大而實際作用微小。冤假錯案的當事人所受的精神、肉體、物質損失從來都不可能得到充分的補償。而人的生命的消逝和人生時光在獄中的消逝更是無可

89　案例：李久明冤案。
　　李久明冤案當中的真凶蔡明新在浙江溫州落網並被判處死刑，蔡在看守所一次觀看警匪片時口出狂言：「太笨啦，我過去收拾一個男人的時候，幾拳就把他打趴下了，從四樓光着腳丫子跳下來。」獄警據此審出蔡明新在冀東監獄家屬區犯下的重案。然後，浙江溫州市警方向河北唐山市警方發出《協查通報》。唐山市公檢法系統的有關方面曾派人去浙江溫州提審真凶蔡明新和調查相關情況，然而卻對此天大的秘密刻意隱瞞下來。如果不是李久明的同窗紀桂林及時地接到一匿名電話，從而獲知李久明案中的真凶落網的消息，那麼，驚天秘密則很可能被唐山市有關方面所隱瞞，真相無從大白於天下。唐山市公檢法方面明知真凶落網，冤案既成事實，卻仍要將錯就錯，循私枉法，隱瞞真相，封鎖消息。實際上，只要公檢法任何一個司法機關，能夠依法辦事，認真核實有關證據鏈，李久明冤案就不會鑄成。然而，種種跡象表明，唐山市的公檢法等部門事實上已成了冤案的共同製造者，並且在維持冤案、堅持錯誤上具有了驚人的協調一致。這更是令人可怕之事。此案可見，掩蓋錯誤，往往是因為承認錯誤和糾正錯誤會與工作考核掛鉤，也即影響個人的實際利益；辦案人員知錯不糾，就是為了維護住既有的政績。參見：《河北唐山7名民警刑訊逼供炮製冤案被判刑》，載新華網：http://www.sina.com.cn，2005年07月13日。

90　〈蒙冤坐牢11年獲賠65萬　趙作海「感謝政府」〉，載《南方週末》：http://www.infzm.com/content/45007，2010-05-14 16:59:39，來源：新華網報導。

91　《呼格吉勒圖無罪，追責程序啟動》，載人民網：http://legal.people.com.cn/n/2014/1216/09:30，來源：《新京報》。

挽回的，因此對冤假錯案當事人來說，已受到的不公平對待所造成的傷痛，永遠不會平復。

陝西省建國初的「三錯」案件給被告人造成的後果是：有的是無辜被錯殺；有的被押成殘廢；有的死在監獄。戶縣法院1951年錯判的水寨村「搶劫」一案，11名被告人5名處死、6名判刑。經複查，3人屬無辜被殺、6人被錯判。錯判的被告人，王有德病死在監獄；詹永娃在甘肅勞改時雙目失明，其母親思子而逝【92】。安徽省「宿松縣吳必昌自殺」一案，造成錯關了31人的冤獄，其中因刑訊致死的4人，殘廢3人，討飯的2家；休寧縣「張尚志殺人」案，錯捕4人，致2人冤死獄中」【93】。

（四）刑事冤假錯案的成因是否應當深究

各地法院總結教訓時總是在「司法人員思想態度」和「工作方式」中尋找造成冤假錯案的原因。如陝西省高院在總結1958年全省司法審判工作時認為產生錯判和盲目長判的原因是：部分法院幹部政治素質和業務水平不高，政策觀點模糊，思想方法主觀片面，缺乏高度負責認真的精神【94】。

學者們也做過分析。何家弘教授認為中國刑事司法工作中存在十大誤區：第一是由供到證的偵查模式；第二是違背規律的限期破案；第三是先入為主的片面取證；第四是科學證據的不當解讀；第五是屢禁不止的刑訊逼供；第六是放棄原則的遵從民意；第七是徒有虛名的相互制約；第八是形同虛設的法庭審判；第九是騎虎難下的超期羈

92　參見陝西省地方誌編纂委員會編：《陝西省志（第五十八卷）•審判志》，陝西人民出版社，1994年9月第1版，第416-418頁。

93　安徽省地方誌編纂委員會編：《安徽省志•司法志》，安徽人民出版社，1997年1月第1版，第416-417頁。

94　參見陝西省地方誌編纂委員會編：《陝西省志（第五十八卷）•審判志》陝西人民出版社，1994年9月第1版，第421-422頁。

押；第十是證據不足的疑罪從輕[95]。陳瑞華教授認為：錯案的發生關鍵是沒有應用非法證據排除規則，司法審判所針對的非法證據，也就是偵查人員非法取得的證據，應當排除[96]。

來自最高法院研究人員的認識是：冤假錯案的形成原因在於「以偵查為中（重）心」左右着司法活動，而要杜絕刑事司法中的冤假錯案的措施在於重新調整公、檢、法三家之間司法職權的配置關係，推進以審判為中心的訴訟制度。認為：正如諸多分析評論所指出的那樣，產生呼格吉勒圖等冤假錯案的主要原因是：當時疑罪從無精神尚未真正確立、刑事證據制度十分粗放、過分倚重口供等[97]。

然而，上述這些總結和分析，或是在司法主體工作瘸疵層面上找原因，或是隔靴搔癢的清談，或是帶有門戶之見的推卸，都是在談具體的冤假錯案發生的偶然性。都不願深究：是什麼原因使法院的審判人員在明知證據不足、案情不清、事實根本不存在的情況下，也要判處被告人刑罰，甚至判死刑？法院刑事審判真正的第一要務和根本價值就是防止和消弭、杜絕冤假錯案，為什麼不認真履行？這是法院自身的職責怎麼能推責於外部、甚至推責於司法權的權力授予者？

如果深究歷史事實就會證明：這一切的根本決定原因在於「世輕世重」式的刑事司法方式及其釀造出來的刑事司法波蕩。司法主體的上層出於複雜的動機和需要所發動的刑事司法波蕩，以浪潮與風暴的態勢，奔湧向前，將一切程序、制度、規則、條款都作為被蕩滌的障礙物推到一邊，從而突破任何法律軌道的束縛。刑事司法波蕩，也將一線辦案的司法人員、司法組織、司法機構都予以裹挾，讓他們將秉持的原則、理念、認知、冷靜和法律信仰都予以溶解和丟棄。刑事司法波蕩，也將司法人員個人利益的得失當作催化劑，引導着全部司法

95　參見何家弘：〈當今中國刑事司法的十大誤區〉，載《清華法學》，2014年第2期。

96　參見陳瑞華：《刑事訴訟的前沿問題》，中國人民大學出版社，2011年3月第3版，第195頁。

97　參見袁登明：〈刑事冤錯案的形成與以「審判為中心」〉，載《人民法院報》，2014年12月24日，第02版。

人員在潮流中積極表現、激流勇進，並使這些原本沉穩的群體躁動興奮，急於求成，急於建功立業、揚名立萬。創先爭優地完成工作任務從而獲得某種獎賞、利益、待遇，成為司法人員從事司法工作的內在目的與動因。有學者研究指出，由於司法中存在辦案結果與辦案人員的實體利益密切相關、缺乏程序性違法制裁機制等潛規則因素，在司法實踐中，辦案人員甚至普遍存在着程序性違法的「本能衝動」[98]。在刑事司法波蕩中，刑事審判防止和消弭、杜絕冤假錯案這個第一職責、要務，被拋於腦後。大量冤假錯案就在司法審判人員的眼皮底下一而再、再而三地發生。

可見，不深究刑事司法制度性原因，是不能提高人們對於冤假錯案的認識的。

98　參見陳瑞華：《程序性制裁理論》(程序性違法的發生學解釋)，中國法制出版社，2005年出版。

第五章　　民事司法波蕩的內在

❀❀❀❀❀❀❀❀❀❀❀❀❀❀❀❀❀❀❀❀

鼓勵濫用訴訟權利

一、鼓勵濫用起訴權

　　觀察民事司法波蕩，可以看到，中國民事訴訟法施行以來，民事訴訟長期呈現「三多」現象：一是撤訴的案件數量多；二是被判決駁回起訴的案件數量多；三是調解結案的案件數量多。

　　這「三多」現象之所以形成，是因為民事起訴往往被社會多方面所鼓勵。如：（1）一些地方行政機關，為了給自己「排憂解難」，有意將平息民間紛爭的責任引向法院；（2）訴訟代理人普遍具有鼓勵起訴的偏好而誘導當事人起訴，這也是利益關係使然；（3）司法機關盲目宣揚法律途徑是解決社會糾紛的最好途徑，甚至有法官認為有糾紛上法庭是法治社會進步,法官辦案數量越多越受褒獎。正是這些理念的引導和鼓勵，將本是「公平正義最後一道防線」變成了「第一道防線」，致使大量本應該在民間自治等途徑解決的糾紛、大量本應該息事寧人的糾紛都起訴到法院。小額訴訟，寧可「輸錢不輸氣」的官司，在法院受理案件中所佔比重越來越大，在一些基層法院已佔大多數。

　　稍加分析可見，這些情況基本屬於起訴不當。正是因為這些本可不起訴的案件為基礎，才導致了大量案件撤訴、駁回或經調解結案。這種「訴而無果」的起訴案件，本質上是當事人濫用起訴權。

二、鼓勵濫用上訴權

　　上訴權是一種重要的訴權。案件當事人對法院作出的裁判只要是法律規定允許上訴的，就可以上訴，而且二審法院必須受理。這種上

訴權，給了當事人充分的訴訟自由空間。然而，因此卻普遍出現濫用上訴權的問題。最高人民法院公佈的數據顯示，2011年全國中級以上法院共受理各類二審案件707,498件，二審結案中，改判和發回重審的僅佔15.17%，維持原判的達84.83%。這樣的維持原判的比例，表明當事人上訴權的行使存在問題，即有大量的無須上訴的案件也上訴了，當事人不當地濫用了上訴權。

上訴權對於當事人具有雙重意義。首先在一審中敗訴的當事人總是希望將其案件提請更高級別的法院重新審理。其次，通過反覆審理，不僅確保給當事人恰當且公正的權利保護，同時還給當事人一個充分陳述的機會，以便作出一個讓當事人能夠接受的判決。然而，事實上當事人行使上訴權時經常出於並非有利於訴訟的考慮。有的是對一審法院的法官無端猜疑、不予信任而上訴；有的是代理人出於增加代理費收入而誘導當事人上訴；有的敗訴方出於報復心態，故意拖延訴訟，以上訴來阻卻一審法律文書生效，讓對方的勝訴利益在訴訟「磨蹭」中「縮水」；有的明知自己上訴沒有道理且不會獲得支持，但利用上訴期間轉移財產、尋找逃避義務的機會,以規避判決生效後的執行；有的故意將能夠在一審中提出的證據或事實放在二審中提出，導致二審認為一審事實不清、證據不足，從而發回重審，人為導致案件在一審和二審之間「翻燒餅」。大量出於這些因素考慮而提出的上訴，對於民事司法維護公平正義的目的來說，顯然是相違背的。然而，這種情況在司法活動中總是被容忍，甚至是被鼓勵。

三、鼓勵濫用申訴權

在當下仍在不斷攀高的民事案件波峰中，包含了數量十分巨大的申訴案件，即當事人在裁決生效後仍然繼續進行訴訟。人們普遍無奈地看到，大量民事案件當事人不管有理無理都要進行申訴，並且都會自認為是必要的。哪怕精通法律的訴訟代理人都認為應當「服判息訴」了，當事人也還要申訴，以「相信法律」為藉口將官司一直打下去。即

在無限時空的範圍堅持不懈地向司法公權力爭取其自認權利,不達目的誓不甘休。

當事人的不斷申訴,並不是真的「相信法律」,恰恰是「不相信法律」,是對法律信仰的缺失,是對司法機關、司法人員、司法活動的不信任。有些當事人進行訴訟就不是為了追求公斷、尋求正義,而是將訴訟作為尋求非正義、謀取非法利益的手段。勝訴了就說法官是青天,敗訴了就說司法不公、就不斷申訴。同時,也與司法人員並無堅定的法律信仰有關。一些上級法院司法人員看待初審案件的裁決,不是依據法律完整精神而是依據個人某種心理需要來進行評判,或簡單維持,或隨意改判。然而,法律如此博大,有不同觀點為常事。正如卡多佐所言「我們也許會盡我們之所願地努力地客觀地理解事物,即使如此,我們卻永遠不可能用任何他人的眼睛來理解這些事物。無論是一份訴訟請求還是一個議會法案,無論是犯罪的窮人還是公正的君主,無論是一個鄉規民約還是一個民族憲章,它們都要接受這一標準的檢驗」[1]。維護裁判既判力的觀念在司法人員腦中尚未形成。司法體系內部既然無一定之規,又如何能要求當事人尊重司法裁決?隨意改判雖然給敗訴一方當事人一絲希望,但更多的是致使雙方當事人認知錯亂,根本不知道何為法律原意,故而申訴不斷、纏訴不斷。也正因為如此,致使大量的普通民事案件會經過無數輪次的訴訟,跨越漫長時日,也沒能最終了結。

申訴權的設定,難道就是為了這樣使訴訟過程拉長嗎?或者就是這樣給民間矛盾糾紛提供一個暫時的貯留地嗎?顯然不是。申訴權是因為國家機關作出錯誤的決定或者判決,或者是因為國家工作人員的違法失職行為,造成公民的合法權益受到損害,權益受到侵害的公民有向有關國家機關申訴理由、要求國家機關作出正確處理的權利。可見,申訴權本質是更好、更準確地解決民間矛盾糾紛。如果設立的申訴制度演變為暫時貯留社會矛盾,或者讓行使申訴權變成當事人發洩

1　【美】本傑明•卡多佐:《司法過程的性質》,蘇力譯,商務印書館,1997年3月第1版,第3頁。

不良情緒、誣告陷害司法人員、謀求不正當利益、甚至是作為敲詐國家社會等的手段，顯然是對申訴權的濫用，因而只能作負面評價而不可縱容。

司法功效不高

一、大量存在過度調解

（一）過度倡導調解優先

在中國民事司法制度設計中，廣泛適用「調解優先」原則。《中華人民共和國民事訴訟法》第九條規定：「人民法院審理民事案件，應當根據自願和合法的原則進行調解；調解不成的，應當及時判決」，實際在整個司法機關系統中尊崇的還是：「調解優先」[2]。所有司法人員都被要求牢固樹立「調解優先」理念，從而在民事司法中形成全面、高度、緊密的調判結合模式：

第一，調解分佈於審判工作全過程、各環節。立案前有訴前調解，立案後有庭前調解、庭後調解，宣判後還有判後答疑的調解，生效後還有執行中促成和解，申訴信訪中還有調解，再審時還要進行調解。

第二，調解分配到每個業務庭、每個辦案人員。 立案庭的法官、非法官，審判庭的法官、非法官，執行局的法官、非法官，庭長、副庭長，院長、副院長，都有進行案件調解的職責。不管他會不會、能不能、善不善調解，都得做調解工作。

第三，審判庭法官既是審判的主要力量，又是民事調解的主要力量。絕大多數案件，調判均由同一個法官實施辦理。真是「調調判判、忽調忽判、判中有調、調中有判、調判不分、判調相兼」。

2　見最高人民法院：《關於印發〈關於進一步貫徹「調解優先、調判結合」工作原則的若干意見〉的通知》（法發【2010】16號）。

　　有的省全省法院把調解作為處理案件的優先選擇，甚至推行了「全員調解、全流程調解、全領域調解、全系統聯動調解、全社會聯動調解」的「五全調解模式」【3】。

（二）調解忽視法治精神

　　「調解優先，調判結合」機制所取得的調解率的真實性是不值得懷疑的。值得懷疑的是調解優先對於法治精神是否契合。因為調解的中心內容和基本法則說明，調解並不是完全維護當事人的合法權利，而是經常使當事人放棄權利。儘管相關法條要求「在事實清楚的基礎上，分清是非，進行調解」，但調解本質並不需要、事實上也不可能做到「查清事實、分清是非」，更不可能懲惡揚善，同時，調解往往還轉移義務於無辜的第三方。當然，並不是說調解的方法不可以應用在處理民間矛盾糾紛中，只是應當與法治的方法分開、與審判分開應用，不能由司法審判的主體來應用，只能在非訴訟的環節中由非審判人員去應用。

　　因為調解是「讓步以求免爭」，審判則是「定分以彰公正」。調解的讓步求和與司法的公正裁斷要求並不相容。在司法調解中的削減壓縮權利，經常是對當事人權利的一種損害，有時會對當事人心靈造成長久的傷害。被成功調解的當事人，有的只是忍氣吞聲，有的只是忍痛割愛，有的只是忍辱負重。不要以為，被調解成功都是法官調解藝術的成效，其實根本上是當事人對自己的權利作出了犧牲。同樣，調解中的轉移義務，也是對法律秩序的一種傷害，不僅使第三方犧牲了權利（如法官自己掏錢資助當事人），也使真正的義務人和其他人對法律義務的認知進一步退化。司法審判永遠不能像調解那樣削減當事人合法權利，也不能增加其他人的法定之外的義務，否則即為不公。縱使

3　最高人民法院港澳台司法事務辦公室編：《現代司法制度下調解之應用──首屆海峽兩岸暨香港澳門司法高層論壇文集》，人民法院出版社，201年3月第1版，第129頁。

調解對於化解社會矛盾糾紛確有效果，那為什麼偏要讓專司公正裁斷的司法審判機關來做這項工作呢[4]？

調解與審判如此不同，在「全面高度緊密的調判結合」機制中，同一司法審判人員在辦理同一案件既要調解又要判決時，必然出現判決時所表達的理由與調解所說話語有很大差別，甚至完全相反，從而導致當事人對法官和對法律的極大的不信任。因此，民事司法過於強調調解優先時，也就意味着對公正司法和司法公信力的忽略。可以說，每一次調解，事實上都是對正在樹立中的現代法治精神的一次無視。

（三）調解優先與程序正義相互掣肘

審判講究程序和效率，而調解不是訴訟，無須受訴訟程序的限制，只要追求效果而不追求速度。調解可以僅僅以調解成功的效果為目標，對一個民事糾紛可以陪同調解很長時間。然而，當審判人員既要調解又要審判時，調解的時間需要總是被審判的時限要求所制約，而審判的效率要求又總是被調解的效果要求所制約，使兩項工作都無法盡如人意，都做不到極致，甚至留下永遠的遺憾[5]。同時，調解本身是促使當事人之間達成新的協議。但是，對那些本身就是因為不信守協議而發生的爭議、對那些本身就沒有契約精神、沒有誠信意識的人，調解所達成的協議能得到多少信守呢？目前，調解成功並不履行、而以調解書申請法院強制執行的案件比比皆是。這樣的調解有什麼意義？

4　1920年代，日本在全世界最先創立民事調解制度，只是在裁判所（即法院）中另設民事調停委員會專事調解；即至當今世界各國，均沒有類似中國這樣高度緊密的調判結合和追求調解率的做法。參見張育海：〈日本調停委員會及司法員警〉；載1929年12月15日民國朝陽大學的校刊《法律評論》，第322期。

5　安徽省宣城市宣州區法院，2010年受理兩起離婚案件，第一起調解了一段時間未成後，判決不准離婚，作為原告的女方回家服毒自殺身亡；第二起調解了一段時間未成後，判決准予離婚，作為被告的男方，在法院門口將女方刀捅致死。很多人認為，此二起案件如果由專門的調解機構進行更長一些時間的調解，悲劇或許都可以避免。

二、大量存在履行不能

(一) 贏來官司贏不來錢

民事訴訟法施行以來全國法院判決和調解生效的案件，裁判主動履行率一直不高[6]，即，存在大量不履行生效裁判的情況。究其原因，是確實存在大量沒有賠付能力而導致的履行不能。有的是義務人所有的財產不足以抵償賠付數額；有的是義務人完全沒有可供賠付的財產；有的是義務人不僅沒有財產可供賠付而且在未來直至終身都沒有能力創造可供賠付的財產。這一部分糾紛實際爭議並不大，義務人對自己的義務是認帳的，但就是賠付不了。這種賠付不了的情況實際在訴訟之前早已存在，也早已被原告方所知曉。但是，原告方仍然提起訴訟，而且要求通過訴訟得到全部賠付，並認為司法機關就應當使他們得到全部賠付，借貸案件中不僅要求本金得到賠付，還要司法機關幫他討回全部利息等各種利潤和收益。雖然原告方依法具有起訴權，並且起訴後有很大把握勝訴，但這種勝訴裁決根本就沒有得到義務人履行的可能、沒有實體上獲得勝訴利益的可能性。原告的起訴豈不是徒勞無益的事情？而法院從一開始就知道案件的審判不可能實現當事人的實質期待，卻仍然受理和審理，直至作出裁決。這樣的裁決有什麼價值呢？

(二) 履行不能反添損失

現實中這樣不可能得到履行的民事裁判，卻是每時每刻都在大量的生產着，每年已超百萬、千萬件。司法主體們大量生產的不可履行的民事裁判，對當事人並無實際意義，反而造成消極後果：

第一，沒有解決當事人之間的糾紛爭議。經過了漫長複雜的訴訟過程，最後得到的生效判決，卻不能得到履行，這對當事人之間的矛

6　最高人民法院印發的《最高人民法院關於開展案件品質評估工作的指導意見(試行)》(法發【2008】6號)，規定審判效果指標11個，由上訴率，申訴率，調解率，撤訴率，信訪投訴率，重複信訪率，實際執行率，執行標的到位率，裁判主動履行率，一審裁判息訴率，公眾滿意度指標組成。

盾爭議關係起不到一點點改善作用。並且因為訴訟使雙方當事人之間「反了目」、「撕破臉」，雙方再無感情、友誼可言，矛盾關係實際被加深了。

第二，加大了當事人的物質損失。當事人經過繁瑣複雜的訴訟過程，最後拿到的裁決是一個不可能得到履行的裁決，無異於被法院發了一張「欠條」或不能兌現的「空頭支票」。而在這一訴訟過程中當事人就已經必然地增加了新的成本支出，如律師代理費用、交通旅程費用、先期支付的訴訟費，以及時間機會成本。這樣一場官司打下來，正如民間所言，是：「贏了官司輸了錢」。這樣的狀況何以讓當事人感受到公正呢？恐怕只會強化「冤死不告官」[7]的對司法的不信任感吧！

第三，增加了當事人的精神損失。明顯不可能履行的民事裁決的製作，總是給予了當事人一種希望，而明明不能兌現，反而煞有介事地去做，不亞於一場真做的假戲，最終讓當事人感受到的是被「忽悠」[8]、被欺騙。對完全不可能得到履行的這一部分案件的處理，在審判階段即使無比地公正、合法、及時，並且程序和實體都完全不存在司法不公的問題，但是最終不能使當事人得到其實質利益，如何能使人感受到司法的公平公正呢？只能更感到痛苦和失望。

第四，損害了司法權威。對於司法機關作出的大量不能履行的裁決，即使具有十分充分的國家強制力保障，也不可能使義務人履行生效裁決確定的義務。這樣的裁決有何權威性？事實上這樣的裁決做出越多，當事人就越是不信任司法機關，越是損害司法機關、司法活動乃至整個司法制度的權威性。

第五，加劇了民事案件的積壓。民事司法波蕩所呈現的事實表明，當司法機關大量受理不可能處理的案件和大量製作不可能履行的裁決的時候，民事司法就會出現「消化不良」、「腸梗阻」現象；必然使

7　「餓死不討飯、冤死不告官」：民諺。認為打官司並不能伸張正義。

8　「忽悠」：中國東北地區俗語。矇騙的意義。

法院成為民間糾紛的「蓄洪區」，法院就會被民間糾紛的洪水所淹沒，司法活動的實際價值也就消失了。顯然，司法機關並不能有效處理這些沒有履行能力的案件，司法機制在這種情況下是失靈的。

（三）根源在於誇大職能

既然這樣，為什麼大量的當事人要提起這種不能履行的訴訟呢？為什麼法院仍然要大量地受理和審理這種必定履行不能的案件、大量地製作這種必定履行不能的裁判呢？

問題的根源在於：長期以來司法機關誇大了司法在社會治理中的作用，也誇大了司法的國家強制性在解決民間糾紛時的效果。以至於當事人相信，司法機關一定能維護公道，也有責任、有能力幫助討回自己的債權錢款，形成「要討債，找法院」的思維定式。以至於司法主體也普遍認為，司法機關就有義務、有責任、有本事、有能力為勝訴方追回全部本金和利息，直至最後的一分錢。然而，反思可見：明知道被告方沒有履行能力、作出的裁判不可能得到履行，還要啟動這樣的訴訟，其實是犯了「知其不可而為之」[9]的主觀主義錯誤。至於，在履行不能的情況下，由司法機關動用公共資源給當事人提供司法救助等經濟支援，則更是無奈之舉。這樣的民事司法的結果，將義務人的義務轉嫁給納稅人承擔，給更大範圍的社會公平正義帶來了損害。

三、大量存在強制執行難

（一）申請執行比例高

民事訴訟法施行以來全國法院判決和調解生效的案件，申請強制執行的比例越來越高、數量越來越多，難以執行結案、難以執行到位（參見表5.1）。

9　語出【春秋】孔丘：《論語・憲問》（三十八）：「是知其不可而為之者與？」載夏延章、唐滿先、劉方元譯注：《四書今譯》，江西人民出版社，1986年9月合訂本第1版，《論語今譯》第154頁。

表5.1 1990年至2014年全國法院申請執行數及比例統計表

年度	1990年代			2000年代			2010年代		
	判決調解數	申請執行數	比例	判決調解數	申請執行數	比例	判決調解數	申請執行數	比例
0	2,054,337	794,971	38.7	3,638,998	2,116,700	58.2	4,266,290	1,979,609	46.4
1	2,033,844	835,111	41.1	3,541,725	2,018,536	57.0	4,555,763	1,908,972	41.9
2	2,131,535	733,276	34.4	3,241,262	1,848,296	57.0	4,984,058	2,969,532	39.5
3	2,440,101	767,503	31.5	3,199,091	1,784,785	55.8	5,164,021	2,308,890	44.7
4	2,783,003	897,225	32.2	3,088,837	1,679,764	54.4	–	–	–
5	3,215,502	1,117,090	34.7	3,132,074	1,605,764	50.7	–	–	–
6	3,678,137	1,366,547	37.2	3,170,337	1,684,374	53.1	–	–	–
7	3,771,037	1,487,634	39.5	3,370,334	1,620,855	48.1	–	–	–
8	3,782,993	1,766,855	46.7	3,835,792	1,767,893	45.9	–	–	–
9	3,932,659	2,126,816	54.1	4,058,796	1,941,585	47.8	–	–	–

注：此表根據歷年《中國法律年鑒》公佈數據歸納。

　　從上述表5.1的情況看，對於民事訴訟中生效的判決和調解，當事人勝訴方申請法院強制執行的比重很大，有的年度竟然超過生效裁判數的一半。這就意味着大量生效民事裁決，被義務人輕視、無視、視同廢紙；對於權利人來說，則不過是將原來手中拿着的不能追還的債權「欠條」，經過一圈司法程序之後，轉化成了經過司法確認、被賦予生效法律文書形式、同樣不能如期兌現權利的「欠條」[10]。勝訴權人都是在無可奈何之下，才申請啟動強制執行程序的。而不履行法律生效裁決規定的義務的被執行人，一部分確實沒有履行償還債務的經濟能力，一部分僅有一點財產如償還債務就一貧如洗，也有一部分是有能力而拒不履行、甚至是惡意逃避債務，成為失信被執行人，即俗稱的「老賴」。

　　失信被執行人的存在，是一種非正義現象。其最大特徵是將財產和資源留做自己享用而拒不歸還債務，將自己的生活幸福建立在佔有

10　欠條（bill signed in acknowledgment of debt）：是個人或單位在欠款、欠物時寫給有關單位或個人的憑證性應用文。欠條今天也有人稱作「白條」。 欠條也是在日常生活中常見的為證明一方欠另一方財物而立下的字據，在司法活動中是一種債權關係的重要證據。

別人的資源、使別人因資源缺乏而痛苦的基礎之上，是對別人權利的侵害，因而是不公道、非正義的。同時應當看到，失信被執行人的存在也是一種經濟現象。因為中國市場經濟起步晚，市場准入門檻低，市場主體品質差，不僅素質差、實力差、無遠見、無經濟理論基礎，而且承受市場經濟風險的能力也弱。很多借貸關係，借方往往是自己已經分文無有才開口借錢，貸方明知借方無擔保、無保證能力，也甘冒風險將錢貸出，而一遇市場震盪等問題，借方就無力還債或還債後就傾家蕩產。在這種情況下，很多借款人從自身生存需要考慮，就選擇欠債不還，即使經過了訴訟裁決，也仍然堅持「賴帳」。可以看到，這種借貸關係成立之時就已違背了市場經濟規律，不具備建立民事法律關係的基本條件，屬於貸款方自行選擇的冒險，是對已預知風險的自認，也是對法律賦予的自力救濟權的事先放棄。當風險出現而訴諸司法時，裁斷雖然不難作出，但裁斷的履行一開始就是十分困難甚至是不可能的。可見，對於這樣的矛盾糾紛解決，訴訟裁決的作用並不太大。

正因為訴訟裁決並不能改變「賴帳」現象，在大量積累以至被感到成為影響穩定和發展的嚴重社會問題時，只好由社會治理主體動員更多的公權力出面集中地運動式地進行強制執行。然而，強制執行是一種高成本的活動，強制執行一個案件，成本支出可能超過案件執行標的金額，會消耗納稅人資源，造成更大範圍的社會不公；強制執行也是一種低效益的活動，因為強制執行的多數是被執行人的最後財產，結果意味被執行人作為自然人就是傾家蕩產、作為法人就是實際破產，實質上是將一個社會主體的傾家蕩產轉換成另一個社會主體的傾家蕩產，最終結果並沒有解決任何社會經濟問題；而更多的情況是，即便強制執行也解決不了大量的無財產可供執行的執行不能問題。強制執行的最終結果也表明，依賴民事訴訟去解決社會經濟活動中出現的整體性普遍性問題，必定事倍功半，甚至徒勞無益。

更何況，司法機關強制執行措施是有限的，而「賴帳」的方式方法是無限的。「賴帳」中最基本的方法：一是轉移財產，二是躲債。僅在

這兩種情況下，司法機關強制執行就很難奏效、無法應對。因為司法機關並無法律授權可以對非案件當事人的財產情況進行調查，也無法律授權可以對當事人行蹤進行偵查，因而根本無權也無能力處理這些「賴帳」行為。因此，所謂「執行難」其實是司法機關執行工作所面臨的客觀困難，而不是執行工作本身存在的問題。司法實踐真正要做的是找到形成這種困難的原因和責任主體，從根源上消除困難。而不能將「執行難」一律等同「執行不力」而一味強驅司法機關迎着困難上，去克服困難完成執行工作任務。

對於「有債不還」以及「無力還債」的問題，運用經濟的手段預防起來並不難，主要是：嚴格市場准入條件；在經濟活動中普遍嚴格實行抵押擔保制度；更注重經濟活動的品質而不是偏好經濟發展的速度。而法治層面對此的作用方式只需更嚴密、科學地制定好市場運行的行政法律制度，並通過管理市場的行政機關嚴格執行。經濟活動不需要靠民事司法敞開受理案件、不惜成本強制執行來做不解決實質問題的無用功，不需要司法人員為好不容易執結一個案件而悲情地自誇[11]。

（二）執結率摻水虛高

在最高法院公開的民事執行活動數據中多數時候只公佈執結率。

所謂執結率，即執行案件結案數與全部申請執行案件數的比率，但其中總是包括：(1) 實際執行完畢的案件；(2) 因被執行人無可供執行的財產而暫時終止執行的案件；(3) 因被執行人死亡且沒有可供執行的財產而終結執行的案件；(4) 申請執行人無奈地放棄執行請求的案件。

從最高法院公開的數據來看，執結率是最常見的卻總是被誇大的數字（見表5.2）。

由表5.2可見，每年全國法院執結的案件數都超過申請執行的案件數，執結率都高於100%。但是，執結率只反映在執行工作中司法主體付

11　馬鞍山市花山區人民法院對1999年該院判決並由原告申請強制執行的28萬欠款案，歷經16年，於2015年7月予以執行結案。見陳輝：《花山區法院通過「總對總」網路查控系統 執結一起16年舊案》，載 安徽法院網訊2015-9-23。

表5.2 1990–2012年全國法院民事案件執結數統計表

年度	1990年代		2000年代		2010年代	
	申請執行數	執結數	申請執行數	執結數	申請執行數	執結數
0	794,971	−	2,116,700	−	1,979,609	2,055,410
1	835,111	−	2,018,536	−	1,908,972	1,934,936
2	733,276	−	1,848,296	1,856,949	1,969,532	1,976,716
3	767,503	−	1,784,785	1,836,694	2,308,890	−
4	897,225	−	1,679,764	1,706,075	−	−
5	1,117,090	−	1,605,058	1,590,814	−	−
6	1,336,547	−	1,684,374	1,706,849	−	−
7	1,487,634	−	1,620,855	1,658,189	−	−
8	1,766,855	−	1,767,893	1,752,411	−	−
9	2,126,816	−	1,941,585	1,969,323	−	−

出了巨大的努力、司法人員付出了艱辛的勞動，並不等於司法成果，不等於真實維護了當事人的權益。如果大量執行案件都屬因無財產可供執行而「終結本次執行」，執行行為無果而終，難道不是一種無效勞動嗎？司法人員的「苦勞」並不能滿足當事人的司法需求，即使司法人員在工作中「過勞死」、「事故死」[12]，也不等於就能讓當事人有所滿意。因為，當事人眼中看到只是獲得自己的那一點物質利益，當事人追求的就是執行標的到位。除此，執結率再高都沒有用、執行人員犧牲再大，當事人也不會關心。

（三）執行標的到位率低下

所謂執行標的到位率，是指實際得以執行的標的額與申請強制執行生效裁決確定的應履行數額的比率[13]。執行標的到位率，可以以一

12　見周強：2019年1月向全國人民代表大會的最高法院工作報告。

13　據上海市高級人民法院《關於印發新修訂的〈2005年上海法院審判品質效率指標〉的通知》（滬高法【2006】39號文），所謂執行標的到位率是指：報告期內所有已執結金錢債權類案件的實際到位標的額佔所有已執結金錢債權類初執案件的申請執行標的額的比例，其計算公式為：執行標的到位率=(報告期內初執已執結案件的到位標的額＋報告期內除和解恢復外複執已執結案件的到位標的額)/ 報告期內初執已執結案件的申請執行標的額×100％。這種計算仍不純正，仍不能直接反映當事人權益實現的真實狀況。

個法院、一個省的法院，或全國法院辦理的全部申請強制執行案件來計算。

　　法院的判決書、調解書確定的履行數額，法院執行時，本來應該是全額執行到位的。只有執行標的到位率才是法院執行活動的真正核心指標。執行標的到位率，也正是衡量當事人經過了繁複冗長的訴訟並贏得了生效裁判後其合法權益是否得到真實保護，是正義是否得到實現的指標，實際上就是「正義的到位率」。執行標的到位率的降低意味着當事人的合法權益被打了折扣、沒有得到司法的最終維護。任何一件案件的執行標的如果不到位，就是意味着之前當事人經過的訴訟，都是一種無謂的時間、精力和機會成本的浪費，哪怕其間贏得了再多次勝訴裁決也都是「白忙活」；而司法人員辦理案件的活動，也只是一種無效的勞動，除了具有統計上的價值而沒有實際的社會作用。

　　因此，需要考察的是，長期以來民事司法的執行到位率到底是怎樣一種情況。然而這個問題，在公開的資料中，絕大多數時候是諱莫如深的。僅有2012年最高法院公開過一次，說是2011年全國 「各級法院執行標的到位率為76.3%，同比上升2.4個百分點」[14]。有人局部統計：執結的100起案件調卷發現，執行標的到位率為51%[15]。

　　「法律的生命在於實施」[16]。執結率虛高與執行標的到位率低下的問題最終表明，民事司法活動往往是在擺公正的姿勢，而沒有去追求真實的效果。人們只能無奈地承認，民事司法活動在很多時候即使構成所謂「看得見的正義」[17]，卻沒有多少真實的社會功效。因為，再公正的裁判，如果得不到履行或執行，也不能體現司法的公正；再周密的程序，如果不能實現實體正義，也不可能造就社會的公正。

14　參見王勝俊：《最高人民法院工作報告——2011年3月11日在第十一屆全國人民代表大會第四次會議上》。

15　王明波、劉順：《人民法院執行標的到位率低的原因及對策》，中國法院網2006-08-15。

16　"The life of the law is in its enforcement," *Jurisprudence* by Roscoe Pound. West Publishing, January 1959. p. 353.

17　陳瑞華：《看得見的正義》，北京，北京大學出版社，2013年07月出版，第1頁。

造成司法資源浪費

一、司法資源的構成

司法資源指司法機構的建造、司法人員工薪報酬和司法活動運行的經費來源。世界各國的司法資源都來源於國民稅賦和當事人繳納的訴訟費這兩部分。

民事糾紛是民間的私人利益上的紛爭，其本質上是當事人一方或雙方實施了違反法律規定或法律精神的言行而導致對方利益損失的社會關係的非正常狀態。要將這種社會關係調整到正常狀態需要付出人力、財力的成本，這個成本不妨稱之為「解糾成本」。解糾成本首先需要當事人承擔，而不是首先考慮讓國民大眾、國家社會來承擔。當然，國家機構成立和存在的任務是為了維護社會共同體的存在和正常秩序，國家財政資源的用途主要就是為了從多方面維護社會共同體的存在，因此，民事司法解決和處理民事糾紛、保護和維護社會共同體，當然也應由國家財政資源承擔部分解糾成本。

調整社會關係的解糾成本，當事人承擔的部分和國家社會承擔的部分究竟應當如何配比？各國情況不同，解糾成本配比也不相同，但是，沒有哪個國家是不收訴訟費而完全由國家財政承擔解糾成本的。財政資源承擔多少，當事人承擔多少，無論如何還是要以公平為原則。如果當事人承擔解糾成本過少的話，最後呈現的情況就是多數社會成員繳納的稅款為少數社會成員所應當承擔的後果買單。這樣消耗稅款，對廣大納稅人來說，顯然是不公平的。就中國情況來看，目前司法資源主要是從國民稅賦中劃出的，主要來源於國民稅賦。雖然也收取當事人繳納的訴訟費，但是中國訴訟費的收取實行「低比重+緩減免」政策，全部訴訟費收入與司法資源的支出總量相比，佔比很小。

顯而易見的情況是，當事人承擔解糾成本比重越小，當事人實施破壞社會關係行為的後顧之憂就越小，產生的民事糾紛就會越多，進入訴訟的數量會更多。現行的《訴訟費繳納辦法》使得一部分案件的訴

訟費用過低；一些判後由原被告分擔支付的，一方甚至才幾元錢。在此情形下，無論糾紛大小，當事人都首選到法院來解決糾紛。當事人實際承擔額過低[18]，意味着財政資源承擔額越來越高。不僅並不能很好地解決和處理好個案，而且也不能從總量上減少民事糾紛的發生，甚至助長了民事糾紛總量上升的勢頭。即：當事人承擔的「訴訟成本過低會形成鼓勵訴訟的傾向。訴訟越多，則納稅人必須為維持這一制度所支付的稅款就越多」[19]。因此，在訴訟費的收取上並不是越低越好，而且，訴訟費減免越多就越不合理、越有害於民事司法的健康發展。

二、司法資源被浪費

司法資源與其他資源一樣具有稀缺性，不可能無限制地支取。一切司法活動都會形成對司法資源的耗用，因而都應當科學控制，以避免對司法資源的過度消耗和不必要的浪費。節約司法資源，這是一條司法規律，但中國在司法中並未關注到這一規律。實際上民事司法活動包含了司法資源的巨大浪費，最主要是受理案件的敞開性和訴訟程序的無限迴圈性所帶來的對司法資源的重複耗用、無效耗用所造成的浪費。

在中國這樣司法資源以國民稅賦為主要來源的情況下，更要注意節約司法資源。浪費司法資源具有無可辯駁的不合理性。

稅賦負擔是國民的負擔，稅賦的消耗本質上是國民大眾勞動價值的被消耗。民事訴訟案件有一個質的共同點，即皆是因為當事人一方或雙方為爭取一己私利而實施了違法的或有過錯的行為，從而形成民事糾紛、民事訴訟案件的，所以，在判決上，違法和過錯方往往成為

18　小額訴訟等案件收費的降低，雖然降低當事人訴訟成本,但司法成本必然增加,社會將付出更多人力財力。參見:《訴訟費用交納辦法》(國務院於2006年12月19日頒佈，2007年4月1日開始實施)。

19　阿德安A.S.朱克曼主編:《危機中的民事司法》,傅郁林譯,中國政法大學出版社,2005年8月第1版,第9頁。

敗訴方。那麼由於敗訴方的違法或過錯而造成他人權利的損害以至於發生救濟權利的訴訟活動的成本支出，當然應當由敗訴方來承擔。無論如何都不應當主要地由全社會國民大眾來承擔。

現實的民事司法過程，往往以「穩定壓倒一切」、「案結事了」為導向，從而鼓勵訴訟、放縱對司法資源消耗。民事司法過程經常變相為「拿錢買安」的過程，將大量司法資源使用於訴訟當事人，以期息事寧人。而當事人深知這一真相後，甚至滋生以「盲目訴訟」[20]、「纏訴纏訪」為手段來耗用直至侵佔國民司法資源的行為傾向。這種案件當事人為爭取私利而屢屢消耗大量公共司法資源，特別是纏訴和惡意訴訟的當事人對於司法資源的無休無止的消耗，實際是對國民大眾、全體納稅人權利的侵害，是對社會公共利益的損害，是對國民稅賦的惡意侵佔，對社會發展不利。因此，民事司法活動在訴訟收費制度既定的狀況下，如果不注意節約司法資源的耗用，而是不計成本、不惜代價、隨意耗用，則顯然是對全體國民的不公正對待，是對社會公平正義的損害，而其解決社會糾紛的結果必然是成本高、效益低、糾紛越解決越增長。同時，這樣的民事司法活動，看起來是在解決民事糾紛，但實際上會引起更大範圍社會成員的不滿，形成更多的社會矛盾

20　據河南省安陽市龍安區法院反映：「立案登記制實施以來，法院案件數量激增，2015年總收案數較2014年同期增長54.7%，2016年1–5月總收案數較2015年同期增長15.1%。通過對近三年來的案件調研分析發現，有相當一部分民商事矛盾糾紛，訴訟並不是最佳的解決方式，當事人盲目訴訟致使此類案件大量湧入法院，造成司法資源浪費。一是涉及房產、車輛、存款的繼承糾紛。這類案件中有些當事人對繼承財產的分割沒有異議，或是異議不大，可以協商一致的，但因為辦理相關的過戶手續時，有關部門常常要求其提供法院的判決書或調解書，導致當事人只得向法院提起繼承權訴訟。二是部分離婚案件。這類離婚案件當事人在子女的撫養權或財產分割上往往沒有異議，只是其主觀上認為，通過訴訟解除婚姻關係可以更徹底，法院的判決書或調解書的效力更高、更可靠，因此選擇了通過訴訟途徑而非行政登記途徑實現離婚目的。三是涉保險公司理賠的交通責任事故糾紛。這類案件中有不少是責任明確，當事人對賠償費用也無爭議，自行調解也是可以達成調解協議的，但是因為一些保險公司工作流程不合理，當事人不願和保險公司打『嘴官司』，就選擇訴至法院，讓保險公司根據法院判決書辦理理賠手續。四是部分物業糾紛。這類案件中的物業公司往往不注重與業主溝通，在起訴前也沒有對業主先行催繳，依賴訴訟手段索取物業費，讓法院代行『催繳人』的責任。」見安陽市龍安區人民法院雷瑩瑩：《「不必要訴訟」浪費司法資源現象應引起重視》，載：河南省高級人民法院官網，發佈時間：2016–07–14 10:03:31。

糾紛，是一種重形式不重功效的方式。民事司法活動大量浪費司法資源的形態，是民事司法過程中深藏的重大缺陷。

三、司法奉獻被任意揮霍

　　司法人員本身是腦力勞動者，應當享有憲法賦予的按勞取酬的基本權利。司法人員的勞動報酬應當怎樣衡量？其「工價」應當如何計算？其實很簡單：律師辦案平均傭金就是一個參考。如果說律師辦案付出了一定的勞動，那麼法官對每個案件付出的勞動數量和品質肯定不比律師付出的低。那麼，如果說律師每個案件可以獲取數萬、數十萬的傭金，那麼法官勞動價值上，也是每案數萬、數十萬的價值。現在中國大陸法官每人每年平均辦結百件以上案件，但所獲月薪只有4、5千元。這其中就隱含了司法人員在司法工作中的奉獻。司法人員每辦一件案件都在作出成千上萬元勞動價值的奉獻，是將自己的勞動力以非正常的低「工價」大部分地白送給了司法工作。

　　更大的問題是，在當事人訴訟成本很低的情況之下，必然刺激當事人的輕率訴訟和惡意訴訟，在律師基本不承擔解決民事糾紛的社會責任的情況下，也必然刺激律師不斷製造訴訟，從而使民事訴訟案件逐年大幅增長，出現所現「訴訟爆炸」。但這時，司法人員數量不可能爆炸式地增加。所以，往往是靠給司法人員不斷增加辦案數量即提高司法人員的勞動強度來予以應對。司法人員主辦案件由人均辦案幾十件增加到幾百件，甚至過千件。一些法院領導者，總是拿司法人員的休息時間來說事，一次又一次地強令司法人員犧牲休息時間，提倡「白加黑、五加二」[21]，鼓勵「加班為常態」[22]，甚至公然宣佈「取消雙

21　見：〈新鄭法院：「白加黑」和「五加二」工作法〉，載：河南省高級人民法院網，2015-12-19 15:28:38。

22　見：〈週末加班成常態　一心只為快結案〉，載中國先鋒網，http://www.zgxianfeng.com/ infodisp1.asp?id=24033

休日、公休假」【23】，這實際上是對司法人員勞動價值的掠奪。如果把司法人員勞動價值的被掠奪看成一種為維護社會正義而對社會的奉獻和犧牲，當然是崇高的。但現實的真相是，這種奉獻和犧牲卻並不是給予了社會大眾，並不是用於維護社會共同正義，而只是奉獻給了少數當事人，被用於滿足當事人個人私利的需要甚至是無理的需要。這時候，司法人員的奉獻和犧牲甚至英年早逝，以及其家人所承擔的奉獻和犧牲，實際是被少數當事人毫不珍惜地消耗掉的，這樣的奉獻和犧牲還有什麼意義呢？同時，司法人員的勞動可以這樣被浪費於當事人的不必要的訴訟、虛假訴訟、惡意訴訟、纏訪纏訴，可以這樣被當事人輕易地佔有和使用，那麼當事人還可能尊重司法人員的人格嗎？司法權威還可能樹立起來嗎？可見，因為案多人少問題而無限地攫取司法人員的勞動時間和精力，是對司法人員基本權利的侵害和不公正對待。

23　「我是章貢區法院黨組書記、院長曾祥全，現代表區法院作出以下承諾：全面提速、加快辦案。全院幹警取消週末、休假，加班加點抓緊結案，實現結案數、跑贏收案數。」見：《全院幹警取消週末休假，加班加點抓緊結案》，載https://www.51camel.com/subject/pk_platform/joinsubject/131871。另：遼寧省大連市中院於2018年4月23日發佈取消幹部休假及節假日加班的通知，取消了執行幹警的正常幹部休假，並號召全市法院執行工作人員利用節假日和週末休息時間，加班、加點工作，發揚「5+2，白加黑」的工作精神，以飽滿熱情的工作態度，以確保「基本解決執行難」目標的實現。見：《關於取消幹部休假和節假日加班的通知》，載：https://www.360doc.com/content/18/0426/04/1113159_748792084.shtml。

第六章　　行政司法波蕩的內在

❦❦❦❦❦❦❦❦❦❦❦❦❦❦❦❦❦❦❦❦

行政司法發育不良

一、行政司法未受足夠重視

（一）受案範圍有多重限制

第一，只受理對具體行為的起訴，不受理對抽象行政行為的起訴；第二，只受理侵犯人身權、財產權的行政案件，不受理侵犯受教育權、勞動權、選舉權等更多情況的行政案件；第三，只受理最高院指定的案件種類，不受理未指定的更大量行政違法行為。從而形成行政訴訟範圍較為狹窄的狀態。

（二）合法性審查強制力不夠

行政訴訟作出的裁決只對行政行為進行法律效力的審查，作出其是否合法、是否具有法律效力的裁斷，一般都沒有可強制執行的性質。判決行政機關行政行為違法、變更、無效等，仍由原行政機關自行重新作出，因此，行政司法的裁決對行政機關的權威性較弱，實際中，行政機關不按照司法裁決的意見重新作出的情況較多。在原告方面看來，即作為行政行為相對人的公民、法人感受中，行政司法裁決的可信度較低。

（三）行政司法人員力量配備較弱

各地法院行政審判人員相對較少，並且隨時可能被調動到其他工作崗位。由於頻繁的人事變動，走上行政審判工作崗位的新同志因

從事行政審判工作的經驗不足，面對紛繁複雜的行政法規，在工作中會產生畏難情緒，導致不能大膽開展工作。法院內部對行政審判的投入少。行政審判相關的業務學習資料少，派出去學習的機會也很少，對行政審判中出現的新情況、新問題以及一些前沿性的問題，研究不多，把握不夠，跟不上形勢發展的需要，往往也導致在工作中出現一些偏差。直接原因是一些法院領導層有特別的認知：一是認為司法權客觀上難以實現對行政權的制衡，弄得不好還會得罪手握大權的行政官員；二是認為行政審判案源少、影響小，抓行政審判不如抓民商審判、刑事審判出成績來得快。

二、行政司法內外環境不良

(一)「父母官」是行政官員的自我定位

雖然憲法規定「一切權力屬於人民」，然而迄今為止，仍有一些行政機關的工作人員認為其行政管轄區域內的民眾是老百姓、是自己的「子民」「老百姓」，自居為民眾的「父母官」「縣太爺」，要求老百姓做忠順良民。如果老百姓不服其行政決定而依法提起行政訴訟，或者對其處罰程序提出異議，進而陳述和申辯，行政官員會採取種種手段，施加各種壓力，迫使行政處罰相對人放棄行政訴訟。同時，行政官員總認為自己是全盤領導、把握大局的，往往能找到自認為是合理合法的理由，公然干預行政司法辦案，導致法院難以高效、快速結案。而且，由於法院的人、財、物均要受制於地方政府和行政機關，故行政干預這雙「看不見的手」始終不能為行政司法所擺脫。

(二)「民告官」被污化為不穩定因素

行政機關人員將行政訴訟與社會穩定對立起來。有的行政機關人員認為行政訴訟是社會不穩定因素，應當予以限制、阻止。因此，當民眾行使法律賦予的權利對行政機關提起行政訴訟時，就會被認為是

「刁民」，是在鬧事，是影響社會穩定。當有眾多相對人提起集團訴訟時，就盡其所能做原告的勸阻工作，最後導致原告撤訴，並把這種做法解釋為是為了「維護社會的穩定」。

（三）「告官不見官」仍是常態

行政機關「一把手」[1]出庭應訴少。作為行政機關的「一把手」本應做到總攬全局，明察秋毫，對於行政案件的應訴應當高度重視，可在實際的行政訴訟中，均是委託下屬工作人員或律師出庭應訴，既有不重視行政訴訟的因素，也有自己是「某某長」的權威心理需要，藐視法院的審判權威。雖然部分地區相繼出臺了「一把手」必須出庭制度，直至新修行政訴訟法已增加了懲罰性規定，但實際上「一把手」親自出庭應訴在全國仍然極為稀少。個別情況下，還存在行政機關拒不出庭應訴的情況。有的行政機關手握大權，自命不凡，也有的行政機關還有對行政訴訟無所謂的態度，導致拒不出庭應訴的現象發生。更多的是法院行政司法人員對此種情況也是「睜一眼閉一眼」，包容了事，甚至將之視為是對行政官員「做人情」、「給面子」，有利於「搞好關係」。

三、行政訴訟意識尚未深入民心

中國各級行政管理機構有數百萬個，行政管理人員則更達數千萬人，行政管理的對象有十幾億人口，每年產生的具體行政行為數量必有億兆之多。但是，行政司法活動中受理的行政訴訟案件，僅幾萬件。為什麼是這樣的狀態？在如此數量浩瀚的具體行政行為中，每年只區區幾萬件被訴，顯然是行政司法活動開展程度上有欠缺。其中最重要的方面是行政訴訟意識尚未深入民心。

《中華人民共和國行政訴訟法》從頒佈至今已有20多年的時間，但還沒有做到家喻戶曉，還沒有真正深入人心，特別是在偏遠的地區，

1　「一把手」：通常指行政主官。

由於資訊閉塞、文化水平低下，有的老百姓根本不懂法律，不知道什麼是行政訴訟。因而他們的權利受到行政機關的侵犯的時候，只有忍氣吞聲，不知道用法律武器來保護自己的合法權益，導致行政訴訟案件的受理數量少。同時，行政相對人在自己的合法權益受到行政機關的具體行政行為侵犯後，不敢告「官」、不願告「官」的因素的影響依然不同程度地存在，有的寧可通過關係私了，也不願到法院提起行政訴訟。他們深信所謂「胳膊擰不過大腿」，即個人的力量再大也鬥不過行政機關。此外，由於法律意識的淡薄或法律知識的欠缺，還有一些行政相對人在自己的合法權益被行政機關的具體行政行為侵害後，根本就不知道是被侵害，反而以為是自己的正常義務，根本就不知道去訴訟以維護自己的權益。

針對這種情況，行政司法主體已採取多種「降低門檻」的辦法，如訴訟費繳納辦法規定：低保戶等訴訟費用無條件免收[2]，試圖以此吸引和增加行政訴訟案件。但效果並不明顯。

原告勝訴率低

一、原告勝訴率低的表現

表 6.1 為「全國法院歷年行政訴訟案件原告勝訴情況一覽表」，這一司法統計表顯示，全國法院每年行政訴訟辦結的案件總數是增長的，但行政訴訟原告勝訴或獲得訴訟收益的歷年總數變化不大，基本都在萬件左右，因此，原告勝訴率逐年降低。

2　當事人申請司法救助，符合下列情形之一的，人民法院應當准予免交訴訟費用：(一)殘疾人無固定生活來源的；(二)追索贍養費、扶養費、撫育費、撫恤金的；(三)最低生活保障對象、農村特困定期救濟對象、農村五保供養對象或者領取失業保險金人員，無其他收入的；(四)因見義勇為或者為保護社會公共利益致使自身合法權益受到損害，本人或者其近親屬請求賠償或者補償的；(五)確實需要免交的其他情形。見：《訴訟費用交納辦法》(2006年12月8日國務院第159次常務會議通過，自2007年4月1日起施行) 第45條。

表6.1 全國法院歷年行政訴訟案件原告勝訴情況一覽表

年度	結案	撤銷	變更	履責	無效	賠償	小計	佔比
1999	46,433	6,032	–	–	–	1,544	7,576	16.3%
2000	39,723	5,714	–	–	–	938	6,652	16.7%
2001	45,084	5,189	–	–	–	1,066	6,255	13.9%
2002	84,943	11,042	–	2,595	–	1,005	14,642	17.2%
2003	88,050	10,337	–	2,292	–	2,022	14,651	16.6%
2004	92,192	11,636	–	2,998	–	3,112	17,736	19.2%
2005	95,707	11,764	–	2,511	–	807	15,082	15.8%
2006	95,052	9,595	–	1,457	2,230	492	13,824	14.5%
2007	100,683	8,600	–	1,377	1,612	405	11,994	11.9%
2008	109,085	8,564	–	1,341	1,977	342	12,224	11.2%
2009	120,530	8,241	–	1,140	1,485	394	11,260	9.3%
2010	129,806	7,340	137	1,142	1,454	305	10,378	8.0%
2011	136,361	6,944	123	2,135	1,567	291	11,060	8.1%
2012	128,625	6,980	114	1,569	1,296	222	10,181	7.9%

全國法院行政訴訟案件原告勝訴率很長時期都在10%以下；行政訴訟法修訂後，行政訴訟案件原告勝訴率直到2016年底還不到13%[3]。清華大學法學院教授何海波講述，他家鄉有一家全國行政審判先進法院「這些年來凡是告縣政府的，老百姓沒有一個打贏官司的」[4]。此外，在原告勝訴的案件中還有很多得不到行政機關的履行。

二、原告勝訴率低的形成

（一）原告勝訴率低原因不在表面

原告勝訴率低，分析其原因無外乎：第一，行政機關行政行為雖數量越來越多但品質越來越好、合法性水平越來越高，使原告難勝

3　《中國法律年鑒》（2017），中國法律年鑒出版社，2017年10月第1版，第1161頁。

4　見：《行政訴訟原告勝訴率不足10％》，載http://www.maxlaw.cn/p-lljlczyls-cn/artview/883610140583。

訴;第二,行政相對人對行政機關越來越無理取鬧,起訴數量多,而起訴品質差,使敗訴比例居高不下;第三,因為行政訴訟的訴訟費低而刺激行政相對人越來越拿起訴當兒戲,一開始就不追求勝訴,因而使其敗訴成為家常便飯。這樣分析結論顯然是膚淺而不符合實際的。因為行政行為合法性水平越來越高,那麼行政相對人起訴水平也會越來越高,不應當出現行政訴訟案件下降而不是不斷增長;且行政訴訟訴訟費雖低,但律師代理費並不低,怎會有行政相對人拿行政訴訟當兒戲?

(二) 原告勝訴率低原因在於行政司法有偏向

一是祖護行政行為主體。司法主體祖護行政主體是一種天然偏好,是超越於「官官相護」的心理,即「忠誠護主」心理的表現。在辦理行政訴訟案件中,司法主體從法官到院長內心普遍持有一種不變的標準,那就是:「政府工作是主體,司法工作是副手」;「絕不給政府添亂,只能幫政府分憂」;「大違法不能公開判,小違法讓其自己糾」;「為保政府不丟醜,寧將案件拖很久」。甚至在案件審理過程中,總是幫行政主體的行為找理由、「打圓場」。一些法官甚至以在辦案中有機會見到副市長、秘書長、局長而感到萬分榮幸;一些院長會因為有了行政訴訟案件,就趕緊抓住機會到行政領導人面前反覆彙報、討好賣乖,甚至強令辦案法官在案件裁斷處理時拿出對行政主體不利程度最低、直至毫無不利的方案。一些法官認為這就是法官應有的情商、應當懂得的人情世故。中國政法大學馬懷德教授認為:行政訴訟案件原告勝訴率低,「究其原因,就是地方政府通過各種有形無形的方式對行政審判加以干預」[5],其實,其中不少「干預」是司法主體主動「爭取」來的。

二是打壓原告即行政相對人。司法主體對行政訴訟的原告,從來都沒有好臉色,對於專業代理行政訴訟的律師更是深惡痛絕,總認

5　〈行政訴訟法施行23年首次大修 三大「頑疾」待解〉,載《京華時報》,2013年12月23日。

為他們是反社會、反體制的社會分子，予以打壓。但行政訴訟只開啟涉人身權利、財產權的案件，行政訴訟的訴求，本質上還是經濟利益的訴求，而不是政治訴求，對原告打壓的心理和做法顯然是某些極端政治思維的借屍還魂。實施方法則有多種：有的改變舉證責任規則，如：要房主對已被非法強制拆除建築物的價值進行舉證；有的公然指責原告是貪得無厭、獅子大張口；有的要求個人利益服從國家利益。2016年全國法院辦結的225,020件行政訴訟一審案件中，駁回訴訟請求57,446件，佔比25.5%[6]，個中打壓原告，可謂毫不手軟。

（三）原告勝訴率低原因還在於軟硬兼施「和稀泥」

即司法主體不移餘力做協調、調解、勸說等化解工作。有的是許以給錢、給物、給待遇、給安排工作等好處，有的是施以不給子女當兵、上學、考公務員的威脅，有的叫來親朋好友、師長、兄弟煽情勸說。目標就是讓原告撤訴息訴。2016年全國法院辦結的225,020件行政訴訟一審案件中，原告撤訴的達44,303件、被作移送等其他處理的達34,209件，合計佔比為35%[7]。司法人員都知道的真相是，但凡這樣被「和稀泥」處理掉的案件，都是政府極可能被判敗訴的案件，之所以要花更大的功夫來協調、調解，目的就是讓行政主體早點脫困解厄。而更硬核的做法當然是從程序上設定門檻給予擋護。2016年全國法院辦結的225,020件行政訴訟一審案件中，裁定駁回起訴達50,387件，佔比22.4%[8]，這麼多被駁回起訴的行政相對人，從此再也不知道自己案件的是非對錯。

三、原告勝訴率低的內在

在中國，行政訴訟即「民告官」，是民眾直接約束一些公權力主體的平台。設立這個的平台，是因為任何公權力主體都不可能全知全

6　《中國法律年鑒》（2017），中國法律年鑒出版社，2017年10月第1版，第1161頁。

7　《中國法律年鑒》（2017），中國法律年鑒出版社，2017年10月第1版，第1161頁。

8　《中國法律年鑒》（2017），中國法律年鑒出版社，2017年10月第1版，第1161頁。

能、無所不通,但總是因為權力和地位而自我膨脹,想幹出驚天地、泣鬼神的業績,結果在他們「竭盡全力自覺地根據一些崇高的理想締造社會的未來時,卻在實際上不知不覺地創造出與其一直為之奮鬥的東西截然相反的結果」,而且「使一個國家變成人間地獄的東西,恰恰是那些『大人物』們總想試圖將其變成天堂的東西」[9]。讓民眾約束公權力主體,這是開設行政訴訟的基本緣由。

但是,原告勝訴率低的情況表明,實際的行政訴訟中90%對被訴行政行為無任何改變、90%的行政訴訟都是無實際效果的過程,也就更集中地表明,中國的行政訴訟長期處於虛設的狀態。

行政訴訟虛設,公權力行使主體就失去了公權力真正所有者即民眾的直接約束,其每一層工作機構、每一個工作成員都有機會任性而為、任意而為、胡作非為,都敢於以犧牲社會公共利益與民眾生命財產為代價去「大膽探索」、「交學費」、「犯錯誤」。行政訴訟虛設,受害的民眾要進行司法控訴,也不可能得到正確對待,行政司法要麼對被訴的公權力主體予以袒護,要麼對受損害的民眾予以打壓,要麼就是不遺餘力地」和稀泥」。行政訴訟虛設,公權力主體則始終都會以「自我糾正」、「重新作出」、「內部檢討」而了事,並且還有機會繼續去「交學費、犯錯誤」;特別是這些公權力主體還總是會以更大的謊言掩蓋既有的謊言、會以更大的錯誤來試圖挽回已犯錯誤所造成的損失。

行政訴訟原告勝訴率低的問題,實際包含的是行政訴訟基本功效的缺失的大問題,是行政權力濫用並不能得到有效制止和監督、行政權力行使主體損害社會正義的行為將愈演愈烈、給社會造成的損失將無邊無際的大問題。原告勝訴率低,也意味着司法資源被浪費、司法人員勞動被白費。

9　英國經濟學家、1974年諾貝爾經濟學獎得主弗裏德里奇•哈耶克名言。

公益行政訴訟缺位

一、公共利益受損現狀

「公共利益」雖然法律上沒有下定義，但理論上有定義，就是社會成員都能夠享受到的利益。也有人概括：「所謂公共利益，指公共道路交通、公共衛生、災害防治、科學及文化教育事業、環境保護、文物古跡及風景名勝區的保護、公共水源及引水排水用地區域的保護、森林保護，以及國家法律規定的其他公共利益」[10]。對於公共利益最簡單地列舉，至少也應包括：國土、森林、礦藏、水流、海洋、空氣、陽光、道路、視野、文物國寶、公共財政等。

公共利益其實是每個公民生存和繁衍的最基本的條件，是維繫一個國家和民族得以存在的最基本的要素，是任何國家統治集團、任何社會管理者、包括原始部落首領在內的任何社會領導人，都要敬畏、捍衛、保護的根本利益，是每個民族、每個國家、每個時代的仁人志士、靖國英烈、革命先驅不惜拋頭顱、灑熱血而為之戰鬥犧牲的核心利益。而一個政權建立以後，行政機關的職能中，最重要的部分就是維護公共利益，行政機關是社會公共利益的第一責任人。

然而，令人悲哀的是，大量公共利益正在持續、快速、廣泛、深刻、不可彌補地被人為地侵害、損害、破壞、毀滅着。

二、公共利益受損的行政可訴性

公共利益其實是公民大眾整體的共同利益，也是每個公民的利益。因而，保護公共利益根本上是全體公民人人應有的權利。但在現代國家，公民保護公共利益的權利，都是「委託」給了國家政權機構作為國家權力的一部分，並由國家政權機構將之分配給行政機關去集中行使的。而公民則以納稅的形式養活着國家政權機構及行政機關的官

10　見梁慧星著：《中國物權法草案建議稿》，社會科學文獻出版社，2000年3月出版，第192頁。

員們。按照社會契約學說去理解，行政機關保護公共利益，只是他們作為「被委託人」拿了酬勞以後而應當向作為「委託人」的公民大眾提供的一種勞務，是其應當履行的一種社會契約約定的義務。可以説，行政機關只不過是公民大眾花錢雇用的一幫公共利益的「看門人」、「守夜人」[11]。

既然行政機關是公共利益的「看門人」、「守夜人」，是靠公民大眾納税養活的「公僕」、「值班員」，那麼，如果行政機關沒有盡到預防和減少損失的責任，使公共利益在自然災害中受損，行政機關有什麼理由不負責？如果行政機關沒有盡力保護、捍衛公共利益，甚至幫助、縱容一些人損害公共利益，而至公共利益在人為原因下受損，這樣的行政機關有什麼理由不被問責？這個道理正是公共利益受損而行政機關可訴的基礎。

三、公益行政訴訟長期不予開啟

公益行政訴訟的價值是對行政機關及其官員怠於履職的一種問責，是對行政機關履行保護公共利益職責的一種督促，是至關重要的一種對公共利益加強保護的有力措施，同時，也是行政訴訟最重要的職責。

既然公益行政訴訟，是對行政機關的監督與問責，是一種對行政機關怠職的防範和監督措施，那麼，實施這一監督措施的主體必然就是公民。憲法上的監督權通常是指憲法賦予公民監督國家機關及其工作人員活動的權利，是公民作為國家管理活動的相對方對抗國家機關及其工作人員違法失職行為的權利[12]。公益行政訴訟，實質上是公民

11　【英】亞當·斯密：《國民財富的性質和原因的研究》，郭大力、王亞南譯，商務印書館，1972年10月初版，第254頁。

12　《中華人民共和國憲法》第4條第1款規定：「中華人民共和國公民對於任何國家機關和國家工作人員，有提出批評和建議的權利；對於任何國家機關和國家工作人員的違法失職行為，有向有關國家機關提出申訴、控告或者檢舉的權利」。

向法院控告行政機關違法失職行為的過程，是公民監督權的一種具體化的延伸。所以，公民是公益行政訴訟原告資格的根本歸屬者，監督機關只能是公民公益行政訴訟原告方的代理人。目前，雖然開啟了由檢察機關享有原告資格的少量公益行政訴訟，但實際存在的大量行政機關不履職、濫用權力而致公益受損的情況仍然既未受到依法追究也未被有效制止。這是行政訴訟存在的令人痛心的內在缺陷。

第三篇
司法波蕩的生成

　　本篇分析司法波蕩的生成過程與原因，看一看是哪些因素一步一步、推波助瀾地，啟動並推動了司法波蕩。重點分析帶有根本性影響的因素。這些根本性因素突出表現為司法目的、司法標準和司法體制這三個方面。本篇將逐一進行分析，並證明其生成司法波蕩的作用機理。

第七章　　司法目的附從化

❀❀❀❀❀❀❀❀❀❀❀❀❀❀❀❀❀❀❀❀❀❀

司法目的附從化的含義

一、司法目的的詞義

目的一詞，來源於日文「目的（mokuteki）」，意同英語的aim; goal; end [1]。從日常的理解來説，目的就是「想要達到的境地」、「希望得到的結果」、某種正當或不正當的「圖謀」[2]。從哲學上講，所謂目的是「人對某種對象的需要在觀念上的反映」[3]，是人們根據需要進行有意識的活動時，基於對客觀事物本質和規律的認識而對其活動結果的預先設計，實際上是以觀念形式存在於人的頭腦中的理想目標，它是人的自身需要與客觀對象之間的內在聯繫的一種反映。

人類的活動大多是有目的的。馬克思説：「最蹩腳的建築師從一開始就比最靈巧的蜜蜂高明得多，他在建築房屋之前，已經在自己頭腦中把它建成了。勞動過程結束時得到的結果，在這個過程開始時而言就已經在勞動者的表象中存在着，即已經理念地存在着。他不僅使自然物發生形式變化、同時他還在自然物中實現自己的目的，這個目的是他所知道的，是作為規律決定着他的活動的方式和方法的，他必須使他的意志服從這個目的。」[4] 法律的制訂與頒佈是基於一定的目的

1　劉正埮等編：《漢語外來詞詞典》，商務印書館（香港），1985年5月第1版，第249頁。

2　《實用現代漢語規範詞典》，吉林大學出版社，2001年6月第1版，第787頁。

3　《辭海》（1989版縮印本），上海辭書出版社，1990年12月出版，第1878頁。

4　見《馬克思恩格斯全集》第23卷，人民出版社，1972年9月第1版，第202頁。

的。耶林説：「目的是全部法律的創造者，每條法律規則的產生都源於一種目的，即一種事實上的動機」[5]，這就是立法目的。

司法活動亦是如此，其突出的特徵就是具有很強的目的性。司法目的是司法制度的創設者創設的通過開展司法活動來達到的一種境界或結果，是對司法活動結果的一種預先設定。司法目的作為一個法學概念，可以把它理解為是指司法活動所要得到的一種結果。

二、司法應有其根本目的

法學界一般是圍繞着具體司法活動來談具體司法目的。通常認為：作為個別的、直接的、具體的司法目的，即每一具體案件的審判所追求的結果，是權利得到保護、義務得到承擔、違法受到制裁等。

對於刑事司法活動、民事司法活動、行政司法活動，法學界則更關注其司法目的的種類特殊性。

刑事司法活動，現行流行的觀點認為是專門機關查明、揭露、證實和追究犯罪的活動過程。認為打擊和懲罰犯罪是刑事司法的目的。最高法院表述刑事司法的目的為：「依法嚴懲各類嚴重刑事犯罪，積極參與社會治安綜合治理，努力維護國家安全和社會穩定」[6]。但是，無論從邏輯上看還是從實際上看，作為司法主體的法官們並不可能走出法庭去抓捕任何一個犯罪分子，法院刑事司法活動的目的其實只是對犯罪分子應得的懲罰予以精確衡量和確認、決定的過程，是要讓執行刑罰的主體對犯罪分子準確無誤地執行法律規定的刑罰。法院刑事司法活動與其説是打擊犯罪，不如説是對這些偵訴機關的打擊行為進行精准測量，以保證這些打擊行為準確無誤的檢測性、判斷性活動。換言之，法院刑事司法活動是讓犯罪人受到法定應有的懲罰，同時讓無罪的人不受刑事責任追究，其本質上不是打擊犯罪的活動而恰恰是

---

5 轉引自博登海默：《法理學：法的哲學及其方法》，鄧正來、姬敬武譯，華夏出版社，1987年出版，第109頁。

6 周強：《2015年最高人民法院工作報告》，人民網，2015年03月12日。

制約打擊犯罪行為、防止其權力濫用錯用、使之在正確合法的軌道上運行的保障性活動。刑事司法的目的可以說是制約國家打擊犯罪、保證打擊犯罪的國家行為做到公正合法。可見，認為打擊和懲罰犯罪是刑事司法目的，頗值得商榷。

關於民事司法目的，有「權利保護」說，認為：由於國家禁止自力救濟，當事人的實體性權利只能依靠民事訴訟制度來實現，這種要求法院保護實體權利的請求權就是權利保護請求權；有「維護法律秩序」說，認為國家設立民事訴訟制度是為了維持私法秩序，並確保私法的實效性，從而維持私法秩序被列為民事訴訟的首要目的；有「糾紛解決」說，認為當事人的訴權以其向法院要求解決糾紛進而實現實體權利的內容來構成，法院在考量當事人意思、同時尊重國家利益的前提下，基於法律、法規，適當、迅速、經濟地解決當事人之間的糾紛。

對於行政訴訟的目的，行政法學界的觀點：（1）「保護」說，認為行政訴訟的唯一目的是保護公民、法人和其他組織的合法權益；（2）「監督」說或「控權」說，認為行政訴訟的目的是監督行政機關依法行政；（3）「支持」說，認為行政訴訟的主要目的是支持行政機關依法行政；（4）「平衡」說，認為行政訴訟對行政機關的監督與支持並重，二者不是對立的，而是統一的整體，不可偏廢。可見，關於行政司法目的的觀點還比較模糊。

無論對司法目的進行怎樣準確的或不準確的劃分和表述，都應當承認全部各種司法活動必然存在着最高的、共同的、根本的目的。「全部司法活動應有一個共同的司法目的，它立於各項審判工作的具體的次要的目的之上」[7]。事實上在刑事司法、民事司法、行政司法三種具體司法目的之上，從來都更應強調一個根本的司法目的。這種根本司法目的是從各類訴訟活動的具體的或分類的司法目的中概括和得到印證的，並且也決定着具體的或分類的司法目的。

---

7 郝明金：〈司法的目的與方法〉，載《山東審判》，2005年第5期（第21卷總第166期）。

　　熊先覺教授較早認識到這種根本的共同的「司法目的」的存在，並予以揭示。他認為：「目的是指事物的境界，人們想要達到的境地，人類所追求的目標。境界、境地和目標具有相同的基本含義。司法目的就是指司法的最高境界，人們想要達到的司法境地。人類所追求的司法最高目標是保障在全社會實現公平與正義。司法的目的就是正義」[8]。各項審判活動，最終都是為了追求司法根本目的的實現。司法根本目的對全部司法活動具有重要的引領和決定作用。可以說，司法理念的確立、司法體制的創設、司法程序的運作、司法活動的開展都是圍繞實現司法根本目的進行的。可見，對於司法波蕩的發生發展的研究，當然要對各時期司法根本目的進行分析研究。

三、司法目的的附從化

　　實際上很長時期以來，司法活動尚未形成自身的恆定的目的。實際的司法活動總是必然地跟隨着時局的變化忽東忽西、忽左忽右、飄忽不定地開展，始終跟隨並服從服務於各時期的時局氣候，不一而足地服從服務於各時期、各地方變換不息的行政的經濟的中心任務，以至於人們都不知道司法活動還有什麼根本目的。司法目的這一跟隨、圍繞、附和、服從非自身的社會活動目的的特性，不妨概括謂之為司法目的附從化。附從，即依附順從、追隨跟從的意思[9]。司法目的附從化的實質是司法根本目的的缺失，是司法活動方向的迷離，並且必然使司法活動實際不能按照司法規律和司法原理「出牌」，並拋開一切司法規律理論認識的束縛、完全跟隨於時局氣候以行其是。

8　熊先覺：《司法學》，法律出版社，2008年6月出版，第38頁。熊先生在此處還直接指出：「人類所追求的司法最高目標是保障在全社會實現公平與正義」、「簡言之，司法的目的就是正義」、「就是追求正義」。

9　「附從」：(1)依附順從。《漢書・杜周傳》：「案師丹行能無異，及光祿勳許商被病殘人，皆但以附從方進，嘗獲尊官」；《宋書・胡藩傳》：「仲堪（殷仲堪）敗，企生（羅企生）果以附從及禍。」清昭槤《嘯亭雜錄.緬甸歸誠本末》：「莽紀覺既兼併諸土司，東之景線、整賣、孟艮、整欠，皆以力戰，迫脅附從」。(2)追隨跟從。【漢】王充《論衡・講瑞》：「以其眾鳥之長，聖神有異，故羣鳥附從」；黃中黃《孫逸仙》第四章：「議既決，於是隣近之附從者各解散」。見：http://www.ichacha.net/hy/附從.html。

司法目的附從化的表現

一、刑事司法目的附從化

（一）刑事司法目的附從於鞏固專政

建國之初，刑事司法必然地附從於鞏固政權的需要。1950年7月第一次全國司法工作會議，確定：「人民司法工作的當前主要任務，是鎮壓反動，保護人民」[10]；1953年4月11日至25日，第二屆全國司法會議通過了《第二屆全國司法會議決議》。決議的內容主要有：現在，司法工作的中心任務之一，應該是繼續同敵人的暗害破壞行為及其他一切違犯國家法令和危害人民群眾利益的行為進行堅決的鬥爭，以進一步鞏固人民民主專政[11]。

（二）刑事司法目的附從於階級鬥爭

階級一詞，來源於日文「階級（kaikyu）」，意指人們由於在歷史上一定社會生產體系中所處的地位不同而分立的集團[12]。所謂階級鬥爭，列寧說：「就是一部分人反對另一部分人的鬥爭，無權的、被壓迫的和勞動的群眾反對特權的壓迫者和寄生蟲的鬥爭，雇工或無產者反對有產者或資產階級的鬥爭」[13]；「在無產階級奪取政權以後，無產階級同資產階級的階級鬥爭並沒有終止，相反地，這種鬥爭會變得更

10　見：《中央人民政府政務院關於加強人民司法工作的指示》，載張培田主編：《新中國法制研究史料通鑒》（全11卷），中國政法大學出版社，2003年9月第1版，第二卷，第1186頁。

11　參見：《第二屆全國司法會議決議》（1953年4月25日第二屆全國司法會議通過，1953年5月8日政務院第177次政務會議批准）。載：《第二屆全國司法會議文件》，中央人民政府司法部印發，1953年5月。

12　史有為主編：《新華外來詞詞典》，商務印書館（北京），2019年3月第1版，第519頁。

13　見列寧：〈給農村貧民（1903年3月）〉，載《列寧全集》第6卷，人民出版社，1959年4月第1版，第383頁。

廣泛、更尖銳和更殘酷」[14]。「無產階級專政不是階級鬥爭的結束，而是階級鬥爭在新形式中的繼續。無產階級專政是取得勝利、奪得政權的無產階級進行階級鬥爭，來反對已被打敗但還沒有被消滅、沒有絕跡、沒有停止反抗、反而加緊反抗的資產階級」[15]。從列寧的這些論述可以看到，階級鬥爭就是社會全體成員中的一部分人（階級）與另一部分人（階級）之間的剝削與反剝削、壓迫與反壓迫、打擊與反打擊、鎮壓與反鎮壓的過程。1963年12月16日至31日，最高法院召開的第一次全國刑事審判工作會議，討論了最高法院草擬的《以階級鬥爭為綱，依靠群眾，進一步加強刑事審判工作》的文件稿和三個附件，要求：法院幹部必須懂得階級鬥爭，而且還要會搞階級鬥爭；在社會上，還存在着嚴重的激烈的階級鬥爭，階級敵人還在千方百計地企圖復辟和進行階級報復，在這場複雜的階級鬥爭中，刑事審判工作必須一方面做好專門工作，以便及時正確地打擊敵人的現行破壞活動，確保社會治安；一方面必須與公安工作、檢察工作一道，貫徹執行中央提出的依靠群眾力量對敵人實行專政的方針；各級法院除執行上述對敵鬥爭的任務外，並且還必須及時地正確地處理人民內部的犯罪案件，以防止這些案件事態擴大和矛盾轉化[16]。

（三）刑事司法目的附從於政治運動

政治運動「通常指在一定時期內，為完成一定的政治任務而開展的有組織有領導有群眾參加的活動」[17]。政治運動是政治主體以某種政策為出發點，動員廣泛的民眾甚至全民參加實施這種政策的政治活

14　列寧：〈關於共產國際第二次代表大會的基本任務的提綱（1920年7月）〉，載《列寧全集》第31卷，人民出版社，1963年7月第1版，第166頁。

15　列寧：〈「關於用自由平等口號欺騙人民」出版序言（1919年6月）〉，《列寧全集》第29卷，人民出版社，1963年7月第1版，第343頁。

16　見：〈把刑事審判工作提高到一個新的水平——記全國刑事審判工作會議〉（記者撰），載《人民司法》，1964年第2期（總第131期）。

17　見彭克宏主編：《社會科學大詞典》，中國國際廣播出版社，1989年10月出版，第417頁。

動,是一種規模巨大的政治活動。在認定存在階級鬥爭的語境中,政治運動是階級鬥爭的主動的具體行動。政治運動因為其是涉及大量民眾或全民的社會活動,而民眾或全民都還需要衣食住行等正常的生產生活過程,不可能無限期、不停頓地參加政治運動,所以,政治運動的發生必然是有高潮、低潮和啟動、終止的過程,表現為一次一次、一波一波、「過七八年再來一次」的狀態。當司法活動以保障政治運動為目的,就必然使司法順從於政治運動的發展規律,司法活動的數量完全取決於政治運動的需要,司法活動的品質也一切都以政治運動的需要為准。如1967年1月13日《關於無產階級文化大革命中加強公安工作的若干規定》(簡稱《公安六條》)的頒佈,規定了群眾直接鬥爭和處理所謂「反動分子」的程序,認可由群眾或群眾組織對那些有「違法行為」的人進行批判教育和鬥爭,這就是所謂「群眾專政」。「群眾專政」組織和民兵組織,可以搜查、沒收、拘禁、刑訊。其審判案件通常秘密進行,允許刑訊逼供,不允許被告人申辯,並且各地經常召開公判大會,聚集聽看公審公判實況。1968年3月天津市軍管會舉行一次公判大會,「到會群眾達到160萬人」[18]。按照《公安六條》審判刑事案件,不講犯罪構成,不分析動機目的,不區分故意與過失,也不研究行為與結果的因果關係,可以將一些毫無聯繫的事件硬性拼湊在一起,任意「拔高」、「上綱」,隨意按「反革命」定罪判刑[19]。

(四)刑事司法目的附從於經濟建設

如刑事司法對「大躍進」運動的保障。1958年2月3日《人民日報》社論:〈鼓起幹勁,力爭上游!〉,完整地對「大躍進」理念進行了宣揚[20];1958年5月制定了「鼓足幹勁,力爭上游,多快好省地建設社

18　參見許恩榮:《征途:一名戰士的奉獻》,內蒙古文化出版社,1998年8月第1版,第302頁。

19　參見郭成偉主編:《新中國法制建設50年》,江蘇人民出版社,1999年出版,第268-269頁。

20　《中國共產黨社會主義時期文獻資料選編》(三),中共中央黨校黨史教研二室編,1987年6月印行,第184-189頁。

會主義」的總路線，通過了第二個「國民經濟發展五年計劃」，提出了
一系列超高要求的任務和指標。自此在全國範圍內開展了一場為時三
年的史稱「大躍進」的以發展經濟為中心的運動。保衛和參與「大躍
進」也成為當時司法活動的主要目的。其時，全國各地法院普遍提出了
苦幹三年，實現「無反革命，無盜竊，無搶劫，無強姦」、「無民事糾
紛」的口號。在辦案數量上，普遍提出了每人月結幾十件甚至上百件的
高指標[21]。1958年6月至7月召開的第四屆全國司法工作會議上，確
立了「人民司法工作必須為中心工作服務」的理念[22]；地方法院提出
了司法大躍進的方案[23]。此外，為大躍進服務，還在實際行動中表現
為司法人員放下審判業務工作，直接「投身到大躍進洪流之中」[24]。
全國各地法院自此皆自行「大煉鋼鐵」[25]。

21　中華人民共和國最高人民法院、司法部辦公廳編：《人民司法工作在躍進——人民司法工作必須為
　　中心工作服務》，法律出版社，1958年9月第1版，第28-78頁。

22　中華人民共和國最高人民法院、司法部辦公廳編：《人民司法工作在躍進——人民司法工作必須為
　　中心工作服務》，法律出版社，1958年9月第1版，第17頁。

23　安徽省高級法院副院長花錦城在《繼續實現司法工作大躍進保衛社會主義事業的飛速發展——
　　在第五次全國司法工作會議上的發言摘要》中提出：「司法工作必須大躍進，必須鼓足幹勁，力爭
　　上游。人民司法是無產階級專政的一個重要工具，是社會主義經濟基礎的上層建築。」；「司法工
　　作完全能夠大躍進，能夠多快好省。在過去兩年中，我們已經實現了司法工作大躍進，取得了巨
　　大的成就。當前的形勢對於我們更為有利，我們還將實現更大更好更全面的躍進，取得更大的勝
　　利」。見花錦城：〈繼續實現司法工作大躍進　保衛社會主義事業的飛速發展——在第五次全國司
　　法工作會議上的發言摘要〉，載《人民司法》，1960年第4期。

24　最高法院號召：「鋼鐵生產是全黨全民的中心任務。我們司法機關是黨領導下的一個部門，司法幹
　　部是全民的一分子。司法幹部除了完成本身的業務工作外，還必須敢想敢作，破除迷信，大膽地積
　　極地投入鋼鐵生產中去，在為完成今年生產1,070萬噸鋼的鬥爭中貢獻一分力量。司法幹部直接
　　參加鋼鐵生產，就能夠懂得鋼鐵生產，也就便於保衛鋼鐵生產。通過直接參加鋼鐵生產，使司法
　　幹部在腦力勞動和體力勞動結合上向前邁進一步，從而加強勞動觀念和群眾觀念，樹立共產主義
　　思想和共產主義風格，真正在全黨全民大辦鋼鐵的運動中，不但煉出了鋼鐵，而且也鍛煉了人」。
　　參見：〈參加鋼鐵生產，保衛鋼鐵生產〉，載《人民司法》，1958年18期。

25　如：「武漢市江岸區人民法院，經過全院幹部的苦幹、巧幹、深鑽、實煉，突破了技術關和出鋼關，
　　終於使一立方四米的高爐由礦石直接煉成高炭鋼，完成了鋼鐵的任務一萬二千餘斤。在紅旗立功
　　競賽中，被評為紅旗單位，並獲得了錦旗（躍進旗）。他們不但響應黨所提出的以鋼為綱、全面躍
　　進的號召，又在全民大辦企業中，白手起家，建立了長江機器廠，內設有機器汽車修配、翻沙、紅爐
　　等四個分廠，已根據國家需要製造出了新產品，如鼓風機、車床等等」。參見：〈喜報〉，載《人民司
　　法》，1958年第21期，第39頁。

（五）刑事司法目的附從於治安整治

如1983年9月2日，全國人大常委會頒佈了《關於嚴懲嚴重危害社會治安的犯罪分子的決定》和《關於迅速審判嚴重危害社會治安的犯罪分子的程序的決定》，開始了嚴厲打擊刑事犯罪活動的集中統一行動。要求統一認識，明確方針，堅決行動；公、檢、法、司都要一條心，擰成一股繩，協同行動[26]。

二、民事司法目的附從化

（一）民事司法目的附從於建立新婚姻家庭關係

1950年代，建立新的婚姻家庭關係是作為一項政治任務提出來的。當時的要求是：一要「正確地實行婚姻法，不僅將使中國男女群眾──尤其是婦女群眾，從幾千年野蠻落後的舊婚姻制度下解放出來，而且可以建立新的婚姻制度、新的家庭關係、新的社會生活和新的社會道德，以促進新民主主義中國的政治建設、經濟建設、文化建設和國防建設的發展」；二要「向廣大群眾做宣傳解釋婚姻法的教育工作，使婚姻法成為群眾中家喻戶曉樂意執行的法律文件」；三是要執行「反對封建主義婚姻制度和實行新民主主義婚姻制度的政策，使人民政府的工作人員無論在婚姻登記工作方面，無論在婚姻案件的調解和判決工作方面，都採取嚴肅慎重調查研究合情合理解決問題的負責態度；而在反對一切壓迫虐待侮辱婦女行為和保護婦女合法利益方面，能夠站在正確的立場上」；四是「干涉男女婚姻自由行為以及因干涉婚姻自由而造成被干涉者的傷害或死亡的行為，將不僅應負民事的和刑事的責任而受到國家的法律制裁」；五是要「把保證婚姻法正確執行的宣傳工

26　辛聞：《1983年政法工作會議回顧：嚴厲打擊刑事犯罪活動》，中國員警網http://museum.cpd.com.cn，2013年01月10日，09:37。

作和組織工作，當作目前的和經常的重要工作任務之一」[27]。司法領域隨之掀起審理離婚案件的高峰。

（二）民事司法目的附從於建立生產資料公有制

　　從1950年冬天開始1952年底，國家在擁有3.1億人口的新解放區分期分批地全面實行土地改革，加上之前在北方先解放地區進行的土地改革，從而全面廢除了地主階級封建剝削土地所有制，實行農民土地所有制政策，也即確認農民所有、農戶經營的土地私有制。從1953年開始，國家在農村開展了農業合作化運動。農民私有土地被集體化，私有的果園及其他成片林木、私有牲畜、大農具等主要生產資料作價後歸合作社所有。合作社下設若干作業隊（組），實行統一經營、分級管理[28]。1956年底，全國農業合作化基本完成。入社農戶1.1億多戶，佔農戶總數的96.3%。經過這一過程，在全國完全消滅了土地私有制度。由於農民完全喪失了對土地等主要生產資料的所有權，並且必須服從集體的安排進行生產勞動從而獲取生活資料來維持生存，所以，農民也喪失了對自身勞動力的支配權。農民家庭生活資料很少，私有財產極少。1958年8月29日，國家發佈《關於在農村建立人民公社的決議》，決定在全國建立政社合一的人民公社，會後一個多月，全國除西藏外均實現人民公社化，社員自留地等全部收歸公有。其時，社員不僅完全失去對生產資料的所有權，也不再有自主獲取生活資料的權利，本質上對生活資料不再有所有權，只是在供給制、工分制的制度下，分得一點糧食等生活必需品以供家庭和個人的消費。1975年第四屆全國人民代表大會通過的《憲法》，確認了全民所有、集體所有和人民公社「三級所有隊為基礎」的經濟體制。1982年12月4日五屆全國人民代表大會第五次會議通過《憲法》即現行憲法明確寫入：「城市的土

27　參見：1950年4月30日〈關於保證執行婚姻法給全黨的通知〉，載《人民日報》，1950年5月1日。

28　見：《關於整頓和鞏固農業生產合作社的通知》（1955年1月10日），載《共和國走過的路》（1953–1956），中央文獻出版社，1991年5月第1版，第52–54頁。

187

地屬國家所有。農村和城市郊區的土地除由法律規定屬於國家所有的外,屬於集體所有;宅基地、自留地、自留山也屬集體所有」,從憲法的角度明確土地實行國家和集體的雙重公有制。

上述生產資料公有制建立的過程,就是消滅私有財產權的過程。這種對私有財產權的否定,已經確定私有財產權非屬正當。因此,以保護公民合法私有財產權為職責的民事司法失去了法律依據;同時,公民在被進行「階級」劃分、區別「敵我」的政治要求之下人身權也難以受到法律保護。在這樣的歷史時期,民事司法服從於建立生產資料公有制的「工作大局」,就幾乎停止了相關司法活動。

(三)民事司法目的附從於建立市場經濟體制

1978年以後,國家逐步確認和恢復私有財產權保護。

一是恢復公民私有物權。1978年《憲法》第9條規定:「國家保護公民的合法收入、儲蓄、房屋和其他生活資料的所有權」。同年,重申保護華僑、僑眷、歸僑和有外籍親屬的中國公民房屋所有權的政策,要求任何單位和個人,不得以任何藉口佔住他們房屋,已佔住的,應予退還。1978年9月22日,北京市發佈《關於迅速清退機關、企事業單位佔用私人房屋問題的通知》。1980年11月8日,北京市《關於處理機關部隊擠佔私房進一步落實私房政策的通知》,重申:「『十年動亂』中被擠佔、沒收的私房,必須在今後三、五年之內,根據不同情況,分期分批,予以發還」。

二是確認勞動產品的私有權。1978年開始,全國農村實行家庭聯產承包責任制以及《物權法》將承包經營權確定為用益物權,並不改變農村土地的公有性質。但是家庭聯產承包的意義,在於其在不改變土地公有性質的基礎上,確認了農民在土地上勞動所獲得的產品的私有權。

三是確認和保護私人財產所有權。隨着國家開放搞活發展經濟政策的實施,經濟發展了,生活富裕了,私人財富增多了,確認和保護動產物權的重要性才顯現出來。從1982年憲法和民法通則的頒佈,再

次確認了國家保護動產私有物權的立場。2007年3月16日《中華人民共和國物權法》第60條完全確認了各種動產私有物權的存在。

四是確認和保護智慧財產權。隨着國家改革開放和科技發展戰略的實施，對於智慧財產權的確認和保護逐漸為國家社會所關注。1992年和2000年中國專利法進行了兩次修改，進一步明確了促進科技進步和創新的立法宗旨，強化了專利司法力度。2008年開始國家實施智慧財產權戰略。2015年3月23日，《關於深化體制機制改革加快實施創新驅動發展戰略的若干意見》發佈。2015年12月22日發佈《關於新形勢下加快智慧財產權強國建設的若干意見》。2016年11月7日發佈《關於實行以增加知識價值為導向分配政策的若干意見》。

基於上述立法和政策的部署，國家社會出現經濟體制的轉型，私有財產得到培育和增長，私有財產權的保護需求日漸繁多。為服從服務於立法要求與社會需求，民事司法也日漸繁榮。

三、行政司法目的附從化

（一）行政司法目的附從於減輕行政負擔

行政司法目的，在法律條文中表述為「解決行政糾紛」。行政權本來具有強大的解決社會矛盾糾紛的職能，為什麼還需要司法活動來解決行政糾紛？因為在行政糾紛中行政權行使主體自身成為糾紛的一方當事人，按「再鋒利的刀削不了自己的把」的規律，行政主體不能處理這類糾紛。這就需要通過中立第三方的司法主體介入，以開展司法活動的方式才能解決行政糾紛。行政主體只能是行政訴訟案件的當事人的一方。在行政訴訟中，司法主體不能成為行政主體的幫助者、支持者，司法活動不能是行政行為的幫助實施的過程，否則，司法主體在行政訴訟中就失去了處於中立第三方的地位，訴訟的架構就不能成立，訴訟活動也就不能存在了。所以，行政訴訟與行政工作一開始就應當是「一清二白」的關係。但是，現實的情況是：因為行政爭議是普通社會成員（公民、法人、社會團體）與行政機關之間就行政機關的行

政行為而發生的爭議，是所謂「民告官」，其首先關係到行政機關的管理行為和方式的可行性，也關係到行政機關的社會權威性，進而關係到整個國家政權的穩固性。因此，行政司法自然而然地更側重於維護行政機關的意志、觀點和實際作出的行政行為，更側重於滿足國家行政管理的需要。行政司法必須服從於行政工作的需要、必須維護行政機關權威、必須為行政管理排憂解難成為一種業內通行規則。當要求開啟行政訴訟是為了更好地開展行政工作、是為了更好地支持行政工作時，行政司法就成為披着司法外衣的行政工作了。帶着這種目的的行政司法活動，不可能健康發展。必然表現出在重重束縛中難以前行的狀態。這是中國行政司法雖有開啟但並不發達的根本原因。

（二）行政司法目的附從於彌補行政不足

法條載明，「保護公民、法人和其他組織的合法權益」[29]也是行政司法的目的之一。其實保護是一種主動行為，但司法卻是被動的行為，不可能主動保護公民、法人和其他組織的合法權益。而保護公民、法人和其他組織的合法權益的主體正是行政權的實施主體，即各級行政機關和行政部門。司法充其量只是對行政的保護工作不到位和有偏差時，應公民、法人和其他組織之請求而提供一些幫助，這種幫助即使以裁決的形式出現，實質上也只是一種意見和建議，最終，對於公民、法人和其他組織的合法權益的保護，還是需要由行政機關及其部門去實施和執行。司法活動的過程幾乎不能稱為對於公民、法人和其他組織的合法權益給予了保護，而僅僅可以被視為彌補了行政主體在保護公民、法人和其他組織合法權益上的一些不足。所以，以保護公民、法人和其他組織的合法權益作為行政司法目的，實質上是將司法權降低到服從和輔助於行政權的地位，降低了行政司法的社會職能和作用。但是，行政司法本質上應當是司法權對於行政權的最直

29　見：《中華人民共和國行政訴訟法》，第1條。

接和最公開的制約過程。行政訴訟中司法主體方總是將解決行政爭議作為首要目的，並作為衡量行政司法工作成績的最高標準，在佈置工作時和報告工作時都是將解決行政爭議作為出發點和落腳點，即使這樣，解決行政爭議的核心仍然是審查行政行為是否合法、行政權是否被濫用。只有當行政行為被審查確定為違法的時候，行政司法才有可能產生保護公民、法人和其他組織的合法權益的實際後果。因此，強調行政司法保護公民、法人和其他組織的合法權益，本質上體現了行政司法目的對行政目的的服從，體現了行政司法對本身目的的迷失。

（三）行政司法目的附從於維護行政權威

　　行政訴訟開啟以來一個重要的原則是要維護行政機關的權威，甚至直至今天，要不要行政機關負責人出庭應訴還是擺在法官面前需要慎重考慮的問題。大凡政府作為被告的案件，在該行政區劃內都被列為「重大敏感案件」，總要設想最為妥善的處理方案——維護、強化、不能損害行政機關的權威。從行政訴訟的運作方式來看，行政訴訟是針對行政權力的一種司法審查制度，是具有司法強制性的制約。行政訴訟的運作過程就是人民法院應行政相對人的請求，對被訴行政機關的具體行政行為進行合法性審查。這種審查對於日益膨脹的行政權力來說是必要的制約。司法權力對於行政權力的作用或功能，是制約而不是維護。這不僅是由於司法權力和行政權力各自的特點所決定，也是國家權力之間互相制約的需要。即使法律、法規規定某些具體行政行為的實現須向人民法院申請執行，但這種規定不是出於行政權力自身無力執行的考慮，而是為了防止強制執行中行政權力的濫用而對其作出的制約性規定。將維護行政機關的權威作為行政訴訟的目的，與行政訴訟法的價值取向相悖。行政權力在運作過程中表現出來的單方性、命令性、執行性等特點，決定了在其封閉的權力領域內無須借助司法權力的維護即可實現權威。此外，在行政實體法律關係中行政機關處於優勢地位，如果在行政訴訟中借法院的判決再強化行政權威，行政相對人與行政機關的地位和權利將更加不平衡。這將有違於設立

行政訴訟制度之初衷。至於如何有效地行使行政職權,如何提高行政效率和權威,是行政主體在行政管理中應當自行解決的問題,而不應將其納入行政司法中來考慮。

司法目的附從化對司法波蕩的啟動

一、司法目的附從化必然導致司法活動趨利化

司法的本質可以說就是為了避免其他社會治理行為的過頭和過火的缺陷而設計和傳承的一種社會治理方法。如果說國家治理始終以運動型治理為必選的方式的話,司法的本質作用恰恰是作為這種運動型治理的緩衝器、減震器,以減少運動的對社會誤傷的副作用,是保證運動效果精准的機制,而絕不是加力器、加熱器、運動興奮劑。如果讓司法目的直接附從於時局中心的運動的時候,司法活動也就退化成了時局中心的運動的一個分支運動,司法機關就與社會其他治理工作部門相混同。必然使司法對於法律的服從、遵循也都要讓位於對時局中心需要的服從。甚至在憲法中司法機關「獨立行使審判權」的規定,也都因為司法目的附從化的實際做法,而完全虛化,司法的作用只剩下使「發熱」更加發熱、使「瘋狂」更加瘋狂。更有甚者,司法目的附從化還會將司法活動獨立性轉變為司法行為利益化。即,司法目的附從化使司法主體成為時局中心工作主體的成員之一,法庭就成為追逐時勢工作中可期待的獎賞、榮譽、待遇等利益的平臺,司法活動就成為追逐利益的角鬥。角鬥的主角不再是各方當事人,而是司法主體自己,他們會按照有利於自己獲得更多的實體利益的標準來辦理案件,絕對不會按照只求符合法律規定而不符合自己利益需要的方式來辦理案件。此時,利益方向代替了法律方向,利益取向代替了辦案取向,一些司法主體不再是司法主體,而成為追逐自身實體利益的投機者;辦案不再是辦案而是進行表現、爭取利益的角力;案件和案件的當事人,則成為司法主體謀取利益的所利用的工具或犧牲的對象。當事人

的合法權益是否得到維護，在很多時候已不是司法主體着意關注的核心問題。一些司法人員為了維護或獲取自己的實體利益，寧可犧牲當事人的合法權益；一些司法人員在權衡了自己實體利益的得失之後，甚至明知是冤假錯案、明知有刑訊逼供，也照定、照判不誤[30]。

二、司法目的附從化必然導致司法活動低質化

（一）司法目的附從化導致刑事司法活動品質不穩定

1.　司法目的附從於階級鬥爭，難免導致重刑主義氾濫

在以階級鬥爭為目的的司法活動中，對「階級敵人」不會談公正。任何具有地主、惡霸、反革命分子、壞分子、右派分子、資本家、叛徒、特務、走資派、敵對階級分子等的一種或數種身份的人，就會被

30　案例：于英生冤案。

1996年12月2日上午，安徽省蚌埠市女子韓某在家中被人強姦殺害。警方認定韓某的丈夫、時任蚌埠市東市區區長助理于英生有重大嫌疑。20天後于英生被批准逮捕。蚌埠市人民檢察院以涉嫌故意殺人罪對于英生提起公訴，認定，于英生因瑣事與妻子韓某發生爭執，廝打中致韓某死亡。為逃避法律制裁，于英生偽造了強姦殺人的現場，並試圖製造液化氣爆炸來掩蓋犯罪行為。

1998年初，蚌埠市中級人民法院對于英生涉嫌殺人案進行不公開審理。開庭之前，于英生的辯護律師在控方提供的案卷材料裏發現了一份DNA鑒定報告。這份1997年2月3日出具的鑒定報告顯示，受安徽省蚌埠市公安局委託，遼寧省公安廳技處對受害人韓某內褲上的殘留物，與于英生的血液樣本進行了DNA比對分析。結果表明，在韓某內褲殘留物檢出精子，但不是于英生的。辯護人將這份鑒定報告提交給了法庭，並作出了無罪辯護，但控方推測被害人內褲上的精子來源於一隻他人用過丟棄的避孕套，被于英生撿拾用來偽裝犯罪現場。法院採納了控方推測，而未採納辯護意見。最終經過6次審理，2000年10月25日判決于英生故意殺人罪成立，處無期徒刑。于英生上訴之後，安徽省高級人民法院2001年7月1日終審裁定：駁回上訴，維持原判。

因于英生長期不斷申訴，2013年5月31日，安徽省高級人民法院對該案立案複查。當年8月13日安徽省高院再審宣判，認為原審認定于英生故意殺人事實的證據不確實、不充分，在案證據之間的矛盾沒有得到合理排除，撤銷原一審判決、二審裁定。于英生服刑17年後被宣告無罪釋放。此後，蚌埠市公安局啟動再偵程序，通過從被害人內褲上的精子DNA比對，警方鎖定了犯罪嫌疑人武欽元。2013年11月27日，犯罪嫌疑人武欽元在蚌埠被警方抓獲。

在這個冤案中，被法院等司法機關故意「忽略」的無罪證據除了DNA，還有另一個重要證據是，被當年在于英生家梳粧檯的抽屜邊緣採集到的兩枚外來指紋。但在之前六次審理時，公安機關提取的這兩枚他人的指紋證據，控方就沒有隨案遞交給法院。

見：《于英生殺妻案》，載360百度：https://baike.so.com/doc/7794835-8068930.html。

作為「階級敵人」、「人民的敵人」、「專政對象」，那麼其人身權利、財產權利、政治權利、生存權利都將失去法律的保護，對這些人實施任何侵害直至肉體消滅都被大眾認為是合法、合理的。在司法活動中對於這些「階級敵人」，無論其是作為被告人還是作為被害人，也不會予以公正地對待和考量【31】。「人民的司法」對待「人民的敵人」，儼然像戰場上己方的將士對待敵方的人員，必置之死地而後快、置之死地而無妨。死刑、肉刑、虐待、刑訊逼供，挾帶着「階級仇恨」而變成司法活動中的尋常之用。司法人員用自己緊握着的「刀把子」，在對「敵人」生殺予奪的處置過程中，必定油然而產生「壯志饑餐胡虜肉、笑談渴飲匈奴血」的豪邁之情。甚至一些人的原始虐待狂也大為發作，不斷創造出「噴氣式」、「戴高帽」、「罰跪」、「遊街示眾」、「捆綁吊打」的法外之刑，在這種情況下的司法只會是一種合法的暴行。

31　案例：劉學保殺人案。

　　1967年12月17日夜9時許，甘肅省永登縣連城鄉池木哈村邊的大通河兩孔水泥大橋上發生爆炸。大橋留守處人員聞聲趕赴現場，左手鮮血淋淋的連城林場「支左」解放軍某部副班長劉學保要來人不要管他，快去抓炸橋的「反革命分子」，檢查橋上是否還有炸藥。留守處人員隨即在橋東公路上發現了頭部血肉模糊的林場工人李世白。工作人員趕緊將兩人送往醫院。劉學保住院後，順利做了切腕手術。當時李世白被劉學保以石頭砸而致顱頂頭皮裂開，尚未斷氣，但在與劉學保一起被送往醫院途中，這個所謂的「反革命分子、炸橋罪犯」還不斷受到「革命群眾」的槍托捅搗，到醫院後也並沒有得到醫護人員的及時救治。終因傷勢過重，於次日凌晨3時許死亡。

　　案發後，永登縣公安局經過勘查，沒有發現任何李世白要炸橋的線索。但是劉學保所在的部隊領導，認定李世白這個曾經在國民黨憲兵隊任職的「歷史反革命分子」就是要炸毀池木哈大橋。

　　1968年4月24日，各大媒體報導了劉學保的事蹟，劉學保瞬間成為家喻戶曉的人物。1968年1月10日，劉學保被蘭州軍區授予英雄稱號。此後，又榮立一等功，被提拔為副教導員。再後來，他擔任了蘭州軍區黨委委員、中國共產黨「九大」代表，並受到國家領導人的接見。

　　至於李世白，這個「曾經當過國民黨憲兵部隊副連長」的「歷史反革命分子」，死後不得翻身20餘年，他的家庭也飽受牽連。作為「反革命家屬」，李世白的妻子被遣送到甘肅定西的農村；長子因為被誣陷要放火焚燒劉學保事蹟展覽館而投入監獄；其他子女也飽受迫害。

　　因「人民來信」，1982年9月，永登縣委、蘭州市委安排專人複查此案。1983年7月，軍方和地方政府開始聯手調查此案。同年11月9日，蘭州市公安局得出結論：李世白是被劉學保為製造假案而騙去現場殘忍地殺害的。1984年4月，蘭州市公安局將「英雄」劉學保依法逮捕。1985年7月，蘭州市中級人民法院以故意殺人罪判處劉學保無期徒刑。

　　根據360百科：《劉學保》；見：https://baike.so.com/doc/6823599-7040716.html。

2. 司法目的附從於政治運動，難免導致冤假錯案發生

以政治運動為司法目的，實際上是將司法活動作為推進政治運動的一種手段。當司法活動以政治運動為目的時，必然失去中立、中肯的立場，而按照政治運動的需要實施司法行為。首先，司法主體只考慮政治立場，不可能再去維護政治鬥爭對象的任何權利，司法主體哪怕明知有誤，也不可能對基本事實進行審理和查明，以保自身的政治立場不被質疑。其次，對於與鬥爭對象進行鬥爭的行為，無論其行為的方式是暴力的、侮辱的、法定的、私創的，都不可能再拿來進行審查和裁判，而只要冠以「革命行動」，就必須予以認可。其三，必然輕視程序正義，甚至公開地否定程序正義的價值。如：在1952年司法改造整頓運動中，對於「不告不理」、「無訴狀不理」、「證據不足不理」、「當事人不適格不理」、「管轄地不合不理」、「民事不管刑事」、「刑事不管民事」、「訴訟時效」等訴訟程序要求，予以明確廢除，認為是「推事主義」；對於「犯罪未遂」、「未成年」、「年老」等量刑情節，也予以否定，認為是開脫或減輕反革命分子的罪責；對於法官獨立審判，也予以批判反對，認為是「嚴重脫離群眾、不問政治、孤立辦案、手續繁瑣，極其惡劣的舊官僚衙門的舊司法作風」。在1957年「反右」運動中，最高法院將自己內部的司法人員劃為右派有賈潛[32]、魯明鍵[33]等人，而他們遭受到來自於內部嚴厲批判和否定的觀點，竟然是：「法院應當依法辦案」；「法院應當獨立審判」；「罪刑應當法定，而不能簡單以左了、右了來劃分，不能憑重點打擊、分別對待、今後從嚴等政策原則來處理案件」；「國民黨六法中某些條文可以用」；「以搞運動的

32　賈潛（1903-1996），河南滑縣人。當代著名法學家。北平朝陽大學法律科畢業。曾任最高人民法院黨組成員、最高人民法院委員兼刑庭庭長、審判委員會委員。1956年，最高人民法院特別軍事法庭審判日本戰犯，他被任命為特別軍事法庭庭長。見：https://dajia.qq.com/blog/247709016460188.html。

33　魯明健（1917-1998），湖南省長沙縣人。曾任最高人民法院辦公室副主任、審判委員會委員、政策研究室主任等職。見：https://baike.so.com/doc/9141104-9474248.html。

方式來打擊刑事犯罪會把建設起來的法制衝垮，會損害依法辦事」；「法院的任務除對反革命和少數壞分子實行專政外，應着重調解人民內部糾紛問題和教育改造，如果過分強調專政就容易搞亂」[34]。當司法在「司法改造」和「反右」中自我否定應有秉持的情況下，反其道而行之的，必然是司法活動失去程序制約，必然包含有冤假錯案的大量存在，這正是司法波蕩中一些「波段」中的刑事冤假錯案大量發生的根本原因。

3. 司法目的附從於保障經濟建設的目的，難免導致裁判不公

一切經濟建設活動都是以具體的經濟、民事活動的形式表現的。刑事司法要保障經濟建設，實際就是要以刑罰為手段對經濟利益強行干預、進行重新分配。出現的情況只會有以下幾種：

第一種情況，「強行剝奪」。可以見證的是：在1952年至1975年的生產資料公有制的建立過程中，始終是對公民原有合法私有財產進行剝奪歸公，經濟關係中的衝突大多數是被剝奪者對於剝奪者的抗爭。刑事司法運用刑罰處罰的方式對這類抗爭行為加以了處罰，如確定投機倒把的罪名並予廣泛適用，以保障公有制的建立和穩固。這種刑事司法活動不僅讓民眾失去財產，而且還要付出失去自由、甚至失去生命的代價。

第二種情況，「直接制裁」。如「大躍進」時期的大量的破壞生產罪，其實大量的都是經濟活動中的輕微違法行為、過失行為、無過錯行為，都被當作刑事犯罪予以刑事制裁。最終「大躍進」卻被證明是違反經濟規律的瞎折騰。

第三種情況，「製造冤獄」。如很多所謂經濟犯罪往往經不住歷史檢驗。隨着時間變化和政策變換，所謂經濟犯罪案件大量被顛覆。因為一些臨時的經濟幻想在一段時間的強力推行之後，因其違背經濟規律，總是要破滅，社會回歸到理性的現實之中，必然會對過去的經濟

34　馮若泉：〈駁賈潛「審判獨立」的反黨謬論〉，載《人民司法工作》，1957年第12期。

活動重新評價，甚至完全顛覆過來，過去的經濟犯罪行為可能成為歷史進步的創舉[35]。

4. 司法目的附從於治安治理的目的，難免導致打擊過度

社會治安的治理，是國家行使行政權力管理社會的工作。治安治理的特有規律是隨着治安形勢的變化相應採取力度不同的治理措施；同時，治安治理的措施，核心是對人身權、財產權的強制。治安狀況差、客觀犯罪行為多的時期，治安就會採取集中打擊的行動。因而，運動式治理是治安治理必然的常態。而每一波治安治理的集中打擊行動中，執法誤差現象也會集中出現。司法活動作為治安治理的後置活動，本質上是對治安治理行動的品質進行的最終檢驗，以減少和消除其中的執法誤差現象。如果不是這樣的制度設計目的，那麼刑事審判活動就沒有存在的必要：一切刑事犯罪行為都由公安機關直接捕人、定刑、投獄、槍決，豈不更有效率和力度、更加痛快！之所以設定刑事審判就是為了防止打擊過頭。因此，如果讓刑事司法附從於治安治理的目的，實際上是將監督制約治安治理的活動轉變為治安治理行動本身。此時，刑事司法就不再制約和保證治安治理行動規範、準確，而完全成為支持、擁護、配合、輔助治安治理行動的活動、成為治安治理行動的組成部分。這時，不準確、不規範的治安治理行為不僅得

35　案例：小崗村私自分田包乾。

安徽省鳳陽縣小崗生產隊有20戶人家（包括兩戶單身），共115人。1978年12月16日夜，小崗生產隊18戶沒有外出的農民聚集在一間破屋裏，由生產隊副隊長嚴宏昌主持召開了一次「分田單幹」的秘密會議。共同簽署了一紙契約：「1978年12月地點嚴立華家。我們分田到戶，每戶戶主簽字蓋章，如以後能幹，每戶保證完成每戶全年上交和公糧，不在（再）向國家伸手要錢要糧；如不成，我們幹部作（坐）牢殺頭也幹（甘）心，大家社員也保證把我們的小孩養活到18歲」。他們連夜抓鬮分牲畜、農具，並丈量了土地，一個早晨就分完了。大包乾到戶就這樣偷偷摸摸誕生在鳳陽。依據當時規範性文件和經濟政策規定，小崗村這一次私自分田到戶顯然是破壞社會主義公有制行為、是損害勞動產品集體所有和集體分配制度的行為，是違法犯罪行為。然而還沒等被追究，政策發生巨大變化，此種生產經營行為不僅不是違法犯罪行為，反而是開創性的改革行為。小崗村一夜之間成為中國農村改革的發源地。見李鐵映主編：《中國經濟體制改革重大事件》，中國人民大學出版社，2008年11月出版。

不到來自司法的監督、制約和糾正,反而得到刑事審判的一味縱容、慫恿,必定會變本加厲地進行,從而釀成更大危害社會的後果。如:歷史上多次實行的「公檢法聯合辦案」的方式必然產生冤假錯案。

(二)司法目的附從化導致民事司法活動品質不穩定

1. 司法目的附從於建立新婚姻家庭制度,難免導致男女更不平等

由於貫徹執行1950年婚姻法,1950年至1953年離婚案件逐年大幅度上升。實際上也使大批新政權機構工作人員在婚姻上出現喜新厭舊,特別是造成一大批本來就在男尊女卑社會習慣下悲慘生活的婦女又遭無端拋棄。

2. 司法目的附從於建立生產資料公有制,難免加重社會法律信仰的缺失

消滅私有制、擴大公有權,作為一種社會治理主體的設想和追求,表現為私有房屋改造、公私合營、農業合作化、城市工商業合作化,以及刮「共產風」等做法,直接以暴風驟雨式的政治運動的形式實施,大量剝奪公民合法的私有財產權。這種情況下,被剝奪者實際產生了很大的內心爭議,但這時民事司法完全缺位,訴爭與不服並無表達之處,只能潛伏於內心之中。而在這樣漫長的歷史過程中,很多人看不到來自法律的陽光,看不到公正和正義的希望,就不可能在心田裏留下任何法律信仰的種子。但到歷史發生轉變的時候還是會顯現出來的,從而成為未來民事司法波蕩出現大波峰的潛在因素。

3. 司法目的附從於新的保護私有財產權的需要,難免引起全司法系統應對不適

1978年12月始,中國實行改革開放後,從商品經濟到市場經濟得到了迅速發展,私有財產權範圍擴大、總量大增,產生民事法律關係的經濟基礎迅速擴大,起訴到法院的民事案件以較大幅度逐年上升,最後形成「訴訟爆炸」的狀況。一年受理民事案件數突破千萬件,是

改革開放前38年全國法院受理民事案件總和的數倍。表現在司法波蕩上，形成了直線上漲的巨大波峰。因為準備的不足，在這種波峰到來之際，時而要求民事審判要重點保護某種經濟關係，時而要求重點保護某種權益，時而要求重點支持某種經濟成分的發展，等等。也就必然產生全司法系統眾多內在的不相適應的問題。如：大量發生「司法不公正、司法不規範、司法不嚴格、司法不廉潔」問題；「門難進、臉難看、事難辦；立案難、訴訟難、執行難」的問題；「關係案、人情案、金錢案」的問題，等等。辦案品質和效率出現塌陷，司法權威與公信力危機重重。

（三）司法目的附從化必然導致行政司法活動品質不穩定

1.　司法目的附從於減輕行政負擔的目的，化解不了行政爭議

行政權是最為強大的國家權力，既包括軍隊、警察等暴力機器的調度使用權，也包括各執法組織的行政強制權，更包括了物質財富和全體國民生存資源的分配權和全體國民一切政治、經濟、生活行動自由的許可權。現代民主共和的國家，首要制度就是對行政權的制約，而不是進一步擴大。中國對於行政權的監督，主體的範圍是很廣的，有相對人監督，有輿論、媒體、公眾的監督，有政黨組織的監督，有立法、檢察機關的監督。而能而對於行政機關行政行為進行規範的依法定程序進行制約，只有司法機關開展的行政司法活動。行政司法本義就是制約行政權的活動，開展行政司法活動的目的就是制約行政權力。既要制止、約束行政機關濫用權力，也要制止、約束其怠於行使職權，從而為行政權限定邊界、強迫其依法行使行政職權。當行政機關的行政行為失當而與行政相對人產生爭議之時，行政司法活動毫無疑問就應當堅決履行其監督制約的職能，對被訴行政行為進行審查、指出問題、責令行政機關糾正。只有這樣，才能化解掉行政爭議。如果行政司法不是出於制約和限制行政權力，而是出於為給行政機關減輕負擔，在行政機關與相對人發生糾紛爭議時，去「拉兄弟一把」、幫

行政機關解圍、減負，不僅違背行政司法的「初衷」，實際上是在幫助行政權力進一步擴張。如果試圖以此作為出發點來化解行政爭議，當然難以奏效，而且只會使行政機關更加膽大妄為，錯誤行政行為越發增多，行政爭議只會增加不會減少。事實上，經過法院裁判的行政訴訟案件，大量並未解決糾紛，而是轉化為申訴信訪案件。

2.　司法目的附從於保護當事人權益的目的，實際並不能直接奏效

為了表明為民服務的立場，把行政司法的目的說成是保護當事人合法權益，但卻是兌現不了的承諾。因為行政司法所作出的裁決並不能保護當事人實體權利，大多數情況下是要求行政機關重新作出行政行為，被訴行政機關是否重新作出行政行為、如何重新作出行政行為，還是行政機關自己權衡決定的事情。行政機關是否和如何重新作出行政行為才是真正關係到當事人實體合法權益的問題，但並不由法院主宰。因此，當行政機關最終沒有作出當事人滿意的行政行為的時候，行政訴訟的過程對於原告當事人來說就等於「白忙活」。另一方面，行政訴訟訴訟費收得極低，因而很多原告當事人也並不指望通過行政訴訟獲得實體權利的保護，而只是將行政訴訟過程當作發洩不良情緒的活動，並極易轉化為長期的纏訴纏訪。這樣的行政訴訟活動的品質嚴重低劣，造成大量司法資源浪費，卻使司法權威更難樹立。

3.　司法目的附從於保障行政機關依法行政的目的，反而限制了行政司法的正常開展和發展

行政司法的目的只能是制約和限制行政權力，如果以支持、保障、幫助行政機關履職為司法目的，實際就宣告了行政司法沒有存在的必要。因為強大的行政權，完全可以應對和完成自己的行政任務，何須最弱的司法權來支持、保障？司法充其量只能充當行政的可憐的「背鍋人」。另一方面，以為保持行政機關高勝訴率或者暗中給以司法建議，既能夠給行政機關留面子，又能夠起到提高行政機關依法行政的水平的作用，那也完全是一相情願。這些想法和做法恰恰反映了

行政司法目的錯位、職能作用短少，也正是行政司法統計數據保持低迷、無長足發展的重要原因。

三、司法目的附從化必然導致司法活動波蕩化

檢索全部司法波蕩過程，時時處處都能感覺到一個司法目的附從化的幽靈在遊蕩。司法目的附從化，使所有司法活動都以時勢需要為藉口，所有司法活動都以時勢需要為憑據，所有司法活動以時勢需要為理由，所有的司法活動以服從服務於時勢要求為最高價值。當社會發生狂熱的時候，唯一應保持冷靜的司法活動，也加入狂熱之中，一味按狂熱的要求辦案，而放棄理性判斷。本是個別性調整審理每一個個別性案件的司法活動，也積極主動地參加到全社會的整體性的運動型治理活動之中，大量千差萬別的具體案件，都被定出數量指標，作批量統一處理。以至於每一波司法波蕩都與時勢的運動同步發生：時勢的運動有多麼劇烈，司法波蕩就有多麼劇烈；時勢的運動延續多久，司法波蕩就延續多久。司法活動由此而隨波逐流、波蕩起伏，成就世所罕見的司法波蕩現象。可以說正是司法目的附從化開啟了每一波司法波蕩，而每一波司法波蕩也都是司法活動對司法目的附從化的直接回饋。

從「1950–2012年全國法院判處5年以上徒刑直至死刑人數示意圖」（見第一章，圖1.8）可以看到：刑事司法波蕩與歷次政治運動、治安整治運動的部署和發動是高度契合的。1952年的重刑高峰與當年的土地改革、鎮壓反革命運動相合；1956年的重刑高峰與當年反右派運動相合；1959年重刑高峰與大躍進運動相合；1971年重刑高峰與「一打三反」運動相合；1984–1985年重刑高峰與1983–1985「嚴打」戰役相合；1991年重刑高峰與當年「嚴打」行動相合；2001年重刑高峰與當年的「嚴打」戰役相合。這種刑事重刑高峰與歷次運動、行動時間上的高度契合性，正是刑事司法的目的對於運動型國家治理行動的附從性的反

映，也顯示了二者之間的高度相關性和因果性。可以證明，正是刑事司法目的上的附從性，開啟了每一次刑事司法波蕩的發生。

在「1950-2012年全國法院民事審判審結債務糾紛案件示意圖」（見第二章，圖2.5）中可見：1989年的債務案件高峰與1984-1992年經濟體制改革運動的階段，即發展有計劃商品經濟階段相契合。這一階段按照《中共中央關於經濟體制改革的決定》，第一次突破了把計劃經濟與商品經濟對立起來的傳統觀念，正式提出社會主義經濟是公有制基礎上有計劃的商品經濟的思想，社會經濟結構從過去的單一公有制經濟結構逐漸改變成為以公有制為主體、多種經濟成分並存的所有制結構。社會財產所有權主體出現多元化，私有財產增多，債權債務法律關係大量增加。1989-1992債務案件的高峰正是這一階段經濟體制改革運動成果的反映。1992-2003的債務案件不斷攀升與同時期經濟體制改革運動的階段，即建立社會主義市場經濟體制階段相契合。這一時期，明確了「計劃經濟不等於社會主義，資本主義也有計劃；市場經濟不等於資本主義，社會主義也有市場。計畫和市場都是經濟手段，計畫多一點還是市場多一點，不是社會主義與資本主義的本質區別」等思想。1993年《中共中央關於建立社會主義市場經濟體制若干問題的決議》提出了建立社會主義市場經濟的基本框架。其間，通過建立現代企業制度，使企業成為獨立的商品生產者和經營者，全面參與市場競爭，成為真正的市場主體。這正是債權債務糾紛案件不斷大幅攀升的社會基礎。2003年以後的債務案件不斷攀升與同時期經濟體制改革運動的新階段，即完善社會主義市場經濟階段相契合。2003年《中共中央關於完善社會主義市場經濟體制若干問題的決定》，對建立完善的市場經濟體制進行了全面部署，完善了統一開放競爭有序的現代市場體系。在司法工作中，司法統計報表進行了革新，債務案件也被範圍更大的合同案件取代，而數據反映2003年以後，全國法院審結合同案件呈勻速增長狀態。由此可見，民事司法目的對於社會經濟體制改革運動，也是具有高度的附從性的。但是，這是一定歷史時期社會發展的必然，在社會大變革的過程中民事司法必須緊緊跟上，圍繞改革的要

求開展司法工作，以改革的需要作為民事司法的目的。但是必須承認的客觀事實是，正是民事司法目的上的附從性引導了民事司法的起伏波蕩。也反映民事司法因沒有《民法典》而始終找不准主要工作目的的狀況。

　　從《1987–2012年全國法院一審行政訴訟案件審結數示意圖》（圖3.1）可見：行政司法從1987年始，全國部分法院試驗開啟行政訴訟案件的審判工作，至1990年10月1日，《中華人民共和國行政訴訟法》的正式實施，全國法院全面開展行政訴訟案件的審判工作，辦結案件的數量由一萬餘件啟程，逐年以萬位的幅度遞增，至今每年只有十幾萬件，增長速度緩慢，對於調整社會關係和社會秩序的作用發揮很有限。這與國家社會政治體制改革並未全面深化的狀態是相契合的。從中反映了行政司法目的一直附從於行政工作需要，正是這種附從性決定了行政司法始終不溫不火、謹慎前行的「低平波」狀態。

第八章　司法標準偏執化

❦❦❦❦❦❦❦❦❦❦❦❦❦❦❦❦❦❦❦❦❦

司法標準偏執化的含義

一、司法標準的詞義

　　現代漢語的「標準」一詞，源自日文「標準（hyojun）」，是對英文「standard」的意譯[1]，意為衡量事物的規範、準則、尺度。司法標準即司法活動和司法行為的尺度。司法標準，雖然極少被人提及，但卻是無時不在地存在於一切有關司法活動和司法行為之中，並對司法活動和司法行為發揮着深刻影響作用。

　　探討司法標準問題需要從行為科學的理論進入。按照行為科學的理論，人的任何有意識的行為都有一定的標準，即人在意識中確定的所實施的行為要達到的程度和狀態。這正是「有意識」內容之所在，是人的有意識行為與無意識行為之間的區別。行為的標準是為行為的目的服務的。只有每一個行為都符合一定的標準，才可能最後達到行為的目的，當然最後達到目的與否還要取決於外部條件，如是否遇到困難與障礙的問題。行為達到標準與實現行為目的之間，就是「努力」與「成功」之間的關係。人的行為的目的，也被視為行為的目標，但目標有時比較間接、離具體行為比較遠，往往是一個較長時間內無數的行為所要達到的最終目的。可見，人的行為標準也就是在行為目的引導下的行為傾向與偏好。

1　史可為主編：《新華外來詞詞典》，商務印書館（北京），2019年3月第1版，第153頁。

司法作為人類的有意識的行為或者活動，對於司法主體來說，當然有其標準。每一個司法行為有其標準、每一次司法活動有其標準、每一波司法運動也有其標準，在漫長的歷史過程中的全部司法活動也有其總的基本標準。司法標準，即司法活動和司法行為的標準，是指開展司法活動和實施司法行為的主體對於司法活動及具體司法行為的根本要求和衡量檢驗、評判臧否的準繩，也是司法活動和司法行為進行自我對照和自我校正並努力達到的基準。法學界常用的較為玄妙的概念如「司法價值」或許與司法標準的含義有些接近。

但是，司法標準並不是由司法主體自己掌握的標準，而是由社會掌握的標準，因為司法是公權力活動，是處理社會公眾權利與利益的活動，應當怎樣處理、不應當怎樣處理，處理得好或不好，當然要由社會公眾說了算，而不是由司法主體自己說了算。因此，司法標準，根本上是社會公眾對司法活動品質和效果好與不好、妥與不妥、對與不對的評價標準。司法主體應當將這種司法社會標準轉換成自己工作的標準，或者將自己的工作標準與司法社會標準完全契合起來，從而取得一個真正的司法標準。熊先覺教授也提出過一個司法標準的概念，認為「所謂司法標準，也就是法律規定」「標準就是尺子，就是準繩」[2]。熊教授所說的司法標準，其實是司法主體對當事人行為的評價標準、是對案件的裁斷準繩，講的並不是對司法活動或司法行為的評價標準。

二、司法標準的內容

（一）司法標準首先包含對司法過程的檢驗標準

司法是社會活動的過程，對這一活動過程必然經受多方面的檢驗。尤其是這種社會活動過程關係到一些社會成員的利益分配和調

2　熊先覺：《司法學》，法律出版社，2008年6月第1版，第248頁。

整，因此對於社會活動的過程無論是國家機構還是國民大眾都會提出
檢驗標準和指示性要求。當然，這種標準和要求，在法制完備的時
期，可以以法定的程序來加以統一。但由於法律的完備性是相對的，
因而，一些社會成員並不服從法定統一的司法標準，並且也不服從程
序的要求，而是任意提出自己的主張和要求。在中國長期普遍存在的
「涉訴信訪」現象，就是對一切統一的司法標準的抗拒。

（二）司法標準也包含對司法結果的檢驗標準

司法活動的結果，實際是對司法目的的實現程度，首先的檢驗標
準當然就是司法目的本身。但是司法目的的要求通常會以多種形式來
表達，有時會轉變為各種考核指標，有時會轉變為各種工作要點，有
時會轉變為會議決議、權威文件和重要人物講話指示等精神。對於這
些「指標」、「要點」、「精神」，各司法主體的理解是否都很全面、把
握是否都很精准，是不可一概而論的。同一個「精神」對於不同司法
主體也可能被理解得不完全一致，同一個「精神」經常被不同的司法
主體加入各自不同的思想意志，同一個「精神」有時也被一些司法主
體解釋得面目全非。因而，各司法主體遵循的司法標準往往是略有不
同、有時有很大不同的。這也是各司法主體的工作會出現差別的重要
原因，致使各司法機關有的工作先進、有的落後、有的優秀、有的有
缺點和差錯。

（三）司法標準包含司法主體內部的自我檢驗標準

司法活動作為一種專門主體實施的國家活動，當然在國家和司
法主體內部有一套檢驗標準，這個標準既形之於法條、法文的規定和
描寫，也形之於司法主體的內部文件和不成文的規則。當司法目的變
換不寧之時，司法標準一定也會政出多門。可以說，上層召集下層司
法主體開會，都是在給下層確定司法活動和行為的標準，會議越多，
司法標準必然越多。司法主體經常被上層司法主體召集開會，這既是

一種奇特景象，也是司法自我檢驗標準的魚龍混雜需要不斷統一的反映。

（四）司法標準還包含外部主體對司法活動及行為的評價標準

司法活動是一種對社會開展的國家活動，其核心目的是要解決廣大社會成員之間存在的矛盾、問題和糾紛，因而司法主體之外的廣大社會成員都有權也必然要對司法活動提出要求、進行評判、進行檢驗。這種評判檢驗的標準與司法主體自行掌握的標準往往是不相吻合的。原因在於對司法活動的客觀情況和內在規律的認識水平不一樣。這就需要溝通、理解，以求統一。這正是當今司法活動中實行司法公開透明、「陽光司法」的理論緣由。

三、司法標準的分類

（一）頂層標準與地方標準

在司法目的變幻不定的情況下，上層指導司法活動的意志就必然是圍繞各個時期各不相同的司法目的而提出的有利於各時期不同的司法目的實現的各種設想和設計。也就是說，長期以來上層意志就是司法標準。然而，事實上上層的層級很多，每一層級的上層又很多元，所有上層的意志雖力求統一，但並不能做到統一意志，如地方長官的地方利益保護的意志與國家頂層的意志就不是統一的。因此，司法標準不僅在較長時期的不同階段是多種多樣的，而且在同一時期同一階段也往往呈現「政出多門」的繁亂狀態。每一個司法主體實施的司法活動或具體的司法行為，總是像小媳婦一樣要接受若干個婆婆甚至眾多婆婆的指導、檢驗、評點。所幸是國家頂層始終具有對全社會的統轄控制力，其意志從來都是不可被公然違過的、除非由其自行不斷改變。因此，司法標準雖有頂層與地方的區別，但整體上司法標準還是比較統一的，變化改換之處，僅在於國家頂層的調整之時。

（二）宏觀標準與微觀標準

司法微觀標準，是具體司法行為的標準。典型的是具體辦案的案件品質標準，如：事實清楚、證據確實充分、裁決正確合法等，有時被體現為「案件品質評查標準」[3]。司法宏觀標準，是整個社會全部司法活動的標準，這種司法標準總是由最高司法主體確定，並由最高司法主體作為「工作要求」以命令的形式部署下去。但是最高司法主體依據什麼來確定宏觀司法標準呢？當然是依據司法目的來確定的，在司法目的附從化的狀態之下、司法目的總是附從於時局中心的時候，司法標準的核心內容必然是最大限度地滿足於時局中心的需要。

（三）司法主體標準與社會公眾標準

司法活動是調整社會成員之間具體社會關係的活動，是由具體的個別的微觀的司法行為所構成的，是具體的社會成員所能看得到的活動，是關係到被調整的社會關係各方主體即案件當事人切身利益的活動。因此，案件當事人和其他「圍觀」的社會成員必然地存在對於司法活動狀態的期待。這實際是社會大眾對於司法活動設定的標準。也即社會的普遍認同也是一種司法標準。社會認同是整個社會意識層面對司法活動現有狀態的一種集中反映，它體現了眾多社會成員對司法活動的是非判斷、價值取向。事實上，國家社會整體和每個社會成員對同一司法活動或具體司法行為的評價標準經常是不一樣的，甚至是對立的；而同一個評價主體對相同的司法活動或具體司法行為，在不同時期評價標準也會有巨大差異。因此，司法活動如果沒有統一的科學的正確的標準作為參照系，將變得無所適從，並且無法開展下去。但是，司法活動一直如此波蕩起伏地進行下來了，能夠指引其不斷進行下來的標準是什麼呢？那就是司法上層、直至頂層的動盪不定的指

---

3 案件品質評查，是司法實踐中一項傳統的做法，為最高司法機構認可。參見：《最高人民法院關於在全員崗位大培訓中開展庭審評查和裁判文書評查活動的通知》，載人民法院網2012-03-28 09:00:22。

示、要求、佈置、安排。也就是說上層司法主體的意志長期以來就是司法活動的標準。

四、司法標準的偏執化

（一）司法標準本應當是嚴格依法

馬克思說過：法官除了法律沒有別的上司。此說正是對司法標準的一種表述，是說司法活動和司法行為要嚴格依照法律而作出，這是優良的司法與非優良司法的區分標準。當然，其前提是法律本身是良法，是符合社會大眾根本共同利益的。在自認為具有良法的社會裏，嚴格依法是主要的司法標準；在社會大眾的眼裏，這也是司法的最低標準。因為所有糾紛內外的人，在辨理不明或有理說不清的情況下，都會將糾紛用法律的規定來進行評判，而對法律規定的爭議則交由司法去裁斷。而司法唯一能使社會公眾認可的，就是做到嚴格精准地適用法律。如果連嚴格依法都做不到，那麼，司法怎麼還叫做「司執法律」的司法呢？

（二）實際上的司法標準卻是來自司法頂層

儘管司法人員在從事司法活動中，始終是尋找、學習、研究、對照、領悟、揣測着一些法律條文而實施司法的行為；儘管司法活動的參與人不僅在法條、文件、重要人物的講話中尋找對司法活動的評價標準，而且還會按自己對社會關係和事物關係的理解來設定衡量司法活動和具體司法行為的肯定或否定的標準；儘管社會公眾也會尋找一些標準對司法的活動過程和結果給以評價，然而，事實上最終都必須服從的是司法上層直至頂層的部署與要求，而不是法律或其他。因為法律要作為司法標準，還必須經過司法上層直至頂層的部署、要求、強調、允許、批准、同意，否則，只能作為永遠等待實施的一紙具文。在過去法律制度不完善的時期，是這樣，在今天法律制度體系已經建成的時候，仍然如此。至於司法上層和頂層，卻天然有一種偏

好,就是對下級司法機關和司法人員作指示、下命令、提要求,並以考核、打分、排名、查處作支撐,迫使下級司法機關和司法人員按照其確定的標準行事。甚至不惜侵襲立法權,對立法本義作擴大或限縮的解釋,迫使下級貫徹其意志。試想,如果手握時鐘的人,將時針一會撥快,一會撥慢、一會掐停、一會退後,這時的時間標準還是時鐘本身嗎?這時的時間標準只能是手握時鐘的人的意志,而不是時鐘。從司法系統幾十年的運行脈絡可見,所有司法人員作出的司法行為,一概都是在司法系統上層直至頂層的部署、安排下實施的。所有司法裁判行為都不過是對司法上層直至頂層部署要求的貫徹落實。也可以說,全國的司法人員都不過是在代上級司法主體直至頂層司法主體辦理案件。這種運行方式,雖然確保了全國司法主體與頂層主體在實施司法行為時的高度統一,確保了頂層司法主體意志的高度權威。同時,也證明,一個時期的司法狀態的形成,受頂層司法主體的影響最大,每一次司法波蕩的生成莫不源自司法頂層的「工作要求」,而並非司法人員、特別並非直接辦案人員所決定。然而,這種狀況,置法律本身於何地呢?置社會公眾對法律的期待與信賴於何地呢?置法治的真實性於何地呢?法治難道不是以法治國,而是以頂層司法主體的意志來治國嗎?那豈不仍然是人治!

(三) 司法標準偏執化是司法目的附從化導致的必然趨向

雖然表面上看,司法標準來自上層直至頂層司法主體的工作部署和要求,但更深刻地可以看到,上層及頂層司法主體確定的司法標準不過是為了保證司法附從目的的實現和保證自身實體利益的獲得,所採取的策略要求。當司法目的附從那些時局中心工作任務的時候,並且,在時局中心年年歲歲不斷變化的情況下,司法標準必然體現為一味地迎合時局中心、一邊倒地滿足完成中心任務的需要。這種司法標準,實際上只是不斷花樣翻新的時局中心需要的體現。但是,時局中心從來就是要講「立場」、「傾向」的,因而從來都是偏執

（Paranoid）[4]的，因此，源自司法目的附從化的司法標準必然始終是偏執的，是偏好於走極端的。司法標準偏執化，表現的就是司法活動以最有力度、最有效率、極度地滿足於時局中心的需要為標準。而在實踐中，司法標準偏執化更是表現為司法人員按照上層直至頂層的要求和指示精神，極端化、最大化、不顧一切、不擇手段、變本加厲、無所不用其極、有過之而無不及地開展司法活動。司法標準上的這種偏執化，根子顯然不在於普通司法機關和司法人員，而在於上層直至頂層司法主體的司法部署上所處處表現出的這種偏執化的倡導。但是不可否認的是，各級司法機關和司法人員也是在自我的利益化心理支配下，總是將司法標準推衍成忽而「極左」、忽而「極右」，在兩個極端之間跳蕩，而從不願意在司法所應秉持的中肯、中庸、中正的區間裏有所停留。

司法標準偏執化的表現

一、刑事司法標準偏執化的表現

（一）有時偏執於「寬嚴交替」

1.　肇始於嚴

1950年7月26日至8月11日，最高法院、司法部、法制委員會、最高檢察署聯合召開第一屆全國司法會議。會議指出：「目前的中心任務是鎮壓反革命勢力的搗亂，保衛土地改革的勝利完成，保衛國家經濟建設，懲治危害人民利益的犯罪分子，以鞏固人民民主專政的秩序」；「在執行刑事政策時，有不少地方對於反革命案件的處理，發生了『寬

4　「偏執」：醫學上是指自我援引性優勢觀念或妄想，常見的是關於被害、愛、恨、嫉妒、榮譽、訴訟、誇大。這樣的觀念或妄想可與器質性精神病、中毒、分裂症有關，或是對應激的反應，還可能是一種人格障礙(偏執型人格障礙)。在此，是指司法標準的把握極其偏頗。

大無邊』的偏向，不懂得對帝國主義者、封建階級和官僚資產階級等
三個敵人及其他堅決反革命分子是必須實行專政的。特別是他們沒有
明確處理反革命案件的政策觀點。要把一切反革命罪犯及三個敵人作
為專政的對象，這就是肯定要實行鎮壓與寬大相結合的政策。這裏的
『寬大』並不是『無邊』的，而是『首惡者必辦，脅從者不問，立功者
受獎』三者不可偏廢的政策」。1951年司法部《批復惡霸、慣匪、不法
地主如何適用懲治反革條例》再次體現了嚴，要求：「徹底打破資產階
級法律『罪刑法定主義』和『不溯及既往』的舊觀點」[5]。

2. 複變為寬

　　1956年1月《關於處理反革命分子和各種犯罪分子自首問題的指
示》提出了「坦白從寬、立功折罪、立大功受獎的政策」和「不坦白從
嚴」、「對自首分子應當從寬處理」的司法政策[6]。1956年2月20日至
3月7日，第三屆全國司法工作會議召開，明確提出：根據當前國家政
治形勢的變化和敵情的變化，今後對反革命分子應該實行寬一些的政
策，應該少捕一些，少殺一點，捕的必須是少數非捕不可的人，殺的
必須是極少數非殺不可的人；對於其他罪惡嚴重需要嚴懲的，判處長
期徒刑或較長期徒刑（這就是「少殺長判」的政策）。着重指出，在肅
反鬥爭中，必須把鋒芒主要指向一切現行反革命分子，並且應當依法
嚴懲。對於歷史反革命分子要根據具體情況區別對待。對那些在解放
後堅持反革命立場、繼續進行破壞活動的分子，或者在歷史上有嚴重
罪行民憤很大的分子，都應當依法懲辦；在歷史上雖有嚴重罪行，但
能自首徹底坦白的分子，應當從寬處理。經過寬大處理後又進行破壞
活動的，應依法嚴懲。在審判實踐中，要把反革命分子與只有一般政
治歷史問題的人區別開來；把特務分子與特務機關的勤雜人員區別開
來；把以反革命為目的蓄意造謠煽動與某些群眾因誤信而傳說反革命

5　最高人民法院刑事審判第二庭：《刑事申訴工作手冊》，1986年編印，第134頁。
6　最高人民法院刑事審判第二庭：《刑事申訴工作手冊》，1986年編印，第145頁。

謠言區別開來；把反革命造謠與某些群眾的落後言行區別開來[7]。1956年11月13日《關於切實做好鎮反檢查工作的通知》：「從目前檢查的情況來看，去年的鎮反工作取得的成績是很大的，被判刑的人犯的80%至90%以上處理得是正確的」；「所謂冤案，即冤枉了無辜的好人或者該人雖然有缺點、有錯誤但的確不是反革命分子的案件。對於這種案件，要認真檢查，及時平反，妥善處理。所謂錯案，即那些根據政策和法律不應該逮捕而逮捕了和判了刑的案件，例如本人有罪惡，但已經坦白交代或已經做過處理、以後沒有重新犯罪的案件；或者只有若干歷史罪惡並無現行破壞活動的起義人員，如果逮捕判了罪就算錯案，對於這種案件亦應認真糾正，妥善處理」；「『有反必肅、有錯必糾』的方針，必須正確地貫徹執行」[8]。

3.　再調為嚴

　　1958年6月23日至8月20日，最高法院和司法部聯合召開了第四次全國司法工作會議。這次會議上最高法院提出：目前，對反革命分子和各種破壞社會秩序的犯罪分子的鬥爭，仍是人民法院的首要任務[9]。提出：需要格外注意研究當前敵我鬥爭的形勢和政法工作的方針、政策和任務。根據堅決、徹底、乾淨、全部地消滅一切反革命分子的根本方針，應充分利用當前大好形勢和有利條件，在黨委領導下，與兄弟部門密切協作，繼續貫徹「三少」政策，以有力地打擊敵人的現行破壞活動，加緊社會改造和防範工作，把敵人搞得更少更弱，加速實現徹底肅清反革命的目的。審判工作要適應當前形勢，更好地為黨的中心工作服務，嚴厲懲辦帝國主義和蔣介石集團的間諜特務分子和其他現行反革命分子，打擊搶劫犯、盜竊犯、殺人放火犯、

7　參見何蘭階、魯明健主編：《當代中國的審判工作》（上、下冊），當代中國出版社，1993年12月第1版，上冊，第112、113頁。

8　最高人民法院刑事審判第二庭：《刑事申訴工作手冊》，1986年編印，第158–159頁。

9　參見〈堅決貫徹第四屆全國司法工作會議的精神〉，載《人民司法》，1958年第14期。

強姦犯、詐騙犯、流氓集團、重大的貪污犯和重大的黑市投機犯等活動」[10]。1962年10月31日至11月12日，第六次全國司法工作會議召開。通過了最高法院提出的《關於在當前對敵鬥爭中的審判工作的任務》《關於人民法院工作若干問題的規定》等文件，要求各級法院加強審判工作，「同一切進行現行破壞的反革命分子作嚴肅的鬥爭，適時有力地懲辦他們的破壞活動」[11]。

4. 又改為寬

1963年12月16日到31日，最高法院召開第一次全國刑事審判工作會議。會議的目的是總結刑事審判工作經驗，提高幹部對階級鬥爭的認識，明確當前工作任務。會議認為：法院幹部必須懂得階級鬥爭，而且還要會搞階級鬥爭。會議指出：目前，在中國社會上，還存在着嚴重的激烈的階級鬥爭，階級敵人還在千方百計地企圖復辟和進行階級報復，在這場複雜的階級鬥爭中，刑事審判工作必須一方面做好專門工作，以便及時正確地打擊敵人的現行破壞活動，確保社會治安；一方面必須與公安工作、檢察工作一道，貫徹執行中央提出的依靠群眾力量對敵人實行專政的方針。各級法院除執行上述對敵鬥爭的任務外，並且還必須及時地正確地處理人民內部的犯罪案件，以防止這些案件事態擴大和矛盾轉化[12]。1965年12月15日至1966年1月8日，最高法院召開的第七次全國司法會議，提出：（1）對現行破壞活動的四類分子都要少捕、矛盾不上交，對人民內部犯罪分子當然需要這樣做。（2）人民法院要緊緊跟上形勢，及時有力地打擊敵人的現行破壞活

10　〈第五次全國司法工作會議勝利結束研究討論了當前形勢和1960年司法工作方針〉，載《人民司法》，1960年第4期。

11　參見何蘭階、魯明健主編：《當代中國的審判工作》（上下冊），當代中國出版社，1993年12月第1版，上冊，第112、113頁。

12　〈把刑事審判工作提高到一個新的水平──記全國刑事審判工作會議〉，載《人民司法》，1964年第2期。

動，協同有關部門，搞好社會治安，做到既要捕判少，又要治安好。

（3）打擊現行犯罪，在任何時候，都是人民法院的首要任務【13】。

（二）有時偏執於「從重從嚴」

1978 年 10 月 20 日至 11 月 2 日，最高法院在上海召開第二次全國刑事審判工作會議，提出「我們一定要搞好刑事審判工作，有力地打擊敵人，懲罰犯罪，保護人民，促進安定團結，保障社會主義革命和社會主義建設的順利進行。這是我們的光榮職責」；「打擊反革命分子和其他重大刑事犯罪分子的破壞活動，是刑事審判工作的首要任務」；「重點打擊的對象是那些現行反革命分子，仇視社會主義、進行反攻倒算的地富反壞分子，叛國投敵分子，以及殺人放火犯、搶劫犯、強姦犯、貪污犯、盜竊犯、投機倒把犯、詐騙犯、流氓集團、打砸搶者和其他嚴重破壞社會秩序的壞分子。對帝修反和蔣幫特務間諜分子，必須堅決打擊」；「人民法院打擊反革命分子和其他刑事犯罪分子的破壞活動，一定要做到穩准狠以准為重點。審判刑事案件要做到正確、合法、及時。對重大的現行反革命分子和其他刑事犯罪分子必須及時懲辦。但是，及時要以正確、合法為前提。不強調正確、合法，只片面追求及時，不能保證辦案品質，達不到打擊敵人、懲罰犯罪的目的」；「殺人要准。殺人是人命關天的大事，一定要嚴肅負責，不得有絲毫的馬虎。應該經常向黨委彙報刑事審判工作情況，聽取黨委的指示。要嚴格執行黨委審批案件的制度。向黨委呈批案件，一定要把案件的全部事實、定案處刑的依據和各種處理意見如實彙報」【14】。

13　參見何蘭階、魯明健主編：《當代中國的審判工作》（上下冊），當代中國出版社，1993年12月第1版，上冊，第123-124頁。

14　參見曾漢周：〈在全國刑事審判工作會議上的講話〉（1978年10月21日），載《人民司法》，1978年第4期。

　　1981年11月9日至20日，最高法院在河北省石家莊市召開第三次全國刑事審判工作會議。總結人民法院執行刑法、刑事訴訟法的情況和經驗，佈置了今後刑事審判工作的任務。提出：要運用法律武器對反革命分子和嚴重危害社會秩序的現行刑事犯罪分子，進行堅決打擊和分化瓦解、防範制止，爭取全國社會治案情況進一步好轉，是當前和今後一個時期刑事審判工作的首要任務。對於極少數殺人、放火、搶劫、強姦、爆炸以及其他嚴重危害社會秩序的現行刑事犯罪分子，尤其是首要分子、慣犯、教唆犯，要繼續堅決依法從重從快懲處，對極少數罪大惡極的反革命分子和其他刑事犯罪分子，依法應當判處死刑的，必須堅決判處死刑，決不能手軟。依法從重從快懲處極少數殺人、放火、搶劫、強姦、爆炸和其他嚴重危害社會秩序的現行刑事犯罪分子。對這幾類案件的犯罪，要在法定量刑幅度之內從重處罰[15]。

　　1983年11月15日至21日，第九次全國法院工作會議在天津召開。會議的主要任務是討論研究嚴厲打擊刑事犯罪活動中審判工作的問題。要求奪取嚴厲打擊刑事犯罪活動的更大勝利。1984年7月16日至27日，第十次全國法院工作會議要求繼續深入開展嚴厲打擊嚴重刑事犯罪，為爭取社會治安的根本好轉而努力[16]。

　　1986年3月5日至10日最高法院在北京召開了第十二次全國法院工作會議。提出法院工作要突出「兩打」即：繼續堅定不移地嚴厲打擊嚴重危害社會治安的犯罪活動，堅決加強打擊嚴重破壞經濟的犯罪活動[17]。

　　1987年6月4日至13日，第十三次全國法院工作會議在北京召開。提出法院工作總的要求和努力方向應當是：各級法院必須樹立長期作戰的思想，繼續堅持執行對嚴重危害社會治安的犯罪分子依法從重從

15　參見曾漢周：〈在第三次全國刑事審判工作會議上的報告〉（1981年11月9日），載《人民司法》，1982年第1期。

16　參見：〈全國法院院長座談會在京召開〉載《人民司法》，1984年第9期。

17　參見：《中國法律年鑑》（1987），法律出版社，1987年11月第1版，第709-710頁。

快懲處的方針和對嚴重破壞經濟的犯罪分子依法從嚴懲處的方針，把「兩打」作為重要任務來抓，一點也不能放鬆【18】。

1990 年 1 月 4 日至 1 月 8 日，第十五次全國法院工作會議召開。會議要求：繼續堅決、慎重地審理好動亂和暴亂中的犯罪案件。繼續嚴厲打擊經濟領域裏的嚴重犯罪活動，對於貪污、受賄、走私、投機倒把、詐騙、偷稅抗稅等嚴重破壞經濟秩序的犯罪分子，堅持依法從嚴懲處的方針。嚴懲嚴重危害社會治安的犯罪分子，對重大盜竊、搶劫、殺人等嚴重刑事犯罪分子，堅持依法從重從快懲處的方針，配合有關部門適時開展專項鬥爭；及時審理好「六害」中的犯罪案件【19】。

1990 年 6 月 11 日至 13 日，最高法院召開了全國法院嚴厲打擊嚴重刑事犯罪工作會議。專門研究法院如何更好地貫徹落實關於從 5 月起集中開展一場嚴厲打擊嚴重刑事犯罪活動的鬥爭的「五·五」電話會議精神，把「嚴打」鬥爭推向前進【20】。

1992 年 12 月 21 日至 27 日，第十六次全國法院工作會議在北京舉行。對刑事審判工作部署：要繼續堅持「嚴打」鬥爭。堅決貫徹依法從重從快的方針，及時嚴懲各種嚴重危害社會治安的刑事犯罪分子，全面落實人民法院參與社會治安綜合治理的各項措施，促進社會治安的進一步好轉。深入開展嚴厲打擊嚴重經濟犯罪活動的鬥爭。繼續把懲治國家工作人員嚴重貪污、受賄等犯罪作為打擊的重點；堅持「一要堅決、二要慎重、務必搞准」的原則，嚴格區分在改革開放中由於缺乏經驗而出現的失誤同違法犯罪的界限【21】。

1995 年 12 月 19 日至 23 日，最高法院在北京召開了第十七次全國法院工作會議。部署了今後一個時期法院審判工作的主要任務，在堅持

18　參見：《中國法律年鑒》(1988)，法律出版社，1989年3月第1版，第704–705頁。

19　參見：《中國法律年鑒》(1991)，中國法律年鑒社出版，1991年10月第1版，第795頁。

20　參見：〈全國法院嚴厲打擊嚴重刑事犯罪工作會議〉，載1990年《人民法院年鑒》，人民法院出版社，1990年出版，第602–603頁。

21　參見：《中國法律年鑒》(1993)，中國法律年鑒社出版，1993年10月第1版，第88頁。

「嚴打」鬥爭，全力保障社會穩定方面，要嚴厲打擊嚴重危害國家安全和社會治安的犯罪活動，嚴厲打擊貪污、賄賂等犯罪活動，嚴厲打擊危害改革開放和破壞經濟秩序的犯罪活動[22]。

1997年9月1日至6日，第四次全國刑事審判工作會議召開，部署貫徹實施新修訂的刑法和刑事訴訟法，要求堅持「嚴打」方針，依法從重從快嚴厲打擊嚴重危害社會治安的刑事犯罪，依法從重從嚴打擊經濟犯罪，積極參與社會治安綜合治理。

經過十幾年的實踐，「嚴打」已經成為依法維護國家安全和社會穩定的有效形式，成為整個社會健康、有序運行的治安保障機制[23]。同時，實際中也出現越嚴越好、越嚴越有成就的偏向。

（三）有時偏執於「用刑寬緩」

2006年11月6日至8日，最高法院在北京召開了第五次全國刑事審判工作會議。提出，要牢固樹立符合刑事司法規律、適應國情的社會主義刑事司法理念，指導刑事審判工作。要堅持刑事審判工作的指導原則和基本要求：（1）堅持懲罰犯罪與保護人權並重；（2）堅持實體公正與程序公正統一；（3）堅持司法公正優先，兼顧訴訟效率；（4）堅持依法獨立審判，保證裁判公正；（5）堅持「事實清楚，證據確實充分」的裁判原則；（6）堅持罪責刑相適應，量刑適當。會議要求：第一，嚴格控制和慎重適用死刑，逐步把死刑案件的數量降下來；第二，嚴格按照法律程序辦案，確保死刑案件的審判品質；第三，充分保護被害人的訴訟權利，切實做好社會穩定工作。要求落實好死刑二審案件開庭審理工作，以配合2007年最高法院全面收回死刑覆核權。2007年1月1日起，最高法院收回下放26年的部分死刑案件核准權[24]。

---

22 參見任建新：〈全面推進各項審判工作，為實現「九五」計畫和2010年遠景目標提供有力的司法保障〉，載《人民司法》，1996年第2期。

23 參見：〈第四次全國刑事審判工作會議召開〉，載《最高人民法院公報》，1997年第9期。

24 參見：《中國法律年鑑》（2007），中國法律年鑑社出版，2007年8月第1版，第177頁。

2013 年 10 月 14 日至 15 日，第六次全國刑事審判工作會議召開，會議有三項內容值得關注：一是向全系統強化無罪推定、疑案從無、審判居中的法治原則；二是就死刑案件的審理和死刑適用問題統一認識，要求法院要把死刑案件辦成鐵案，不允許出現任何差錯，不允許錯殺一個人，要用最高、最嚴格的證據標準來要求死刑案件；三是下發《最高人民法院關於做好新時期人民法院刑事審判工作的意見》向法院系統徵求意見，這份文件順利通過，成為未來幾年法院刑事案件審判的最新依據[25]。自此，各地法院實際中出現「越寬越好」的傾向，一些司法主體甚至想方設法找理由、創造理由輕判、輕縱[26]。

二、民事司法標準偏執化的表現

（一）有時偏執於「重刑輕民」

1. 「廢除民事訴訟程序」

1950 年 7 月 26 日至 8 月 11 日，第一次全國司法會議，在人民司法機關的組織與制度上，會議認為：不但要徹底打碎過去國民黨政府的官僚機構，而且要廢除它所遺留的繁瑣、遲滯和擾民害民的訴訟程序。要建立便利人民、連絡人民、便於吸收廣大群眾參加活動的人民司法的組織和制度。法院不收訴訟費，各級法院設值日制或問事處，及時為群眾處理糾紛；為了聯繫與教育人民，實行公開審判制、旁聽發言制、陪審制、巡迴審判、就地審判、調解制度、法紀宣教制度以及在群眾中推行仲裁會、同志審判會等方式；民事政策，則是保障全體人民的合法利益的，不是只保護某一部分人民，而不保護另一部分人民的利益的，應該糾正一部分司法人員在執行民事政策時沒有正確保護

25　參見：〈第六次全國刑事審判工作會議在京召開〉，載《最高人民法院公報》，2013年第10期。

26　有的法院甚至用巨額公帑給予刑事被害人以司法救助，換得被害人出具對被告人的諒解書，從而製造出對被告人從輕處罰的情節依據。

訴訟當事人的具體合法利益所發生的某些偏差。同時要正確地執行審判工作中的民事政策。

2. 「撤銷民事審判庭」

從1958年起,各類民事案件全面地連年大幅度下降。原因是生產資料所有制的社會主義改造使得私有財產權大量減少,失去產生民事財產糾紛基礎,同時「大躍進」、「共產風」也不保護公民的財產等權益。司法主體普遍認為社會主義公有制確立以後,產生民事糾紛的經濟基礎日益縮小,民事審判工作的職能作用將越來越小。因而有些法院撤銷了民事審判庭,把民事案件交由法院接待室或人民調解委員會處理[27]。

3. 按「兩條道路鬥爭」處理民事糾紛

1966年至1976年,各級公安機關軍管會下屬的審判小組行使司法審判權,但軍管會只強調對敵專政職能,不管民事,形成了民事糾紛無人管的狀態。同時,在以「以階級鬥爭為綱」的左傾思想影響下,強調「鬥私批修」、「反對資產階級法權」、「割資本主義尾巴」,公民個人的權益合法性失去界限,無從得到保護。正常的婚姻糾紛、財產糾紛被當成「社會主義道路與資本主義道路的鬥爭」的反映,以至將民事糾

27　直到1963年7月10日至25日,第一次全國民事審判工作會議開始「糾偏」。會議討論通過了最高法院提出的《關於民事審判工作若干問題的意見(修正稿)》和《關於貫徹執行民事政策幾個問題的意見(修正稿)》。闡述了民事審判工作對維護社會主義所有制、鞏固集體經濟、保護公民合法權益的重要作用;指出堅決貫徹執行國家的政策和法律是做好民事審判工作的關鍵;提出「調查研究、就地解決、調解為主」的民事審判工作方針,必須加強人民法庭和人民調解委員會「兩道防線」的工作;要求各級人民法院必須認真貫徹執行人民法院組織法規定的審判制度和程序。分別對土地、山林、水利糾紛,房屋糾紛,債務糾紛,婚姻糾紛,繼承糾紛等類案件的處理,提出原則性意見。對離婚案件方面,提出了「三看一參」的離婚原則,即人民法院處理離婚案件,決定離與不離要從當事人的「婚姻基礎、婚後感情和離婚原因」,來查清夫妻關係是否還可以維持,其次要充分考慮子女的利益和社會的影響。文件還就重婚、買賣婚姻、保護軍婚和離婚案件中的財產、生活費處理等問題,提出了適用法律和政策的若干意見,這個文件對指導民事審判人員依法做好離婚案件的審判工作,起了積極的作用。參見何蘭階、魯明健主編:《當代中國的審判工作》(上下冊),當代中國出版社,1993年12月第1版,下冊第11-12,38頁。

紛都當成為政治問題去對待，幾乎不能成為案件進入司法審判過程之中[28]。實際中出現「重刑輕民」現象，將刑事司法當成司法活動的主要內容。

（二）有時偏執於「調解優先」

1. 提出調解優先要求

2007年「第七次全國民事審判工作會議」指出，當前和今後一個時期，人民法院民事審判工作的主要任務是：堅持以鄧小平理論和「三個代表」重要思想為指導，全面落實科學發展觀，緊緊圍繞「公正司法，一心為民」的指導方針和「公正與效率」工作主題，樹立科學的社會主義民事司法理念，努力建設公正高效權威的民事審判制度，不斷加強民事審判隊伍建設，按照「能調則調，當判則判，調判結合，案結事了」的要求，剛柔結合，充分發揮民事審判職能作用，維護好最廣大人民群眾的合法權益，為「十一五」規劃的實施和全面建成小康社會，為促進社會和諧穩定發展提供有力司法保障。民事審判工作必須做好「調判結合」，始終追求「案結事了」。2008年，最高人民法院確立「調解優先、調判結合」為一項司法工作原則；2009年全國法院調解工作經驗交流會總結和深化了對調解規律的認識。

2. 確立調解優先機制

2010年頒佈的《關於進一步貫徹「調解優先、調判結合」工作原則的若干意見》則將「調解優先、調判結合」工作原則明確化、具體化、規範化，力圖推進社會矛盾化解、社會管理創新、公正廉潔執法三項重點工作的開展。甚至認為：「調解是高品質審判，調解是高效益審判，調解能力是高水平司法能力」；要求切實轉變「重裁判、輕調解」的觀念，把調解作為處理案件的首要選擇，自覺主動地運用調解方式

28　參見何蘭階、魯明健主編：《當代中國的審判工作》（上下冊），當代中國出版社，1993年12月第1版，下冊，第12、14頁。

處理矛盾糾紛，把調解貫穿於立案、審判和執行的各個環節，貫穿於一審、二審、執行、再審、申訴、信訪的全過程，把調解主體從承辦法官延伸到合議庭所有成員、庭領導和院領導，把調解、和解和協調案件範圍從民事案件逐步擴展到行政案件、刑事自訴案件、輕微刑事案件、刑事附帶民事案件、國家賠償案件和執行案件，建立覆蓋全部審判執行領域的立體調解機制。要帶着對當事人的真摯感情，懷着為當事人解難題、辦實事的願望去做調解工作。要做到能調則調，不放過訴訟和訴訟前後各個階段出現的調解可能性，盡可能把握一切調解結案的機會[29]。這樣就人為地拔高了「調解優先」的地位，將原本的一項司法工作輔助原則提升為法律制度的主要原則，幾乎要用「調解優先」原則取代民訴法中的「自願、合法調解」原則，甚至要用調解取代裁判。

3. 興起調解優先競賽

在其後的幾年間全國各級法院興起了一場司法調解的大競賽，也引起一波司法調解的大波蕩。各級司法主體習慣於按照司法頂層的部署並沿着「更高、更大、更強、更好、更多、更加超越」的方向，層層加碼，提高指標。當頂層要提高調解率時，各省、各市就定下了實現法院民事案件調解率無限提高的指標要求[30]。在「重調輕判，調重於判，縱調壓判，褒調貶判」的大氣候下，司法人員人人搞調解，個個顯「神通」。有的法官為了調解一個案件，去給當事人當「媽媽法官」幫助照顧其家人；有的法官奔波周旋於各種部門、單位、企業、老總、

29　參見：《最高人民法院印發〈關於進一步貫徹「調解優先、調判結合」工作原則的若干意見〉的通知》，法發【2010】16號，發佈日期：2010年6月7日。

30　黑龍江省高院工作報告：2011年「全省法院以調解、撤訴方式結案91,520件，其中民商事一審案件調解撤訴率為81.9%」，2012年要求「堅持『調解優先』，推進大調解體系建設，全力化解社會矛盾」。載2012年01月18日09:43東北網：《2012年1月11日在黑龍江省第十一屆人民代表大會第七次會議上黑龍江省高級人民法院工作報告》。又如：江蘇省「2010年全省法院民事案件調解撤訴率達67.01%；2011年上半年，民事案件調解率達71.54%」。見：最高人民法院港澳台司法事國辦公室編：《現代司法制度下調解之應用——首屆海峽兩岸暨香港澳門司法高層論壇文集》，人民法院出版社，2012年3月第1版，第147頁。

局長、科長、股長之間，為當事人解決就業、就學、醫保、工傷保險等等問題；有的法官跑田頭、到農戶，或像社區大媽一樣自帶小板凳坐到樓道口去給當事人做思想工作；有的法官甚至不斷地從自己微薄的工資裏掏錢資助當事人【31】。「重調解輕判決」的後果，違反了法治精神和法治原則，與現行訴訟程序的相關法律規定背道而馳，導致強制性調解大行其道【32】。

（三）有時偏執於「大包大攬」

2015 年「第八次全國法院民事商事審判工作會議」，要求各級法院要充分發揮審判職能作用，服務好創新、協調、綠色、開放、共享發展理念。

一是要依法服務和保障創新發展。切實維護公平有序的市場競爭秩序，實行嚴格的智慧財產權司法保護，依法保障生產要素的優化配置，依法維護金融創新與安全，依法推進農業現代化。

二是要依法服務和保障協調發展。依法推動和服務區域、城鄉、物質文明和精神文明協調發展。

三是要依法服務和保障綠色發展。促進人與自然和諧共生，保障主體功能區建設，推動低碳迴圈發展以及資源的節約高效利用，加大環境治理力度，築牢生態安全屏障。

四是要依法服務和保障開放發展。依法服務和保障互利共贏開放戰略和海洋強國戰略的實施，依法加強涉港澳台智慧財產權和商事海事審判執行工作，維護國家主權、安全和發展利益。

五是要依法服務和保障共享發展。要依法推進家事審判方式改革，保障人民群眾的健康和財產安全，促進就業創業和教育公平，推動建立更加公平更可持續的社會保障。要求高度重視產權保護，充分

31　見中共中央政法委員會編著：《政法群英錄：陳燕萍——和諧執法的基層法官》，中國長安出版社，2011年7月第1版，第227-242頁。

32　肖建國：〈理性看待「調解優先、調判結合」〉，載：《鄭州大學學報》(哲學社會科學版)，2011年第06期。

落實《物權法》《合同法》《公司法》《證券法》《侵權責任法》等法律制度對產權的全面保護，在社會主義市場經濟運行中對產權人的所有權、智慧財產權、法人財產權、股權，以及具有各種產權性質的使用權、經營權等實行全面周密保護，服務和保障大眾創業、萬眾創新。但司法只是被動司法、坐堂問案、解決微觀個案糾紛，要完成如此宏大的任務、實現對各種產權的「全面周密保護」，實有很大困難。

三、行政司法標準偏執化的表現

（一）行政司法往往偏執於「穩定壓倒一切」

1999年「第三次全國法院行政審判工作會議」，要求「從維護公民權利、促進依法行政、維護社會穩定的高度認識行政訴訟。維護公民權利，從根本上說也是維護社會穩定的大局。影響穩定的因素中相當一部分是與政府行為有關的，如果不正確處理好這些人民內部矛盾，不依法維護公民的權利，不運用法律手段促進依法行政，就會影響社會的穩定。從社會穩定的大局出發，必須疏通行政訴訟渠道。對於涉及社會穩定的行政爭議，更應當依法及時受理，妥善解決。要根據國情以及案件的具體情況，研究辦案藝術，講究工作方法，採取靈活措施，實現辦案的法律效果、政治效果和社會效果的有機統一」。這些要求中，儘管提出了「維護公民權利、促進依法行政、維護社會穩定」三條標準，但其中「維護穩定」是壓倒一切的。所以，在行政審判的實際中，「維護社會穩定」成為第一標準，在這種導向下，使得公民權利的維護、促進依法行政效果很難體現。長期以來，公民起訴人的實際勝訴率始終在10%以下，正是這種偏執標準的必然反映。

（二）行政司法往往偏執於「門檻越低越好」

2003年「全國法院行政審判工作會議」，要求行政司法：認真履行憲法和法律賦予的司法審查職責，要充分發揮「官」、「民」矛盾「化解器」和「減壓閥」的作用，特別是通過審理各類群體性、集團性案件，

消除人民群眾與行政機關之間的對立情緒，增進人民群眾對政府的信任，密切幹群關係，減少不安定因素，維護社會穩定。強化保護弱者觀念。針對原告的法律知識相對薄弱，獲取法律幫助的能力較弱，在訴訟中需要加強對原告的訴訟指導，逐步推行庭前指導制度，加強對庭審程序問題的解釋說明，支持和實施法律援助。此後，由於行政訴訟收費標準極低，以及堅持嚴肅執法與熱情服務相統一要求，導致行政訴訟的濫訴和纏訴現象發生。

（三）行政司法往往偏執於「服從行政需要」

2007年「第五次全國行政審判工作會議」，要求法院：在行政審判工作中，堅決支持各級政府和相關行政部門打擊制裁土地違法行為、金融證券領域的違法違規行為、侵犯智慧財產權的違法行為、危害食品藥品安全的違法行為、破壞自然資源和環境保護的違法行為、損害農民合法權益的違法行為等專項執法活動；對於各級行政機關依法實施經濟調控、市場監管、公共服務、社會管理職能，要積極提供有效的司法保障；對於行政機關依法實施的行政管理活動及合法行政行為，要給予及時有力的支援；要依法正確受理和及時執行非訴行政執行案件，支持行政機關依法行政；要注意加強與行政機關的溝通和協調，對審理行政案件過程中發現的行政管理方面的問題，通過司法建議等方式向有關部門提出糾正意見。行政司法由此而完全顯示其對行政機關的極度配合和恭順的姿態。

司法標準偏執化對司法波蕩的拉動

一、司法標準偏執化決定司法波蕩的結果

雖然說司法目的附從化對於司法活動和司法行為具有根本的決定作用，但是每一個司法活動或具體司法行為實現司法目的結果到底如何，則並不是由司法目的本身直接決定的，而是由司法標準引領的。

或者說各個時期各種不一的司法目的，都是體現於司法活動標準而予以貫徹落實的。

司法活動作為一種國家活動，也要做到令行禁止，而決定其進退、行止的正是司法標準。司法標準是頂層司法主體貫徹司法目的而對全部司法活動進行總的控制和調節的工具。司法標準對於司法活動以及其中每一個司法行為都具有明確的定向作用，是左右和限制司法活動及司法行為的最為有形的「指揮棒」（baton）。越嚴格、繁雜的司法標準必然使司法主體越失去自由裁量的空間，司法活動越成為機械的行為動作，就越能夠取得司法目的所需要的效果。古人說的「取法於上，僅得為中，取法於中，故為其下」[33]，正是對行為標準與行為效果之間關係的描述。因此，確定司法標準時，總會定到最高、定到極致，以期獲得較高的效果。而最終的效果如何，當然取決於司法標準所確定的高度，哪怕受其他因素影響很大也不能因之否定司法標準對實際效果的決定性作用。而具有偏執化特點的司法標準，引導和指向了每一時間段的司法活動的興起、節奏、行程，也決定了每一次司法活動的成效、結果。可見，這種按照某一時局中心的需要而開展的司法活動，雖然根本上由司法目的附從化所決定，但實際上是由偏執化的司法標準「叫起」和「叫停」的，因為附從化的司法目的已經轉化成了司法頂層對各級司法主體的硬性要求即偏執化的司法標準了。各級司法主體可以並不明白和弄懂司法目的，但都必須嚴格執行司法標準。

二、司法標準偏執化決定司法波蕩的烈度

司法標準總是圍繞司法目的提出任務和要求，並予以強力推行實施。司法標準的實施調動了司法活動的力度和速度，使司法目的的實現狀態有了新表現。司法標準偏執化的狀態也決定了司法波蕩的前進

---

33 【唐】李世民《帝範·卷四》：「取法於上，僅得為中，取法於中，故為其下，自非上德不可效焉」。載：《官典》（全四冊），吉林人民出版社，1998年2月第1版，第一冊，第327頁。

力度和速度。最高司法主體在確定司法標準和佈置司法工作任務時，必須按照附從化的目的的要求，對時局中心的狂熱性作最充分地表達，以避「工作不力」之嫌。因此，出台的司法標準總是會加大力度、加大分量、加大動作幅度，當這種司法標準被貫徹執行的時候又會層層加碼，到達「審判一線」的時候必然地被推向極端的偏執。司法標準偏執化傾向，最終決定了每一輪司法波蕩的前進力度和速度，使每個波蕩從起始到高峰到下落都十分「深入扎實」。當然，這也就決定了案件的偏差程度、冤假錯案的數量及其慘烈程度。

三、司法標準偏執化決定司法波蕩的波幅

司法標準作為最高司法主體的層層下達、層層加碼的意志表達，對於整個社會全部司法活動的客觀狀況具有支配作用。全部司法活動正是按照司法標準的要求不斷實施從而形成了司法活動的實際狀況。對於司法波蕩來說，司法標準的直接作用就是決定或提高了每一輪司法波蕩的波幅。在司法標準偏執化的情況下，必然有力地推動波幅的高漲，提高了波峰的高度。司法標準偏執化以及不斷進行的糾偏動作，使司法活動在整體上不斷顛簸震盪，構成了不斷上下起伏的波蕩性狀，決定了司法波蕩結構形態。

第九章　　司法體制一長化

∽∾∽∾∽∾∽∾∽∾∽∾∽∾∽∾∽∾∽∾∽∾∽∾∽∾

司法體制的含義

一、司法體制的概念

　　理論上說的司法體制，往往是指由國家設定的有關司法的各種主要元素所構成的互相影響、互相作用、互相聯繫的整體狀態，也可以說司法體制就是司法權、司法主體、司法客體、司法資源等司法活動要素的配置方式。如認為：「司法體制主要指法院的地位作用及其與有關方面的縱橫關係問題」[1]。但是，司法活動要素的配置從來都是按照一定的司法目的和司法標準而在某些司法主體之間分解和配置的。因此，司法體制的定義應當是：國家按照一定的司法目的和司法標準在司法主體間分解和配置司法權與司法資源的方式和所形成的格局。簡言之，司法體制就是司法權在司法主體間的配置方式。這種配置方式也可以表明司法權配置方式與其他國家權力配置方式之間此消彼長的關係。實際上司法體制是政治體制的組成部分，也是政治體制下位的具體制度。即：政治體制確定司法權整體上交由哪些專門機關行使、交多少給專門機關行使，這一部分屬於政治體制的內容，也可以說是司法主體外部的體制；同時，司法體制還包括專門機關對被賦予的司法權如何再行分配以及怎樣行使的內容，這一部分也可以說是司法主體內部的體制。

1　熊先覺：《司法制度與司法改革》，中國法制出版社，2007年7月第3版，第376頁。

　　實際上，各國現實的司法體制與憲法法律規定和描述的司法體制往往都不是一回事，都有着巨大差異。司法體制也未必完全符合政治制度的要求，因為政治的理想性在制度描繪中雖然可以得到充分展現，但在現實中形成的司法體制總是難以跟上政治理想的高度，也經常跟不上政治理想的多變與發展的速度。所以，司法體制更宜理解為一個國家社會在法律制度、政治制度所作出規定的基礎上，同時融入了很多歷史的、人文的、習慣的、潛規則的因素，再經過實際實施中的細微調整，從而實際形成的事實上的司法權、司法主體、司法客體、司法資源等各司法要素之間的必然的結構狀態。人們能看到的正是這種現實的、真實的、實在的司法體制。

　　綜上可見，司法體制是一個國家司法機構的設置、各司法主體的設定、各司法主體的權限的劃分與分配、各司法主體實施司法行為的方式與效力的設定等，所形成的制度體系。有的國家設置的司法機構和設定的司法主體比較單一，有的國家司法主體設定得比較多元；有的國家對司法主體賦予的司法權比較單純，有的國家對司法主體賦予的司法主體不僅包括司法權也包括一些行政權、立法權。這樣就構成了各個不同國家之間，以及同一國家的不同時期之中司法體制的多樣化。同時，每一種類的司法體制如果與其司法實際需要不相適應時，都必然存在的改革完善的任務。

　　中國的司法體制，經歷過「軍管會」行使審判權的體制，經歷過無「政法委員會」統管的體制，經歷過有「政法委員會」統管的體制，等等。目前，中國實際存在司法體制，一般被認為是：由各級法院、各級檢察機關、各級行使司法職能的行政機關（公安、司法、監獄）為專門司法主體，同時有政法委員會作為司法領導主體，有各級人民代表大會、各社會團體、各社會組織及全體人民作為司法監督主體，有各級政協、各級政府及各種行政機關予以支持協助管理監督的，司法權各要素相互聯繫、相互作用、相互影響的司法體制。這是一種多主體

系統、多規範體系混合運行的司法權配置方式[2]。但這種司法體制的中心部分，仍然是「人民法院獨立行使審判權」，這是中國憲法的明確規定。

二、司法體制的構成

（一）司法主體

司法主體（subject）[3]，是指司法權的行使主體，即司法權的被授予者。按照中國憲法的規定：「中華人民共和國一切權力屬於人民」，司法權的根本歸屬當然是屬於人民，但是，司法權的行使不可能由任意一個人民成員來行使，也不可能由億萬人民集體來行使，而必須由人民授權給專門的主體來行使。既然司法權被定義為國家裁斷權，那麼，行使這種權力的總的主體當然就是國家。但國家是一個抽象的存在，還需要有實際的專門的組織機構及其工作人員作為物質主體，才能使司法權真正得到行使。這種實際的專門行使司法權的組織主體，正是需要加以界定和研究的司法主體。因此，司法主體的定義應當是：國家設立的開展司法活動、實施司法行為以行使司法權的專門組織機構及其專門工作人員。

如果採用「司法活動是法院審判活動」的觀點，那麼司法機關就是法院，司法主體主要就是法院。

2　這種司法體制在中國各地法院工作報告的開篇詞句中都有表達。如：廣西自治區高級人民法院院長黃克《廣西壯族自治區高級人民法院工作報告──2017年1月15日在廣西壯族自治區第十二屆人民代表大會第六次會議上》：「2016年，自治區高級人民法院在自治區黨委正確領導、最高人民法院悉心指導、自治區人大及其常委會有力監督、自治區政府、政協及社會各界大力支持下……」；又如：東莞市中級人民法院院長王海清《東莞市中級人民法院工作報告──2017年1月11日在東莞市第十六屆人民代表大會第一次會議上》：「2012年以來，在市委領導和上級法院指導、市人大監督、市政府、市政協及社會各界的大力支持下，全市法院依法履行職責，全面加強審判執行工作，扎實推進司法體制改革，狠抓班子隊伍建設，各項工作都取得了新發展、新成效，為維護全市社會穩定、促進經濟發展提供了應有的司法保障。」

3　「主體」，日源詞，指實踐活動和認識活動的承擔者。參見劉正埮等編：《漢語外來詞詞典》，商務印書館（香港），1985年5月第1版，第408頁。

　　但是，即便將法院認定為唯一的司法主體，也還不能準確反映司法主體的面貌。因為只要簡單地分析一下就可以看到，法院作為司法主體還可以分為三個層面：

　　第一，司法機關整體。每一個司法機關作為一個社會中的國家機關，是能夠以自己的名義獨立對外開展活動的主體。顯然，各級法院機關都是司法主體，一個法院就是一個司法主體。在中國，憲法、法律明文規定：「人民法院獨立行使審判權」，明確將法院機關作為司法主體。

　　第二，內部司法組織。每個法院，都有從事司法工作的內部組織或稱內設機構，法院的司法活動實際是由這些司法組織來實施的，這些司法組織均依據法律規定而設置，也可以認定為司法主體。中國法院內部有：合議庭、立案庭、執行庭、民事審判庭、行政審判庭、刑事審判庭、審判監督庭、審判委員會等，有關法律也明確賦予這些司法組織以司法職權。

　　第三，內部司法人員。這是組成司法機關和司法組織的最小的單元。在中國較長時間中，法律規定的法院內部司法人員，包括：院長、副院長、審判委員會委員、庭長、副庭長、審判員、助理審判員、書記員、法警、執行員等。這些司法人員都能面對案件當事人開展司法活動、實施司法行為，都是司法主體。比較晚近的年代，中國提出了法官、書記官的稱謂，是與「人員」之稱謂同時使用的。新近又出現了「法官助理」[4]、「司法輔助人員」[5]、「司法雇員」[6]的稱謂。這些司法人員有時會直接以個人的名義從事司法活動，如：法院判決書必須署審判長、審判員、書記員個人姓名，最高法院院長以個人名義簽發死刑執行命令，等等。所以，應當將司法人員作為一種

4　李世星：《簡論中國法官助理制度的構建》，載2008-05-20 14:22:51中國法院網。

5　最高人民法院司法改革領導小組辦公室編寫：《〈最高人民法院關於全面深化人民法院改革的意見〉讀本》，人民出版社，2015年4月出版，第258頁。

6　見：《江蘇推動法官薪酬制度改革明確書記員作為司法雇員》，載2017年02月08日19:09鳳凰江蘇。

司法主體來對待和加以研究。不可否認的事實是,無論司法機關還是司法組織,其實都是由司法人員組成的。

司法活動的最終實施主體是從事司法工作的人員。司法活動雖然是以司法機關或法律授權的司法組織的名義實施的,但實際上,是由法律授權代表司法主體的人員完成的。換言之,雖然在法律上將本來只能由自然人才能作出的司法行為 「移位」到「擬制人」──法院的身上,但將「擬制人」的「應然行為」轉化為「已然行為」時還必須重新移位到「自然人」──司法人員身上。適用法律是司法人員的腦力勞動過程,沒有司法人員,不僅不可能適用法律而且司法機關也不可能存在。因此,司法主體最終只能是司法人員。

(二) 司法客體

司法的直接客體是法律。客體,哲學上指主體以外的客觀事物,是主體認識和實踐的對象。在法學上經常將客體用作主體的權利和義務所指向的對象,包括事物、行為等。司法活動是法律實施中的一個環節,即在法律不能被人們自覺遵守或實施中產生爭議而無法實施下去的時候,以司法活動幫助法律實施下去的過程。這個過程亦被稱為法律適用,其內容與法律實施是相通的,即將法律的規定和要求貫徹到人們的行為中去,將人們的行為控制得如同法律規範所要求的那樣、將社會秩序控制得如同法律規範所規定的那樣、將社會關係控制得如同法律規範所設想的那樣。因此,全部司法活動可以說是對法律本身的一種服務。司法不僅有執掌和掌管法律的意義,而且「司」也可以通「伺」,為守候、服務之義[7],司法就是「伺服法律」。因此,整體上的司法活動的客體,或者說司法活動服務的指向,只能是法律本身。

司法的間接客體是案件。有人認為司法客體就是訴訟案件[8]。案件是司法對象,是具體的司法活動和司法行為所直接作用的對象。確

7　見:《辭海》(1989年版縮印本),上海辭書出版社,1990年12月第1版,第119頁。

8　熊先覺:《司法學》,法律出版社,2008年6月第1版,第233頁。

實，司法對象直觀地看就是案件。第一類是刑事案件。刑事案件，是公安機關、檢察機關、國家安全機關刑事偵查行為的作用對象，也是檢察機關刑事公訴行為的作用對象，還是法院刑事審判行為的作用對象，最後是監獄執行行為的作用對象、是司法行政機關社區矯正評估行為的作用對象。刑事案件所承載的國家公權力行為極為廣泛，是所有廣義的司法主體的行為的客體。第二類是民事案件。民事案件主要是法院民事審判行為的作用對象。民事案件，儘管被進一步劃分為普通民事案件、商事案件、智慧財產權案件等等，總體仍為民事案件。第三類是行政訴訟案件，主要是法院行政審判行為的作用對象。作為司法行為作用對象的各種案件，也有其內在結構，主要有：被告人、公訴人、辯護人、原告、被告、第三人、證人、鑒定人等人物要素；書證、物證、視聽證據等材料要素；案件事實、爭議事項、訴訟請求等核心要素。案件作為司法對象，是不以司法主體意志為轉移而不斷地發生的。理論上講，除了冤假錯案或其他誤訴、誤立、誤判的案件，多數的案件都是社會生活中客觀發生的、由人們的思想意識的衝突而導致的社會行為的衝撞，是社會關係正常發展的阻滯點。司法活動是通過對案件的直接處理，疏通法律暢行的阻滯點，從而使法律調整社會關係的作用得到體現。

　　司法的終端客體是當事人。每一個司法活動無論做多少事前功課，最終要面對的對象還是「訴訟當事人」。有一種觀點將「訴訟當事人」劃為司法主體【9】，這需要推敲。因為司法主體與參與司法活動的人是不能畫等號的。司法活動就是針對一些參與司法活動的人而開展的國家活動，如果將參與司法活動的人，無論其是行使國家司法權的主體還是被行使司法權的主體都劃為司法主體，那司法對象或客體就與主體必然地混合了，「官司」【10】還怎麼打呢？這就猶如醫療活動中

9　熊先覺：《司法學》，法律出版社，2008年6月第1版，第92頁。

10　「打官司」，即訴訟。見《辭海》（1989年版縮印本），上海辭書出版社，1990年12月第1版，第1143頁。

不能將就醫病人也當成醫務人員一樣。其實,「訴訟當事人」只能是訴訟的主體,而不是司法權行使的主體,並恰恰是司法權行使所作用的終端的對象。「訴訟當事人」作為司法的終端對象,就是司法主體的司法行為所最終施加影響的對象。

司法客體是法律本身,司執好法律是為了辦好案件,辦好案件是為了維護社會正義,維護社會正義是為了解決當事人的問題實現社會和諧穩定與人類共同生存。但是,司法客體的這種連鎖效應並不能隨意超越。司法是將法律司執好了,依靠法律的力量去處理案件;案件處理好了,才能體現對社會正義的維護;社會正義得到維護、解放了當事人的主觀能動性,才能由當事人發揮主觀能動性而去解決自身社會生活問題。如果要司法直接去解決全部社會糾紛,那是司法不可能完成的任務;如果要司法拿錢救濟、花錢買安、實施分配正義,那是司法難以為繼的無米之炊;如果要司法直接實現每個當事人的生活幸福問題,那是司法不能承受的撲焦救爛之重;如果要司法直接去搞和諧社會建設的各項具體工程,那是司法活動客體上的完全偏離。這就如同養馬人就是養馬,馬養好了是給將軍騎乘,將軍騎馬是為了征戰沙場,征戰沙場是為了立國為君,但養馬人只能養馬,只應把馬養好,而不能自行騎馬征戰,立國為君!

(三) 司法授權

司法授權。即國家將司法權所授予的行使主體的範圍,以及授權方式、授權的份量、授權的邊界、所授權力的進一步分解、所授權力的行使方式及限制性要求等規定。司法授權是司法主體的行為內容和行為規範,也是全部司法活動的實際內容和不可突破的界限。司法授權是司法體制的活的靈魂和精神實質,是司法體制中的決定因素。

1. 司法授權決定司法權的邊界範圍

司法授權決定司法權的邊界範圍。司法權是否真正成為第三方權並專門行使處理和解決社會矛盾爭議關係的居中裁斷權,或者還包

含對公權力的制約權,由什麼決定呢?決定因素就在於司法授權。有的司法授權下,司法權與立法權、行政權切割得較為清楚;有的司法授權下,司法權與立法權、行政權並不分割;有的司法授權下,司法權與行政權混同,不具有中立第三方居中裁判的地位,只是徒有其名的司法權。到底司法權對哪些社會糾紛有權進行判斷和處置?對哪些情況可以開展司法活動和實施司法行為?這就是司法權的邊界問題。由於國家社會中全部糾紛主體不僅有民眾,也有各種社會組織、行使國家權力的各種社會治理機構、最高國家權力機構等,這些林林總總的主體相互之間,都可能發生糾紛,都需要國家裁斷,因此世界上邊界最廣的司法權,就是能夠裁斷社會中一切主體之間糾紛的司法權。這也就是說,最大授權、邊界最廣的司法權,可以裁斷普通社會成員之間的糾紛,也可以裁斷國家權力機構與民眾之間的爭議,還可以裁斷國家權力機構之間的紛爭。甚至在最高國家權力機構多極化的情況下,各最高國家權力機構之間的權力之爭,也需要由司法權來判斷和處置。因此,最大授權、邊界範圍最廣泛的司法權是不應當受到司法機關以外的其他國家權力機構的約束和控制的。這種邊界範圍最廣泛的司法權,是最典型的授權最完整的司法權,它天然地具有這樣的屬性:它是國家權力整體的重要組成部分,同時,它又必然地從國家權力整體中分立出來,並制約國家權力的其他部分。

　　然而,不同國家或同一國家不同時期,司法權授權範圍是不一樣的。從司法案件處理的實際情況看,總有很多司法的禁區:有的紛爭的主體不可能被採取司法行為,如取得獨裁地位的統治集團;有的紛爭內容不可能被允許作為司法行為處理的對象,如執政主體內部派別紛爭。此外,一些國家社會還會有大量的至關重要的案件並不能進入司法程序,其中甚至包括剝奪人身自由和生命的刑罰在很多時候也可能不經審判、拋開司法權而被應用,如政治監禁、政治暗殺。如果說,司法權是從整體的國家公權力中切割出來的一塊,切割分離的分量大小與多少,就構成了司法權的邊界範圍。毫無疑問,這個邊界範圍問題是由司法體制固定和表達的。不同的司法體制之下,司法權就

具有不同的邊界範圍；或者説司法權不同的邊界範圍也就反映了司法體制的不同類型。

2. 司法授權決定司法主體的設置方式

司法授權要解決司法權由誰行使和如何行使的問題。包括：是簡單地如君主命令權一樣地行使還是複雜地以抗辯訴訟的方式行使？是與立法、行政等權力行使主體混合行使還是由分立的專門機關行使？是由一個國家機關獨立行使還是由多個機關相互配合着行使？是由眾多法官來分別獨立行使還是實際由法院院長或首席法官一個人來集中統一行使？等等。這些問題都是司法體制所要回答的基本問題。這些問題的回答，無非是為司法權的順暢運行而尋找和設定一些適當的主體，無非是將司法權在這些主體之間進行一些合理的配置，無非是為了保障司法權在司法主體那裏得到較好的行使而為司法主體配置必要的資源。

司法授權決定司法主體是單一司法主體或多元司法主體。司法主體一般情況下是被憲法法律明確授予行使司法行為權力的專門國家機關及其工作人員。但是，這樣的專門機關有時被理解為某一個機關，有時被理解為是某幾個機關。在中國，總有一些並非憲法法律明確授權但未被禁止而實際行使某些司法權的主體存在，如人大代表可以對案件審判進行監督、關注，並直接提出如何辦理的要求；也有因憲法法律授權給了非專門的多種機關行使，使這些機關都成了不相隸屬的司法主體，如檢察機關、公安機關、司法行政機關。所以，中國司法主體實際上往往是由實施司法行為的專門和非專門的機關與人員所共同組成的多元司法主體。

司法授權決定單一司法主體的權限。單一司法主體是讓司法權專屬於法院行使，這是世界上最為通行的司法授權。這裏的法院所屬之權還不僅僅是審判權，實際包括以下權能：一是對於訴訟案件的審理裁判權；二是對刑事審判前置程序的引導制約和監督權，包括對偵查活動、起訴活動、律師代理辯護活動的引導權，至於偵查行為、檢察行為、律師的職務行為，都可以視為對法院司法活動的配合行為，

或者是司法客體行為；三是對民事審判前置程序的主導和判斷權；四是對生效裁判文書的執行權。如果這樣將各上述權能加以歸結的話就可以將法院之權稱為司法權，也相應地可以將法院稱為專門的司法機關。在這樣的司法授權之下，司法權可以說是法院之權。當然，這些都要由司法授權來進行確定。

司法授權決定多元司法主體的權力劃分。司法授權問題總是與司法主體的職權劃分及其相互關係的問題相關聯。

3. 司法授權決定司法制度的整體形態

司法授權決定司法體制狀態，並通過司法體制決定整個司法制度體系的形態。雖然司法體制是司法制度的組成部分，但由於司法體制是對司法權的分解和配置，關係到司法活動主體的劃定、劃分、組成、組建、職權範圍的確定，因而也是司法制度的主幹和基礎，是構成司法制度的最重要的第一層次的內容，主導着司法制度的性質與特徵，決定了整體司法制度的整個體系。更重要的是，司法目的也是通過司法體制來實現的。司法目的是一種抽象的意識形態的東西，其發揮作用必須通過物質的手段。司法體制正是司法目的得以實現的手段。建造或選擇什麼樣的司法體制，最終取決於什麼樣的司法目的；現實的司法體制必須與實際的司法目的的需要相適應，當司法目的發生改變的時候，司法體制也必然要被改變；同時，司法目的又是通過司法體制來展現的，因為口頭或書面所標榜的司法目的並不等於實際的司法活動所追求的真實的司法目的，司法體制施行下的司法活動所體現的真實司法目的才是真正的司法目的。另一方面，司法標準也是依託司法體制而存在的，本身就是對司法體制施行的要求和衡量檢驗的標準，因此，司法體制的施行也實際顯示了一個時期的真實的司法標準。

司法授權對司法制度整體形態的決定作用還表現在以下方面：

(1) 司法授權決定司法程序狀態。

司法程序，是指司法機關、司法人員等司法主體辦理各類訴訟案件應當遵守的法定方式、順序、步驟。按照案件類型的不同，司法程序分為刑事司法程序、民事司法程序和行政司法程序三種。刑事司法

程序是司法機關和司法人員辦理刑事案件過程中應當遵守的程序，包括立案、偵查起訴、審判和執行程序，並且有一審程序、二審程序、死刑覆核程序和審判監督程序。民事司法程序、行政司法程序是司法機關和司法人員在辦理民事案件、行政案件過程中應當遵守的程序，包括一、二審程序、審判監督程序和執行程序。司法程序主要是司法權運行中司法行為方式的規則。司法程序是司法制度的重要組成部分，同時也是全部司法活動得以順利進行的基礎與保障。司法程序與司法體制的區別在於：一是法律淵源不同。司法體制屬於「組織法」的範圍，而司法程序屬於程序法的範圍。二是主要內容不同，司法體制是有關司法機關等主體的設置、職權劃分，以及領導、監督、管理方面的規則體系所形成的司法權存在形態，而司法程序是司法主體進行司法活動即辦理具體案件所應當遵守的方式和步驟的總稱；司法程序是對司法體制的在具體案件辦理過程中的運用，並使司法體制以不斷重複出現的形式存在並發揮規制司法活動的作用，因此，司法程序的設定和運用從來都是服從於司法體制的要求的，司法程序不可以與司法體制相衝突。三是規制的對象不同，司法體制規制的對象是司法機關、司法人員和與其有關的其他國家機關和國家工作人員，而司法程序是應用於具體案件之中的，是辦理具體案件時應遵守的規則，不僅司法機關和司法人員要遵守，而且訴訟參與人，包括當事人、證人、鑒定人、辯護人、訴訟代理人等，也要遵守。至於有權任免法官等司法主體的國家權力機關和為司法機關提供經費保障的行政機關，則無須遵守司法程序。這說明司法程序的設定根本還是對司法授權及其運行的具體安排。

(2) **司法授權決定司法機制的品種。**

機制一詞，在英語、日語裏沒有對應的詞。現代漢語中，機制一詞起源於自然科學，指機器的構造和工作原理或指有機體的構造、功能及其相互關係[11]，後泛指一個系統的結構、規律，近義詞為機

11　參見張海鵬、臧宏、時惠榮主編：《當代社會科學大詞典》，南京大學出版社，1995年7月出版，第939頁，「政治機制」條。

理[12]。司法工作機制也是新近出現的概念，尚沒有統一的定義。從實際使用的情況看，如：「構建陽光司法機制」[13]、「健全監督機制維護司法公正」[14]等等，可以判斷，司法工作機制是指某項司法工作的結構、功能和相互關係，更側重於指司法工作的具體方式方法。司法工作機制是司法制度體系的組成部分，司法工作機制對於司法活動具有重要規製作用。雖然司法制度總體上具有書面設計的特徵，但是，其中的司法工作機制的內容，往往有很多成分並不在司法制度的書面設計內容之中。司法工作機制相對於司法制度的書面設計特徵而言存在着靈活性、創新性、探索性、實驗性的特徵，這是司法制度書面設計付諸實施、應用於實踐所必然呈現的狀況，是對於司法制度書面設計的重要補充和具體化，並成為司法制度不可缺少的重要組成部分。但是，司法工作機制的產生與形成更多地依賴於司法體制，是一定的司法體制積極運作的結果。相對來看，司法體制是一種處於靜態的制度形式即司法機關等司法主體的組織體系或組織架構，司法體制事關司法主體的設置和權力來源的合法性，而司法工作機制只涉及規制司法專門機關內部具體要素之間的工作配合、協作、監督、制約等具體關係，有時涉及規制司法專門機關與外部相關工作機構的配合、協調關係。司法工作機制往往是司法體制不變的情況下，實施司法活動的靈活的活化的工作方式。司法工作機制相對於司法體制來說，基本處於細枝末節的地位，卻如末梢神經般地能直接促進和保證司法活動順利開展，並往往能直接阻止或扭轉司法活動的進展，對於司法活動運行狀態具有直接的形成作用。可以説，司法工作機制是解決司法活動和司法行為的細節問題的規則[15]。但事實上，每一項司法工作機制的產生，都是為了對應不變的司法體制在多變的社會現實中的施行而即

12　張俊宏主編：《多功能現代漢語辭海》，吉林大學出版社，2003年1月第1版，第882頁。

13　參見：《檢察日報》，2015年11月14日。

14　參見：《天津日報》，2005年11月30日。

15　譚世貴教授認為，司法體制、司法程序、司法工作機制都是司法制度的屬概念。參見譚世貴：〈中國司法體制若干問題研究〉，載《法治研究》，2011年第3期。

時創造、新鮮出爐的工作方式。司法體制經常以工作要求和下達任務的形式逼迫新鮮的司法工作機制不斷創造、形成和改進。因為司法體制直接反映司法的目的，而一切司法工作機制都不過是為了更好地實現司法目的而採取的具體措施，必然要服從司法體制的要求。關於司法體制與司法工作機制的關係，可以看到的現實表現是：對於司法體制進行改革必須修改法律，而司法工作機制改革或創新不需要修改法律，只需要由司法機關以文件的方式制定、下發改革方案，甚至以下發通知的方式，進行部署即可。這就是説，一切司法機制不過是對司法授權作出的機動的運行方式的設計。

(3) **司法授權決定司法資源的配置狀況。**

對司法權運行中所需要的人、財、物以及資訊等資源的配置問題，也是相當重要的問題。沒有資源配置，司法權只是空虛的沒有實際意義的書面構想。有的司法體制下，國家對司法資源的配置是盡其所能的、充足的；有的司法體制下，對於司法資源的配置是限制較多的。不同的司法授權下，所得到的司法資源的配置也是不同的，並因此而決定了司法權的運行質效。

三、司法體制的類型

(一) 司法主體外部體制的類型

1. 從屬式司法體制

從屬式司法體制，即在一個國家中只存在着一個高度集中的中央政權的行使主體，全部國家權力包括立法、行政、司法、軍事、外交、財政等一切權力都由這個最高權力主體集中掌握行使。最高權力主體逐級將權力分層分解給各級地方，從而在國家範圍內形成唯一一座權力主體的金字塔；最高權力主體直接行使最高司法權，在必要時也可以設立專門的司法機關協助或受委託行使最高司法權；在其下的各級集中權力主體也分別直接行使司法權，並且也設立司法機構代其

行使部分司法權，這種司法權力配置方式可稱之為從屬式司法體制。從屬式司法體制為世界各國古老的君主體制所採用。在中國幾千年的古代社會，最高司法權正是這樣從屬並集中在皇帝手中，作為「操諸君上」[16]之權。皇帝在具體行使司法權時，也會分解委託部分或全部司法權給予大理寺、刑部等專門機構，但司法權的最高行使者始終是皇帝。各級地方官府行使司法權時，則是「行政司法不分」的。中國憲法法律規定人民代表大會為國家權力機關，各級司法機關從屬於人民代表大會，中國設定的司法體制，也是這種從屬式司法體制。

2.　獨立式司法體制

司法權與立法權、行政權分立的司法體制，可以稱之為獨立式司法體制。即將司法權與行政權、立法權分離開，各自獨立，並且各自都成為國家權力系統，相互無統轄關係，並不共同隸屬於一個具有統轄權的權力主體。司法權的最高行使主體與其他國家權力的最高行使主體是相互並列平等的關係。司法、行政、立法三權的最高行使主體平等共同地分治國家，同時相互制約、形成平衡。在憲政國家，實行這種司法獨立、三權分立、權力制衡的體制。

3.　單列式司法體制

司法權由專門的司法機關體系獨立行使的司法體制，可以稱之為單列式司法體制。即司法權是「中央事權」，由國家最高權力主體授予專門機關行使。司法權的行使只服從最高權力主體的要求，不受其他層級的任何權力主體的控制，除最高權力主體外，其他任何組織、機構和個人不得干預司法。其含義是：(1) 承認統一的最高權力主體的存在，承認國家權力的統一完整性，承認司法權最終服從於最高權力主

16　1908年《欽定憲法大綱》第10條規定：「司法之權，操諸君上，審判官本由君上委任，代行司法，不以詔令隨時更改者，案件關係至重，故必以已經欽定為准，免涉分歧」。載：《中國法制史參考資料彙編》(第二輯)，西南政法學院法制史教研室，1979年5月編印，第12頁。

體的統一管轄;(2)國家最高權力主體要充分放權,將實施司法活動的一切權力賦予專門的司法機關;(3)司法權行使的保障部門,必須充分滿足司法活動的需要,保障部門不是司法機關的領導機關、控制管理機關和監督制約部門,而是配合、服務、服從的機構;(4)司法機關只服從國家最高權力主體的管轄,而不能分級服從最高權力主體的下級組織機構和分支機搆的管轄。

(二)司法主體內部體制的類型

1. 法官完全獨立行使審判權的體制

即法院中參與案件審判的法官完全按照自己對事實的瞭解和對法律的理解以及自己良知良心而對案件的處理作出裁斷,並且這種裁斷意見除了票決之外,不被任何別人的意見所改變。屬於英美法系的法域多採用這種法院體制。如:香港法制上,一件案件分派予某一法官,即由該法官全權處理,直至審理完結。法官處理某一案件時,不須服從任何人的指示,只需服從法律。行政官員固然不能下令法官如何處理案件,高級的法官也不能就個別案件,指使下級法官如何判決,否則高官的親友便可不受法律制裁。所以,主審法官決定將案件撤銷、押後,或是對當事人作出什麼判決,以至下達任何命令,只要符合法律,對所有人都有約束力。唯一可以推翻或更改法官判決或命令的方法,便是循法律途徑向上級法院上訴,由上級法官開庭研究原審的判決或命令是否合乎法律。任何階位的法官的決定,都不能藉投訴途徑獲得否定,而必須循法律程序上訴。當事人發覺法官所持觀點對其不利時,也不能要求更換法官。法官有權即處罰任何藐視法庭的行為人,包括在法庭內吵鬧、恐嚇、侮辱、暴力對待法官、法庭職員、對方當事人及任何證人的行為,以及案件審理期間於法庭之外在報刊發表言論論說誰是誰非、請求政府行政官員或議員質詢案件情

況、當事人私自向主審法官投函等。報刊、政府官員、議員、當事人藐視法庭，均可被法官下令帶上法庭治罪[17]。

2.　法官相對獨立行使審判權的體制

即法院中參與案件審判的法官雖然能夠獨立行使審判權，但受一定程度的限制。屬於大陸法系的法域多採用這種法院體制。如台灣：其法院大多數案件採取合議制的形式。合議庭由審判長、受命法官（主審法官）、陪席法官組成。有庭長參加的由庭長充審判長；無庭長或庭長因故不能參加時，以庭員中資深者充之，資同以年長者充之。合議庭評議以審判長為主席，法官應各陳述意見，其次序以資淺者為先，資同者以年少者為先，遞至審判長為終，各法官之意見應記載於評議簿。在1955年至1996年1月之間，台灣法院實行送閱制。即合議審判的案件以及實任法官、試屬法官獨任審判製作的裁判書原本，須送庭長、院長審閱。1996年1月廢止了這一制度。但目前對民事案件支付令、公示催告、本票強制執行及拍賣抵押物四種裁定，仍送庭長審閱；地方法院候補法官獨任審判製作的裁判書原本，應於宣示後法定交付裁判原本期間內，連同卷證，送庭長、院長審閱。可見，台灣的合議庭的獨立審判也受到庭長、院長的限制，是一種相對的獨立行使審判權的內部體制。或者說，其法院內部行使審判權是法官合議制與庭院長「二元制」[18]。

3.　法院院長集中行使審判權的體制

在這樣的體制中，只有法院院長一個人才能行使審判權，而普通法官和司法人員都不能獨立行使審判權。法官等司法人員只有在院長授權委託下才能實施一些司法行為，並最終要得到院長的批准或同

17　參見李宗鍔法官主編：《香港日用法律大全》（*Everyday Law Compendium for Hong Kong*），商務印書館（香港）有限公司，1995年7月第1版，第（一）冊，第87頁。香港回歸以後，此種制度為《香港特別行政區基本法》第19條所認可。

18　參見龍飛：〈台灣地區法院審判權運行模式〉，載《法制資訊》（*Legal Information*），2013年第9期。

意，才能具有法律效力。在中國古代司法行政合一的體制中，這種情形是存在的。中國流傳已久的一些戲劇作品中就始終生動地展現着這種古代的司法過程。如：《鍘美案》[19]中，包青天鍘除陳世美案的審理過程，就是包青天「獨立行使審判權」的情形。這種司法體制的最大特點，就是把司法活動的目的和司法活動的標準，全部交由法院院長一個人掌握，甚至司法活動的實際開展有時也由院長自行操作。這種體制的設計，是建立在院長素質能力足夠好的假想和對院長公正心、奉獻精神無限信賴的基礎上的。如果這種假想和信賴確實成立並始終真實存在，那麼實行這樣的體制也未嘗不可。但是司法審判權的授權者在授權時，也許對自己可以作這種假想和信賴，而對於被授權的院長，作這種假想和信賴有什麼依據和保證呢？

司法體制一長化

一、司法體制一長化的含義

（一）一長制的詞義

　　一長制又稱首長制或獨任制，一般指社會組織中的全體人員，完全只服從一位領導者的意志的管理制度；一長制通常適用於權責明確、專一，而且機動性、技術性和時間性強的行政組織[20]。一長制是人類社會起源很早的組織領導和管理方式，從部落酋長制到封建君主制都是一長制的具體形態。在近現代，一長制通常是指行政組織的法定最高決策權由行政首長一人執掌的行政組織體制，但只是與「合議制」、「委員制」、「雙長制」、「集體領導」、「民主集中制」等管理結構形式相對而被人們所認知的。一長制的基本特徵是行政首長對行政機關

19　參見京劇劇本《鍘美案》，載：http://scripts.xikao.com/play/01007003。

20　參見彭克宏主編：《社會科大辭典》，中國國際廣播出版社，1989年10月第1版，第428頁。

各種事務擁有最終決定權，一人決定一切行政措施，其他領導成員均為行政首長的幕僚，只有建議權，而無決定權。

（二）一長制的優缺點

美國的總統制是一長制的典型。如林肯總統某次召集七位部長開會討論一個重要問題，七位部長均反對林肯的意見，但林肯仍堅持自己的主張，並最後宣佈說：「七人反對，一人贊成，贊成者勝利」。一長制的優點在於：權力集中、指揮靈敏、責任明確、減少扯皮，辦事果斷行動迅速、效率較高。一長制的缺陷在於其非民主性和無制衡性，表現為：（1）在一長制中，由於一個人的知識、能力、經驗、精力等畢竟有限，處理事務難免有思考欠周之處；（2）雖然在現代領導體制中廣泛地應用專家智囊機構，幫助領導者科學決策，但因領導者有決策權和否決權，因此並不能完全補上這一缺陷；（3）在一長制下，主要負責人如果選擇不當，還可能造成獨裁專斷、濫用權力，從而出現營私舞弊，嚴重危害國家社會的現象，如納粹德國希特勒的獨裁統治。因此，在近現代的國家治理和社會組織管理中，一長制應用範圍是有限的，並且人們總是在尋找各種方式和辦法對一長制加以約束。

（三）一長制的傳承

列寧在1918年3月關於鐵路的集中管理、護路和提高運輸能力的法令中提出了國有企業的一長制管理結構。按照這種一長制的領導制度，企業及其所轄單位，都只有一個領導人。這個領導人由上級委派，在國家計畫和蘇聯法律規定的範圍內，對企業的一切工作享有全部權力並負全部責任。企業全體人員必須服從這個領導人的命令和指揮。1918年5-6月，全俄國民經濟委員會第一次代表大會通過了列寧參與制定的國有化企業管理條例新草案；1919年9月4日，人民委員會頒佈了《關於在中央紡織工業管理局實行一長管理制以代替集體管理制》的決定；1920年初，全俄國民經濟委員會第三次代表大會上，列寧主

張在組織形式已經確定的情況下，必須從集體管理制有步驟地過渡到一長制，以保證合理利用人力；1920年3-4月，俄共(布)第九次代表大會，決定在所有工廠管理中逐漸改行一長制。與此同時，蘇聯有一半左右的機關也實行了一長制管理；蘇聯軍隊中也實行一長制。蘇聯軍隊中的一長制，是指揮官對所屬部隊的戰鬥、黨的工作、政治思想以及行政管理全面領導，對上一級負責。一長製作為一種管理制度，於20年代後期在蘇聯得到全面推廣並一直實行下去。直到1941年，聯共(布)第十八次全蘇代表會議還強調指出必須加強企業中的一長制，務使企業經理真正成為對企業狀況和生產制度負責的全權領導者。

（四）司法體制一長化

中國幾千年古代社會，在國家層面秉持「天無二日，國無二君」的理念，絕對實行君主制，而中央、地方、村莊、族群，直至家庭等各種社會組織，都實行一長制的管理方式，從無其他管理方式，更無集體領導、民主管理之說。

新中國成立後，在國家治理和社會組織管理中，更強調民主集中制，不主張一長制。即便在軍隊也是雙首長制。只在建國之初，受列寧經典理論的影響，在全國範圍內推行過企業「一長制」。1956年則宣佈黨委領導下的廠長負責制取代「一長制」，成為中國國營企業領導體制的新選擇。到20世紀90年代末的國企改革時，部分企業又開始將管理制度改為「廠長負責制」的一長制。

在中國的國家治理和社會組織管理理論中，除認可在企業實行一長制外，法定的只是在國家各級行政機關實行一長制，並且也始終強調貫徹民主集中制精神，強調發揚民主和強化監督制約。至於在人大機構和其他社會團體中都不是一長制，而是實行民主集中制、委員制、票決制等管理方式。

對司法機關內部領導管理體制的原則，中國從來沒有明確確立過一長制。但是，長期以來又確實存在着司法體制中的一長制趨向。司

法體制並無明確規定要實行一長制，但實際上又逐步形成並真實存在一長制，這種狀態只能稱之為「司法體制的一長化」。

二、司法體制一長化的逐步形成

（一）司法體制一長化是司法行政不分的傳統的承繼

中國幾千歷史中，本來沒有司法權的觀念，只有整體的國家管理權，即行政權。近代中國，司法權從行政權中分離出來。在新中國短短幾十年的歷史中，社會各個層面還有大量的人群不認識司法權為何物，不能認識到司法權對行政權的分離及其意義，而是將司法活動混同於封建時代行政首長坐堂問案的過程。因此，行政機關與司法機關的分離是不嚴格的。1949年9月至1954年，法院隸屬政府[21]；1954年至1957年，法院與政府職權交叉、有限分離[22]；1957年至1975年，

21　1949年12月20日《最高人民法院試行組織條例》規定最高人民法院的人事任免、機構設置等事宜均需呈中央人民政府委員會決定。1950年成立的最高法院是隸屬中央人民政府的一個工作部門。省、行政公署、縣等地方政府成立之時，只是在政府內設立司法處、民法科而行使司法審判權，均屬於司法行政合一，行政首長統領司法工作。縣級司法判決，由縣長簽署。司法裁判的程序甚至由縣長直接操辦。在法院建立的過程中，因為各級法院建立不同時，還出現過下級縣政府進行的司法判決報上級法院覆核的狀態。參見熊先覺等編：《中國司法制度資料選編》，人民法院出版社，1987年版，第159–161頁。

22　1954年9月20日《人民法院組織法》，不再規定審判機關為政府的組成部分，而是實行了司法與行政的分離。規定最高人民法院對全國人民代表大會負責並報告工作；地方各級人民法院對本級人大負責並報告工作；最高人民法院院長的人選由全國人大代表聯合提名或者單獨提名並選舉產生，最高人民法院副院長、庭長、副庭長和審判員，由全國人大常委會任免；縣級以上的地方各級人大選舉本級人民法院院長，省、直轄市的人大並且選舉中級人民法院院長，地方各級人大有權罷免由它選出的法院院長。但是，這一時期，審判機關與行政機關之間的職能依然存在交叉關係。比如，高級人民法院和專門人民法院的設置，由省、自治區、直轄市的司法行政機關報請省、直轄市人民政府或自治區人民政府批准（第2條）；各級人民法院的司法行政工作由司法行政機關管理（第14條）；基層人民法院在上級司法行政機關授予的職權範圍內管理司法行政工作（第19條）；地方各級人民法院副院長、庭長、副庭長和審判員由省、直轄市人民政府任免（第32條）；地方各級人民法院助理審判員由上一級司法行政機關任免，最高人民法院助理審判員由司法部任免（第34條）；各級人民法院的人員編制和辦公機構由司法部另行規定（第40條）。這一情形表明在那個時期，司法與行政之間的分離是有限度的。見中央政法幹校：《中華人民共和國憲法學習參考資料》，法律出版社，1954年出版。

法院與政府關係扭曲、再度合一【23】；1978年以來，在法律文本上實行司法與行政分開，但實際難以分離，行政仍然有各種理由和形式干預司法、司法也負擔了政府行政管理的一些職責。在這樣的傳統之下，在司法機關繼續實行行政首長負責制的相似管理方法，是最自然不過的事。

(二) 司法體制一長化根源於憲法有着模糊規定

中國憲法規定：「人民法院獨立行使審判權」，將獨立審判權交給人民法院行使。對這一憲法法條往往理解為：

第一，這條規定所確認的司法主體是法院，那麼，誰代表法院呢？當然是法院院長。院長是法院的最高領導人、是組織機構的法定代表人，只有院長才能代表法院接受人民代表大會的授權。因此，憲法將獨立審判權賦予給法院，實際就是將獨立審判權授予給了法院院長。

第二，既然憲法法律實際將審判權只授予給院長，那麼法院全體法官和司法人員的審判權也就只能來源於院長的逐層分配授權。全體法官和司法人員實際都是院長一個人的「輔助人員」，都是院長的「司法工作助理」。

第三，既然法官和司法人員的審判權來源於院長的授權，那麼根本上就沒有獨立性可言。沒有哪個院長願意放任自己的輔助人員去獨立地實施司法行為，反過來卻由院長一個人承擔一切責任和後果；同時，也沒有哪個法官和司法人員非要去獨立實施司法行為，而將責任

---

23 1957年「反右」鬥爭一開始，審判獨立原則被無限上綱地加以批判和否定。1958年到1961年，1958年「大躍進」期間，公、檢、法三機關分工負責、相互制約機制再次被拋棄，實行「一長代三長」（公安局局長、檢察長、法院院長一長代行三長的職權）、「一員頂三員」（公安局預審員、檢察院檢察員、法院審判員一員代行三員的職權）的做法。有的地方乾脆將「三機關」合併為政法公安部。在1958年6月23日至8月20日最高人民法院和司法部聯合召開的第四屆全國司法工作會議上，這些做法被作為先進經驗加以推廣。參見：《第四次全國司法會議文件彙編》，法律出版社，1958年6月出版。

和後果都攬到自己頭上來。法官和其他司法人員也就如同公司、廠家的內部員工，所有工作只需要向院長負責，沒有絲毫獨立地位可言。當然他們也沒有人願意去爭取什麼「獨立審判」的地位。

（三）司法體制一長化被法律法規所不斷強化

各時期國家出台的法院組織法、法官法、法院監察工作條例、法官遴選辦法、法院財務管理辦法等法律法規，都不斷地強化法院院長的責任，實際都在將權力集中授予給法院院長。法院院長被不斷授予和加強代表法院權；法院院長被不斷授予和加強案件審判權；法院院長被不斷授予和加強程序決定權；法院院長被不斷授予和加強對法院一切工作和事務的統一管理權。

三、法院一切權力實際屬於院長

（一）法院院長是法院對外的唯一代表人

（1）法院院長與行政首長一樣是被納入人大選舉的職位；（2）代表法院向人民代表大會報告本法院和所轄行政區劃內各級法院工作；（3）代表本法院和所轄行政區劃內全部法院向上級法院報告工作；（4）代表本法院領導機構向全院人員佈置工作，並接受全院內部機構負責人報告工作；（5）代表本法院向轄區內全部法院部署工作並接受各法院院長報告工作。

（二）法院院長有權決定全法院人員力量的配置

歷史和現實中都可以看到，中國的法院院長已被授予對全法院人員的一切問題的決定權。至少包括：（1）決定副院長等領導班子成員提名、推薦、晉升、交流；（2）決定中層各部門負責人員的任用、調整、授權、免職；（3）決定新工作人員的進入、退出、工作崗位安排、培養、提拔、交流；（4）決定各崗位職數如法官、司法輔助人員、行政人員的配比和崗位安排；（5）決定各崗位人員的任職、提拔、晉升、

重用；（6）提請本級人大常委會任免審委會委員、庭長、副庭長和審判員；（7）任免本院法官助理、書記員、行政人員；（8）決定法官助理、書記員、行政人員工作職責；（9）決定各崗位人員的獎勵、懲罰、褒揚、貶斥；（10）決定對工作人員做出警告、記過、記大過處分決定；（11）決定對各崗位人員的政治、經濟、生活、工作待遇；（12）決定對各崗位人員的培訓、考核、評議工作；（13）決定各崗位人員的榮譽、尊嚴、心情、家庭氣氛；（14）決定每一個其認為重要的人員的出差、出行、休假；（15）決定武裝力量（法警隊伍）的管理指揮。

（三）法院院長有權決定全轄區法院所有案件的最終裁斷

歷史和現實中都可以看到，中國的法院院長已被授予對全轄區內所有審判執行案件的最高裁斷權。至少包括：（1）法院院長主持審判委員會，可以並引導委員討論或授意某些委員左右會議，實際決定案件的裁斷結果；（2）法院院長對各審判庭部署工作、可以對所有的案件提出有偏向的意見、主張，並要求貫徹落實；（3）法院院長對全體法官可以提出各種導向性要求，並必須得到執行；（4）法院院長行使所謂審判管理權，對全轄區法院處理案件下達各種指標；（5）法院院長可以僅憑其個人對法律和程序的理解，對全轄區所有法官辦理案件中出現的現象作出肯定或否定，要求統一其自認的裁判尺度；（6）法院院長對任何個案都可以予以關注聽取法官或合議庭對案件處理情況和意見的報告，進行指導和批示，並不被認為是干預；（7）法院院長對任何法官辦理案件的過程作出批評指導；（8）法院院長對任何已生效的判決有權推翻而提起再審；（9）一切案件審判執行的品質和效率的評價權屬於院長，院長不認可的情況下，案件辦得再合法精准也不成為成績；（10）法院院長可以直接分配案件，可以自行擔任審判長、擔任主審法官，可以將任何一個案件拿來由自己直接辦理，或者交由自己的助理或信任的法官辦理；（11）院長有權決定合議庭人員的回避，批准延長案件審理期限，決定案件是否提交審委會討論，簽發搜查令，決定拘傳、罰款、拘留的適用，簽發騰退房屋或土地公告。

（四）法院院長有權決定全轄區法院物質資源的管理分配

歷史和現實中都可以看到，中國的法院院長已被授予對全法院一切經費和財產的分配與處置權。至少包括：（1）決定全部資金的花費使用；（2）決定辦公樓的建設、設備器材的購置；（3）決定每一辦公室的大小、用品的配置、裝修的款色；（4）決定車輛的號碼、門牌文字的體例；（5）決定宣傳媒體平台的設置、使用和宣傳內容；（6）決定檔案、文書等管理；（7）決定門前景觀（風水）石的選取；（8）甚至決定衛生保潔安全保衛崗位的設定，甚至衛生紙、洗手液的發放；（9）決定辦公大院裏流浪貓狗的處置，環境防疫消毒，防火、防盜、安保工作。上述及更多細瑣事項，只要院長不表態發話，誰也不能做，誰也不敢做，誰也不願去做。

司法體制一長化對司法波蕩的推動

一、司法體制一長化是催生司法波蕩的良好氛圍

（一）司法體制一長化使司法品質必然失守

在司法體制一長化條件下，必然出現司法品質失守的情況，冤假錯案、司法腐敗等不公正司法的現象必然此起彼伏地呈現。其必然性在於：

第一，院長不可能掌握每一個司法案件的確切情況，絕大多數案件只能在案件處理後的管理監督部門的回饋中獲得資訊從而獲知案件處理的效果。其實質是使用排除法，即按「沒有反映就是沒有問題」的邏輯來控制案件是否符合法律意志、是否實現了公正。這必然給司法人員留下了隱秘地實施不公正司法行為的空間。

第二，院長即使以主持審判委員會和聽取副院長、庭處長報告工作的形式掌握一部分案件情況，也不能保證能精確瞭解所有案件處理情況。因為聽取報告不可能使院長達到親自審理案件所能獲得的理解

深度。而且，審判委員會、合議庭實行的少數服從多數的原則，只能保證形成裁決結果，並不能保證裁斷正確，因為「真理往往掌握在少數人手中」。純粹以少數服從多數的方式定案，錯誤的概率可以是50%。

第三，院長即使親自審理每一個案件，也不能保證每一個案件達到公正的要求，因為院長是普通的人，即使其被標籤為「特殊材料製成」的人，也不可能是神人、聖人、超人，院長一個人根本上就辦不了所有案件。更何況實際中的院長來源複雜、很多並不精通司法活動的知識、技術和規律，很多不具有保證公正司法的專業素質基礎。

第四，院長獨立行使審判權，實際是院長在集中掌握了對法院全體法官和其他人員的前途命運的決定權、集中掌握了全院全部物質資源和精神利益的分配權、集中掌握了全部工作指揮權以及武裝力量動用權[24]的情況下，又集中掌握了成千上萬案件的審判權。在這樣的狀態下，院長必然找到了「法律王國的國王」的感覺，從而欲望膨脹、無所顧忌、天馬行空、為所欲為[25]。實際中幾乎沒有哪個法院院長沒有受到過各種逐利者的圍獵，因此，法院院長發生司法腐敗的概率居高難下勢成必然[26]，而法院「塌方」式爆出[27]、「量販」式發生司法腐敗也必然是家常便飯[28]。

---

24 指對司法員警隊伍的指揮調用。

25 安徽省宣城市中級法院原院長楊謀林因犯受賄罪、貪污罪被判刑十四年，其在懺悔書中說道：「院長在法院想幹的事沒有幹不成的，不想幹的事其他人沒有能幹成的」，真正氣壯如牛。安徽省亳州市中級法院原院長楊德龍因受賄被判無期徒刑，案發前其座右銘是「直上九天攬日月，欲傾東海洗乾坤」，真正豪氣沖天。

26 改革開放以來，全國31個高級法院，有8個高院發生院長腐敗：遼寧高院（田鳳歧）、廣東高院（麥崇鍇）、河北高院（平義傑）、黑龍江高院（徐衍東）、湖南高院（吳振漢）、雲南高院（孫小虹、趙仕傑）、江蘇高院（許前飛）、安徽高院（張堅）；另有8個高院發生副院長腐敗：山東高院（李勇）、海南高院（張家慧）、山西高院（劉冀民、王志剛）、河北高院（劉宏）、重慶高院（張弢）、河南高院（曹平衛）、寧夏高院（馬彥生），湖北高院（魯志宏）。

27 安徽省阜陽市中級人民法院三任院長均因腐敗受賄入獄、多名庭長被判刑。見：《阜陽法院法官腐敗窩案》，載http://www.sina.com.cn，2006年12月29日18:37，法制日報。

28 「量販式」一詞，最早來源於日文中，意為批發商或者批發市場。現在在特指大規模集成的並且較大的娛樂場所，如「量販式KTV」。如：〈今年至少19位法院系統官員落馬，涉16名院長〉，載https://baijiahao.baidu.com/s?id，《新產經》雜誌社，18-12-13 22:23。

（二）司法體制一長化使司法責任被上推下卸

司法體制一長化中的院長，正常情況下絕大多數既擔心不能確保每一個案件都能正確辦理，又擔心自己隨時都會承擔自己不知情的情況下所出現的問題的責任。事實上只要有1%的錯誤裁決，都是院長不能承受之重。因此在院長的行為中，必然努力上推下卸推諉司法責任。

首先，在院長不可能辦理所有案件的情況下，必然要將案件辦理的任務逐層分解委託給全體法官和其他司法人員辦理，即將司法權分解委託給他人。因而全體法官和其他司法工作人員都從院長那裏分得工作權，並獲取工作要求和工作標準，從而對院長負責並接受院長的核對和評判。由於法官的司法權是院長委託授予的，而實際不是直接依法獲得的，在這種機制下，法官只是從事辦案事務的工作人員，只是院長的助手或輔助人員，其裁斷結果本質上只是提供給院長最後作出選擇、由院長最後拍板作出裁斷的參考意見。其辦案的司法行為並不需要獨立承擔法律責任，而只需承擔院長對其褒貶獎懲。事實上，在院長實際仍是主要責任人的情況下，司法人員即使作出錯誤司法行為的時候，院長總是要袒護、包庇的。雖美其名為保護部屬的工作積極性，實質是化解自身的危機、逃避自身的司法責任。

其二，少擔責任這是趨利避害的人的本性使然。法官等司法人員在被院長分權、授權的情況下，也必然會想方設法儘量推卸掉嚴重的責任，以保證自身安全。有的合議庭合議案件要求庭長、副庭長列席；有的法官在合議庭中故意拿出幾種意見，然後將案件移交庭長、副院長定奪；有的法官設法將案件列為重大、疑難、複雜、敏感案件，而將案件提交審判委員會討論決定，從而將裁判責任交由庭長、副院長、審判委員會承擔；所有法官則會堅決同意將裁判文書由庭長審批、副院長或院長簽發。在精明的法官們為了減少擔責而放棄自己的裁判智慧和司法良知的時候，最後形成的結果往往是，全法院基本上所有裁判其實還只是院長一個人最後定奪，所有司法責任其實又都交還給了院長一個人。

其三，如果成千上萬的案件中只要有差錯都要院長擔責，那麼任何一個院長也幹不下去。因此，任何一個院長只要有半點智慧也都會想盡一切辦法將司法責任轉移出去。最有效的辦法就是積極爭取、主動貼近、自覺服從上級機關。現實中，所有的法院院長最喜歡的工作，就是向各方面領導人彙報工作、向上級法院請示問題。下級法院向上級法院請示案件處理意見的情況比比皆是。雖然法律規定上下級法院之間不是領導與被領導的關係，但在實際中，無論如何也仍然被院長們當成領導與被領導的關係。這樣在強勢主體和上級機關的領導下開展的審判活動，出現任何差錯，都可以被請求免除掉或者被寬宥與諒解。這樣，司法責任沒有人承擔，司法差錯任由國家賠償等公共資源償還，而院長的位子就能鞏固了。

（三）司法體制一長化使司法人員的意識出現混亂

司法體制一長化使司法人員對於司法活動和司法行為失去基本正確的思維，只知道在「君子顧本」的前提下，對院長唯命是從、馬首是瞻，而不可能去真正追求公平正義。

第一，在一長化的司法體制中，司法人員群體無主體意識。在司法體制一長化中，所有司法人員都不認為自己是司法行為的主體，不認為自己是真正的裁判者，不認為自己是在行使司法權，不認為自己必須堅持進行這樣或那樣的裁判。只知道自己是在執行院長分配的任務。因而，司法人員群體上都在進行着機械的司法操作，案件最後裁判結果如何，對司法人員來說是無所謂的事。因此，對於司法中的錯誤結果，都可以被辯為是出於維護社會秩序、附從時局的善意與好心所辦的「壞事」，應當得到一切人的諒解；同時，也都是院長領導指導的結果，而無須被問責和追責。

第二，在一長化的司法體制中，司法人員無獨立意識。從每個年代的司法流程的實際考證中可以看到的是，所有案件顯然直接出自司法人員之手，但絕不是僅僅出自案件承辦人、主審法官、合議庭之手，甚至也並不是出自庭長之手或副院長之手，而是在上下推諉責任

的過程中出自司法人員整體之手。往往是沒有任何人的獨立意志能對案件事實的認定和案件的處理起決定性作用。每個人的意見必須獲得別人的贊成才能成立。對事實的結論必須是審判組織的共同觀點，甚至是整個法院或整個法院系統的共同觀點。而要獲得這種共同觀點必須做的主要工作，就是讓自己的認識與別人的認識統一起來，或者是讓別人的認識與自己的認識統一起來。顯然任何一個辦案人員要讓多數的眾人的認識與自己相符，應是不可能完成的任務，實際可行的只能是自己去服從別人。而最後只能是服從院長的權威，即「誰的嘴巴大就聽誰的」，只能是「領導說了算」。在集體討論案件時，要取得相同的意見，理論上是相同的認識才能取得相同的意見，但認識並不相同是經常發生的，這種時候怎樣取得相同的意見？事實上，大家心照不宣的思維出發點就是共同的利益，只有某種利益上的共同才能有效地決定認識上的相同和意見上的統一，比如司法人員之間一個人曾獲得過另一個人的支持，並希望再次獲得其支持，那麼此時就會支持該另一人；「嘴巴大些」的領導，能夠在未來給司法人員帶來某些利益，司法人員自然就會在認識上支持該領導。至於在院長直接插手案件搞司法腐敗的時候，所涉案件的法官，幾乎沒有人會保持獨立而抵制、拒絕。這時，一些平時憋倔的法官反而會將之視為得到院長信任和垂青的難得機遇，心領神會、積極配合、踴躍合作，以期事成之後能「搏取上位」；一些老於世故的法官，會按照「幫領導幹十件好事不如幫領導幹一件壞事」的職場潛規則，想方設法在案件中實現院長的意圖；一些膽大妄為的司法人員還會偽稱「院長打招呼」、「院長有關照」，從而不受阻礙地辦成其不可告人之勾當。

第三，在一長化的司法體制中，司法人員群體無責任意識。對於司法波瀾中呈現的再大起落、再多的冤假錯案，都無法確定一個主要責任人。在司法人員群體共同作為的情況下，相伴的是群體的無責任狀態。既然沒有任何一個司法人員能夠自稱某個案件的正確處理是其獨立意志的體現，也就沒有任何一個司法人員能夠必擔某個案件的錯誤由其一手造成的責任。也就沒有任何人對冤假錯案需要負全部責

任。因為事實的最後確定和裁判的最後作出，都是院長與眾人、上級與下級、領導與被領導共同合作的結果，如果有錯一定是大家的，牽扯的不是一個或幾個辦案人員，而是整個合議庭、審判庭、審判委員會、整個法院，乃至幾級法院。這樣一個面都有直接責任，擔責和追責將是不可能辦到的事情。因為如果認真追責意味着對各級審判組織都要追責，整個審判機器就會瓦解崩潰，而這樣的結果是社會中的任何力量都不敢去達成的。正因為群體無責任意識，沒有人會即時抵制或糾正錯誤的司法行為，甚至從正常人的良知來看都感到是錯誤的裁斷的情況下，仍然被所有人放行，都要去等待「歷史檢驗」。實際上就是要讓當事人無限期申訴信訪，才有可能等來昭雪、糾正的機會。佘祥林、趙作海、呼格吉勒圖[29]等冤案的糾正無一不耗費信訪人多年的苦苦追尋。

二、司法體制一長化是培育司法波蕩的強效機制

在一長化的司法體制下，作為法院領導者、管理者、代表者的法院院長對自身的「獨立行使審判權」並不會堅持和追求。院長們更樂

29　案例：佘祥林、趙作海、呼格吉勒圖冤案。

　　(1) 佘祥林冤案。佘祥林，湖北省京山縣雁門口鎮人。1994年1月2日，佘妻張在玉失蹤，張的家人懷疑被丈夫佘祥林殺害。同年4月28日，佘祥林因涉嫌殺人被批捕，後被原荊州地區中級人民法院一審判處死刑，剝奪政治權利終身。1998年9月22日，佘祥林被判處15年有期徒刑。2005年3月28日，佘妻張在玉突然從山東回到京山。4月13日，京山縣人民法院經重新開庭審理，宣判佘祥林無罪。2005年9月2日佘祥林領取70餘萬元國家賠償。見：https://baike.so.com/doc/5387670-5624211.html。

　　(2) 趙作海冤案。2010年5月9日，「殺害」同村人在監獄已服刑多年的河南商丘村民趙作海，因「被害人」趙振晌的突然回家，被宣告無罪釋放，河南省有關方面同時啟動責任追究機制。趙作海領到國家賠償金和困難補助費65萬元。見：https://baike.so.com/doc/5365970-5601668.html。

　　(3) 呼格吉勒圖冤案。1996年4月9日，內蒙古呼和浩特市捲煙廠發生一起強姦殺人案，警方認定18歲的呼格吉勒圖是兇手，僅61天後，法院判決呼格吉勒圖死刑，並於5天後執行。2005年，內蒙古系列強姦殺人案兇手趙志紅落網，其交代的第一起案件便是當年這起「4•9」殺人案。2014年12月15日，內蒙古自治區高院對再審判決宣告原審被告人呼格吉勒圖無罪。12月30日，內蒙古高院依法作出國家賠償決定：支付李三仁、尚愛雲國家賠償金共計2,059,621.40元。見：https://baike.so.com/doc/7519609-7792490.html。

意接受行政機關、社會團體等一切有權有勢的主體對審判權的干預、支配、插手。因為這些主體，也都是能夠免除和寬宥院長的司法責任的主體，院長不僅樂意接受這些主體的干預、支配和插手，而且會主動以接受監督、服從領導的形式給予這些主體干預、支配、插手的理由，從而即時有效、廣泛深刻地結成轉移司法責任與接受干預支配的利益交換關係。現實表現為：

第一，法院院長樂於接受地方人大的「監督與制約」。法院依法接受地方人大監督，必須向地方人大會議報告工作，包括年度報告、半年報告、專題報告，並接受地方人大代表或常委委員的評議和表決，報告工作之前當然必須按照人大的指示和要求開展工作。法院院長樂於向地方人大主要負責人經常報告工作並請求指示，因為地方人大是當地「幾大班子」之一，其主要負責人說話一言九鼎，每一位副職領導和專門委員會主任的批示和意見也有很重的分量，每一位常委和代表都有權對法院的人員任職或工作報告無記名投票表決。法院院長很好地接受這種監督和制約，就可以獲得強大的支持。即便是人大代表個人出於「人情」、「關係」、個人利益而以轉交材料等方式所關注的案件，法院院長也一定會落實照辦，因為每個人大代表手中都有關鍵的一票。

第二，法院院長樂於接受地方政協的「監督與支持」。地方各級法院每年的工作報告，在向人大作出之前，按內部程序必須先向地方政協常委會議徵求修改意見，法院院長很願意這樣徵求意見。法院院長樂於接受地方政協機關的督促檢查，地方政協每年會有針對法院工作的提案，法院院長會堅決落實和照辦。法院院長樂於接受地方政協委員的個人意見，無論其是不是具體個案的當事人、代理人，其意見上升到政協委員的意見，就具有了約束力，法院院長鄭重落實，必將帶來良好的反響。這樣一種工作過程，就會獲得地方政協的支持、好評、更高的滿意度。

第三，法院院長樂於接受同級檢察院的「監督和協作」。無論刑事案件、民事案件，當檢察院方面形成了處理意見，法院院長都要極為

尊重，如有不同觀點，必須充分溝通協商，獲得檢察院方面的同意。這樣也就會得到檢察院方面的友好合作。

第四，法院院長樂於接受行政機關的「支持和配合」。行政首長向法院發號施令，法院院長不會拒絕；政府的一般行政部門向法院提出要求，法院院長也不會拒絕；財政、人事、編制、監察、發展改革、規劃建設、交通管理，控制着法院的人、財、物，對其認為有必要關注的訴訟案件的「打招呼」，法院院長不會拒絕。沒有直接聯繫法院審判工作原由的部門，通過成立各種「領導組」的協調機構，將法院院長列入領導組成員，然後讓法院承擔一些任務和責任，再來進行考核，如：「計劃生育工作領導組」、「婦女兒童權益保護領導組」、「經濟技術發展創新領導組」、「智慧財產權發展戰略領導組」、「金融環境整治領導組」、「文明創建領導組」、「依法行政領導組」、「依法治省領導組」、「普法宣傳領導組」、「爭創『擁軍優屬、擁政愛民』模範城活動領導組」、「舊城改造拆遷工作領導組」、「信訪化解工作領導組」、「多元化解社會糾紛領導組」、「農村幫扶責任單位」、「美好鄉村建設責任單位」、「招商引資責任單位」、「社區結對幫扶責任單位」、「環境綠化責任單位」、「垃圾清運責任單位」，等等，作為這樣的領導組成員和責任單位的法院，對隨之而來的對案件審理的「意見、建議」不會拒絕。最沒有任何原由影響司法的部門，如水電、農業、林業、水產、糧食、供銷、商務、經濟資訊等部門，因法院院長的工作最後還需要接受地方考評，被這些部門打票評分，更由於各部門的行政長官與法院院長「同朝為官」，大家都不願交惡，相互既怕被進讒言、遭「惡搞」，更希望互相幫襯、利益互惠，所以，對來自官場的這些領域的干涉也都不會拒絕，並樂於接受。

第五，法院院長樂於接受社會團體的「支持和幫助」。對於工會、婦聯、工商聯、社聯、文聯、學聯等社會團體，因為其社會影響力巨大，對他們的意見、聲音，法院院長樂意接受。對於學校、醫院、研究院等事業單位，如果要讓法院院長聽到他們對案件審判的意見，也有渠道，他們會成為「司法監督員」，來監督法院審判工作，實施「監

督」審判工作的言行，而法院院長也樂意接受。工商企業，很多業主已取得人大代表、政協常委的身份，法院院長每年要向人民代表大會報告幾次工作、要向政協回覆意見接受監督，法院院長必須由人大選舉，副院長、庭長、審判員、審判委員會委員都必須由人大常委會任命，所以，具有一定政治地位的工商企業對案件審理提出的意見，法院院長也樂意接受。

第六，法院院長樂於接受重要人物的「意見和建議」。案件當事人、相關人通過官員以官方名義批轉的書面意見或交辦事項，法院院長難以回絕；案件當事人、相關人說服了各種上級官員、重要官員打電話、打招呼，法院院長不會回絕；案件當事人、相關人以種種手段組織不明真相的人簽署聯名信，法院院長不會不予理會，因為如果引發群體事件，法院院長要被問責；案件當事人、相關人在網絡等一切媒體上發表意見引起關注的，法院院長必須重視，否則會因為輿情引發問責；案件當事人到領導機關、信訪工作機構或赴省、赴京上訪，無論所提意見是否合理，都將引起法院被詰問，法院院長難以不重視；案件當事人、相關人向任何領導機關投遞的任何申告信件，只要轉來法院處理的，無論其是否合理、合程序，法院院長都要安排認真辦理，並向領導機關報結果。

一長化的司法體制直接形成了司法主體外部體制的多元一體化狀態，形成一個高度統一的聯盟。在這些主體之間只有協力合作，團結一致，而沒有相互間的制約、牽制、監督關係。顯然這種狀態有着獨特的巨大的優勢，即：人心齊泰山移，如果要實施一項正確的社會治理目標，毫無疑問地都能得到實現，都能取勝。但是，在社會治理政策的正確性得不到保證的情況下，那麼，錯誤政策的推行時，也不會有任何制約的力量，反而都是齊心協力、團結一致向前進，那麼，社會災難就將不可避免地發生。尤其是在社會狂熱的狀態下，社會治理出現失誤、偏差往往不可避免。作為司法，應有的中立特性就完全不存在了，其對於政策失誤和行政偏差不具有任何預防、減損的作用。由此，一長化的司法體制對於司法波蕩只會推進，不能制動。每一次

司法波蕩的開始，都由一長化的司法體制內部發出了相關的命令、決定、決議、指示和要求，表達了啟動司法波蕩的司法目的附從化的意志。可見，一長化的司法體制極有效率地製造着司法波蕩，而從不能預防和及時遏制任何司法波蕩和冤假錯案的發生。

三、司法體制一長化是推動司法波蕩的物質力量

在整個司法制度的構成要素中，司法目的只是一種思想意志，並不能自行達致、自動實現，必須通過一定的物質載體和客觀行為才能實現。司法體制正是司法目的得以實現的物質的條件和手段。司法目的要真正能夠得到執行，是依賴於一長化的司法體制的施行的。只有在一長化的司法體制下，司法人員才會忽略司法應有的秉持而去追求時局中心的需要，並決不認為是旁趨博鶩，決然以為是神聖職責，從而使司法活動的結果成為各種時局中心要求的客觀體現，最終造成令自身也感到驚訝的司法波蕩。

同時，司法標準本身是形成司法波蕩的原因，但也不是直接原因。司法標準只是對司法活動實現司法目的力度和程度上的要求。當司法標準要求司法活動在服從多變的時局中心時要更加堅定不移、更加自覺自願、更加卓有成效、更加提高水平時，一長化的司法體制正好能夠保證這種偏執化的司法標準得以體現。在院長的號令之下，全體近似於「無腦」的司法人員皆會朝着院長指明的方向，有過之而無不及、無所不用其極、極左極右、寧斷不彎、極端化、偏執化地開展司法活動，以至屢屢出現或「擴大化」或「寬大無邊」或批量製造冤假錯案的狀況。而院長之所以發出號令，只是因為附從於時局中心的司法目的決定了司法工作在時局中心工作中的非主流性、非特別重要性，決定了院長在時局中心眾多工作主體中的邊緣地位，從而也決定了院長要在時局中心工作中走極端化、偏執化的路線以宣示自己的存在感，以利增加博取利益上的上位可能。

在這樣的必然邏輯的支配下，一長化司法體制不想成為製造司法波蕩的物質力量反而很難。真實的表現是：

　　第一，一長化的司法體制為司法波蕩提供了人力。司法體制最終體現為司法隊伍這一物質力量的組建、編制、實際運用。司法體制對於司法波蕩的作用在於為司法波蕩創造和提供了一套司法人力資源，創造了全套的司法主體隊伍。因此，司法體制為司法活動提供了物質的動力。並且一長化的司法體制，在開展司法活動的時候，甚至可以調動軍、政、民、學、公、檢、法、司各方面的力量協同「參戰」，具有無窮盡的人力資源。司法波蕩當然是司法人員直接製造的，因為每一個案件的裁判都是具體的審判人員作出的，每一份裁判文書都是具體的審判人員寫成的，每一個生效的裁決都是審判人員督促或幫助執行的。但是數萬到數十萬司法人員都是在院長們意志的統一指揮下辦理了數十萬到數百萬的案件，而這些案件的各種數據則形成了一條條的曲線，從而形成了司法活動的波濤起伏的波蕩狀態。

　　第二，一長化的司法體制為司法波蕩提供了財力。一長化的司法體制能夠為司法活動提供極大財力物力。一長化的司法體制，使專門的司法機關能得到與行政機關相當的物質保障。法院，任何時候都具有當時最好的建築。特別是近若干年的「兩庭建設」幾乎使每一個最小的基層法院也擁有了當地最宏偉的建築，甚至一些法院的建築接近於「白宮」的外形。同時，在經費保障方面，一長化的司法體制，財政的經費從來不會虧待司法機關。儘管各地所有的財政都來自納稅人的涓涓細流或來自出賣土地等公共資源，但在司法機關那裏，哪怕是用於大肆吃喝揮霍時，政府也是大力支持、慷慨解囊。

　　第三，一長化的司法體制為司法波蕩提供了執行力。直觀地看，司法人員是微觀的具體案件的裁判者，也是司法波蕩的直接製造者；司法波蕩只是司法人員具體案件裁判處理結果的彙集而形成的狀況。其實，這種狀況並不是盲目自然地形成的，而是被預先設計好並被要求執行的。司法人員只是司法波蕩發動主體意志的執行者，是按照發動者的意志而實施其司法行為的。司法行為是直接操作案件審判活動而形成司法波蕩結果的因素，而一長化的上層院長才是司法波蕩的發動者。一長化的司法體制對於司法波蕩具有執行力的意義。一切審判

的流程和程序就是，裁判由司法機關集體作出，拍板由司法組織的最高領導人進行，責任也由司法組織整體承擔。這種流程、程序所表現出來的司法活動運行方式，是一種最簡單的軍事活動的方式，即：指揮與服從、命令與執行的方式。審判人員承辦案件的司法行為只是執行院長命令的行為。在這樣的體制中，司法波蕩只要啟動，必然是一瀉千里、縱橫八百、暢行無阻、不受制約。由此可見，一長化的司法體制在附從化的司法目的和偏執化的司法標準驅使下，是真正的直接製造司法波蕩的操盤手。

第四篇
司法波蕩的平抑

　　由於司法波蕩的內在包含了大量司法不公和非正義的問題，所以司法波蕩必須受到平抑。這種平抑的實質，就是要在司法制度上真正消除產生司法不公的根源，從而杜絕司法不公現象。司法波蕩的成因，在於司法目的附從化、司法標準的偏執化、司法體制的一長化。因此，對於司法目的、司法標準、司法體制的釐清、校正和完善，將是平抑司法波蕩的根本之策。釐清司法目的、校正司法標準和完善司法體制，也即進行全面深入的司法改革。目前，中國的司法改革，已經推行多年，但在實際中，仍然認識不一，存在貫徹艱難的問題。對於司法制度為什麼要改、改成什麼樣、怎麼推進改革，雖有實踐探索，仍然需要理論的研討。本書的論述到了這一階段，最主要的任務就是要對司法目的、司法標準、司法體制三個關鍵問題進行分析。

第十章　釐清司法目的

社會正義

一、社會正義的含義

（一）社會正義的詞義

社會正義一詞，核心元素是「正義」，「社會」是修飾成分，表明所謂「正義」是人類社會中的現象。而在漢語裏「正義」一詞原本由「正」和「義」兩個字組成，字義相近但並不相同。

「正」的含義主要有：正中、平正、不偏斜，合規範、合標準，正直、公正，純正不雜，善、完善、美好，糾正、匡正，使端正，治、治理，等[1]。「義」的含義主要有：禮節、儀式，容貌風度，準則、

1　據李格非主編：《漢語大字典》，湖北辭書出版社、四川辭書出版社，1996年9月第1版，第673頁。《説文》：「正，是也。從止，一以止。」含義，正中；平正；不偏斜。《書説命上》：「惟木從繩則正，後從諫則聖。」。合規範，合標準。《論語子罕》：「吾自衛反魯，然後樂正，《雅》、《頌》各得其所。」又《鄉黨》：「割不正不食。」正直，公正（指人的行為）。《論語憲問》：「晉文公譎而不正，齊桓公正而不譎。」純正不雜，善、完善、美好，糾正、匡正，使端正，治、治理，等。
又見《辭海》（1989年版縮印本），上海辭書出版社，1990年12月出版，第1536頁。正，1、指正中；平正；不偏斜。如：正房；正方；正午。《論語鄉黨》：「席不正不坐。」2、指端正。《論語堯曰》：「君子正其衣冠。」3、正直；純正；正當。如：正道；正派。《孟子離婁上》：「義，人之正格也。」引申為是正，糾正。《論語學而》：「就有道而正焉。」

法度，適宜，正當、正派，善、好，利益、功用，品德的根本，倫理的原則，平正、公正，公益性的、為某種事業而舉辦的，等等[2]。

　　現代漢語中的「正」與「義」拼接而成的「正義」一詞，對應的是英語詞彙 just 和 justice。Just 是形容詞，含義為公平的、公正的、正直的，應得的、應該有的、合理的、有理的；justice 主要為名詞，含義為公平、公正、合理、公道、公理，公平對待、公平評判、賞識，以及延伸為法律制裁、司法、審判、法庭等[3]。因此，現代漢語中「正義」作為名詞，是指：「正當的、公正的道理」[4]，是符合公眾共同利益的道理。常用於「伸張正義」、「主持正義」等片語中。其近義詞為「公正」、「公道」；反義詞為「邪惡」、「奸邪」、「惡意」、「惡性」等[5]。

　　事實上正義總是被稱為社會正義，強調正義是社會普遍認可的正當的道理，而不是個人私自認為的道理。社會正義就是將正義的概念應用於廣泛的社會關係之中。中國歷來將社會正義作為政治學名詞，

2　據李格非主編：《漢語大字典》，湖北辭書出版社、四川辭書出版社，1996年9月第1版，第1424頁。《說文》：「義，己之威儀也。從我、羊。」同儀。含義為：禮節、儀式。容貌風度。準則，法度。《左傳莊公二十三年》：「朝以正班爵之義，帥長幼之序。」王引之述聞：「義，讀為儀。」主要含義有：適宜，正當。又見《辭海》(1989年版縮印本)，上海辭書出版社，1990年12月出版，第371-372頁：義，「儀」的古字。威儀。《叔向.銘》：「共(拱)明德，秉威義。」引申為儀容不得狀貌。《流書.高帝紀下》：「署行、義、年。」顏師古注引蘇林曰：「行太年紀也。」事之宜；正義。指思想行為符合一定的標準。《禮記.中庸》：「義者宜也。」韓愈《原道》：「行而宜之之謂義。」《孟子告子上》：「捨身而取義者也。」義形於色，指仗義持正的心情流露在臉上。《公羊傳桓公二年》：「孔父正色而立於朝，則人莫敢過而致難於其君者，孔父可謂義形於色矣。」徐彥疏：「孔父事君之正義，形見於顏色矣。」

3　據《現代高級英漢雙解辭典》(The Advanced Learner`s Dictionary English-Chinese)，Hong Kong Oxford University Press Kualalumpur Singapore Jakarta Tokyo，英漢版牛津大學出版社(香港)，1970年初版、1978年第10版，第578頁。中國近代引進西方社會科學概念時，將 justice 譯為正義，之後正義一詞含義與 justice 的含義漸趨一致起來，成為一個具有時代性和學術性的被廣泛應用於政治學、法學、社會學等各門社會科學以及哲學的詞彙。在古希臘，柏拉圖曾把正義(justice)列為「四主德」之一。另見《辭海》：無產階級論證道德行為的正義性，是從爭取全人類解放的觀點出發的，認為只有符合人類進步和社會發展利益的事業，才是正義的事業。富有正義感，追求正義，伸張正義，是有道德的表現。

4　《辭源》(修訂本全四冊)，商務印書館出版，1979年7月至1983年12月修正第1版，第二冊，第1665頁。

5　參見《現代漢詞規範詞典》，現代出版社，1997年6月第1版，第929頁。

法學、法律的詞典上一般都沒有社會正義一詞的條目。但是，社會正義從來沒有像今天這樣，讓人感覺到其與法學、法律、司法如此接近。人們在走過了漫長的探索之路之後，都認識到所有法學、法律、司法的問題幾乎都是從社會正義發源，都與社會正義有關，都圍繞着社會正義而展開。現在，法學、法律和司法界對社會正義一詞的使用頻率已經遠高於其他任何領域，社會正義已經成為法學、法律、司法實務的問題和話語的中心詞。因此，社會正義作為法學的名詞和概念，已經是不可拒絕的必然。

（二）關於正義的學說

世界各國有關社會正義的論述可謂汗牛充棟，因為「正義是社會制度的首要價值」[6]。然而，正如美國法學家博登海默所言：「古往今來的哲學家和法律思想家不過是提出了種種令人頗感混亂的正義理論」，「正義有着一張普洛透斯似的臉（a protean face），變幻無常、隨時可呈不同形狀並具有極不相同的面貌。當我們仔細查看這張臉並試圖解開隱藏其表面背後的秘密時，我們往往會深感迷惑」[7]。對國內外歷史上比較有影響的正義的定義或定義式闡述，有人進行了歸納[8]：

1.　正義指一種德行

中國傳統觀念通常這樣認為。這種德行的經典表述就是「己所不欲，勿施於人」[9]，已之所欲乃施之於人。可以説，正義就是引導人們避免彼此傷害的互利的約定。

6　【美】約翰•羅爾斯：《正義論》，何懷宏、何包鋼、廖申白譯，中國社會科學出版社，1988年第1版，第1–2頁。

7　【美】E•博登海默：《法理學法哲學與法律方法》，鄧正來譯，中國政法大學出版社，2004年1月修訂版，第261–262、265頁。

8　參見張文顯主編：《法理學》，高等教育出版社、北京大學出版社，1999年10月第1版，第251–253頁。

9　語出孔子《論語•衛靈公》子貢問曰：「有一言而可以終身行之者乎？」子曰：「其恕乎！己所不欲，勿施於人」。

2.　正義意味着各得其所

查士丁尼《民法大全》和古羅馬的很多法學家就奉行這種正義觀——「正義是給予每個人他應得的部分的這種堅定而恆久的願望」[10]；正義就是「使每個人獲得其應得的東西的人類精神意向」[11]。其含義是：人各有天然的品質、才能、地位，擔負不同的職位，具有各自的分工。正義就在於根據每個人的品質、才能、地位、身份、貢獻，分配給其機會、財富和權利（權力），使人們各得其所。

3.　正義意味着一種對等的回報

中國古代的格言「以其人之道還治其人之身」、西方人所說的公理「一個以某一方式對待別人的人，不能認為別人在同樣情況下以同一方式對待他自己是不公正的」，都表達了這種正義觀。

4.　正義指一種形式上的平等

比利時法學家佩雷爾曼說，不管人們出自何種目的，在何種場合使用「正義」的概念，正義總是意味着某種平等，即給予從某一特殊觀點看來是平等的人，即屬於同一範圍或階層的人同樣的對待。

5.　正義指某種「自然的」，從而也是理想的關係

古希臘某些思想家認為，社會上劃分自由民和奴隸，「治人者」和「治於人者」，是「自然安排的」。如果大家都遵循這些關係，正義就在社會上實現了。

6.　正義指一種公正的體制

美國法學家龐德指出，從法律的角度，正義並不是指個人的德行，也不是指人們之間的理想關係。它意味着一種體制，意味着對關係的調整和對行為的安排，以使人們生活得更好，滿足人類對享有某

10　【古羅馬】查士丁尼：《法學階梯》，張企泰譯，商務印書館，1989年12月第1版，第5頁。

11　【古羅馬】西塞羅：《論共和國·論法律》，王煥生譯，中國政法大學出版社，1997年4月第1版，第7頁。

些東西或實現各種主張的手段，使大家盡可能地在最少阻礙和浪費的條件下得到滿足[12]。

7. 現代西方較通行的觀點認為：正義的本質即公平，公平的本質即平等待人

正義分為三類：一是分配正義，即分配的公平性。被分配的可能是某種福利，例如工作的報酬、言論或投票的權利；也可能是某種負擔，例如繳稅、家務活，或者做功課。二是矯正正義，即對某些個人或團體造成的某種錯誤或傷害做出的回應的公平性。包括要求那些犯了錯誤或傷害他人的人承受某些形式的懲罰，例如，償還偷竊的那些物品或賠償損失。三是程序正義，即獲取資訊的方式和做出決策的方式的公平性。如，涉嫌犯罪的人可能會在認真、公正的調查中提供案件資訊，也可能是在酷刑之下招供。要對某事做決策的人可能會聽取所有對這個問題感興趣的人的意見，也可能完全忽略這個步驟而自行決定。這裏需要強調的是，程序針對的是人們獲取資訊或做出決策的方式的公平性，而不是人們獲得的資訊或所做的決定的公平性[13]。

12　【美】羅斯科•龐德著：《通過法律的社會控制──法律的任務》，沈宗靈、董世忠譯，楊昌裕、樓邦彥校，商務印書館，1984年4月第1版，第58頁。

13　"We think of the essence of justice as fairness, and the essence of fairness as treating people equally." "DISTRIBUTIVE JUSTICE: Issues of distributive justice concern the fairness of the distribution of something among several people or groups. Whatever is distributed or divided can be a benefit, such as pay for work or the right to speak to speak or vote, or it can be a burden, such as taxes, household chores, or homework." "CORRECTIVE JUSTICE: Issues of corrective justice concern the fairness of the response to a wrong or injury to a person to a person or group. Common responses include making a person who has wronged or injured another suffer some form of punishment, give back something that was stolen, or pay for damages." "PROCEDURAL JUSTICE: Issues of procedural justice concern the fairness of how information is gathered and/or how a decision is made. For example, a person suspected of a crime might give information through careful, unbiased investigation or by torture. People making a decision might hear from all people interested in an issue or might make the decision without such a procedure. It is important to emphasize that procedural justice deals with the fairness of how we gather information or make decisions, not with what information we gathered or decision we make." 參見Justice（正義），LESSON 1: What Are the Different Kinds of Issues of Justice? by Center for Civic Education（【美】公民教育中心）.

（三）中國對正義問題論述較少

中國應用馬克思主義歷史唯物論。但是，「由於時代條件的限制，馬克思、恩格斯未能將正義視作重要問題，進行深入研究」[14]。馬克思未完整論述過正義問題，只是在談到「公平」時，強調「一個人有一個人的理解」[15]。馬克思說：「真正的自由和真正的平等只有在共產主義制度下才可能實現」[16]。恩格斯在談到「平等」、「公平」時說：「平等觀念說它是什麼都行，就不能說是永恆的真理」[17]。恩格斯在批判蒲魯東的抽象的「永恆公平」時認為：「這個公平則始終只是現存經濟關係的或者反映其保守方面或者反映其革命方面的觀念化的神聖化的表現」[18]。可見，在馬克思主義的理念之中，只承認不同階級有各自不同的正義，並且站在無產階級的立場上，只承認無產階級內部的對於正義的認識才是正義，並不承認存在跨越階級的共同正義。

馬克思所處的時代和中國的革命年代，社會確實是分裂為階級的，階級之間的鬥爭確實是你死我活極為殘酷的。雖然每個階級內部會存在階級的正義，但在各階級之上能夠得到全社會共同認可的正義觀念較少。或許只有「保存好北平城」之類的正義理念能夠被不同階級共同接受。因此，在階級鬥爭和革命戰爭過程中，不是沒有社會正義，而是只存有階級的正義和不同群體的正義。對於當時的無產階級來說，馬克思主義歷史唯物論寫滿了階級的正義。中國革命和戰爭年代也同樣存在着階級正義，也在革命領袖著作和規範性文件當中有很好的體現。

在中國革命和戰爭結束和階級鬥爭熄滅之後，社會共同體已經穩定，這時所應追求的就是社會共同正義。但因為種種複雜的歷史過程，以至於普遍未能就社會正義進行研究和理論宣示。

14　王廣：《正義之後——馬克思恩格斯正義觀研究》，江蘇人民出版社，2010年8月第1版，第218頁。

15　《馬克思恩格斯選集》第3卷，人民出版社，1972年5月第1版，第212頁。

16　《馬克思恩格斯全集》第1卷，人民出版社，1972年5月第1版，第582頁。

17　《馬克思恩格斯選集》第3卷，人民出版社，1972年5月第1版，第212頁。

18　《馬克思恩格斯選集》第3卷，人民出版社，1972年5月第1版，第211–212頁。

二、提出一種對社會正義的見解

(一) 正義的起源

儘管對於正義有着眾多的解釋，都有其立論的依據，是不是就已經窮盡了對正義含義的探索呢？當然不是！因為，正義是人類社會永恆的主題，必將被永遠進行探索。在此，可不可以依據於生活常識對正義的含義也作一次淺顯易懂的探討呢？或許也能成為一家之言吧。

人們都知道，慣常所說的正義是無色、無味、無重量、無形體的，是意識性而非物質性的東西。那麼，這就說明正義只是存在於人們頭腦裏的一種思想認識，是社會物質存在在人腦中的反映，是人對現實生活感知的基礎上所形成的一種意識。

從人腦對社會物質存在感知的一般規律來看，正義這種人腦對社會物質存在的反映應當具有以下的產生過程：

生活的基本常識表明，人一出生就有了自我意識，這種自我意識首先是意識到自我的存在，意識到要維護自身個體的存在，就有了生存的意識，即「要活不要死」。這是人的本性。在此基礎上，對周邊事物的認識必然是：符合自我生存需要的事物就是正確的，不利於自我生存需要的就不是正確的。因此，人的最基本的意識必然是自私的，「人不為己，天誅地滅」是很客觀的描述。人的這種求生和利己的意識恰恰是每個人的第一層正義。

但是人需要共存。人這一物種，生來具有社會性。人作為社會性的動物，沒有群體的共同生存，個人是生存不了的。人的出生，需要父母；未成年人的生長需要成年人的扶養；工作後需要分工合作才能生產物質生活資料；人老了以後也都需要別人的供養；人生了病需要別人為其治療；沒有別人幫助，任何人甚至不可能建造成一處供自己居住的房屋。沒有別人的生存，每個人都不能生存。對於每個人來說，社會群體跟空氣、水、糧食一樣重要。因此，人們從社會存在中獲得的認識是：每個人都必須與別人一道生存，自己才能生存；別人都生存得好，自己才能生存得好；要想自己生存得好，也必須讓別

人生存得好。人必須組成人類社會，人必須在社會中共同生存才能保證個體的生存，才能保持本物種的存在，社會共存是人的基本生存條件。因此，共存和利他，即每個人都應當得到生存的條件和資源，這是人類共同認識到的第二層面基本的正義。

　　人類需要共存和利他，這種基本的正義，必然演化出人與人之間的平等、自由、民主、公平、公正、博愛、人權、人道、人本、和平、互愛、互助、團結、合作、尊重、多元、共享、安全、進步、快樂、善良、仁慈、寬容、溝通、法制、法治、反恐、限核、講信用、講對話邏輯、互相尊重、誠實信用、尊老愛幼、同情和救濟弱者、傳授文明和知識、交換物質財富、有難同當有福同享、見義勇為、見危施救、捨己為人等等相關的具體的正義，這些正義在原始氏族部落就已經起源並不斷豐富着。這些正義可以稱之為第三個層面的正義。這個層面的正義，已經成為普適的正確的理念和原則，其中，社會平等、社會公平、社會公正、社會自由等等，已成為放之四海而皆準的絕對正義。美國《獨立宣言》因而宣示「我們認為下面這些真理是不言而喻的：人人生而平等，造物賦予他們若干不可剝奪的權利，其中包括生命權、自由權和追求幸福的權利」[19]。諾貝爾經濟學獎得主阿馬蒂亞•森甚至提出了「全球性正義」的概念，認為解決諸如全球變暖、全球性經濟危機等問題，或者預防和控制愛滋病等全球性流行疾病的問題時，「在跨境討論的基礎上可以產生許多全球性的一致認識，而這是以某一個國家作為決策的基礎，將其他地區的看法排除在外的做法所不可能達成的」[20]。這些普適的、全球性的正義，正是正義的恆久不變的內容。

19　"We hold these truths to be self-evident, that all men are created equal; that they are endowed by their Creator with certain inalienable right; that among these are life, liberty, and the pursuit of happiness". An excerpt from *The Declaration of Independence*. (引自《獨立宣言》)。

20　【印】阿馬蒂亞•森 (Amartya Sen)：《正義的理念》，王磊李航譯、劉民權校譯，中國人民大學出版社，2012年6月第1版，「中文版序」，第4頁。

在正義出現的同時，也必然產生：反暴政、反獨裁、反專制、反暴力、反歧視、反欺凌、反奴役、反奸詐、反剝削、反壓迫、反掠奪、反姦淫、反侵略、反戰爭、反極端自私、反假醜惡、反偏私狹隘等等限制性的正義意識，從而也就構成了第四層面的正義。這個層面的正義是對非正義的抗拒。而作為正義思想的附屬概念的非正義，應當就是指正義沒有得到實現或被違反、受損害的情況[21]，而所有非正義都可以被評定為「邪惡」。因此，這一層面的正義是反對邪惡而維護正義的正義。《美國憲法》第一條修正案（1791年權利法案）宣告：「國會不得制定關於下列事項的法律；確立國教或禁止宗教活動自由；限制言論自由或出版自由；或剝奪人民和平集會向政府請願申冤的權利」，第八條修正案（1791年權利法案）：「不得要求過多的保釋金，不得處以過重的罰金，不得施加殘酷和非常的懲罰」【22】，都是這種第四層面的維護正義的正義的體現。中國現行憲法規定：「禁止非法拘禁和以其他方法非法剝奪或者限制公民的人身自由，禁止非法搜查公民的身體」、「禁止用任何方法對公民進行侮辱、誹謗和誣告陷害」、「禁止非法搜查或者非法侵入公民的住宅」、「禁止破壞婚姻自由，禁止虐待老人、婦女和兒童」，中國刑法對各種犯罪行為的禁止和懲罰的規定，也都是維護正義的正義的表達。

綜上分析，不妨給正義重新定義：所謂正義就是人們在社會生活中逐步形成的，以有利於社會成員、社會群體，以及整個人類共同

21　「非正義」(injustice)，自從亞里斯多德以來，人們在與自己有關的判決中、在吸引公眾注意的案件中感覺到非正義，始終被承認為是正義思想的一種附屬概念。與正義相比較，很容易理解人們會把何種事物認為非正義。但是，非正義並不是一般意義上對正義的否定，而僅僅是至少某一個人感到正義實際上沒有得到實現的具體事例。然而，消滅非正義事例的努力並未能創造出普遍性的思想，也未對理解正義做出實質性的貢獻。參見【英】大衛•M•沃克：《牛津法律大辭典》，北京社會與科技發展研究所組織翻譯，光明日報出版社，1988年8月第1版，第446頁。

22　"Congress shall make no law respecting an establishment of religion, or prohibiting the free exercise thereof; or abridging the freedom of speech, or of the press; or the right of the people peaceably to assemble, and to petition the Government for a redress of grievances". "Excessive bail shall not be required, nor excessive fines imposed, nor cruel and unusual punishments inflicted." Excerpts from *The Constitution of the United States.* 引自《美國憲法》。

生存與發展為標準，而謂之正確的思想、觀點、信念、追求、理念、理論、理想、原則、規則、法則、教義、目標、嚮往等思想意識的總和。其中最高層次社會正義的最大特點，恰恰就是其跨階級性、非階級性、全社會共享性。

居正先生[23]說：「所謂正義雲者，乃人類社會或國際團體生活意欲所嚮往之正確方向，藉以達到人類共同繁榮生存之理想者也」[24]。

熊秉元對正義的闡釋與上述分析也有相似處，他認為：人類最初是因為要和平共存和繁衍下去，所以必須處理各式紛爭，而由處理各式各樣的糾紛裏，人們逐漸發展出正義的概念[25]。

至此，可以認為：凡是那些最終有利於社會進步，有利於人類幸福及社會物質文明、精神文明發展的思想意識、情感態度、觀點道理、規則條文都是正義的內容。

23　居正（1876年–1951年）生於清末，自幼聰穎好學，文采卓然，詩詞歌賦甚佳，國學基礎深厚。居正先生得中秀才之後，屢應鄉試不售，在友人陳乾勸說之下，於1905年遠渡日本東京求學，就讀日本法政大學預備部，1907年，入日本大學本科習法律，通過在日本精研歐美和西方法典，開拓了先生的法學視野，知識結構融貫中西，也得以法律之學致力於國內法制之構建，擔任南京國民政府司法院院長的16年間，他居正而不居功，勤於做事不爭名，以愛國之心和救國之志，銳意投身於司法改革。https://baike.so.com/doc/6068155-6281223.html。

24　居正：「誠以凡人均有所欲，欲則不能無求，其求而為眾人之所欲，其中即含有正義源流。孟子所謂民之所好好之，民之所惡惡之，亦即指此情況而言。惟於茲有一問題，即人欲多矣，人類眾矣，既無人敢言一人之欲即眾人之欲，故少數人之所欲不能視為眾人之所欲，並以之為判別正義尺度之標準也。准是以論，則哲學上所謂正義雲者，乃人類社會或國際團體生活意欲所嚮往之正確方向，藉以達到人類共同繁榮生存之理想者也。從而更可了然正義之思想，實為人類正確的意欲之結合表現，此種表現，不僅為人類社會或國際團體之現在生存繁榮，更且為後代人類及國際團體未來生活上實具有更深刻之重大影響也。世界人類史實，正義之黯淡消滅或光輝存在，不僅有關國內之治亂，且亦系國際之和平與戰爭也」。見居正：《法律哲學導論》，商務印書館，2012年12月第1版，第20–21頁。

25　熊秉元認為：公平（fairness）的概念，和正義的概念，有交集，但是並不完全相等。公平，可以隱含事前的意義。譬如，部落裏的男生，每個人都可以追求酋長的女兒；這是公平，不是正義。另一方面，公平也可以隱含事後的意義。譬如，狩獵得來的收穫，平均分給每一個參加狩獵的人；這主要是公平，不是正義。參見熊秉元：《正義的成本：當法律遇上經濟學》，東方出版社，2013年8月第1版，第244、245–246頁。

（二）正義的相對性

一是個人正義具有相對性。基於上述對正義的重新定義，不難看出：所謂正義，都是一些相對正確的道理。首先，每個人思想中的正義，只是相對正確的。因為，正義既然是一種意識，那麼意識只能產生和存在於人腦，就一定附屬於特定的人腦。正因為正義產生和存在於不同的人腦之中，那麼每個人又都是站在自己的利益立場上對事物作出是非判斷，並對接觸到的他人的思想、觀點、理念、原則作出是否正確的判斷，因而每個人表達出來的正義首先是各不相同的。每個人的正義所具有的特殊性，表現了每個人正義觀點的片面性。這種片面的個人的正義，可以稱之為個人正義。對於個人正義的這種相對正確的性質，可以視為正義的相對性的一種表現。

二是群體正義具有相對性。每個群體的正義也是各不相同的。正義都是存在於一定主體的意識之中的，那麼，對不同主體範圍的劃分，也就形成對正義的不同的劃分。兒童有兒童的正義：應當享受撫養、愛護、保護、關心、幫助、教育，不應當被虐待、勞役、從事危險的和一切與其能力不相稱的社會活動等等。女人有女人的正義：有權婚戀、生育、哺乳，不被性別歧視，不被強迫從事其不願從事的社會活動，不被欺凌、侮辱、虐待、暴力和精神傷害，享受「女士優先」的尊重，等等。市民有市民的正義，農民有農民的正義。不同原始部落有不同原始部落的正義，不同村寨有不同村寨的正義，不同階級有不同階級的正義。在一種群體內部來看，正義在內部成員之間則具有共同性。在群體中具有共同性的正義是群體的正義，也就是有利於群體成員共存和發展的正義。但是，任何群體的正義，從群體外部來看，都有其特異性，與別的群體正義有若干方面的不同，有些甚至是相對立的，如部落征戰、階級矛盾。任何群體的正義，在對群體內總會追求共同性，而對外部則都要追求特異性。因而可見，群體所表達的正義，通常都具有特異的立場，因而對群體外部來說，這種群體正義是片面的正義，在更大範圍群體來看就不是共同正義。所以，任

何群體的正義都是片面的、有偏頗的，是對內的正義，對外則具有某些非正義性。君不見，一些男人僅僅因為只有「婦女節」、沒有「男人節」而頗有微詞嗎？而歷史上統治階級總是認為其統治地位是「君權神授」、其有利於自身統治地位的行為和理由都是正義的，但對於被統治階級來說則往往是被壓迫、被欺凌，是非正義的，因而被統治階級最終還是起來進行革命、推翻統治階級、實現改朝換代。可見，群體正義的正確性也是相對的。

三是國家正義具有相對性。就國家來說，每個國家每個時代都有其居於主導地位的共同正義。這種共同正義，都帶有本國立場，在國際關係中，一切不利於本國利益的國家行為都會被認為是「賣國」行為，是非正義的；一切維護本國利益，甚至損害別國利益的國家行為，對本國人民來說也都是正義的。國家正義這種特異性，表明即便是如國家正義般高尚的正義也都是具有片面性、相對性的正義。任何國家都不能不斷地犧牲本國利益，而對外國堅守一種「無私援助」式的正義，否則，就不是國家正義，國家也會因之而滅亡。

四是民族正義具有相對性。民族其實是一種巨型的社會群體。每個民族都有自己的正義，民族之間的正義也是各不相同的。如日本侵華時，日本官方和民眾認為，侵華是天皇為大和民族國民開疆擴土、擴大生存空間，是正義的。日本軍官在南京進行的「殺人比賽」中，在他們每人砍殺的人數都達到了一百的時候，便相約登上紫金山的高峰，面朝東方，舉行了對日本天皇的「遙拜禮」和「報告式」，並為他們的「寶刀」慶功、祝捷。而日本政府、日本大本營和日軍司令官非但不加譴責、制裁，反而認為它是「耀揚國威」、「膺征支那」的「光榮」舉動[26]。也正因為如此片面的民族正義，日本國民至今並不對其侵華罪行進行反省。而中國人則認為日本侵華犯下了滔天罪行，是完全非正

26　梅汝璈：〈遠東國際軍事法庭審理南京大屠殺事件之經過〉，載羅正楷主編：《中國共產黨大典》，紅旗出版社，1996年6月第1版，第392頁。

義的。國民政府《對日宣戰文告》稱：日本「甘為破壞全人類和平與正義之戎首，逞其侵略無厭之野心，舉凡尊重信義之國家，鹹屬忍無可忍，茲特正式對日宣戰」【27】。

五是人類正義具有相對性。所謂人類正義，就是相對於人類以外的其他地球生物來說，人類認為是正確的道理。如人對動物的馴養、役使、鞭打、殺戮、食用、賞玩象牙犀角，對於人來說或許是正義，符合「叢林法則」。但是對於動物來說，人有什麼證據證明它們不認為人的行為是殘忍的、邪惡的呢？只是我們還不能完全懂得它們的意識和語言而已。其實，無數人的親身體驗表明，很多種類的動物對於人類的行為都是有喜怒哀樂的情感和意志的表達的。可見，一切所謂正義都具有相對性，都是因主體不同相對而言的正義。

（三）正義的絕對性

一是正義具有自然性。最初的正義實際是人性，即人類的天賦自然屬性。人對自身生存的渴望和對快樂幸福的追求，父母對孩子的疼愛以及成年人對兒童的愛護，正常人對殘弱者的同情憐憫，人們對美好事物被損壞時的惋惜及對損壞者的憤懣，以及對故鄉的思念、對祖國的熱愛等等，往往是一種出自天然的人性的表現。這些人性特徵形成了人的一部分最初的正義感，並由此形成了很多人類共同的正義的認識和正義的行為。人性作為人類正義的組成部分具有原始發端的意義，人性作為人類正義也具有絕對正確的意義。連最滅絕人性的人，往往也認為自己的滅絕人性的行為是邪惡的，因為他們也無法完全拒絕先天的正義感在自己心中駐留。

因此，看到正義的相對性的時候，當然也應當承認一部分正義是絕對正確的，全社會都認可的在全社會範圍內就是絕對正確的正義。只有這樣，正義才能獲得堅守、維護和適用。各種社會主體所信守的

27　羅正楷主編：《中國共產黨大典》，紅旗出版社，1996年6月第1版，第395頁。

正義，所具有的內部共同性，就是正義的共同性。對於個人正義、群體正義、國家正義、民族正義，在看到其外部特異性的同時，仍然應當更加鮮明地承認其對於社會群體或組織內部所具有的共同性，這種共同性表明，對社會群體或組織內部成員來說，群體或組織內的正義就是絕對正確的正義。當今中國揭示的「人民對美好生活的嚮往」[28]，正是全體民眾的最根本的共同正義，也是絕對正確的正義。

　　二是正義具有社會性。正義的社會性，所指的就是正義對外部社會主體所具有的有利的一面。個人的正義之中，除了利己的成分，還有相當的利他成分；群體的正義之中，除了有利於群體的正義，還有大量的與其他群體相同而共同信守的正義；在國家之間，每個國家除了堅持維護本國利益，還必須承擔國際義務。正因為正義具有社會性，因而正義才被冠以社會正義的名稱。有人將正義區分為政治正義、經濟正義、道德正義、法律正義，然後將這些正義，籠統地稱之為社會正義[29]。這樣去闡述，也有利於理解社會正義的含義。美國哲學家羅爾斯和法學家龐德提出的「社會正義」的概念，是指社會基本結構或社會體制的正義。所謂社會體制或基本結構，是指分配基本權利和義務的經濟制度、政治制度和法律制度。「一個社會體系的正義，本質上依賴於如何分配基本的權利義務，依賴於在社會的不同階層中存在着的經濟機會和社會條件」[30]，「正義的對象是社會的基本結構──即用來分配公民的基本權利和義務、劃分由社會合作產生的利益和負擔的主要制度」[31]，是一種合作體系中的主要的社會制度的安排。

28　習近平：〈人民對美好生活的嚮往，就是我們的奮鬥目標〉（2012年11月15日），載：《十八大以來重要文獻選編》（上），中央文獻出版社，2014年9月第1版，第70頁。

29　【英】大衛‧M‧沃克：《牛津法律大辭典》，北京社會與科技發展研究所組織翻譯，光明日報出版社，1988年8月第1版，第496頁。

30　【美】羅斯科‧龐德著：《通過法律的社會控制──法律的任務》，沈宗靈、董世忠譯，楊昌裕、樓邦彥校，商務印書館，1984年4月第1版，第73頁。

31　【美】羅爾斯著：《正義論》，何懷宏、何包鋼、廖申白譯，中國社會科學出版社，1988年3月第1版，「譯者前言」，第5頁。

社會正義，不同於「用個人及其在特殊環境中行動的」個人正義原則，也不同於僅以滿足欲望為價值的功利主義原則[32]。因此，羅爾斯和龐德所稱的社會正義，雖不是全部的社會正義，但卻是對正義的社會性特徵的較好的詮釋。由此可見，正義的社會性，是正義有利於人與人、社會群體與社會群體、國家與國家、民族與民族之間發生聯繫、締結關係、形成社會關係的需要，是正義的外部特徵。

　　三是正義具有普適性。正義的普適性，即正義是在越來越廣泛的社會範圍內，得到普遍認可、遵循和堅守的有利於社會廣大成員共存和發展的思想、觀點、理念、原則、規則，是具有普遍適用性的。在一個群體之外的更大的社會群體直至整個人類社會來看，有一部分正義在所有人類社會成員之間具有共同性。有一部分正義就是應全人類共同生存的需要而提出來。這些在整個社會正義中具有共同性的正義，是有利於全人類全體社會成員共存和發展的正義。因而這些正義，在各個社會群體內部不約而同地具有普適性而為各個不同範圍的社會群體所信守，這種普適性是絕對的，其正確性是毋庸置疑的。這些正義，不因任何國家性質的不同而可以被否定，不因任何社會領導人的集權而被否定，不因任何歷史變化而被否定。自從人類的思辨認識到這樣的理念、原則之後，只會更加強化，而不再會被任何人泯滅。因為，這種正義是人類社會進化中在殺戮、戰爭、侵略等無數人為製造的災難和血流成河的教訓中所總結出來的最寶貴的文明成果。無論是君主還是政黨，無論其多麼瘋狂而如希特勒、墨索里尼或裕仁天皇，當他們違背普適性絕對正義的時候，就是在對全人類實施犯罪行為，最終必定遭到失敗。當今，在全球人類的生存發展如此相互依賴、相互聯動、息息相關的情況下，普適的絕對正義不再是「在歷史條件還不具備，時代發展還很不充分，全球化還充滿着許多變數的時候

32　呂世倫、文正邦主編：《法哲學論》，中國人民大學出版社，1999年2月第1版，第471頁。

出現的所謂正義」[33]，而是正在鮮明地展示並發揮着引導人類社會前進的重要作用，已成為人類社會顛撲不破的真理。

三、社會正義需要維護才能實現

（一）正義的表現方式

正義並不能只存在於人腦之中，正義需要交流和傳播，用以指導人的行為，因而正義必須有社會化的載體。

先賢、聖人、哲學家，如柏拉圖、亞里斯多德、孔子、馬克思者，所做的論述、概括和講授，是正義的表現方式。他們遺留世間的論著往往就是貯藏社會正義主旨的寶庫。他們一代又一代的思想繼承者們還在不斷地為這個寶庫豐富着內容。

道德規範也是正義的表現方式。這種表現方式，本身並無一定不變的形式，可以書寫於街頭、馬路，可以口口相傳或做動作的教習。社會正義在很大程度上依靠道德規範和道德楷模的言行而得以為人所知悉與傳播。

法律的全部體系是社會正義的十分重要的表現方式，也是最好的表現方式。當然也有所謂「惡法」，並不能表達正義。

社會各行各業各群體內部的規則、公約，也表達了相當多的社會正義。乃至顯規則沒有充分表達社會正義的情況下出現的潛規則，以及顯規則違背社會正義內容情況下出現的相反的潛規則，無不表現社會正義的內容。

要對社會正義外在表現形式進行分類的話，則很簡單，這些方式無外乎口頭的、文字的、動作場景的圖畫視頻戲劇記錄三種情況。文字形式有條文、有論文、有公文、有文學作品等形式。社會正義用文字表述，則是最常有的形式。但是，社會正義真正最普遍的存在形式還是人的大腦的記憶。

33　孫國強：《全球學》，貴州出版集團公司、貴州人民出版社，2008年2月第1版，第378頁。

（二）正義的實現方式

正義作為人類文明的重要內容而得到傳承。即使在社會某些強勢群體努力地歪曲社會正義內容或者努力地擴張其相對正義的應用範圍的時候，社會正義仍然在人們的心靈間傳播着、一代一代地傳承着，從而成為社會顛撲不破的傳統文明，尤其是一些應用於整個人類社會的社會共同正義，則成為整個人類社會的永遠的共同文明。而這種作為社會文明的社會正義的傳承，則是既以社會成員的口傳心授又依賴於正規系統的教育來完成的。這種傳承決定了社會正義被社會成員普遍自覺遵守的原初傾向。

正義的實現依靠社會成員的自覺遵守。社會成員既然認識到社會正義乃是維護社會共同體的必要條件，是每個人生存的必要條件，當每個人都渴望生存和幸福的情況下，每個人都會希望社會正義得到實現。因此，每個希望正義得到實現的人會從自己的意識到自己的行為都自覺地遵守社會正義，共同約定並實施着遵守和維護社會正義的種種規則。在這些規則的實施過程中，人們心甘情願地相互支持、互相提示、互相監督，在社會正義的影響下共同生活着。這種狀態的社會是祥和的、平安的、穩定的、幸福的，是符合人類生存和繁衍的需要的，也正是人類社會生活的主流狀態。即使在更大的社會環境中處於群體之間對抗狀態時，各群體內部的社會成員、各微小社會組織內部，人們仍然是自覺遵守並共同維護着他們認為的社會正義。

但是，正義因經受社會衝突而需要維護。正義本身具有相對性，個人正義與個人正義之間有不同、群體正義與群體正義之間有不同、國家正義與國家正義之間有不同，不同的正義在都希望得到實現的時候，必然產生衝突。這種不同正義實現時的衝突有時是微小的、有時是巨大的，有時是激烈的、有時是殘酷的，大者如世界大戰，小者如群體性事件，無不是社會正義實現中的衝突。即使是故意犯罪，也可以視為是個人正義向社會共同正義的挑戰，屬於不同社會正義之間的衝突。古希臘哲學家赫拉克利特說：「正義就是鬥爭，一切都是通過鬥

爭，一切都是通過鬥爭和必然性而產生的」，「戰爭是萬物之父，也是萬物之王，它使一些人成為神，也使一些人成為人，使一些人成為奴隸，使一些人成為自由人」[34]。社會正義正是在這種不斷發生的衝突之中，經歷了種種衝突之後才得以實現的。在社會正義之間的衝突之中，如果站在某一種社會正義的角度來觀察，所有的衝突意味着所站立的社會正義的立場正在受到站立於其他社會正義的立場的社會成員的破壞、危害和阻礙。因此，一種社會正義要越過社會衝突而獲得實現，就意味着這種社會正義需要經常得到捍衛和維護。

（三）正義的維護方式

自治的方式。有人説：「正義並不是依靠正義理論就可以自然實現的，它必須借助一定的手段」[35]。而所有維護社會正義的方式和手段，首先是自治的方式。絕大多數社會正義實現過程中的衝突都是由衝突各方成員爭執到最後而自行協商化解的，這種協商化解本質上是尋求並服從於更高層次的共同正義而放棄各自正義的相對性的結果，而其成功的基礎則在於社會成員所具有的出於共同生存需要而自覺遵守社會共同正義的本性。自治的方式自古以來都是解決社會衝突的主要方式，如原始社會的同態復仇、日常生活中的互諒互讓。也就是説，在這種方式中，每個社會成員都是解決社會衝突、維護社會正義的主體。然而，自治的方式很多情況下不僅不能解決衝突，反而會產生更大的社會衝突；不僅不能有效地維護正義，反而會破壞更大範圍

34　《古希臘羅馬哲學》，北京大學哲學系、外國哲學史教研室編譯，商務印書館，1957年7月第1版，第23、26頁。

35　王海明：《公正、平等、人道——社會治理的道德原則體系》，北京大學出版社，2000年6月第1版，第43頁。

的正義【36】。但是，即便社會發展到現在，自治的方式仍然是解決社會矛盾糾紛的主要方式。社會民間的糾紛、衝突，每人每天都會發生，每年全社會發生的民間矛盾糾紛不下億兆起，而絕大多數都是自力解決的。非以自治的方式自力解決的，猜想一下，或許只在10%以內吧。

政治的方式。包括政治集團提出政治主張、進行權力之爭、開展政治教化、實行行政強制管理、發動戰爭等等。政治方式的主體是社會政治權力的掌握者。階級鬥爭學說清楚地說明：「在階級社會中，每一個人都在一定的階級地位中生活，各種思想無不打上階級的烙印」【37】。從這種階級鬥爭學說角度看，政治行為的本質就是政治集團維護自己所代表的本階級的利益，對於一切敵對階級成員都是壓迫、鎮壓，剝奪其利益，而不存在維護其利益念頭。可見，政治的方式在維護社會正義的時候，總是相對的、片面的，在更大範圍來看總是不公平、不公正的。但是，政治以強迫為特徵、以暴力為保障，可以以命令的形式強迫人們接受社會治理主體所主導的正義觀點，因而在維護某種社會正義時，政治具有其他任何方式所不能相比的力度和效果。

德治的方式。包括文化教育、思想教育、道德宣傳、模範人物的示範，社會旌表活動，等等。都是正面進行灌輸正義的內容，或從反面警示非正義現象。德治以教化為特徵。可以有鮮明的立場，可以有激烈的批評，可以有熱情的讚揚與歌頌，可以大張旗鼓地積極主動地宣揚正義理念而努力使受眾接受。因而，對於社會正義的維護，德治是不可缺少的一環。

---

36 「四川宜賓的肖女士經小侄兒母親同意後，帶着孩子在街上玩，孩子一直哭鬧，市民以為肖女士是人販子，將其圍堵暴打並送至派出所。民警調查後，肖女士並非人販子，而是小男孩的姑媽。只是肖女士智力上有些問題，才在網路裏引起了巨大的誤會」。並評論：「以暴力的方式來維護社會正義，迎合了社會情緒，從而讓人產生具有正當性的錯覺。如果是在制止犯罪行為之後施加暴力並造成傷害，或者在尚未確定當事人身份的情況下便施加暴力，這樣的『暴力的正義』已涉嫌違法，還能說是真正的正義嗎？」見丁剛：〈不應以暴力的方式維護社會正義〉；載：《重慶時報》 2015-06-16。

37 見：《毛澤東選集》（一卷本），人民出版社，1964年4月第1版，第260頁。

　　法治的方式。主要是將社會廣泛存在和社會成員廣泛認同的社會
正義的精神內涵記錄描述為法律條文，並技術性地表達為便於全體社
會成員遵守的行為規範，再由國家專門機構及其專門人員按照這個規
範體系來妥善化解或強行制止社會衝突，從而維護社會共同正義不受
危害，並保障其得以實現。法治的方式是每個國家社會在國內和平時
期和國際關係和平時期，處理國家範圍或國際範圍社會衝突的主要手
段，其本質上是一種成熟規範的、國內社會成員和國際社會成員普遍
認可的、副作用最小的維護正義方式。因而法治的方式已成為維護社
會正義、治理社會衝突的公認的重要方式，以致於出現「以法治國」和
「依法治國」的政治主張和政治方略。

　　政治的方式與自治的方式相比，政治可以代替自治。政治是更
大範圍的社會衝突的一方有組織、有領導、有理論、有目標地與他方
進行鬥爭的活動。政治實際上是自治的替代、升級和最高形式。當政
治的鬥爭取得勝利而與他方的鬥爭不再繼續時，政治的作用就轉化為
僅僅是自己一方的內部治理，也即轉化為內部自治行為。但是，在政
治治理的範圍內仍然會不斷分化出各種利益群體並相互產生一定的矛
盾，政治對於這種內部利益群體之間的矛盾的解決方式主要靠政策調
整各主體的利益關係。同時，政治的方式中經常包含了以暴力強制
手段處理社會矛盾。但是政治的方式也會在調整社會關係的過程中失
靈。因為，政治在和平時期的主要精神在於管理，是自上而下的主動
的命令，當這種管理和命令不被管理對象理解、接受和服從時，管理
就失靈了，即便是暴力鎮壓也於事無補——「民不畏死，奈何以死懼
之」[38]。此時，社會衝突的主體往往就會拋棄政治的方式轉而以自治
的方式來解決自己所面對的社會衝突，來維護自己的相對正義。在感
到政治甚至成為阻礙其自治行為或者感到政治製造了非正義的時候，

38　【春秋】李耳：「民不畏死，奈何以死懼之。若使民常畏死，而為奇者，吾得執而殺之，孰敢？常有司
　　殺者殺。夫代司殺者殺，是謂代大匠斲。夫代大匠斲者，稀有不傷其手矣」。見：《老子》；載於立
　　文主編：《諸子百家集成》（全四卷），黑龍江美術出版社，2011年1月第1版，第二卷，第25頁。

自治行為就會轉化為對政治的對抗，如罷工、罷課、罷市、遊行示威、打砸搶燒等群體性事件，最嚴重的就是起來「鬧革命」，出現血雨腥風的極端社會狀態。

法治的方式與政治的方式相比，兩者並行不悖，不可相互替代。法治的方式恰恰是比政治的方式副作用更小的解決社會衝突的方式——一切政治的行為在解決社會衝突維護社會正義的時候，都會產生新的非正義，因為政治的方式往往是維護相對正義。按照馬克思主義的理論，一切政治都是階級鬥爭的形式。因此一切政治行為都只是維護某個或某些階級、階層的正義。而法治的方式則是維護更大範圍的正義——體現正義的絕對性的一面，是要維護整個社會共同體的存在，維護全社會的跨階級、跨階層、跨民族、跨區域、跨人種、跨任何差別的共同正義。這正是法治作為維護社會正義的方式所具有的特別價值，是法治不能歸併於政治而獨立存在的必要性所在。如果忽視了這一點，而將法治作為政治的附屬手段，完全聽命和服從於政治意志，法治就已經事實上不存在而只剩下政治了。當然，法治也替代不了政治維護社會正義的作用。在社會動盪、國家混亂、暴亂頻仍的狀態下，法治會完全失靈，而政治的、軍事的行動在這種時候絕對是維護社會正義的最有效的手段。法治只是在社會和平發展時期，以設定行為規範，再輔以處理微觀個案的司法行為、執法行為來解決社會衝突以維護社會正義的。但是，法治與政治經常會有分歧。因為法治所維護的社會正義範圍總是大於政治所維護的社會正義的範圍，政治在法治的面前總是暴露其立場的偏狹與短視，並在法治的高遠境界面前更加昭彰。如果要求法治服附從於政治，那麼，實際是以高就低，是一種社會文明的退步。法治與政治必然有分歧，法治的方式處理社會衝突和矛盾必然具有其特有的形式、內容、標準、原則、規則，必然具有與政治不同的結果。法治的方式可以處理政治的方式在解決不了社會衝突反而使政治主體自身陷入社會衝突之中的社會衝突，但政治的方式永遠不需要去處理法治行為主體與社會衝突主體之間的衝突，因為法治狀態下法治行為的主體只是一個公正無私的社會矛盾的第三方調停

人，不可能成為社會衝突的一方當事人。所以，法治是獨立於政治之外的、不可被替代的一種重要的維護社會正義的方式。

法治的方式與自治方式相比，需要適當的自治作補充。社會成員之間可以發生無限數量的社會正義上的衝突，不可能全部都以法治的方式去處理。因為法治的方式要通過專門國家機構的專門人員來操作，而專門人員是有限的，相對於社會成員只能是人數極少的。任何國家都不可能養活一支能夠處理無限量的社會衝突糾紛的龐大的專門人員隊伍。因此，法治的方式只能應用於少量的社會衝突的處理，只能在少數情況下應用於維護社會正義。大量的社會矛盾衝突是依靠社會各種主體本身的能力、素質和利害關係決定的自決行為予以解決的。自治方式永遠是解決社會衝突的最基本的方式，是政治的方式和法治方式最大的補充力量。即便是刑事法律也允許正當防衛權，以允許自力救濟來解決一部分社會衝突。但是，恰恰是法治的方式教導和示範着社會成員如何正確地自力解決社會矛盾衝突，每一個正確的司法判決都教導了無數的社會成員如何正確地實施自己的社會行為。

法治的方式與德治的方式相比，則不能替代德治的方式。法治的方式在社會衝突糾紛發生之前，常常是寂然無聲的。只有在社會衝突糾紛發生後，法治以帶有強制性的行為去化解和解決社會衝突時，才能顯現出法治的身影。而德治的方式，總是主動宣揚、積極提倡、直接灌輸，從課堂到殿堂、從農村到工廠，無處不可以體現德治的要求，從早間新聞到晚間「追劇」、從春季旅遊到年前回鄉，無時不展示德治的內容，甚至可以舉全國之力，讓一種正義觀點或一種正確的思想，大張旗鼓、鋪天蓋地、家喻戶曉。因而德治能夠更有效率地統一人們的正義觀點、預防和減少正義認識上的分歧與衝突，可以在人的內心深處確立和守望社會正義。德治的這種對於社會正義的維護作用，是法治的方式所不可代替的。在中國古代曾經主要靠「以德治國」或「德主刑輔」[39]。法治方式維護社會正義的作用如此有限，甚至被

39　田大治：〈論漢代的德主刑輔制度〉，載《平原大學學報》，2004年第1期。

人認為：「法律對正義的實現並不是必不可少的」【40】。當然，這只是一句反話，其實法治對於維護社會正義肯定是必不可少的，而且在現代社會中法律與社會正義有着如此緊密的聯繫，而使人們在探索正義的實現途徑時，一定是將正義與法律相提並論的。法治和德治都是必不可少的維護社會正義的重要方式。

社會正義的法律維護

一、法是維護社會正義的工具

（一）對法的工具性的固有理解

中國法學理論界與法律實務界都長期認為法是進行「專政和鎮壓的工具」。最初的文本提法是：「法律是一定統治階級用來統治被統治階級和保護自己階級的工具。一切國民黨反動政府的法律，都是為少數人的反動集團用來壓迫中國廣大人民的工具。人民法律則是代表廣大人民底意旨的法律，教育人民尊重新民主主義的社會秩序，並為保護廣大人民的利益而與少數反動分子的破壞作鬥爭」【41】。

如果冷靜地以邏輯分析方式思考，不難產生這樣的看法：自從1978年宣佈不提「階級鬥爭」口號後，中國社會實際是否定「以階級鬥爭為綱」，並肯定「階級鬥爭還將在一定範圍內長期存在」【42】。在剝削階級已經消滅，被剝削階級也已不再是被剝削階級，社會進入「階級鬥爭不是社會主要矛盾」的社會歷史時期，這樣的社會歷史時期存在着

---

40 楊一平：《司法正義論》，法律出版社，1999年1月第1版，第50頁。

41 見：〈政務院關於加強人民司法工作的指示〉，載《建國以來重要文獻選編1》，文庫http://www.71.cn/2011/0930/631937.shtml。

42 賀新元：〈否定「以階級鬥爭為綱」與「階級鬥爭還將在一定範圍內長期存在」並不矛盾〉；載中國社會科學網 http://www.cssn.cn/sf/bwsf_bjtj/201412/t20141231_1463375_2.shtml，2014年12月31日 10:26 。

的法，還是階級統治的工具嗎？顯然，如果說在階級鬥爭是社會主要矛盾的歷史條件下法是階級統治的工具的話，那麼，在階級鬥爭已經不是社會主要矛盾的歷史時期，就不能仍然認為法是階級統治的工具了。法在這樣的歷史時期，其功能和作用不可能是維護統治階級的統治和鎮壓被統治階級的反抗，法不再可以定義為「階級統治的工具」。由此可見，法不是生來就只是作為階級鬥爭工具的，法只是在某些歷史時期被當作了階級鬥爭的工具。同時，階級鬥爭只是一種學說，對於沒有應用階級鬥爭學說解釋社會結構的國家來說，顯然從來就沒有認為法是階級統治的工具，但法在那裏依然是存在着的。可見，認為法是階級統治的工具，只是在奉行階級鬥爭學說的國家的人們在某些時候對法的一種理解。當人們不從階級鬥爭的學說出發來觀察法時，法卻照樣是自在地存在着的，並不管人們作出怎樣更多的解釋。

1980年代，中國法學界逐漸和緩地認為法是國家執政主體管理和控制國家社會的工具。至今，部分法理學者仍堅持法是社會治理主體治理社會的工具，即始終認為法是一定社會治理主體對社會實行控制的工具；並認為就法律的產生目的來看，出發點就是為了實現對社會秩序的有效控制；而且認為法律控制體現在了政治、經濟、社會公共事務的執行等一切社會領域[43]。

在相同的年代，也有人提出：法是社會關係的調整器。認為：「在社會中，人們之間既然發生各種各樣的社會關係，從事各種各樣的活動，那麼，要使整個社會關係表現得結構完整，彼此間的活動有條不紊，使整個社會有機體運轉靈活，就必須對各種社會關係進行調整，對社會各種行為進行有效地控制」，「人類社會的存在和發展，既需要革命變革，又需要社會穩定和正常的社會秩序。無論哪個社會，要想使人們生活安定，生產發展，必須對社會關係進行調整和控制，建立穩定的社會秩序」，「這就需要運用包括法律在內的各種社會規範對社

43　參見胡玉鴻主編：《法律原理與技術》，中國政法大學出版社，2007年9月第2版，第77–78頁。

會關係加以調整，對人們的社會行為加以控制」【44】。概括這種理論觀點，就是認為：社會關係和社會秩序的建立，鞏固和發展，需要有經濟的、政治的、道德的、行政的等多種條件和手段，而法是一個重要的、不可或缺的工具。博登海默也曾有着這樣的説法：「在有組織的社會的歷史上，法律作為人際關係的調節器一直發揮着巨大的和決定性的作用」【45】，「社會關係調整器」的説法，顯然與「人際關係的調節器」有相似之處。

（二）對法的工具性的重新理解

伯爾曼承認：「法律通常被描述成世俗的、理性的、功利的制度——一種達到某種目的的手段」【46】。在對於法的工具性即其職能的各種理解上，在中國很長時期沒有人想到過法與社會正義的關聯問題。但絕大多數人在絕大多數時候，都認為法是非常重要的東西。既然法很重要，那麼法一定與人類社會的最重要的問題是相關的。由前面分析可知，社會正義對於人來説如同空氣和水一樣重要，社會正義是人類社會存在與發展的最重要的社會意識層面的東西，沒有社會正義就沒有人類的共存，沒有人類的共存就沒有人這一物種的存續。因此，如此重要的法與如此重要的社會正義必然有着如此重要的聯繫。

中國的法學家們常常否認法在社會意識領域的作用，甚至説在任何情況下「對於觀念、思想、信仰問題，法律就不能或者不應該發生作用」【47】。其實，法的重要作用，恰恰在於其在意識形態方面的作用。就法的規範作用形式來説，所有的法律規範是讓人遵守的，人們遵守

44　參見羅玉中、姜陽編著：《法律：社會關係的調整器》，時事出版社，1985年5月第1版，第133–142頁。

45　【美】E•博登海默著：《法理學法哲學與法律方法》，鄧正來譯，中國政法大學出版社，2004年1月修訂版，第369頁。

46　【美】伯爾曼著：《法律與宗教》，梁治平譯，中國政法大學，2003年月8月第1版，第3頁。

47　見姚建宗編著：《法理學——一般法律科學》，中國政法大學出版社，2006年1月出版，第220頁。

規範的行為都是有意識的行為，都是個人意識被注入法律規範的內容後，在這種意識主導下實施的行為。這說明，法律規範首先是作用於人的意識的，是思想意識上的規範，經過意識的支配作用，再轉化為行為規範的。即使法在對人實施強制的時候，也是試圖通過強制去改變人的思想意識，而求後來能以改正後的符合法律規範的思想意識去支配行為，也即所謂改造人；同時，通過對一些人的強制直至處決，而警示和影響其他人的思想意識，並進而規範更多人的行為。可見，法律對一切社會關係的調整，都是通過調整人的思想意識而實現的。法最重要的功能其實在於維護、固定、倡導一定的思想意識形態，並以行為規範的形式表達，以強制力保證見效，灌輸入人們的意識，影響人們的行為。那麼法所維護、固定和倡導的意識形態的東西有哪些呢？為國內外最為公認的就是社會正義。「一個社會的法律，無論是在整體上，還是在具體的規則上，其目的無疑的是為了達到或促成正義。在統治者看來，某項法律被制定、生效，是因為它能給社會帶來正義」[48]；「法律哲學所探求者法律之真正價值，此價值為何，即正義是也」[49]。

　　到這裏，可以認為：如果將法定位為一種工具的話，那麼，法只是人類社會維護和實現社會正義的通用工具。至於法被作為階級統治的工具、階級專政的工具，那只是在一定時空範圍內的特殊使用方式，法本質上不是階級鬥爭、政治鬥爭的工具，法的職能遠遠高於階級鬥爭、政治鬥爭的需要，法最終必定要恢復其維護社會正義的崇高職能。至於，將法視為社會管理的工具，其實是將法的間接作用直接化，因為法是直接地維護了社會正義，才實現了對社會關係的調整，並進而有助於實現社會治理主體對於社會的有效治理。

48　【英】大衛·M·沃克：《牛津法律大辭典》，北京社會與科技發展研究所組織翻譯，光明日報出版社，1988年8月第1版，第519頁。

49　居正：《法律哲學導論》，商務印書館，2012年12月第1版，第20頁。

（三）給法重新下一次定義

放眼世界古今，無數人曾嘗試給「法」一詞下定義，但沒有任何一種定義普遍令人滿意。古希臘思想家們認為，法是一種行為準則；羅馬法學家們則把法看作是一門確定權利與公正的藝術；中世紀時，阿奎那把法描繪為管理社會者為了公共幸福而制定、頒佈的理性規則；格老秀斯及其他一些法學家使法律與其宗教基礎分離；霍布斯首先強調了法的強制性；布萊克斯通把法描述為由國家最高權力組織規定和命令的實施正確的行為和禁止實施錯誤的行為的規則[50]。即便如此，這些法的定義終究沒有揭示出其核心特徵。

中國法學界過去總是要從「階級本質」上給法下定義，堅持認為：「法律是統治階級的意志的表現」[51]，法的功能與作用主要是「實現統治階級的意志和維護統治階級的利益」[52]。直到目前，法理學的通說還是堅持要揭示：法的本質是統治階級意志[53]。並以這個法的本質為核心來給法下定義。如：法是由國家制定、認可並依靠國家強制力保證實施的，以權利和義務為調整機制，以人的行為及行為關係為調整對象，反映由特定物質生活條件所決定的統治階級（在階級對立社會）或人民（在社會主義社會）意志，以確認、保護和發展統治階級（或人民）所期望的社會關係和價值目標為目的的行為規範體系[54]。如此定義何等費勁，真可為之一悲！

其實，應當做的，只是從法的根本職能上來下定義即可。如果將維護社會正義視為法的根本職能，那麼就完全可以給法重新下個定義：法就是通過確認、維護、發展社會正義，來形成、保護、穩定那

50　【英】大衛•M•沃克：《牛津法律大辭典》，北京社會與科技發展研究所組織翻譯，光明日報出版社，1988年8月第1版，第517–518頁。

51　《列寧全集》第17卷，人民出版社，1959年8月第1版，第145頁。

52　參見張文顯主編：《法理學》，高等教育出版社、北京大學出版社，1999年10月第1版，第204頁。

53　浦法仁編著：《法律辭典》，上海辭書出版社，2009年1月出版，第1頁。

54　張文顯主編：《法理學》，高等教育出版社、北京大學出版社，1999年10月第1版，第46頁。

些符合社會正義的社會關係和社會秩序，從而確保全體社會成員共同生存與發展的行為規範的總和。

二、法的創制是對社會正義的文本表達

（一）法的創制是社會正義的文本化

　　法的創制是對社會正義的概括。在每一個國家社會中，統治集團、執政主體除了在獨裁暴政時期，在絕大多數時候，也都必然會代表絕大多數社會成員的利益，必然會堅持絕大多數人的正義意識，必然會維護有利於全社會成員共同生存的共同正義，即便是封建君王絕大多數時候也要維護國民的安危。並且必然根據統治的技術性要求而將大多數人堅守的正義和普遍認同的共同正義轉化成法律規範，使之體現於人們的行為之中。所以，法律總是符合多數人堅守的基本的正義和全社會認可的共同正義，法律因而代表着社會共同正義。法律不可能代表社會中每個人思想意識中的自我的個人正義，恰恰相反，法律限制和修正了很多人思想意識中的個人正義，並將社會普遍的共同正義強加給每個持個人正義的人，並使之最後放棄其個人正義中與社會正義相矛盾的成分，使每個人的個人正義普遍化，使普遍的社會正義更多地代替每個人的個人正義。因此，法的創制必然要對社會共同正義進行概括和表達。

　　法的創制是對社會正義的探索。法的創制過程，也包含着對某些社會正義的創造和創新，但其終究要接受社會成員們社會生活的檢驗。不符合人類共存需要的法律規定，無論其自我標榜為何等的正義，終究會被歷史證明其非正義性質，或被刪改或被廢除。「惟正義一語，吾人若更徹底思考，除如上述應於法律中求之外，尚有法律的意欲與人類意欲相結合凝成為一之情形，必此二者訴合無間之結果，正義之力始更偉大。設或多數人類所意願者超過法律規定時，必致法律之規定，失其作用」[55]。

55　居正：《法律哲學導論》，商務印書館，2012年12月第1版，第20頁。

法的文本應寫滿社會正義。法的文本不僅包括憲法、法律、法規、規章,也包括司法過程對個別性案件的判決書、裁定書、案例的文字記載,以及各種行政許可的證件與文書。只要不以「階級統治工具」的價值判斷來看待法,就可以看到,法的創制,核心內容不過是將社會正義描寫成行為規範,不過是概括、描述、表達、宣傳、張揚社會正義。即使有人提出了「法律正義」、「立法正義」等概念,其實質難道不都是紙面上的對社會正義的表述,或者說是社會正義在法律文本中的表現嗎?

(二)法的創制是對社會正義的崇高追求

法的創制過程是對社會正義的追求過程。法的創制過程就是對正義的追求過程,也就是對人類幸福生活的追求過程。「然而如何可使此正義發揮光大,照耀人寰,則又有賴於吾人思想之進步,如是則吾人不應僅認識過去有關正義之史實即為滿足,更應就現時或將來可發生之問題,鞭辟近裏,徹底地本於哲學上之思考予以指導,庶幾正義不致為邪惡者所劫奪也」[56];溫家寶也說過:「公平正義比太陽還要有光輝」[57]。法的創制對於正義的追求,就是追求人類的光明、太陽的光輝!

法的創制是對維護正義的機制的設計製造。法的創制更多的是對正義的維護機制的設計製造的過程。因為,對於社會正義的表述,可以有多種渠道,書面的、口頭的、文字的、圖案的、作為的、不作為的都可以表達。精確的、不精確的、官方正式的、非官方非正式的,也都有權表達。非獨法律來表達,而且法律的語言的簡略性要求,也未必能夠詳盡地表達社會正義的每一項內容。法的創制過程中對於社會正義最具有支撐意義的是對於正義的維護機制的創制。法對正義維護機制的創制就是運用法所具有的強制性、規範性特點,建造一整套

56　居正:《法律哲學導論》,商務印書館,2012年12月第1版,第21頁。

57　見《生活新報》,http://www.sina.com.cn,2011年03月15日,10:35。

的維護社會正義的行為規範體系，既表達社會正義的內容，更將維護社會正義的要求表述為人們行為普遍應遵守的規範。

總有人說：法是最低的行為標準。但是誰都不能說：法追求的是最低的社會正義。因為，恰恰相反，法追求和表達的是最不具有片面性和相對性的社會正義，是最廣泛、最普適、最崇高的社會正義。法所表達的社會正義，惠及全體社會成員，震撼領袖與平民，囊括都市和鄉井，能為每一個人「定分」從而「止爭」。法因此而為所有人所景仰和感激。每一個生活困頓中的人都會嚮往來自法的救濟，每一個既得安寧者都渴望來自法的維持，每一個作奸犯科而逃逸者也都等待法律制裁而給予的終結，每一個普通人每時每刻都在享受着法所給予的公正對待而生活的平平靜靜。正是因為表達了最崇高的社會正義，法才應當成為無數人內心的神聖信仰。

（三）法的創制是對社會正義的實現作出安排

法的創制中所創制的維護正義機制當然是全方位的，既包含執政主體、政權機關等政治主體在維護社會正義的活動中的地位、作用、權力、責任等行為規範，也包含其他社會組織在維護社會正義的活動中的範圍、界限、內容、條件等行為要求，更包含了全體國民在維護社會正義的活動中的禁止、授權、權利、義務等行為規則。而在法本身的體系中，則通常表現為：憲法最完整地表述社會正義的內容，而部門法則最周密地形成維護社會正義的行為規範體系。在這當中，可以見到，當然的維護社會正義的機制的狀態是：即便是執政主體、政權機關，也都只是在憲法和法律的規定之下行使着維護社會正義的職權、承擔着維護社會正義的責任，都只是法律建築中的「住客」而不是法律建築的「房東」或「所有權人」。而各社會組織和社會成員也都在相互合作、共同行使着維護社會正義的權利並履行着法定的義務。任何主體其實都是不能夠凌駕於憲法和法律之上來自封為社會正義的代表或唯一的維護者，也不能脫離開憲法法律，另行主張一套所謂社會正義的內容。

三、法的實施是對社會正義的實際維護

（一）法的實施的基本形式

第一，法的宣示。法的實施是將維護社會正義的規定轉化為人的實際行動，是將已經轉化成行為規範的社會正義，再轉化為人們的符合維護社會正義需要的行為。即將法律的要求落實到人們的行為之中，使人們的行為盡可能多地、盡可能高程度地符合法律規範的規定，將紙面上的規定轉化到人們的行為中去，使法律描述的正義最後形成現實的社會正義。法律的生命在於其實施，而法的實施第一步是法的宣示，即「昭告天下」。法的宣示的意義之重大，不僅在於宣示與昭告了法律文本，更在於宣示與昭告了社會正義的內容。法律正是宣揚了人世間的最基本的是與非、真與假、善與惡、美與醜、高尚與卑鄙、光榮與羞恥、允許與禁止、應褒與應貶、應獎與應罰等等行為界限，從而明明白白地告知世人什麼才是社會正義。

第二，法的遵守。法的遵守也稱為守法，是指組織和個人，依法行使法定權利和履行法定義務，做法所要求或允許做的事，不做法所反對或禁止的事。法的遵守既包括遵守規範性法律文件，如憲法、法律、行政法規、地方性法規，也包括遵守非規範性法律文件，如判決書、裁定書、結婚證、逮捕證等，這些非規範性法律文件是實施規範性法律文件的結果，也有法的效力，必須遵守。法律唯有得到社會成員的自覺遵守才能真正建立並長期保持穩定有序而充滿活力的良好的社會秩序狀態，才能真正實現對於社會行為和社會關係的規範化調整，也才能真正實現法律的表達和維護社會正義的價值。因此，一個社會的社會成員的整體守法狀況，乃是該社會法治發達程度的檢測指標之一。可以說，法治的核心價值在於契約和信守，如果將法律視為全社會的共同契約的話。

第三，以司法為中心內容的法的適用。法的適用，是指國家專門機關及其工作人員和國家授權的社會組織依照法定的職權和程序，運用國家權力把法律規範的規定運用於具體的對象或場合，從而解決

具體社會矛盾問題的專門活動。專門機關對法的適用在法的實施過程中具有關鍵作用。法的適用的核心過程是司法機關適用法律的活動過程，即所謂司法。當人們之間的權利與義務分配關係發生糾紛時，法律一方面要為公平地解決衝突提供規則，另一方面也要為公正地解決衝突提供程序，以確保當事人雙方的合法權益得到充分維護。司法作為專門的法的適用活動，是對社會正義的專門維護，司法的本質就是一種維護社會正義的重要方式和專門活動，實際展示的則是維護正義的正義。

（二）法的實施形成法治社會狀態

法的實施最終構成了以法治理社會的法治方式，而法治方式解決社會衝突、維護社會秩序時，就形成了法治社會狀態。亞里斯多德是提出法治社會狀態的第一人。他說：法治包含「已成立的法律獲得普遍的服從，而大家所服從的法律又應該本身是制定得良好的法律」[58]。可見，法治不是單純的法律秩序，不是任何一種法律秩序都稱得上法治狀態，法治是有特定價值基礎和價值目標的法律秩序，即有價值規定性的社會生活方式。

有人對這些規定性進行了概括：一是法治在形式方面，包括法律規範必須清晰、公開、適度、可行、非溯及既往、規則之間協調一致，有明確的效力範圍和制裁方式。二是法治在內容方面，包括：法律必須是全體社會成員根本利益和共同意志的反映，並且是以維護民眾的綜合利益為目標的；法律必須承認、尊重和保護民眾的權利和自由；法律面前一律平等；法律承認利益的多元化。如果法律制度或法律秩序缺乏這些最低限度的價值，就不配稱為「法治」。三是法治當中有「善」。意指法治包含有益於人類社會存在和發展的共同準則，即人人都能接受的正義。如：自由、公平、安全、生存等善思想，在此

58　【古希臘】亞里斯多德：《政治學》，吳壽彭譯，商務印書館，1965年8月第1版，第199頁。

基礎上實現自由與秩序的統合、公平與效率的統合、安全與和平的統合，生存與發展的統合。至善之法，即平衡價值關係而使價值衝突降至最低限度之法【59】。

（三）維護社會正義才是司法的目的

法的實施是按照先維護個別社會關係中的社會正義、再控制人的行為、再控制社會關係、再控制社會秩序的順序，從而實現對社會的法律控制的。因而，法律控制與社會正義之間具有不可分割的相輔相成的關係。「正義只有通過良好的法律才實現」，「法是善和正義的藝術」，這些古老的法學格言表明，法與正義是不可分的，法是實現正義的手段，法的價值在於實現正義。

法對社會正義的作用方式，通常認為是分配權利以確立正義、懲罰罪惡以伸張正義、補償損失以恢復正義【60】，這僅僅是對法對於具體案件中的相對正義進行調整的方式的概括。實際上法對社會正義的維護狀態是：起始於對相對正義的調整；指向於對社會正義的保障；極致於對人類正義的推進。誠如居正先生所說：「正義之物，仍不能不於法律中求之，蓋正義之保護仍有賴於法律也。法律無論為良法或惡法，對於正義罔不予以維持，雖其維持之限度，有精密或粗疏之分，但與正義極端背馳者，古今中外，固不能謂為絕無，但衡量之，此究少於彼也」【61】。

法治的狀態最終實現了法律對社會的控制，其實質就是實現了法律對實現社會正義的維護與保障。只有在法治的狀態下，社會正義才能夠體現於法律內容之中、貫徹於人們行為之上、保障於國家強制之下、作用於社會發展之程。可見，法律的目的和法治的目的，就是維

59　參見張文顯主編：《法理學》，高等教育出版社、北京大學出版社，1999年10月第1版，第184-187頁。

60　參見張文顯著：《二十世紀西方法哲學思潮研究》，法律出版社，1996年12月第1版，第479-488頁。

61　居正：《法律哲學導論》，商務印書館，2012年12月第1版，第20頁。

護社會正義。那麼，作為法的實施的重要環節的司法，其目的就只能是維護社會正義。

因為司法目的是維護社會正義，所以可以得出的結論是：司法過程必然是維護全社會共同體的活動過程，而不應當是維護部分社會成員超額利益而剝奪其他社會成員基本生存條件的過程；更不能是維護少數人、極少數人或某個集團利益的過程；司法場所是講正義、講公論、講調和、講平衡的場所，而不是講壓迫、講排擠、講偏袒、講欺凌的場所。由此可見，只要這個世界上的社會正義還需要維護，那麼司法就以維護社會正義為其根本的目的。

司法目的的確立

一、將解決社會糾紛作為表層的司法目的

（一）社會糾紛的司法解決

荀子說：「人生而有欲，欲而不得，則不能無求，求而無度量分界，則不能不爭。爭則亂，亂則窮」【62】。毋庸諱言，只要有人類生活居住的地方，就會有利益的思想的衝突、矛盾、爭議，即社會糾紛，它們意味着一定範圍的社會主體之間的關係失衡。以正義的相對性看法來觀察，社會糾紛往往都是各方主體所秉持的正義觀點的不同而產生的衝撞所導致。為維護現實的社會秩序和社會發展，任何一個國家都必須將社會糾紛的解決當作重要社會治理任務去加以完成。

「如果一個糾紛根本得不到解決，那麼社會機體上就可能產生潰爛的傷口；如果此糾紛是以不適當的和不公正的方式解決的，那麼社會機體上就會留下一個創傷，而且這種創傷的增多，又有可能嚴重危

---

62 【戰國】荀況：《荀子》「禮論篇第十九」；載於立文主編：《諸子百家集成》（全四卷），黑龍江美術出版社，2011年1月第1版，第267頁。

及對令人滿意的社會秩序的維護」[63]。司法活動承擔解決社會糾紛這一繁重的任務，正是人們對於司法功能的慣常理解。也可以說，在外在表現上，正是為了妥善解決社會糾紛、恢復社會和平，司法才應運而生。沈家本則說：「人不能無群，有群斯有爭，有爭斯有訟，爭訟不已，人民將失其治安，裁判者，平爭訟而保治安者也」[64]。馬克斯•韋伯認為：最初的法官作為一個仲裁人，主要是為解決家族間的衝突，或許是為了做出一個裁決[65]。總之，解決社會糾紛不但成為司法活動誕生的緣由，也是司法活動存在至今的重要理由。這也正是中國法學界和法律實務界有很長時間只將解決社會糾紛、維護社會穩定作為司法活動的全部目的的根由。

（二）社會糾紛司法解決的主要形式

司法活動主要通過兩種方式解決社會糾紛：第一，通過給出能夠對社會產生公信力的判決和裁定，直接解決社會糾紛，穩定社會秩序。這也是司法活動解決社會糾紛最主要的方式。第二，通過保障以及監督其他糾紛解決機制的有效實施，間接解決社會糾紛。這兩種方式又表現為四種形式：

第一種形式是民事訴訟。在民事訴訟中，鑒於民事訴訟制度的目的是解決糾紛，所以司法活動在解決這些案件時主要目的在於維持不同社會成員之間的利益平衡。比如，從中國民事訴訟的具體規定來看，民事訴訟中貫徹處分原則，當事人可以在法律規定範圍內處分自己的民事權利和訴訟權利，這表明民事訴訟更關注對雙方糾紛的解決。

63　【美】E•博登海默：《法理學法哲學與法律方法》，鄧正來、姬敬武譯，華夏出版社，1987年12月第1版，第489頁。

64　【清】沈家本：《歷代刑法考》（全四冊），鄧經元、駢宇騫點校，中華書局，1985年12月第1版，第四冊，第2235頁。

65　【德】馬克斯•韋伯：《論經濟與社會中的法律》，張乃根譯，中國大百科全書出版社，1998年9月第1版，第26頁。

　　第二種形式是行政訴訟。在行政訴訟中，司法一方面要平息雙方的糾紛；但另一方面也注重審查國家行政機關權力行使的合法性，通過約束國家行政機關的行政行為，監督國家權力行使，維護公民利益。

　　第三種形式是刑事訴訟。刑事案件的性質決定了刑事司法活動所採取的形式、程序的特點在很大程度上區別於民事訴訟與行政訴訟。在中國，犯罪被認為是對代表統治階級利益或廣大人民利益的國家的侵害，因此，受到侵害的首先是國家利益，其次才是被害人的個人利益，所以刑事司法活動更關注國家刑罰權的落實問題。然而，在現代社會，刑事司法活動在打擊犯罪的同時，越來越多地關注約束國家力量，保障人權。通過正當程序，刑事司法活動既要追究犯罪分子刑事責任，達到教育和懲戒之目的，對於遭受犯罪侵害的被害人的權益也要給予盡可能多的關注、照顧，以平復社會情緒，調和公民個體的價值追求及國家、集體和社會的價值追求，實際是讓國家作為人民群眾根本利益代表者的性質更加彰顯明確，以緩解社會大眾對國家機構的偏頗看法及兩者間的緊張關係。

　　第四種形式是涉司法非訴訟方式。主要有訴訟過程中司法調解，訴訟後的強制執行及執行中的調解和解，訴訟前的社會調解組織的調解，仲裁機構的仲裁，公證機構的公證，檢察機關的民事抗訴、刑事起訴與抗訴、行政公益起訴，等等。這些解決社會糾紛的方式，雖然不是嚴格意義的司法方式，但可以屬於泛化意義的司法活動，因為，其確實與法院的審理和裁判活動有緊密的聯繫。

（三）解決社會糾紛只是司法活動表面的目的

　　有人認為：「解決糾紛、穩定社會，這是設置司法功能的唯一目的」[66]。這一論斷代表了法學界和法律實務界的主流觀點，但卻是武

66　董皞：〈設置司法功能之目的——透析司法公正與司法權威〉，載《開放時代》，2002年01期。

斷而不全面的。因為，如果將解決社會糾紛作為司法的唯一目的，那麼司法活動的全部價值就只是去一個一個地解決社會糾紛。但是，中國十幾億人口，每一天發生的矛盾糾紛都不止億萬，而司法機關一年能解決的社會糾紛才一千多萬件【67】，也就是說僅靠司法直接解決社會糾紛，簡直是滄海投一粟、九牛取一毛，效果微不足道、成就極其微小。所以，司法目的如果只是停留在直接解決社會糾紛的層次，那麼，司法活動的社會價值就太低了。因此，如果認為解決社會糾紛是司法的「唯一目的」的話，顯然需要進一步思考。

還應當看到，司法解決社會糾紛往往又是不徹底的。如果將解決社會糾紛設置為司法的唯一目的，那麼就會引導司法主體脫離原則而不擇手段地去完成解決社會糾紛的數量任務。一些「精明」的司法主體一定會採取各種技術手段，甚至包括哄嚇詐騙、威逼利誘、刑訊逼供、權錢交易等極端方式來提高效率、增加辦案數量，從而產生虛假結案、粗糙結案，以及各種司法腐敗問題。在這種情況下，即使一些糾紛看似解決了，但糾紛的再次出現又成為可能。一些矛盾看似暫時平息了，更可能正在醞釀更深刻的矛盾、更激烈的衝突。可以說，僅靠司法活動幾乎不能徹底解決糾紛、平息爭端，如果把握不好，反而會增加糾紛、製造事端。

最後應當看到，對於司法來說解決社會糾紛只是其淺表的目的。司法在解決比例微小的社會糾紛案件時，實際只是將之作為生動具體的範例，用以對法律的規範和精神原則進行說明和注解，並以公開審判的方式擴大社會影響，讓全體社會成員受到啟示而更好地遵守法律，從而最大化地、最有效率地減少和預防社會糾紛的發生。這

---

67 2013年全國法院共受理各類案件1,337萬多件，審結、執結1,294萬多件，與上一年度同比分別上升6.82%和4.44%。（2014-02-01，09:36:44）；來源：中央人民政府網站。2014年全國法院共受理案件1565.1萬件，審結、執結1379.7萬件，同比分別增長10.09%和6.56%。《法制日報》——法制網發佈時間：2015-01-22。

也應當是各國法律確立「審判公開」的原則【68】並廣泛沿用至今的原因之一。培根所説：「一次不公的司法判決比多次不公的其他舉動為禍尤烈。不法行為弄髒的是水流，而不公的判決則將水源污染了。因此所羅門説，『正義者在邪惡者面前敗訴，如同渾濁之泉，把井水弄濁』」【69】，從相反的方向説明了具體案件司法裁決的「水源」似的放大的社會效用。並且，司法又以訴訟程序這種示範教學式的標準過程，教導全體社會成員，對於實際已經發生的社會糾紛應當怎樣恰當地處理、如果不恰當地處理會產生怎樣複雜而不利的後果，從而調動全社會的自治力量來自行解決與自己相關涉的社會糾紛。可見，司法之所以以巨大的資源消耗來處理那麼一點點具體的社會糾紛案件，是「以小博大」去減少和解決整個社會的各種糾紛。 其含義是不僅要還具體當事人以公道，更重要的是要還社會以公道，是要維護所有社會糾紛所涉及的那些核心的社會共同正義。這個邏輯證明，解決個案的社會糾紛只是表面被看到的司法目的，只是一種淺顯的目的，司法還應當有其隱藏在解決具體社會糾紛背後的更深刻的目的。

二、將正確實施法律作為中層的司法目的

（一）正確實施法律應正確理解法律真意

司法需要正確理解法律。司法主體正確理解法律是正確實施法律的前置條件，也是正確實施法律的首要內容。正確理解法律，需要有

68　"In all criminal prosecutions, the accused shall enjoy the right to a speedy and public trial, by an impartial jury of the State and district wherein the crime shall have been committed, which district shall have been previously ascertained by law, and to be informed of the nature and cause of the accusation; to be confronted with the witnesses against him; to have compulsory process for obtaining witnesses in his favor, and to have the Assistance of Counsel for his defence." 引自*The Bill of Rights: Amendment VI.*（《權利法案》第六條修正案）.又見：《中華人民共和國憲法》第125條中規定：「人民法院審理案件，除法律規定的特別情況外，一律公開進行。」

69　"One foul sentence does more hurt than many foul examples.For these do but corrupt the stream, the other corrupts the fountain. So with Solomon, Fons turbatus, et vena corrupta, est justus cadens in causa sua coram adversario（拉丁文）." 引自 *The Essays of Francis Bacon*, Eastern Press, 1980. p. 175.

專業的法學理論基礎，這當然並不是簡單小事，當然是司法的重要事項。正所謂：「法官說什麼，法律也就常常變成什麼」[70]。

司法需要正確詮釋法律。「法官是宣佈法律的喉舌，法律才是真正的法官」[71]。眾所周知，立法具有不周全性，同時，為了保持法律對未來事物的應對能力和法律自身的穩定性，立法文本一般又都採用概括性語言，再加之語言自身也有一定的模糊特性，所以，司法活動適用法律的過程，應該有法律詮釋過程的輔助。訴訟所面對的是具體的個案，它要求司法主體能在實際的司法中，更加靈活和有針對性地詮釋具體的法律條文。此外，當社會發生變化，一般觀念及倫理道德諸觀念已經變更，而法律尚未來得及修訂時，司法活動也應該根據社會的需要而對現有法律做出新的詮釋。

司法需要正確講解法律。任何一個法官關於理解法律的發聲，都會讓受眾的認識大受影響，對整個法律的實施產生一定的影響甚至是重大影響。任何一次司法活動都是對法律精華的傳揚，都是最生動有效的法律宣傳。以至於司法對於法律的理解可以直接引領公眾對法律的理解，因而成為民眾遵守法律的標準。所以，司法存在的重要目的之一，就是正確地向公眾傳播法律；司法活動開展的重要目的之一，就是讓更多的人正確瞭解法律；司法主體存在的重要價值之一，就是讓自己向受眾正確講解法律。因此，司法必須是公開的，包括一切訴訟案件的卷宗材料對當事人都應當是完全徹底公開的，一部分案件的材料還應當向全社會公開。

（二）正確實施法律應正確應用法律規定

首先，要清晰切割法律關係。在司法實踐中，司法主體要將具體的案件中的法律關係切割清楚，即明確當事人的權利義務關係以及相應的法律後果。當人們「知道若有人違法侵害其權利時，可大步

70　【美】德沃金：《法律帝國》，李長青譯，中國大百科全書出版社，1996年1月第1版，第1-2頁。

71　【英】溫斯坦萊：《溫斯坦萊文集》，任國棟譯，商務印書館，1965年6月第1版，第151頁。

走入法庭，由法官依法定奪，從而使其受到侵害之權利得到恢復或賠償」【72】。至此，法律得以彰顯，司法活動獲得指引和約束的力量。誠如學者所言：「從理念王國進入現實王國的門徑，則是諳熟世俗生活關係的法官。正是在法官那裏，法才道成肉身」【73】。過去也許會通過個人權威、宗教教義或者粗糙而極具爭議的道德宗教信仰等方式來解決糾紛，但現代司法活動中的所謂解決糾紛，就是法官依靠智慧來「解」剖糾纏不清的法律關係、依靠法律來「決」斷正義與非正義的處理問題的合理方式。司法活動正是通過依據法律解決糾紛成就其自身的權威。正因為如此，楊兆龍教授評價司法活動的地位是：「伸張法律、運用法律之工具，是中外立國之大本」【74】。

其次，要精准套用靜態法條。司法活動實施法律從靜態來看，假設法律的制定完全符合社會現實，同時也滿足了社會所有的需求，那麼司法活動在法治社會整個制度框架和實際運行過程中所擔負的基本任務就是嚴格地套用、落實紙面上的法律。在當今法治國家，法律無疑佔據了最高主宰的地位：「我們是法律帝國的臣民。是其規則與理想的忠實追隨者，我們爭論該當如何行事之際，就是我們在精神上受其約束之時」【75】。不過，儘管實體法律規定了社會關係中人們的權利義務，但它只是一種停留在紙面的規範層面的應然的東西，所謂「徒善不足以為政，徒法不能以自行」【76】，法律不能不依靠司法或行政而能實施，其中又以司法活動的作用為甚。

72　【美】德沃金：《法律帝國》，李長青譯，中國大百科全書出版社，1996年1月第1版，第2頁。

73　【德】拉德布魯赫：《法律智慧警句集》，舒國瀅譯，中國法制出版社，2001年10月第1版，第36頁。

74　楊兆龍：《楊兆龍法學文選》，中國政法大學出版社，2000年2月第1版，第328頁。

75　【美】德沃金：《法律帝國》，李長青譯，中國大百科全書出版社，1996年1月第1版，第1-2頁。

76　【春秋】孟軻：《孟子》「離婁章句上」；載於立文主編：《諸子百家集成》（全四卷），黑龍江美術出版社，2011年1月第1版，第一卷，第145頁。

再次，要縝密進行邏輯推理。司法活動的過程，從理念上看，就是將抽象的法律以三段論的方式具體運用於當下案件的過程[77]。認為在法律文本和個案事實之間存在三段論的邏輯，至今仍然是一條為法律人所公認的公理。因為：「每個司法行為都是一個純粹演繹推理構成的判斷的結果。推理表現出來的就是對一條適用某些特定事實的規則的陳述。在具體案件中發現那些特定的事實以及所適用的規則就成為一種邏輯的必須」[78]。古老的三段論：「所有的人都會死，蘇格拉底是人，所以蘇格拉底會死」描述的正是這種司法判決的形式。因此，所謂正確適用法律的核心的基本功夫就是要在辦案過程進行縝密的司法邏輯推理。

（三）正確實施法律還包括彌補法律缺漏

法律是人制定的規範，人制定的東西不可能天衣無縫、萬無一失、盡善盡美，因此任何法律都是有缺漏的。尤其是中國的法律體系，從清末開始逐漸從西方各個國家法律中移植，直到今天建立的中國特色社會主義法律體系，其中仍然有來自多個國家法律體系中的移植。在這樣的法律體系中，法律之間、法規之間、單項法之間、規範之間，都有許多缺漏。「法律制定於過去，但適用於現在，預測於未來，由於立法者知識的局限性和社會的不斷發展，致使過去制定的法律規範逐漸與現時社會關係脫節，缺失某種調節現時社會關係的法律規範就出現了法律漏洞」[79]。不斷進行的法律修訂、修正是對法律缺漏的立法彌補，同時也是證明法律缺漏確實普遍存在的有力證據。

法律的缺漏往往難以從條文的閱讀中直接發現，而更易於在司法辦案的實踐中發現。當司法活動發現了法律缺漏，最便捷的方式就是

---

77 焦寶乾：〈當代法律方法論的轉型——從司法三段論到法律論證〉，載《法制與社會發展》，2004年第1期。

78 【美】斯蒂文•J•伯頓：《法律的道路及其影響——小奧利弗.溫德爾.霍姆斯的遺產》，張芝梅、陳緒剛譯，北京大學出版社，2005年1月第1版，〈導論〉，第3頁。

79 王長河、周明群：〈對法官補充法律漏洞的認識〉；載《司法縱橫》2011年第六期，總第127期。

運用司法行為加以彌補。已經實施特別是進入適用過程的法律，在應用於處理具體案件時，在存在缺漏的情況下，沒有司法人員恰當的司法行為加以彌補，必將使司法活動無法進行，使法律實施落空，而使社會秩序得不到維護，造成法律控制上的失敗。因此，法學界有人認為，司法活動發揮實施法律的功能有些時候並不是三段論的活動【80】，由於法律和司法自身的特性，司法活動必須在相互衝突的法律之間對最終使用的法律做出抉擇。這也就意味着，司法主體不得不在立法者所授權的範圍內，運用一定的自由裁量權，合理妥當地處理案件。法官在某些時候，必須能夠進行一些「彌補性」的工作。一般來說，當法律規定不明或有缺漏的時候，原則上應當是按照司法主體自己對法意的理解徑行裁判，這時，其實就不再是機械適用三段論推理的問題。

司法應當對法律進行一定程度上的補充、完善和發展，就像德國法哲學家拉倫茨所說的那樣，法官在「法的續造」【81】中不僅限於填補法律缺漏，而且也是在採納和發展一些新的法律思想。這是由於法律本身具有的滯後性、概括性的特點所決定的。司法活動在實施法律的過程中就不單純只是摹寫、複印法律，還必須發現、創造法律。卡多佐宣稱：「在正式的法律淵源沉默無言或不充分時，我會毫不遲疑地指示下面的話作為法官的基本指導路線：他應當服從當立法者自己來管制這個問題時將會有的目標，並以此來塑造他的法律判決」【82】。當然在彌補法律缺漏的方式上，英美法系和大陸法系國家不盡相同，中國司法也有自身的特色，比如更加注重「司法解釋」(judicial interpretation)的作用【83】。

然而，法律充其量只是一種工具。工具存在的目的不可能就是為了工具存在，而是要用於使用；使用工具的目的也不是為了使用

80　焦寶乾：〈當代法律方法論的轉型——從司法三段論到法律論證〉，載《法制與社會發展》，2004年第1期。

81　【德】拉倫茨：《法學方法論》，陳愛娥譯，中國台灣五南圖書出版公司，1992年版，第277頁。

82　【美】卡多佐：《司法過程的性質》，蘇力譯，商務印書館，1997年3月第1版，第72頁。

83　「司法解釋」一詞，在我國已被普遍用於特定的含義，即最高法院官方發佈的詮釋法條的一種專用文本。

工具，而是為了完成一定的工作任務。正確適用法律不可能是司法的根本的目的，而只能是過渡的中間的目的。而且，法律有時會是「惡法」，是非正義的意志的體現，司法如果只追求機械的表面的正確適用法律，那麼司法的結果有可能是令人痛心的——司法波蕩中的冤假錯案，大多數是「正確」地適用了當時的非正義的「惡法」而造成。因此，正確適用直至充分實施法律都還不是司法的根本目的。

三、將維護社會正義作為根本的司法目的

（一）維護社會正義是必然的司法目的

由於法律的內容就是對社會正義的全面表述，法律的核心職能就在於維護社會正義，因此，實施法律的目的，就必然是為了維護社會正義。司法活動作為法律實施的一個環節，目的也就是為了維護社會正義。如果社會已經基本實現了社會正義，那麼司法活動的目的，就是為了維護已經基本實現了的社會正義；如果社會正義事實上沒有得到實現，那麼司法活動的目的就是努力使社會正義得到實現並對這種實現的狀態加以固定。

司法活動的全部內容，不外乎按照社會正義內容來形成符合社會正義標準的社會秩序。司法活動本質上就是執行社會正義的活動，是在社會中，通過司法行為來調整人與人之間的關係及安排人們的行為。「完善司法制度，使司法呈現良性運作的局面，才能使社會公平正義得以實現，是社會的普遍願望」[84]。

司法制度是以司法主體中立第三方地位為設計原理的，而中立第三方的設計則是為了滿足維護社會成員各方共同認可的價值即社會正義為理由的。如果不是因為這個理由，沒有任何社會需要這種以中立第三方的原理而設計、建立的司法制度體系，或者即使掛着

84　陳光中等著：《中國司法制度的基礎理論問題研究》，經濟科學出版社出版發行，2010年2月第1版，第136頁。

司法招牌，而實際是行一般行政機構和行政管理活動之實。在歷史長河中，司法活動有時會因為司法主體受到某種強制，而偏離維護社會正義的內容，其實這時的司法活動已經不是司法活動。維護社會正義猶如司法活動的靈魂，失去了維護社會正義的目的，司法就徒有司法的形式。

（二）維護社會正義是主體的司法目的

司法活動當然能產生文化效益。司法機關辦公場所的環境建設美化了市容。司法機關建築物，如：吉隆玻最高法院所在地蘇丹阿都沙末大廈（Sultan Abdul Samad Building），位於以色列北部的主要城市海法的海法法院（Haifa Court House），位於荷蘭海牙市的海牙國際法庭（International Court of Justice）和平宮，坐落在比利時哈瑟爾特的火車站前的比利時哈瑟爾特法院 （Court of Justice Hasselt），位於孟買大學旁邊的孟買高等法院（Bombay High Court），布魯塞爾司法宮（Palais de Justice），巴黎司法宮（Palais de Justice de Paris），等等著名的法院大樓，甚至都成為城市的地標和象徵。近年來中國各地法院進行的法院文化建設，在各種考核、評比、表彰、示範的強力推動下如火如荼地蔓延起來，各地都有了自己的「法治廣場」、「法治文化長廊」、「司法博物館」、「司法陳列館」、「司法紀念館」，豐富了整個社會的精神生活，教育和幫助市民提高了素質，等等，可謂碩果累累、成就斐然。然而，這些文化效益即使實際產生了，能作為司法活動所追求的主體的目的嗎？顯然，維護社會正義的司法目的才是主體的司法目的，決不能因這些文化效益的產生被沖淡或轉移。如果這些所謂的文化效益對維護社會正義目的的實現有妨礙、有不利影響，那就要予以削減或放棄，而不是捨本逐末地過度追求。

司法活動當然也能產生經濟效益。如：開展訴訟活動獲取訴訟費增加了財政收入；以多判罰金少判實刑增加「罰沒」收入；編輯出版司法類的書籍刊物及舉辦各種內部、外部的培訓班也會帶來豐厚的利潤；司法部門參與招商引資幫助了地方經濟建設而獲得獎勵；因司法

工作崗位需要而吸納了一部分人就業；通過辦案「救活了某個企業」、「保障了地方經濟建設發展」，以及法院「大煉鋼鐵」、「下隊支農」、「創辦『三產』」、「扶貧扶智」等等。這些內部和外部的經濟效益能不能成為司法的主體目的呢？顯然，法院決不能靠審判案件來獲取經濟收入或工作經費；決不能去找案源以獲取訴訟費的收入；決不能以獲取較多的經濟收入而增加罰金金額；決不能為獲取沒收和收繳款物而與檢察機關、公安機關齟齬；決不能以向財政提交了訴訟費和罰沒款而要求按比例留存使用；決不能以為政府增加了訴訟費和罰沒款收入而彰顯司法的貢獻和政績[85]。司法活動絕對不能與司法主體自身的經濟利益有任何的瓜葛，否則，司法活動就必然演變成打着維護正義的旗號而獲取暴利的商業行為，必定被否定和拋棄而成為司法史上的醜惡記憶。另一方面，通過辦案「救活了某個企業」、「保障了地方經濟建設發展」，顯然也決不能誇大成司法活動的主體目的，充其量只是司法維護社會正義過程中的附屬效應，而不能去刻意追求。

司法活動當然也能產生政治效益。開明的政治活動是實現社會正義的重要方式和有力的手段，是符合廣大社會成員共同利益需要、符合社會正義要求的，司法目的與其是志同道合的。這種時候，司法目的的實現也與政治目的和要求的實現是相符的。要求司法人員講政治，提出司法機關是政治機關，認為司法工作是政治工作，實行司法目的與政治目的相統一，這些都是正確的。但是，需要警惕的是，政治有時會損害社會正義或以犧牲一部分正義來實現其對相對正義的追求。可見，除了在政治目的完全有利於社會正義的實現、完全與司法維護社會正義目的相契合的時候，司法都始終不能在政治效益的影響中迷失自己維護社會正義的目的，並且也不能因為政治的需要而改變司法維護社會正義的專門方式。

85　這些情況，在中基層法院是常見的。

（三）維護社會正義是根本的司法目的

司法之所以被稱為正義的防線，甚至是被稱為正義最後一道防線，是因為它是通過行使國家司法權、裁斷具體案件來維護和保障社會正義的。也就是意味着在一切政治的、德治的、自治的手段，以及法治中其他方式都不能滿足維護具體案件上的社會正義需要的時候，才會採取司法的方式來維護社會正義。司法手段的啟用，也意味着維護具體案件社會正義在方式、方法和手段上的一種窮盡。

而司法的目的無論表現為刑事司法打擊犯罪、維護社會秩序和保護人權、保障無罪的人不受刑事追究，還是表現為化解民事糾紛、維護社會穩定；無論表現為正確詮釋法條，還是彌補法律缺漏；無論表現為司法文化的宣傳，還是表現為公開審理辦案，等等，都不過是司法維護社會正義的路徑和形式。這些形式所圍繞的真正的司法目的只是維護社會正義。司法的真實的根本的目的只能是維護社會正義，可以認為，維護社會正義是司法的根本使命。任何一個司法主體、任何一項司法活動，只要是沒有達到維護社會正義的效果、甚至損害社會正義，就意味着失敗或者是無效勞動。只有有效地維護社會正義的司法活動和司法行為，才是有價值的社會存在。

維護社會正義就是根本的司法目的。然而，在實踐中不同的觀點和聲音也同時存在。有人認為「司法的終極目的並不應當僅僅是使法律被民眾所遵守，也不僅僅是使已被破壞的社會秩序得以恢復，也不僅僅是實現定紛止爭，而是使司法審判獲得應有的社會認同度，達到法律內在的精神價值在人們心中的體現，從而增強司法審判的社會認同度」[86]。這種論點換言之，就是司法的目的是為了司法本身。顯然，這種「司法為了司法」的表達顯示了一名司法人員對司法的尊崇和信仰，但是，現實的廣大社會成員們不可能停留在這樣的認識水準上。

---

86 李智：《從司法終極目的的高度實踐「人民法官為人民」活動》；載中國法院網2009-06-15 14:18:25。

　　中國曾經經歷了數十年曲折的司法實踐，對於一些曾經使用過的司法原則已經有了深刻的反思，對於司法目的已然有所明確。以維護社會正義作為根本司法目的，已越來越多地被多種形式的語言所表達：有的說司法是社會正義的最後一道防線，有的說公平正義是司法的最高價值。在中國新時代第一次提出：「努力讓人民群眾在每一個司法案件中都能感受到公平正義」[87]，這正是對維護社會正義是根本司法目的的最精准表達，已成為中國司法史上的空前最強音！

　　由此也可見，對司法規律的認識以及以規律性認識統一社會思想，是一個多麼艱難的過程。但是，正如卡多佐所言：「所有的懷疑和擔憂，希望和畏懼都是心靈努力的組成部分，是死亡的折磨和誕生的煎熬的組成部分，在這裏面，一些曾經為自己時代服務過的原則死亡了，而一些新的原則誕生了」[88]，維護社會正義作為根本司法目的勢必深入全民之心！

87　習近平：「我們要依法公正對待人民群眾的訴求，努力讓人民群眾在每一個司法案件中都能感受到公平正義，決不能讓不公正的審判傷害人民群眾感情、損害人民群眾權益」。見〈首都各界紀念現行憲法公佈施行30周年大會上的講話（2012年12月4日）〉；載：《習近平談治國理政》，外文出版社，2014年10月第1版，第141頁。

88　【美】卡多佐：《司法過程的性質》，蘇力譯，商務印書館，1997年3月第1版，第101頁。

第十一章　校正司法標準

∽∽∽∽∽∽∽∽∽∽∽∽∽∽∽∽∽∽∽∽∽∽

本原公正

一、本原公正的含義

（一）公正的定義

公正，在漢語裏原本是一個形容詞，是「公道正直、沒有偏私」的意思[1]。公正經常連用為：「公正廉明」、「公正無私」、「為官清廉公正」等。公正的近義詞為公道、公平、平正、公允、平允、剛正等；其反義詞有偏私、偏頗、偏倚、偏向、偏袒、袒護、枉法、徇私、舞弊等。《辭源》對於公正的解釋是：「不偏私，正直」；對於正直的解釋是：「不偏不曲，端正剛直」[2]。《辭海》解釋公正是「一種道德要求和品質。指堅持原則，按照一定的社會標準（法律、道德、政策等）實事求是地待人處事」[3]。概而言之，在漢語中「公正」的基本含義：一是秉公去私，正直不偏；二是處理公務時，依據共同的價值規則，遵行不悖。

在歐洲，公正起源於古希臘文「orthos」一詞，表示置於直線上的東西，後來引申表示公正。在英文中，公正為righteous; fair; impartial; fair-minded。最早將公正作為社會科學概念研究和使用的也是在歐洲。

1　李葆嘉、康志超主編：《實用現代漢語規範詞典》，吉林大學出版社，2001年5月出版，第374頁。

2　《辭源》（修訂本全四冊），商務印書館出版，1979年7月至1983年12月修正第1版，第一、三冊，第311、1664頁。

3　《辭海》（1989年版縮印本），上海辭書出版社，1990年12月出版，第316頁。

作為社會科學概念的公正，其經典定義來自古代歐洲的哲學家、法學家們。古希臘哲學家亞里斯多德認為社會財富的「分配性的公正，是按照所說的比例關係對公物的分配」[4]、「正當的途徑應該是分別在某些方面以數量平等，而另些方面則以比值平等為原則」[5]。古羅馬政治學家西塞羅則把公正描述為「使每個人獲得其應得東西的人類精神意向」[6]。綜合上述經典表述可見，公正就是一些關於「各得其所」、「得其所應得」、「不虧待人」的理念，這在中國自古汲今社會文化中都是始終存在的。

當然，為了便於研究公正問題，也可以對公正作一種定義性的理解：首先，公正是一種思辨，即一種系統的看法，或者說是世界觀、社會觀以及人生觀，是社會組織成員共同接受或認可，並認為其正確的思想觀點；其次，公正表現為一種行為標準和行為規範以及選擇標準，承載於條文、習慣、風俗、禮儀等形式之中；其三，公正表現為一種對矛盾衝突的妥善的判斷、決定和處理；其四，公正是作為社會關係主體各方依據自己所理解的行為標準，而對社會組織或其他第三方作出的判斷、決定和處理的過程和結果所進行的評價。

（二）公正的衍化

或許是因為中國主流意識形態的經典中缺少「關於社會公正問題或公正觀的專門著作」[7]，以至中國的理論界直至近若干年才參照國外的理論，對公正的含義作出了一些學術的解釋：

4　【古希臘】亞里斯多德：《尼各馬可倫理學》，苗力田譯，中國社會科學出版社，1990年3月出版，第95頁。

5　【古希臘】亞里斯多德：《政治學》，吳壽彭譯，商務印書館，1965年1月第1版，第235頁。

6　轉引自【美】博登海默：《法理學－法哲學及其方法》，華夏出版社，1987年2月第1版，第351-352頁。

7　馬俊峰：「馬克思、恩格斯確實不僅沒有寫出關於社會公正問題或公正觀的專門著作，相反，倒是經常對當時流行的那些從道德倫理角度批判資本主義現實的做法予以無情的譏諷，認為都是『陳詞濫調』，對科學分析問題沒有任何幫助」。見馬俊峰：《建構馬克思主義哲學公正觀》，載《中國社會科學報》，2013年12月30日第543期。

（1）在倫理學界，認為公正是人類普適性的基本價值，是一種道德原則、準則或道德價值、價值觀念，表現為分配的均衡、合理。例如提出：社會公正最一般的意義是對社會權利和社會義務的公平分配以及與此相適應的道德品質[8]。

（2）在哲學界，一部分學者對公正作了一些界定，認為公正是一種社會狀態、價值準則、觀念或理念。認為社會公正是符合社會整體實踐的性質、要求和目的的全體社會成員之間的利益關係狀態。在這種利益關係狀態中，價值主體是全體社會成員，價值客體是全體社會成員合作產生的社會價值。聯繫價值主體與價值客體的仲介是合理的社會價值分配方式。例如表述：公正是一種規範性價值，與社會制度安排相聯繫，是評價社會制度的一種標準或尺度，它體現着社會關係各方的利益和權利，有利於社會安定，有利於規範競爭行為，從而總體上有利於社會共同體的穩定和發展[9]。

（3）在政治學界，部分學者也對公正進行了界定。如認為：公正是公民衡量一個社會是否合意的標準，換言之，公正是一個國家的公民和平相處的政治底線。或認為：現代意義上的公正就是對基本權利的保證，即對基本的經濟政治權益的分配應遵循嚴格的平均原則，此外還有機會平等、按貢獻分配等內容。或認為：公正是社會的一種基本權利和義務，規定着資源與利益在社會群體之間的適當安排和合理分配，維護和促進社會公正是要實現社會各個群體「各得應得」的公正對待[10]。

但是，上述見解多數將「公正定義」與「公正觀」作了混同。公正定義要回答的是「什麼是公正」的問題，公正觀要回答的是「什麼是公正的」的問題。只有知道什麼是公正，才能明確判斷公正與否的統一

8　萬俊人：〈正義理念的倫理表達與政治建構〉，載香港《中國社會科學季刊》，1997年冬季號，總第21期。

9　馬俊峰：《中國當代哲學重大問題研究》（上下冊），河北人民出版社出版，2011年11月出版。

10　見吳忠民：〈當前對社會公正的三大常見誤讀〉；載《光明日報》，2016年3月2日。

標準，其他的討論才能深入。但在上述學者們的見解中，往往以各種各樣的公正觀來表達公正的定義，這些見解給公正的理解反而帶來難度，在對公正的概念描述上出現了混亂。

（三）本原公正

由於不斷有新的有關公正的詞彙被發明，如：「社會公正」、「客觀公正」、「司法公正」、「程序公正」、「實體公正」、「形式公正」、「實質公正」等等，並各自賦予不同的內涵，因此，「公正」很多時候變成講不清的東西了。所以，為了理解和研究的方便，有必要用「本原公正」來替代公正。用「本原公正」替代公正，是為了讓公正與各種各樣新的有關公正的概念區分開，此時，「本原公正」就帶有了「真正的公正」、「實在的公正」、「實際的公正」、「真實的公正」、「沒被改變含義的公正」的意思。「本原公正」，其中本原是修飾公正的，所指就是本原上的公正，而非那些被種種限制詞限定的形形色色的公正。因此，「本原公正」的含義與公正的含義是相同的，本原上還是「各得其所」、「得其所應得」、「不虧待人」的含義。

二、本原公正的特徵

（一）本原公正起源於對生存資源的分配方式

人類社會存在以來，始終存在着各社會成員如何佔有生存資源的問題，尤其是在資源不充足的「僧多粥少」的狀態中。在處於合作狀態、秩序良好的社會群體內，資源是不能任人哄搶的，否則社會群體立即就會土崩瓦解。如原始部落中對獵取或收穫食物放任爭搶，那麼女人、幼兒就只能全被餓死，部落就不能延續。因此，在社會群體中每個成員都必然接受資源的分配。但是，每個成員在接受分配時，誰都期望儘量得到自己所應得的生存資源，而不受虧待、不要吃虧，並且容不得別人討巧、佔便宜、多吃多佔、貪污浪費。這就是最初普遍的公正觀，就是公正的原始內容。為了確保這種公正，人們約定了

公正的更多的複雜內容和分配標準，如：對於社會群體而言，每個家庭應當按勞分配，但在每個家庭內部則應當按需分配；一般情況下多勞多得、不勞動者不得食，但在特殊情況下要平均分配、扶困濟危，等等。全體社會成員會以這些複雜的分配標準來對照衡量分配過程，並追求這些複雜標準的實現。可見，公正的問題一點也不神秘，只是一種人類社會自然而然產生的社會意識；公正的問題一點也不深奧，只是一條簡單的社會生活的道理。沒有公正，社會成員必然無休止爭執，就什麼正事也幹不成，社會群體走向瓦解；有了公正，就沒有了紛爭，人與人之間和諧合作、祥和安寧，社會群體壯大、復興。可見，公正是每個社會成員自身的需要，是每個社會成員對社會生活共同體的期望，也是社會生活共同體內部的共同要求。

（二）本原公正是對社會公權力的約束要求

在生存資源的獲取實行了分配而不是爭搶的方式的社會群體中，公正通常是由社會成員對分配主體而提出的要求，因為分配必須由某些分配主體來操作實施。及至現代社會的各種分配活動，也都有專門從事分配的人員即分配主體來進行。分配主體是原初的社會公權力行使者。對於分配主體的任何一次分配活動，每個參與接受分配的社會成員都存在預期，都對分配主體存在滿足其預期的要求。這種要求就是公正，如：「分配要公正」，「分配主體做事要公正」，「要嚴格按分配標準合理分配」，「不要讓我吃虧，也不讓別人佔便宜」，「不徇私枉法」，「不要搞人情關係、私下交易」，「不搞私相授受、私下照顧」，「不濫用職權、破壞規則」，等等。分配主體如果違反這些公正的標準，就必然被負面評價為「處事不公正」，只有符合這些公正標準而行使公權力的行為才可以被評價為「辦事公正」。

可見，本原公正是在特定的社會關係中發生的評價活動，這些社會關係基本構成元素至少包括社會成員和公權力主體，並包括社會成員讓渡於公權力主體去處理的事情（資源配置、關係調整、爭議處理等），還包括已定的處理事情的規則和處理事情的標準。只有在這些基本元素的共同運動之中，才會產生作出公正或不公正的評價的結果。

　　然而，在這種多元素的社會共同運動之中，公正的評價者和被評價者總是具有單向性。公正與不公正總是在處理他人的事務時受到的評價；或者總是自己的事務被他人處理時對他人處理事務方式和結果的評價。反之，處理他人的事務時不能要求被處理事務的人公正，或者是自己的事務被他人處理時反而被要求自己公正。這種特性，表明，公正是社會關係一方對另一方的要求，是單向的要求和評價。因此，對於公權力行使者來説，其行使公權力的方式和結果、程序與實體是否達致公正，是相對人和社會公眾的意識並由相對人表達。公正抑或不公正，並不是由公權力行使者自己説了算的，而是由社會公眾和當事人説了算的，是他們的真實意志的表達。作為公權力行使者，能做到的就是接受公眾和相對人的評價，最多也就是在被評價為公正時而沾沾自喜或者被評價為不公正時而作出解釋、説明、檢討。這正好説明：公正本是「人們從既定的概念出發對某種現象的評價」[11]。

　　由於社會公權力最初就是因為社會資源和利益分配的需要而產生，所以，公正就成為社會成員對社會公權力的共同要求，就必然成為社會公權力必須遵守的最基本的行為標準和立身之本。對於公正是對公權力行使者的要求的這種性質，一直以來沒有被很明確地揭示，只有個別學者隱約有些模糊認識，如認為：「使用『公正』或『不公正』時都存在着一個被使用者期待着的能夠或應當『主持公正』的角色，這個角色可能是一個人或機構，也可能是一個制度」[12]。然而所有既往的認識，都沒有像今天這樣愈益清晰。

（三）本原公正的職能是讓爭議者接受處理方案

　　一切人類生存和工作的共同體都是社會。最大範圍的社會是國際人類社會，而最小範圍的社會就是婚姻家庭，中間則有着範圍各不相同的領域，如民族、種族、國家、部落、村落、行政區劃、工作單

11　《辭海》（1989年版縮印本），上海辭書出版社，1990年12月出版，第316頁。

12　鄭成良：《法律之內的正義》，法律出版社，2002年12月第1版，第18–19頁。

位、各種社會組織。在每個社會共同體中每個成員有不同的正義也有共同的正義，在更大範圍的社會共同體中即其中小的共同體之外有不同的正義也有共同的正義；家庭內部成員之間有不同的正義也有共同正義；家庭與家庭之間有不同的正義也有共同正義；社會組織與社會組織之間有不同的正義也有共同的正義；國家內部各組成部分之間有不同的正義也有共同的正義。正義的不同代表着矛盾和衝突，正義的共同代表着和諧與共存。在不同的正義主張者之間產生的鬥爭是形形色色的，有思想理論的衝突，有物質利益上的爭奪。在衝突和爭奪的過程中每個人站在自己的立場上都認為自己是對的、對方是錯的，自己是正義的、對方是非正義的。而很少會站到對方立場上說對方是正義的、己方是非正義的。到這裏，就引出了正義與公正之間的聯繫了：當社會成員任何一方在鬥爭中輸給另一方的時候，經常會認為自己受到了非正義的對待。不僅認為對方非正義地對待了自己，而且將目光轉向了社會其他成員及整個社會組織，認為沒有得到他們的支持和保護，也是受到了他們的非正義對待。但如果社會組織以一種思辨使鬥爭的失敗者認識到失敗是其應得的結果因而不是失敗，那麼就會使之不再感到對方是非正義，自己並沒有失敗而是「非應得」。這時就會發現，矛盾鬥爭雙方之外的第三方是可以改變不同的正義主張從而形成相同主張的。這種第三方不偏不倚地維護社會共同正義，消弭社會組織成員之間的不同正義之爭的立場和態度就是公正。

公正本身也是社會正義內容的一個部分，是具有普適性的一種社會正義。公正往往又被稱為社會公正，即要求在社會生活的一切方面，每個人都應當受到來自社會各個方面的公正對待。廣泛具有社會公正的社會是文明的社會、和諧的社會、公正的社會、幸福的社會，是令人嚮往和追求的社會，是適宜於人的生存的社會。但是，社會科學一切思考、思辨都始終在尋找社會公正的足跡。

那麼社會公正究竟是什麼呢？社會公正其實就是人們在正義主張不相同的情況下的協調與平衡，是經過公正地調整而形成的良性社會形態。公正作為釀造良好社會關係的一種公權力行為標準，也構成社會大眾對美好社會關係的期待。因此，公正必須得到遵循才能發揮

其作為一種社會行為標準和社會關係標準的作用，必須得到遵循才能實現社會大眾的願望。因此，以公正作為運行方式的標準、努力遵循公正，是人類社會一切組織行為的公權力運行的基本原則。非此，國將不國，族將不族，社會也將分崩離析。一個文明發展程度較高的社會，對於本原公正的遵循，應當貫穿在社會生活的各個時期、貫穿於社會關係的一切方面、貫穿於社會管理的各個環節。

對具體的社會關係的各方主體來說，社會組織內的公正是由社會組織整體或其他第三方成員來主張、力挺、監督和維護的。當社會關係主體之間發生爭議或矛盾衝突而得不到解決時，雙方或一方就會將目光轉向共同生存的社會組織的其他成員、任意成員或國家社會，希求這種第三方有一個態度。這種希求，肯定是希求第三方偏向於希求主體。然而因為這樣不可能解決糾紛，就會轉而自己作一些讓步，希求第三方有一個公允的、相對平等的、合情合理的、符合法律規定的態度來對待社會關係各方主體。當獲得了這樣的對待，就會對第三方評價為是公正的。如果第三方被雙方都認可為公正，那麼就意味着當事人雙方對第三方是讚賞的、肯定的。第三方將取得當事人雙方更多的信任和依賴。如果第三方是社會共同體或該社會共同體的代表者，那麼就會導致這個共同體的組織穩固和成員穩定。可見，本原公正其實是社會成員對社會共同體的一種評價。如果一個社會被公眾普遍評價是公正的，意味着這個社會各個方面對待社會成員都是公道的，該社會是公正的社會，社會凝聚力就強。反之，公眾評價社會治理主體或領導與管理人員是不公正的，那麼，這個社會要實現公平正義的道路就很漫長。本原公正，是社會成員觀察那些分配社會資源或處理社會成員糾紛的社會公權力主體在處理公務時的狀態所給予的肯定性評價，是對社會公權力和社會共同體的期望，並進而起到對社會公權力或社會治理主體的鼓勵作用。社會公正與社會不公相對應，當社會公權力以及社會制度運行時經常地普遍地存在處理事務不公允的情況時，就會被整體評價為社會不公，這樣對社會公權力、社會治理主體就能起到約束和督促作用。

可以說本原公正實質上是解決社會糾紛的一種方式方法上的原則，其職能作用就在於妥善解決和處理社會群體內部的糾紛。本原公正是全體社會成員共同信守和維護的狀態。對具體的社會關係的各方主體來說，社會組織內的本原公正一定是由社會組織整體代表者、所委託者或其他第三方成員來主張、力挺、堅守和維護的。因此，如果社會組織成員依據共同正義而對社會組織內的社會關係評價為公正的話，這是一種肯定性的評價，並且也證明本原公正正是社會群體凝聚、維繫的關鍵內在因素。

雖然本原公正起源於人們對生存資源配置的期待，但長期以來已經被人們延展為在所有具體事項中社會成員對公權力實施主體的行為方式和結果的要求和期望，並且抽象為一種思維的概念。人們對於本原公正的領悟實際是：在社會生活的一切方面，每個人都應當受到來自社會各個成員的公正對待。尤其是在現代社會市場經濟條件下，每一個經濟人或市場主體的活動都有了一定的資源配置性質，也都成為分配主體，都被相互寄予了公正和誠信的期待。如：人們對於求醫、上學、工作、晉升，以及大量存在的商品交換關係，等等一切方面，都希望建立一套公正的規則，這種規則應被司執規則的人和參與規則覆蓋的社會活動的人所遵守。人們希望在一切領域，包括國家社會、單位內部、合同關係之中，都要打破「會哭的孩子多吃奶」的規律：一方面孩子不要裝哭來多吃多佔，另一方面是餵奶人要按規則公正地給每個孩子餵奶。這也正是本原公正經常被稱為社會公正的原因。

三、本原公正的價值

（一）本原公正是維護社會正義的標準

本原公正是維護社會正義的活動的評價標準。公正的評價主體是社會公眾而不是公權力的行使主體。公正由被維護正義的社會成員掌握，是社會公眾從社會生活中獲取的，而不可能是由公權力主體強加的，公權力主體可以實施強加行為，甚至可以指鹿為馬，但是征服

不了公眾的內心，因為公正是社會公眾根據其內心間的標準作出的判斷，公正的標準存在於社會公眾的心中，即常言所說：「老百姓心中有桿秤」[13]。因此，社會公權力行使主體必須遵從社會成員共同的公正標準，接受公眾的評價，而不能脫離公正標準自我吹噓、自我標榜，更不能自立標準、另闢蹊徑，搞出什麼輝煌的社會效果來欺世盜名。

公正也是維護社會正義的活動的應用標準。維護社會正義的活動，是在正義被損害的情況下，通過維護使正義被重新認定、肯定、張揚、彌補和修復，最終形成正義得到實現的結果。維護正義的過程仍然必須堅持公正的標準，全部活動、全部行為、全部過程都必須按公正標準要求來做。該公開的要公開，該回避的要回避，該減免的要減免，該從輕的要從輕，該從重的要從重。公正標準是由很多的條款所體現的，公正內容是由很多規則所構造的，維護社會正義的活動必須全面對照應用公正的標準與內容。社會公權力主體應當服從公正標準，處理問題時嚴格符合公正的規則，工作方式上切實做到公正合理，在維護社會正義的活動中展現對公正無偏的堅守。

公正又是維護社會正義的檢驗標準。公正的核心內容是解決爭議的活動切實維護了正義。只有正義得到維護，才是社會大眾對專門主體維護社會正義活動的期待。如果不能產生正義得到維護的結果，無論其過程多麼完善，無論其解釋多麼無懈可擊，無論其具有多少美妙的「看得見的正義」[14]的形式，都不能算是達到了公正的標準，都不可能被社會公眾評價為公正，而充其量只是一種完美的表演。真正公正的標準，要求的是追求正義和維護正義的腳步永遠不能停止於實際結果的門外，哪怕之前的步伐無比整齊快捷、孔武有力，但只要離維護正義的實際結果還差「最後一公里」，也就是沒有達到公正標準。此時，只能被自我遺憾地歎息為「功虧一簣」，而不可能得到社會公眾的

13　「老百姓心中有桿秤」：諺語。意為社會大眾有自己的衡量標準。

14　陳瑞華：《看得見的正義》，北京大學出版社，2013年7月第2版，第1頁。

任何諒解。因為在維護正義的道路上，社會大眾永遠不會自我打折——「作為人類活動的首要價值，真理和正義是決不妥協的」[15]！

（二）本原公正是爭取社會公平的途徑

公正與公平兩個概念總被交替、連接、混淆使用，是因為兩者有密不可分的關係。公平雖然也有很多解釋，但在很多情況下可以理解為對社會關係狀態的描述、感覺、評價。公平與不公平是指在社會成員之間相互關係上是公平還是不公平。社會成員之間有爭議糾紛往往是其間感覺到不公平，不平則鳴，於是出現爭議糾紛。解決爭議和糾紛就是將社會成員之間不公平的社會關係，調整到公平的狀態。而解決爭議糾紛的主體在開展工作時堅持追求社會關係公平的目標，不偏不倚、公道公允地處理具體爭議糾紛就是所謂公正。公正與公平的緊密關係表現為：

1.　公正與公平相依而存。

公平離開公正不能存在，公正離開公平也不能存在；不存在不公平的公正，也不存在不公正的公平。公平必須得到公正的維護才能存在，公正只有維護了公平才能被承認。如幾個領導者私下平分「小金庫」裏的公共財物，雖然小範圍內的分配是公平的，但私分公共財物的行為對於規則來說是不公正的，對規則所覆蓋內的大眾是不公平的，那麼，小範圍的公平本質上是製造了大範圍的不公平。所以，私分公共財物這種不公正的行為，不可能形成真正的公平。另一方面，如：司法裁判如果對當事人各方利益調整的方案顯失公平，那麼裁判文書再符合法定程序和法條的規定、裁斷法官再公正無私，也不可能被當事人認為裁判是公正的，也不可能被社會大眾認同為正確的。這時，不公平也就等同於不公正。

15　【美】約翰·羅爾斯：《正義論》，何懷宏、何包鋼、廖申白譯，中國社會科學出版社，1988年第1版，第1–2頁。

2.　公平依靠公正而實現。

公正是維護公平等各種正義的途徑。儘管人們對公正的要求固定化因而形成對整個社會的要求，並使社會公正成為社會正義的組成部分，但是公正是維護公平正義的方式和途徑的功能作用是不可改變的。當公平等各種社會正義沒有得到實現從而發生矛盾、衝突和爭議時，最終必須採取公正的方案去解決。武力、暴力、恃強凌弱的方式雖然能暫時平息矛盾，但不能徹底解決矛盾，因為其本質上是用不公正的方法去解決不公平問題，因而就會產生更多更長遠的不公平。人類社會歷史發展的重要文明成果就是普遍能夠以公正的方式、方法和方案去解決社會糾紛。一旦社會喪失了公正的基本價值取向，懷有種種企圖的人或群體特別是居於優勢地位的人或群體，便可藉口公平的規則而將有利於自身卻有損於他人的做法付諸實施，從而造成有損社會公平的結果。可見，有時依據「公平」的遊戲規則卻有可能會給社會帶來程度不同的不公平的負面影響。

3.　公正立足公平而體現。

一次公權力行為，哪怕十分公正，如果不能給社會增加公平的成果，那也是沒有意義的行為。沒有意義的公權力行為不過是對公共資源的浪費，因而最終還是不公正的。相對於公正來說，公平是對公權力調整社會關係的結果的要求，而公正更側重於對調整社會關係的行為過程的要求。因此，獲得公平的結果，需要公正的過程的保障。貌似公正的過程也可能產生不公平的結果，而公平的結果也可以由不公正的過程產生。真正的公正的過程，還需要公平的結果來證明，真正公平的結果也必須具有公正的產生過程。否則無論是公正還是公平都得不到社會的承認。因此，公平是公正的目標，公正是公平的保證；公平是公正的內容，公正是公平的形式。不能給予人世間以公平的公權力行為，無論其表現得如何公正、無論業內人士盛讚其多麼公正，這樣的公正，也不過是徒有其表的表演而已，其走過場之後，給社會歷史留下的只有更多的沉重的不公平。公平與公正如此密不可分，就像一件衣裳的裏子和面子，實際上是統一體。

（三）本原公正是維持社會穩定的關鍵

雖然每個國家的統治集團一般都希望社會穩定，但有時國內總會出現激烈的不穩定狀態，直至出現大規模起義或大規模的暴亂，原因一般就在於統治集團在行使公權力的時候缺少公正，因而沒有給社會釀造公平、反而破壞了公平或加劇了不公平。公正與否直接關係到社會能否穩定，也關係公權力行使者的執政地位能否穩定。任何統治者、執政者、領導者、法官、行政長官等公權力行使者，都應當是公正的，如果不公正就是將自己置於民眾的對立面，「水則載舟，亦能覆舟」[16]。因為，公正就是社會成員針對分配主體等社會公權力行使者提出的一種要求，對於社會成員公眾來說：公權力如果不公正，毋寧沒有公權力！

然而，公正從來就是個沉重的話題。因為公正天然地與不公正同時存在，公正的標準和要求從來不會順理成章地實行，一切公權力行使者從產生之時起就有恣意妄為、徇私枉法、濫用職權、以權謀私等違背公正要求的異化傾向。最典型者莫過於歷史上的一些獨裁政府，它是一個太過強大十分危險的怪物。它掌控着至高無上的國家公權力，它可以輕而易舉的動用軍隊、員警、監獄等暴力機關，它給予民眾最不公正的對待民眾也必須承受。一旦哪個普通民眾觸犯了政府認定的利益，便要遭到滅頂之災，因為民眾已成為獅虎面前的羔羊一般的弱勢群體。古羅馬帝國暴君尼祿一生惡貫滿盈，他的信條是：我死之後哪怕洪水滔天；希特勒打着優化種族的幌子，把六百萬猶太人送進了焚屍爐。失去公正的公權力給人類帶來的災難可謂罄竹難書。而現實的一些公權力行使者，也忘卻了公權力行使的公正標準，將公權力行使推向不公正的極致。他們有了權就有了為人仰視、受人恭維、被人巴結、迫人行賄的內心需要；有了權就有了貴賓要客、警車開道、高接遠送、言出法隨的特權思想；有了權就有了錦衣美食、美人

16　【春秋】荀況：《荀子》「哀公篇第三十一」；載於立文主編：《諸子百家集成》（全四卷），黑龍江美術出版社，2011年1月第1版，第一卷，第301頁。

陪睡、養尊處優、驕奢淫逸的享樂追求；有了權就有了俯視眾生、目空一切、吆五喝六、頤指氣使的十分威嚴。亞裏斯多德的名言:「把權力賦予人等於引狼入室，因為欲望具有獸性，縱然最優秀者，一旦大權在握，總傾向於被欲望的激情所腐蝕」；孟德斯鳩指出:「一切有權力的人都容易濫用權力，這是萬古不易的一條經驗」[17]；霍布斯指出:「全人類共同的愛好，便是對權力永恆的和無止境的追求，這種追求至死方休」[18]；英國歷史學家阿克頓勳爵精闢斷言:「權力趨向腐敗，絕對權力絕對腐敗，偉人們幾乎總是壞蛋」[19]。

人類歷史上，廣大民眾也曾經把合理運用權力、增進社會福祉的希望寄託於聖主明君、善良人性。可是，無法無天、貪得無厭的獨裁專制和貪腐暴政，卻反覆印證了權力的狂妄和愚蠢、野心和暴虐，以及公權力行使者人性中潛藏的貪婪自私和濫用權力的天性。因而，人類往往只能選擇抗爭，直至進行革命，打碎一個舊世界，重建一個新世界。

縱觀人類社會的無數對抗和鬥爭，莫不是因為存在社會公權力的不公正而引起，莫不是為了追討公正而進行。人類社會一切針對社會制度的革命、起義、鬥爭、改革、改良，都是限制和消除社會公權力不公正的傾向；都是為了反抗和反對社會不公正所帶來的非正義和「不公平的命」[20]；都是為了使公正得到社會公權力行使者的良好遵循。而所有公正狀態幾乎都是在人們與不公正的思想與行為作出艱苦卓絕、前赴後繼的鬥爭之後才達成的，是人們長期追求並以慘痛的犧牲而換來的結果，有時也只是暫時的平衡或公權力行使者在民眾的鬥爭中被逼無奈而暫時作出的選擇。

---

17 【法】孟德斯鳩著:《論法的精神》（第十一章第三節），彭盛譯，當代世界出版社，2008年1月第1版，第76頁。

18 【英】霍布斯著:《利維坦》，黎思復、黎廷弼譯，商務印書館，1985年9月第1版，第72頁。

19 【英】約翰·阿克頓著:《論自由和權力》，John Dalberg-Acton, *Essays on Freedom and Power,* The Beacon Press, Boston, Mass., 1949, p. 364.

20 曹禺:《雷雨》，陝西師範大學出版社，2010年4月第1版，第75頁。

　　來到近代社會，一些國家社會在為公正抗爭之外，終於找到了另外一條路子：認識並選擇了制定愈益複雜的制度、程序、規則，如憲法、行政程序、訴訟程序、法律監督程序等，將公正的標準和要求都寫進其中，並強逼公權力行使主體來依照執行。美國前總統布希演講說道：「人類千萬年的歷史，最為珍貴的不是令人炫目的科技，不是浩瀚的大師們的經典著作，不是政客們天花亂墜的演講，而是實現了對統治者的馴服，實現了把他們關在籠子裏的夢想。因為只有馴服了他們，把他們關起來，才不會害人」【21】。

　　無數實踐證明：社會要有公正，人民若想幸福，最重要的就是馴服公權力行使者，把他們關進制度籠子裏，嚴格有效地約束起來。只有給予公權力以有效的約束，才能使公權力的行使達到公正。一旦公權力失去約束，就必然失去公正。而一旦失去公正，國家社會也就必然失去穩定與和平。

本原公正的司法遵循

一、司法必須排除私欲雜念

　　本原公正為一切公權力行使行為所必須遵循。司法活動是行使公權力的活動，而且是以維護社會正義為目的而開展的行使公權力的活動，因此，必須以本原公正為司法活動及司法行為的標準。在司法活動中，公正標準是為了有效地維護社會正義而提出來的，是對維護社會正義的方法、手段、程序等方面的要求。公正本身並不是司法的最終的目的，而只是司法實現維護社會正義目的的手段和工具，其所需要服務的目的是維護社會正義，並且只有司法實際釀造了維護社會正義的成果，才能被真正視為公正。因此，本原公正是司法主體實施司法活動和司法

21　轉引自陳偉：《籠子裏的美國總統》，法律出版社，2017年5月第1版。

行為的標準。司法主體在實施司法活動和司法行為時，要達到本原公正要求，必須只以維護社會正義為追求，排除馳心旁騖。

首先，必須排除個人私念。在司法活動和司法行為中任何出於個人利益的考慮都可以視為私念，如：進行裁判時，害怕得罪權貴而影響自身升遷；害怕得罪無賴而危害自身安全；希望討好上司而得到嘉勉；希望提高聲望而炫耀能力，等等。

其次，必須排除集體私念。司法活動和司法行為是依據維護社會正義的目的而作出的，並不能顧忌法官群體或法院機關的共同利益。因此，集體利益的考慮同樣也是私念，同樣也會導致對本原公正的背離和對社會正義的損害。

其三，必須排除政治私念。當司法主體為了獲得政治上的好感或受到政治上的器重而實施司法行為時，政治的追求就轉變成為利益的追求，因此，也就成了私念。就只會以政治上級的要求為標準，而不可能以本原公正為司法活動和司法行為的標準。當政治上級所提出的要求與社會正義的要求相脫離的時候，結果則會更加嚴重地甚至是徹底地違背本原公正，並最終危害社會正義的實現。

二、司法必須存有良知和良心

本原公正對司法活動及司法行為的評判是基於社會大眾的本原公正感覺而作出的。本原公正的存在形式，通常並不形之於文字，而是存在於普通社會大眾的記憶和直感之中。本原公正在認識論上屬於認識中的感性認識，在感性認識階段即可產生，如果作為社會大眾的感覺形成之後，是無須要再進行理性的論證的。原首席大法官王勝俊說，對待判不判死刑的問題要考慮三個依據：「一是要以法律的規定為依據；二是要以治安總體狀況為依據；三是要以社會和人民群眾的感覺為依據」[22]，也是把公正定位於感覺。當前司法工作要求「讓人民

22　載：《南方都市報》，2008年4月11日。

群眾在每一個司法案件中都能感受到公平正義」，同樣也是將「感受」作為公平正義的存在被感知的形式。可見，本原公正並不是特別高深的東西，更不是不可知的東西，也不是非要以條文或論述表述的東西，而只是一種能直接感受到的感性認識。同樣，司法主體對於自己實施的司法活動，也必然基於自己的感覺而作出評估，對於自己將要作出的司法行為的取捨也必然基於自己的感覺而作出。是否符合本原公正要求，司法主體自己的感覺是很明晰的。

　　然而，這種自我感覺也有潛在的衡量標準，就是司法主體內心存在的良知和良心。良知（conscience），指天生本然，不學而得的智慧；天賦的道德觀念。孟子有言：「人之所不學而能者，其良能也。所不慮而知者，其良知也」【23】，英國詩人雪萊有言：「良知是內心的審判者，其統治着人類行為的王國」。良心，是個人內心的是非感；對自己行為、意圖或性格的好壞的認識；同時具有一種做好人好事的責任感，常被認為能引起對於做壞事的內疚和悔恨。盧梭有名言：「良心！你是善與惡的萬無一失的評判者」。對於法官等司法主體來說，良知和良心是司法主體法律素養和高尚道德在其內心的結合，是基於對法律規則的正確理解與自身正確的人生觀、價值觀、世界觀相結合而形成的理性思維，體現出法官的司法理念、正義追求、職業道德、責任擔當及人文情懷等內心意志。在司法遵循本原公正的領域，司法主體良知和良心的秉持的重要性甚至遠勝於其對法律的知曉。實際上，部分國家已將司法良知和良心規定於其憲法等法律之中。日本憲法第76條明確規定：「所有法官依良心獨立行使職權，只受本憲法及法律的拘束」【24】。韓國憲法第103條則規定：「法官依據憲法和法律及其良心，獨立作出審判」【25】。法國刑事訴訟法典第353條規定：「法律

23　【春秋】孟軻：《孟子》「盡心章句上」；載於方文主編：《諸子百家集成》（全四卷），黑龍龍美術出版社，2011年第1版，第一卷，第190頁。

24　見：《日本國憲法》，載https://baike.so.com/doc/6301295-6514818.html。

25　見：《大韓民國憲法》，載https://baike.so.com/doc/6256214-6469629.html。

不要求法官説明他們説服自己的手段，也不要求他們遵守任何規則並具體地從這些規則中得出充分的證據。它要求他們默不作聲地反省自己，並以良心真誠地尋求對指控被告的證據和辯護理由的印象。法律只會問他們一個問題，它包含了他們職責的全部範圍：你內心是否確信？」【26】。中國的《法官職業道德基本準則》第6條也曾規定：「堅持職業操守，恪守法官良知」。可以説，司法良知與良心是實現公正司法的重要前提。習近平指出：「執法不嚴、司法不公，一個重要原因是少數幹警缺乏應有的職業良知」【27】。只有司法主體存有良知與良心，才會不挾帶私心，才會不故意歪曲事實，才會正確理解法律原意；只有司法主體憑良知與良心實施司法行為，才可能在法律規定不周全或是有錯誤的情況下，仍然能夠作出公正的司法行為，從而維護社會正義；只有司法主體憑良知與良心辦事，才能最快捷、最準確地實施正確的司法行為。一個內心缺少良知與良心的「無良」司法主體，就不可能具有公正之心，也不可能作出公正的司法行為，而且因為其對法律規定的精通，更會將法律當成自己的玩具而任意玩弄，隨時都會巧妙地「依法」作出不公正的司法行為。這樣的司法主體才真是「恐怖的法官」。

26　CODE OF CRIMINAL PROCEDURE Article 353: Before the assize curt retires, the president reads out the following instruction which is also put up in large type in the most visible part of the deliberation chamber: "The law does not ask the judges to account for the means by which they convinced themselves; it does not charge them with any rule from which they shall specifically derive the fullness and adequacy of evidence. It requires them to question themselves in silence and reflection and to seek in the sincerity of their conscience what impression has been made on their reason by the evidence brought against the accused and the arguments of his defence. The law asks them but this single question, which encloses the full scope of their duties: are you inwardly convinced?" 引自《法國刑事訴訟法》（英文版），載https://www.doc88.com/p-993524500236.html。

27　習近平：「執法不嚴、司法不公，一個重要原因是少數幹警缺乏應有的職業良知。許多案件，不需要多少法律專業知識，憑良知就能明斷是非，但一些案件的處理就偏弄得是非界限很不清楚。各行各業都要有自己的職業良知，心中一點職業良知都沒有，甚至連做人的良知都沒有，那怎麼可能做好工作呢？政法機關的職業良知，最重要的就是執法為民」。見習近平：〈嚴格執法，公正司法〉（2014年1月7日）；載：《十八大以來重要文獻選編》（上），中央文獻出版社，2014年9月第1版，第718頁。

三、司法必須秉持人間公道

公道就是大公無私的道理。《管子•明法》：「是故官之失其治也，是主以譽為賞，以毀為罰也。然則喜賞惡罰之人，離公道而行私術矣」。《金瓶梅詞話》第四十九回：「公道人情兩是非，人情公道最難為；若依公道人情失，順了人情公道虧」。司法主體作為公權力行使主體，只有秉持公道，才可能正確理解和正確適用法律規定；只有秉持公道，才能獲得社會大眾的肯定，因為司法活動表面上看就是一種居間活動，是為社會糾紛爭議各方服務、以化解爭議各方矛盾衝突的活動，實際也是對社會資源配置活動。司法是一種公權力的運行活動，是消耗納稅人的資源而解決社會問題的公權力運行過程，司法主體不能秉持公道，其全部活動也就不能被社會大眾所接受。司法不能拒絕社會對於其裁斷的評價，因為，司法本原上是納稅人共同花錢雇用司法主體們為納稅人修理他們共同生活的「社會大廈」，司法所修復的是被損害的社會正義，並將之恢復如初。社會共同體「大廈」的所有者是社會成員而不是司法主體。因此，社會成員自始自終都具有對於司法主體的司法活動的檢驗、評價、檢查、驗收的權利，不僅要對司法活動修復社會正義的過程加以核對和評價，而且必然對司法活動修復社會正義的結果進行檢查和驗收。

社會成員對於司法的評價，有其評價標準，重要的一條就是公道。是否公道，不可能由司法主體來確認，而只能由社會大眾來確定。司法主體本身不能給社會規定一套自認為公道的標準；不能自定一套與社會大眾評價不相同的公道標準；不能拋開社會大眾的評價標準，聽命於某個不符合大眾意願的指揮棒，按照某種指示來實施司法活動，而對社會大眾給予的評價不管不問。對於司法受到的評價，以及這種評價所依據的標準，司法主體在司法活動中，不能篡改、只能遵循，即將這種評價標準轉化為自身的行為標準，努力按照這種標準去調整、修正、確定自己的司法行為方式和爭取、創造、生產良好司法活動結果。只有這樣所作出的司法活動和司法行為才能獲得社會的認可，也才是有效力和有效果的。

　　司法主體不能藐視或者無視公道。人間公道的存在是如民族血脈
一樣代代相傳的，在每一個法律人接受法律知識之前，就已經浸入人
們的精神和思想之中。以法律知識或法學理論中沒有這樣的篇章為理
由，故而忽視、無視或故意違反公道的存在，其實是掩耳盜鈴。任何
不公道的司法行為，都能夠被社會大眾一眼看穿，都會被認為是司法
主體故意而為之。因此，司法對本原公正的遵循，必須以公道為內在
秉持。是非自有曲直，公道自在人心。公道心是司法主體公正司法的
重要心理基礎，這也正是一些國家由不精通法律的普通民眾組成陪審
團審判案件的緣由[28]。

四、司法必須超越「司法公正」

(一)「司法公正」偷換了「公正司法」

　　近年來，中國法學界和司法實務界的一些人，對司法活動研究和
探索出一個「成果」，就是提出了「司法公正」的概念。並將「司法公
正」作為司法活動和司法行為的最高標準。但是「司法公正」其實是對
公正司法概念的偷換。

　　關於公正司法，最早的表述其實只有「公正地司法」一說，有時將
「公正地司法」顛倒過來說成是「司法上的公正」。正是在這種「公正
地司法」和「司法上的公正」的反覆使用中，特別是在人們越來越多地
關注當前的司法不公的現實問題時，逐漸形成了「司法公正」的固定詞
語。並因此，引起了學者們對司法公正的外延和內涵的探索，從而形
成了司法公正的概念。

　　較早對司法公正概念進行界定的鄭成良教授，概括了司法公正
的特徵：第一，司法公正是一種法律之內的正義，即司法公正是具

28　"The trial of all crimes, except in cases of impeachment, shall be by jury; and such trial shall be held
　　in the state where the said crimes shall have been committed; but when not committed within any
　　state, the trial shall be at such place or places as the Congress may by law have directed." 引自：*The
　　Constitution of The United States of America* (Article III·Section.2) (美國憲法第三條第2款)。

有法律性質的制度倫理意義上的正義，是以合乎法律規定為判斷標準的正義形式；第二，司法公正是有限的正義，司法公正有時不僅要求為了避免較大的不正義而犧牲較小的正義，而且對其他倫理價值的相容、司法成本等均會對正義實現的最大化形成限制；第三，司法公正是一種普遍的正義，即一種抽象的、形式的正義[29]。姚莉認為「司法公正是權威、倫理、制度和程序諸要素綜合作用的結果，其實現需要在倫理認同的基礎上構建制度和程序，並使司法獲得其權威性的結論」[30]。上述學者的表述雖然有簡有繁，但可以看出：司法公正與公正司法並不是一回事。曾幾何時，「司法公正」竟然替換了公正司法。

(二)「司法公正」不辨別「惡法、良法」

現在，司法實務界幾乎不再提公正司法，而是眾口一詞地在談「司法公正」。並明言司法公正就是要求司法主體在審理案件的過程中，嚴格按照法律規定的程序準確地將法律適用於各類案件。亦表明司法公正的內容包括程序公正和實體公正兩個方面[31]。所謂程序公正，主要是指司法活動的過程公正，即在訴訟活動中，司法主體必須嚴格遵守程序法的各項規定，保證訴訟當事人受到公正對待，保證當事人依法行使訴訟權利，保障案件及時正確處理。基本要求是：司法主體嚴格依照職權的劃分，按照訴訟程序的規定辦理案件，尊重和保障人權，切實保障訴訟參與人的訴訟權利，落實辯護制度、回避制度、訴訟權利告知制度，堅持審判過程和結果依法公開，法官居中裁判，等等。程序法中規定的證據規則、庭審規則等可以防止和限制法官的司法專斷和專橫，保障法官的中立和獨立，充分尊重訴訟各方對訴訟的平等參與和對話，使爭執點更加集中、明確、完整，有利於法官查清案件

29　鄭成良：《法律之內的正義》，法律出版社，2002年1月第1版，第105頁。

30　姚莉：〈司法公正要素分析〉，載《法學研究》，2003年05期。

31　最高人民法院編寫組：《人民法院審判理念讀本》，人民法院出版社，2011年4月第1版，第106–110頁。

事實，正確適用法律，保證審判的有序進行，從而正確引導審判活動
實現實體公正。所謂實體公正，主要是指司法主體根據當事人的實體
權利與義務關係而認定的事實和適用的法律是正確的，所作出的裁決
或處理因而是公正的。可以認為，實體公正的含義，就是「以事實為根
據，以法律為準繩」，即嚴格正確適用法律。而在將程序公正與實體公
正並列區分開的情況下，實體公正所說的嚴格正確適用法律，就無需
再包含嚴格正確適用程序法，那麼實體公正含義就只能是嚴格正確地
適用實體法。至此：實體公正就等同於司法行為要嚴格準確地適用實
體法律。並可以進一步解釋為：只有嚴格準確適用實體法作出的裁判
或處理，才符合實體公正的要求；沒有嚴格準確適用實體法而作出的
裁判或處理，就不能認為是實體公正的。一言以蔽之，程序公正就是
程序法上的公正、實體公正就是實體法上的公正，即只要符合法條規
定，就是司法公正。但是，如果法條規定得並不符合正義要求、存在
「惡法」的時候怎麼辦呢？顯然，這種程序公正和實體公正相加而構成
的所謂司法公正，只是設立在「良法」的基礎上的，根本無視會有惡法
以及惡法造成的社會危害，實際就具有「惡法亦法」[32]的用意。

（三）「司法公正」與「本原公正」區別很大

1. 司法公正是司法主體自認的公正

司法公正的核心內涵就是要求司法行為嚴格正確適用法律，直
接的解釋是：司法公正就等於嚴格適用法律。換言之就是：合法就是

---

32 「惡法亦法論」(Evil Law Is Law)，英國分析實證主義法學的代表奧斯丁的一個典型論斷，現代
新分析法學仍然堅持這個觀點，它的含義是，不符合道德標準的法律仍然是法律。奧斯丁認為，
法律可以分為兩類，即實際上是這相關的的法律（實在法）和應當是這樣的法律（理想法或正義
法）。法學只研究實在法，尋找實在法的共同原則、概念等等，而不考慮這些法律是否符合正義、
道德，因此，不符合道德標準的實在法也是法律，（也應得到遵守和司執）。這一理論在第二次世
界大戰後受到了普遍的譴責。人們認為它在為暴政或專制制度服務。同時，惡法並不能導致法治，
它與法治的要求格格不入。見：周振想主編：《法學大辭典》，團結出版社，1994年1月第1版，第
1146-1147頁。

公正，公正就是合法。然而在司法公正就是嚴格正確適用法條規定的情況下，即使法條本身不公正，司法行為也被視為公正的。所以，這樣的司法公正並不等同於本原公正，而只是由司法者自定的並提供給社會大眾、要求社會大眾必須接受和遵循的一種對司法活動的評價標準。當然，人們以這種「公正就是合法、合法就是公正」的司法公正作為司法活動的遵循的標準，可以理解為是在社會大眾難以形成共同評判標準的情況下，由公權力主體強行將具有強制力的法律作為公眾評判司法活動和司法行為是否公正的標準，是不得已而為之的。一位法官感悟到：「司法公正既非絕對公正又非社會公正，它是構築在法律框架之內的公正。衡量司法公正與否的唯一標準是司法行為是否與法律相符和相一致。簡言之，司法公正就是法律適用上的公正，法官忠誠於法律所做出的符合法律基本原則和法律條文的判決就是公正的判決，就是司法公正。司法公正不是絕對的客觀公正」[33]。這種感受表明，所謂司法公正，就是司法主體們主觀認為的公正，是其單方認可的公正。司法主體們並不在意這種公正是否與本原公正完全契合，並且直接表明在與本原公正有衝突或達不到本原公正的標準要求時，社會大眾必須依據這種司法公正標準，來評價司法活動和司法行為。然而，社會大眾並不會隨便就以司法主體們自定的司法公正標準去衡量、評價司法活動和司法行為。社會大眾到了對司法活動和司法行為進行評價之時，是不會按照司法公正概念中隱含的內容來作出評價的。因為，社會大眾永存於心的仍然是本原公正。

2.　司法公正是對本原公正的降格以求

　　一位年輕的法律工作者以勸解的口氣說：「每一份裁判文書，畢竟都是司法者居中裁量和判定的結果，只要這個裁判沒有違反實體法和程序法的相關規定，那麼它就能夠體現出司法的公正性，即便它與實

33　陳雷：〈解讀司法公正〉，載《現代司法理念與審判方式改革研究——安徽省法院系統第十六屆學術討論會獲獎論文集》，安徽省法官培訓學院，2004年12月編，第251–252頁。

質公正有一定的差距，我們也應當理性地去對待。退一步確實能夠海闊
天空，息訟止爭不僅是司法所要達到的目的，也是整個的善良的人類社
會所積極尋求的結果」[34]。但是，這一說法並無可能讓社會大眾聽取
並接受，因為他們中不會有人願意將司法主體自定的公正就當成自己內
心確認的本原公正。沒有人能夠將司法公正等同於本原公正。可是，這
樣的司法公正既然不同於本原公正，卻要設定這樣一種公正，有什麼意
義？事實上，設立這樣的司法公正，就是對司法不公正提供容忍和辯解
的理由，為司法活動降低標準提供方便之門。殊不知，這樣將會帶來的
是對整個社會司法活動公正性的損害。細思起來可以發現，這裏出現了
一種「反倒錯」[35]，本原公正是社會成員對公權力行使者行使公權力
所設定的行為標準，是確保防止公權力濫用的制度內核，當所謂司法公
正提出來之後，就變成了公權力行使者自己給自己確定行為標準，還強
逼社會成員大眾要予以遵從。那麼，公權力行使者給自己確定行為標
準，怎麼可能不抓住時機降低標準、降格以求呢？他們恐怕要由衷地感
謝那些給予他們這種時機的學者們吧！

3. 司法公正並不能代替本原公正

司法本來就應當是公正的，司法與公正本應是同義語。司法不公
是不理想、非應然存在的狀態，本來就不需要再對應地專設一個司法公
正的概念。而特別提出一個司法公正的概念，莫不是要對司法應然的公
正作出限縮或偷換？事實果真如此！司法公正被賦予了內涵之後，確實
使「司法應當是公正的」之中的「公正」含義變了味。有學者自暴了這一
用意：「形式合理性優於實質合理性、程序正義優於實體正義」[36]。

34　單鵬：《司法公正與實質公正》，載中華文本庫。http://www.chinadmd.com/
file/6wovcitewzxusiazxsepssez_1.html2014-11-14。

35　「反倒錯」，東北地區的一種曲藝形式。

36　鄭成良：《法律之內的正義：一個關於司法公正的法律實證主義解讀》，法律出版社，2002年12月第
1版，第180頁。

當法學界、法律界頗感得意地認為司法公正「是司法權運作過程中各種因素達到的理想狀態，是現代社會政治民主、進步的重要標誌，也是現代國家經濟發展和社會穩定的重要保證」[37]的時候，學者們和法律實務人員都知道自己已將公正司法偷換成了司法公正，都知道自己已成功地對本原公正進行了「技術閹割」。然而，嘗試以司法公正來悄然替代本原公正，社會大眾是否接收呢？是否對這樣的司法公正「買帳」呢？回答卻是否定的。因為無論程序和實體搞得多麼貌似規範、嚴格、廉潔、公正，但只要處理的結果並不是是非分明、懲惡揚善、扶貧濟弱、疾惡如仇，而是怙惡不悛、助紂為虐、惡人得不到懲治、弱小得不到保護、罪人被放縱、冤屈不伸張、可以拿錢買命、可以實行「官當」，那麼，一萬遍自我標榜的司法公正也都是無謂的空氣振盪，一千遍的規範庭審都只是看得見的司法不公的戲劇。歷史經驗表明，大規模冤假錯案的出現，恰恰是當時無比嚴格地執行了法律規定或政策規定。社會不可能再次接受那些嚴格依據程序法和實體法而作出的錯誤裁決，社會大眾的態度只會是「為了實現正義，哪怕天崩地裂」[38]。司法公正不可能代替本原公正，司法主體自認或自定的司法公正，最多用於「引鏡自照」[39]，而不可能為社會大眾所能接受。強令社會大眾不按本原公正而是按所謂司法公正的標準來評價司法活動和司法行為，永遠是沒有可行性的。因為，司法對於本原公正的遵循不能只滿足於達到程序公正和實體公正的要求，而必然是超越於由程序公正和實體公正組合而成的所謂「司法公正」。

37　孫光玲：〈論法官的社會角色與司法公正〉，載《金田》，2013年06期。

38　陳瑞華：《看得見的正義》，北京大學出版社，2013年7月第2版，第47頁。

39　【宋】司馬光：「帝自曉佔候葡相，好為吳語；常夜置酒，仰視天文，謂蕭後曰：『外間大有人圖儂，然儂不失為長城公，卿不失為沈後，且共樂飲耳！』因引鏡沈醉。又嘗引鏡自照，顧謂蕭後曰：『好頭頸，誰當斫之！』後驚問故，帝笑曰：『貴賤苦樂，更迭為之，亦複何傷？』」。見蕭放、孫玉文點校：《資治通鑒》（上下冊），中國友誼出版公司，1993年10月第1版，下冊（卷第一百八十五），第427頁。

司法標準的重建

一、以程序公正為最低司法標準

(一) 程序公正的積極意義

　　司法的程序公正，就是司法活動過程的公正。具體是指司法主體在司法活動中嚴格按照程序法的規定處理案件，嚴格按照程序安排的步驟、秩序和時限，一視同仁地對待每一個當事人的正當權利。程序公正直接追求的是司法活動過程的正當性。公正司法首先體現在程序公正上，即體現在司法活動的一系列形式的合理性和程序的規範性要求上。主要是：(1) 在司法制度方面，強調以司法的公開性、平等性、當事人的參與性、審級之間的制約性等保證公正司法。(2) 在司法活動及司法行為的方式方面，要求司法主體保證廉潔、中立、獨立，具有良知與準確適用法律的能力和經驗；在法定職權範圍內依法行使司法權，並嚴格遵守依法裁判原則，準確適用各種實體法和程序法規則。(3) 在司法流程方面，要求嚴格遵循程序公正原則，保證當事人的各種程序權利，平衡法院職權與當事人權利之間的關係。

　　程序公正是司法主體區別於其他部門辦案的重要標誌。除了司法主體審理案件外，有一部分糾紛是通過非訴訟途徑予以解決的，這些途徑如：調解委員會調處民間糾紛的活動、仲裁委員會的仲裁活動、公證機構的公證活動、律師居中調解、行政機關的行政裁決等。但糾紛一旦進入訴訟狀態，司法主體必須嚴格按照程序法規定的操作程序來辦理，這是司法辦案與其他社會組織、機構處理糾紛案件相區別的重要標誌。

　　程序公正確實是一種看得見的正義。司法活動對於社會糾紛中的社會成員來說，是獨立的第三方主導的活動。社會利益爭奪中發生衝突的各方當事人，一開始本能地表現是：誰都希望這個第三方能偏向於自己，但因為這不可能做到，最後必然轉化為希望第三方不偏向於任何一方，這時就是要求做到公正。但是，因為原初之時誰都曾希

望過這個第三方偏向於自己，所以對於這個第三方能否真正做到不偏向於任何一方，誰都是持懷疑態度的，這是當事人對於第三方是否公正的天然懷疑。在這種情況下，唯有做到程序公正，才能為社會矛盾衝突各方所看得見，從而打消他們對於第三方不公正的天然懷疑和擔心；同時，也使參與司法活動的社會成員加深公正的理念和意識，有利於他們公正地對待糾紛爭議中的對方。

程序公正本身能夠保障當事人的訴訟權利。公正的程序體現了對參與司法活動的每一社會群體、每一個社會成員的平等相待和合法權利的尊重，從而有利於彰顯司法的人文關懷，增強司法裁斷的可接受性。作為社會成員，每一個人都體現了人所擁有的尊嚴和價值，每一個人都具有一定的發展潛力和發展前景，因此，每一個社會成員都應當具有平等的合法權利。對於社會成員合法權利的保證必須通過制度化的安排來實現。通過嚴格遵循被社會公眾認可為公正的程序規定，人們既可以預防自身合法權利可能受到的侵害，也可以矯正或是補救自身合法權利已經受到的損害。

程序公正能彌補實體公正的不足。有些案件，由於時過境遷或證據缺失等原因，實體公正事實上很難確定或很難實現，程序公正本身就成為表達公正司法的方式，成為安撫當事人心靈的有效方法。依法取證所查明的事實是有限的，而客觀真實的事實則是不可能全部查明的，當司法活動不可能無窮無盡地耗時去查明虛無縹緲的過去的客觀事實的時候，必須使用一種程序上的技術處理方法並且是為社會大眾和訴訟參與人所能接受的方法，來給予一個適時的了斷。如：疑罪從無；兩審終審；法無明文規定不為罪；民事證據的優勢證據原則；民事證據蓋然性原則，等等。這些程序規則，包含了很大的技術性，雖然在處理個案時認定的事實有可能實質上不符合客觀真實的事實，不能體現對各方當事人都公正，但是，因為這種規則對全體社會成員同樣對待，所以，這樣的程序仍然被社會公眾公認為是公正的，並且看得見、摸得着、想得通。經過這樣的程序作出的裁決結果，即使一時不能被當事人的某一方所接受，但也能被社會公眾所接受，並最終

促使當事人都接受,實際是無奈地承認人對客觀世界認識水準的有限性。這就是程序公正彌補實體公正不足的獨立的功能。

程序公正有利於防止司法權力被濫用。雖然司法活動的目的就是維護社會正義。但是,司法權與任何權力一樣,如果不受制約都有可能被濫用,其結果不是維護社會正義,反而是損害社會正義。「六難三案」[40]問題,實質上就是司法權力被司法主體濫用的表現。如果進入了程序公正的範圍,那麼,通過必要的當事人參與、開庭質證、專業鑒定、證人作證、公開聽證等等,可以在很大的程度上保證在相關的司法活動中司法主體不能濫用職權,從而在一定程度上防止和杜絕司法腐敗和司法權的濫用。從世界各國的經驗看,通常都尊崇這樣的道理:「我們將有關人類生命和財產的重要權力賦予那些在官方機構工作的人,因此,我們需要一套規則來限制他們的權力,並對應當如何使用這些權力做出界定。其中一套規則是:在缺乏法律正當程序的情況下,禁止官方剝奪個人的生命、自由和財產。在大多數情況下,這意味着未經公平的審判和見證,官方不能對個人採取不利的行動。正當程序也要求官方執法機構在收集資訊和逮捕嫌犯時尊重某些重要的價值觀,例如隱私、人類尊嚴、公平和自由」[41]。正因為如此,在程序規則周密健全的情況下,承辦案件的司法主體濫用手中的司法權絕大多數時候並不那麼容易。

---

40 2014年6月9日,最高人民法院發佈了《關於深入整治「六難三案」問題加強司法為民公正司法的通知》。「六難三案」,「主要是門難進、臉難看、事難辦問題,立案難、訴訟難、執行難問題和人情案、關係案、金錢案問題」。https://www.lawxp.com/statute/s1753207.html。

41 "We give great power over human life and property to people working in agencies of government. Therefore, we need a set of rules to limit that power and define how to use it. One set of these rules prohibits the government from taking a person's life, liberty, or property without due process of law. In most situations this means that the government cannot act against a person without giving the person a fair hearing. Due process also requires law enforcement agencies to respect important values such as privacy, human dignity, fairness, and freedom when they gather information and arrest people." 引自:Reading for the citizen of the World, *Foundations of Democracy: Authority, Privacy, Responsibility, and Justice.* Center for Civic Education, Calabasas, California, USA, 2009.(【美】公民教育中心著:《正義》)

　　程序公正有利於減少司法活動過程中的技術性失誤。在程序當中，有不少屬於技術性、操作性的具體內容。在訴訟過程當中，確實存在着日常生活中所説的「事越辯越明，理越辯越清」的情況。司法主體都不是聖人，對事實的判斷、對法律的適用、對處理方案的選擇，都有可能出現這樣那樣的錯誤。嚴格遵照完整的程序，通過準確性、公開性等基本的要求，可以減少司法活動過程中的技術性失誤，從而盡可能實現結果的公正。

　　程序公正有助於形成社會成員對社會共同體的普遍認同和信任。程序公正還承載着社會成員對於社會公正的一種期望。程序公正雖然不能保證每一案件具體處理結果都是公正的，但是能保證大多數結果是公正的，而且還可以為糾正少數的不公正現象留有餘地。人們對於程序公正的看重並不亞於結果公正。只有具備程序公正，人們才會普遍感到整個社會實現公正是可能之事。因此，一旦程序公正成為社會運行方式的有機組成部分，那麼，社會成員就易於對社會運行採取一種普遍認同的態度，形成一種普遍的信任。這種認同和信任有助於減少社會群體之間的隔閡和抵觸，減少社會的不安定因素，進而有助於社會的安全運行和健康發展。一個社會如果缺少程序公正，那麼就會導致社會成員對社會共同體的認同程度、信任程度的迅速降低。

（二）程序公正的局限性

　　程序永遠是不完善的。羅爾斯説，不完善的程序公正的基本標誌是：「當有一種判斷正確結果的獨立標準時，卻沒有可以保證達到它的程序」[42]。日本法學家谷口安平也説道：所謂不完善的程序公正是指：「雖然在程序之外存在着衡量什麼是正義的客觀標準，但是百分之百地使滿足這個標準的結果得以實現的程序卻不存在」[43]。程序公正

42　【美】約翰・羅爾斯：《正義論》，何懷宏、何包鋼、廖申白譯，中國社會科學出版社，1988年3月第1版，第86頁。

43　【日】谷口安平：《程序的正義與訴訟》，中國政法大學，1996年2月第1版，第2頁。

的前提要求程序的設計符合司法客觀規律，符合司法效率的要求，但一定時期，程序設計者的智慧可能達不到這樣的水準，設計的程序存在內在的矛盾。如：（1）法院依職權干預問題。在刑事訴訟中，二審法院可以超越當事人的請求對全案進行全面審查，亦即二審法院一旦接受上訴或抗訴，就應對案件在證據採納、事實認定和法律適用等方面進行全面的審查，而不受上訴或者抗訴的範圍的限制；公訴機關起訴被告人犯有「此罪」，法院經審理認為被告人「此罪」不成立，但構成「彼罪」的，可以徑行判決被告人犯「彼罪」並承擔刑事責任；民事審判中，允許二審對當事人沒有上訴的部分「全案審查」進行改判。這些以職權干預的做法，結果是造成了法院職能的擴張和當事人行使處分權的矛盾，法院的裁判超出了當事人起訴的範圍，成了「無樹之果」。在職權干預制度下，裁判範圍被擴大，是一種程序不公正。但是，程序設計卻容忍了這樣的矛盾。（2）院庭長審批問題。很長時間來，法官辦案，院庭長審批，院庭長如果不同意主審法官的意見，主審法官就要按庭長、院長的意思裁判，這樣會造成當事人向院庭長「走後門」、「拉關係」的可能，導致司法不公正。但是，如果取消院庭長審批，又會放縱辦案法官被「走後門」、「拉關係」。因而程序上設計左右為難。（3）疑罪從輕問題。刑事訴訟中，法院對於起訴的證據並不充分，本應作「疑罪從無」處理，但顧忌偵訴機關、被害人方以及社會公眾接受不了，往往還是搞「留有餘地」、「疑罪從輕」的處理。

程序經常失靈。如中國三大程序法都規定了案件再審制度，只要發現案件「確有錯誤」，就可提起再審，而且不受次數的限制，使「兩審終審制」形同虛設，被「無限再審」所取代。一些案件翻來覆去審過很多次還是維持最初的判決，白白耗費了國家訴訟資源，嚴重地影響了司法效率的提高；一些當事人為了微小的利益，長期糾纏各大公權力機關、進行無數次投訴、經受無數次「公斷」，仍不甘休，甚至公權力主體動用巨額公帑給予其「救助」，也無法收到「招安」的效果。程序的工具作用，在這種情況下實際已失靈。

程序公正並不能確保實體公正。程序公正,主要功能是從程序上保證實體公正,但事實上是否一定能保證實體公正,仍然有很大的不確定性。如:當程序公正的效率要求與追求實體公正結果的要求發生衝突的時候,要求司法主體做出選擇時,往往選擇司法效率,卻有可能犧牲實體公正。另一方面,如果有某一方當事人追求實體上的不公正時,也可以運用程序公正而達到其不公正的目的[44]。因此,最大的尷尬往往在於,通過濃墨重彩的程序公正而樹立起來的司法公信力,卻在遭遇實體裁判錯誤的時候,全都轟然倒掉。

因此,程序公正只是司法活動最低的最起碼的標準和要求,而不是可以以此為准的標準和要求。

(三)程序公正必須做到

程序都是人為預先設定的。這種預設的依據,首先是制定者憑藉自己的想像力虛構;其次是吸納實際司法活動的有益經驗和教訓;其三是引進別的國家司法活動的程序規定;其四是參考其他社會公共活動的程序規則。這種預設的活動方式,當然是有利於司法活動的順利開展,有利於司法活動開展得更有效率,有利於避開已被實踐證明是有危害的活動方式。可見,程序本來就是按照司法活動的客觀規律而為司法活動量身打照、實際可行的。因此,嚴格執行程序、做到程序公正並不是艱難的,而是完全能做到的事情。

---

44 案例:莫兆軍怠忽職守案。

2001年9月27日,廣東省四會市法院法官莫兆軍開庭審理李兆興狀告張坤石夫婦等4人借款1萬元糾紛案。李兆興持有張坤石夫婦的借條,而張坤石夫婦辯稱借條是被李兆興及馮志雄持刀威逼所寫的。經審理,莫兆軍作出判決,認為借條有效,被告應予還錢。2001年11月14日中午,張坤石夫婦在四會市法院外喝農藥自殺身亡。2001年11月15日,公安機關傳喚馮志雄、李兆興兩人,兩人承認借條系他們持刀威逼張坤石等人所寫,後二人分別被四會市法院一審以搶劫罪判處有期徒刑14年和7年。2002年10月22日,法官莫兆軍被四會市檢察院刑拘,同年11月4日被逮捕,涉嫌罪名是怠忽職守。2003年4月24日,肇慶中院在四會開庭審理莫兆軍怠忽職守案。12月4日肇慶市中級法院對該案作出一審判決:莫兆軍的行為不構成犯罪。2004年4月28日廣東省高級法院裁定駁回抗訴,維持一審判決。見https://wenku.baidu.com/view/59f1aaedf8c75fbfc77db2f4.html。

程序是活動方式的標準和規則。程序所要規範的是司法活動的外部形式，程序的實施是看得見、聽得到的，是可以留聲、留影、留痕的實實在在的司法活動狀態。因而，程序的嚴格執行是可以直觀地觀摩、旁聽、示範、見習的，也是可以被評價、指點、表揚、批評和改進的，多數情況下是重複的相似的。甚至有觀點將所謂形象公正也列為程序公正的內容[45]，意味着將程序公正視為完全形式的東西。程序公正，只要司法主體重視，就能實現；甚至也不需要司法主體有很大的能力和很精深的業務水準，只要有足夠重視的態度就能做到。

程序不難掌握。程序本身就是對所有司法活動的形式作出的統一要求，主要是刑事訴訟、民事訴訟、行政訴訟三大類訴訟程序，包含對各類訴訟案件的強制執行程序。凡是司法訴訟活動，無論案件多麼複雜重大，基本程序都是統一的，充其量只是有的略繁一點或略簡一點。無論處理成千上萬案件的法院，還是只處理幾百件案件的法院，都有一審程序、二審程序、審判監督程序、簡易程序、特殊程序等幾套程序。只要熟悉掌握了這樣幾套程序，就什麼樣的案件都可以辦理了。因此，程序的學習和掌握並不會艱難晦澀，不會出現理解、領會和掌握上的困難。這也說明，嚴格實施程序、做到程序公正並不難，學習和掌握的工作量也不大。事實上，只要經過幾個訴訟過程的觀摩、實踐，即使沒有法律專業基礎的人，也能夠熟練掌握程序。

程序不難操作。程序是用來操作的，本質上是對規範的標準的行為動作的描述和排序。因此，程序的嚴格執行本質上是「照葫蘆畫瓢」

---

45 這種主張認為：「誠於中而形於外」，法官良好的職業素養和司法能力表現在言談舉止上就是形象公正。法院和法官的形象公正與否在很大程度上影響着司法的公正。因為，如果法官對自身的司法形象不給予足夠的重視，過於隨意，甚至態度專橫，語言粗暴，即使其對案件嚴格按照實體法和程序法的規定進行了公正處理，當事人或社會公眾對這樣的司法過程和結果的公正性也可能產生懷疑，這就不利於司法公信力和司法權威的提高。司法的形象包括很多方面，既有司法禮儀的規範，也有庭審紀律的要求。樹立司法形象公正就是要切實加強司法行為規範化建設，不斷解決行為不規範、言行不文明等問題，努力實現風紀嚴明有序，形象公正可敬。見最高人民法院編寫組：《人民法院司法理論讀本》，人民法院出版社，2011年4月第1版，第108–109頁。

的模仿性活動。程序可以有繁瑣複雜性，但並不具有操作上的困難性。只要司法主體不對程序反感厭惡、不對程序作偷工減料地處理、不故意違反程序規定，那麼堅持執行程序、嚴格執行程序、一切按程序來就是一種能達到的要求，因為遵守程序只是一種很機械的活動。

程序公正應當最先實現。要求司法行為做到程序公正，並不是高難度要求，是完全可行的要求，作為公權力行使過程的司法行為沒有理由不按程序規定辦事，沒有理由不遵守程序規定。程序公正如此必須做到，當然應當完全做到。程序公正的意義是有利於司法主體、有利於司法行為的順利實施的，是保證司法活動正常開展的基本條件，並不是給司法活動設置障礙，司法主體有什麼道理不按程序辦案呢？程序公正要求如此不高，當然應當作為低標準要求。而且，程序公正本身就是實體公正的保障性要求，是司法行為標準的起點。如果連程序都做不到，就沒有可能再做到實體公正以及其他更高標準的公正了。

二、以實體公正為基本司法標準

（一）實體公正的積極意義

實體公正在大多數情況下能夠保證司法活動和司法行為有效地維護社會正義。司法實務界，普遍也認為：實體公正就是指司法主體在司執法律的過程中嚴格按照刑事實體法、民事實體法和行政實體法的規定處理各種類型的案件。學者們則認為實體公正就是「指對法律和制度的公正和一貫執行」[46]。在社會和平發展時期，由於實體法的制定和解釋愈益發達，並總是努力體現社會正義，社會正義確實會在各類實體法律之中得到較充分地表達，實體法律之中所設計的對於社會正義的技術性的保障機制也會得到較大完善。由此可以推論，司法活動只要嚴格準確、一絲不差、毫不訛錯地適用實體法律，就能夠有效地

46　唐仲清：《實體公正探析》，載《西南政法大學學報》，2002年第03期。

維護社會正義。這種實體公正所企及的效果，也是全部實體法律設計所預設的目標。而從法治的需要來看，宏觀上達到了這樣的效果，就是依法治國的重大成功，就是法治社會的重要內容。更重要的是，實體法強制性地統一了社會公眾對於公正的評判標準，使得司法活動和司法行為的公正性被強制性地變得不容爭辯、不容置疑，從而明顯提高了司法活動的成效。

實體公正能夠抑制司法不公正現象的出現。實體公正中的以法律為準繩的含義，包含了嚴格適用實體法律、規範適用實體法律、精准適用實體法律的要求。這種要求不僅為司法主體指明了具體工作行為的方向以及禁止性和限制性的要求，使司法主體的行為減少了出格的可能性，司法不公正的現象必然大為減少。實踐中，以法律為準繩的原則，也能夠有效地抵制領導意志、上層意志的不當干預，更能夠有效地抵禦來自行政等權力機關、社會團體和其他社會成員的干預，杜絕和減少外部原因造成的司法不公正。

(二) 實體公正的局限性

事實的準確認定其實很難做到。實體公正要求「以事實為根據」。「以事實為根據」必須是事實查明清楚、證據確實充分。但是，這一要求在實際中往往很難做到。因為案件事實是發生在過去的事實，司法主體必須通過現存的材料去認識發生在過去的事實。受時間、空間等有關條件的限制，能收集到的證據是有限的，因此對案件事實的認識便不可避免地帶有一定的局限性和模糊性。法官依據證據對案件事實所作出的判斷也都具有誤差的可能性。實體公正的要旨在於要求法院在審理各種案件和處理各種糾紛的時候堅持以法律為準繩的原則，但是這一切都要建立在正確認定案件客觀事實的基礎之上。由此可見，追求實體公正，首要的要求就是要準確地認定案件事實，但事實的準確認定卻是經常難以做到的。

實體法律的正確適用也有難度。（1）並不是每一個司法人員都是十分精通法律。司法人員每辦一個案件都是在經受一次司法能力的考

驗，不可能每個司法人員在每一個案件上適用實體法都那麼精準、都能取得那麼好的成績。實際上並沒有最好的辦法保證每一個司法人員辦理的每一個案件在適用法律上都正確。這從每年大量案件上訴、申訴而被改判的情況就已經得到證明[47]。（2）並不是每個法條都是正確的。由於法律是少數人起草、撰寫、經當權者通過而頒行的，因此，受立法者思維能力的有限性決定，其制定的有些法條是邏輯不夠嚴密、存在漏洞的「錯法」；有些法條是脫離現實、沒有實際意義的「空法」；有些法條甚至是損害社會正義的「惡法」。像這樣的一些法條都是不可能被正確適用的。法條本身就是不正確的東西，怎麼可能被正確適用？如中國刑法中曾經爭議很大的「嫖宿幼女罪」，邏輯上存在的矛盾是：認定任何一個嫖宿幼女的犯罪行為，同時也就認定了幼女賣淫行為，而國家法律認定幼女賣淫也就意味着承認幼女可以有性自主權因而無須法律給予特別的保護，但是法律是不承認幼女有性自主權的。類似這樣的法條，無論怎樣適用，對於司法主體來說都是不正確的。又如，中國法院內部始終存在下級法院向上級法院請示案件辦理意見的習慣，根本原因就是法條的適用拿不準。因此，如果以為在「法有明文」與「正確適用」之間可以輕易地畫等號，那簡直就是不切實際的幻想。（3）正確適用法律受到多種程序因素限制。如有效證據的限制、訴訟時效的限制，在司法實踐中經常會遇到。例如，一方口頭約定把錢借給對方而對方卻不予歸還時，但因提供不出有效的對方借款、收款證據，僅靠「賭咒發誓」和自身誠信的歷史，也並不能使其還款請求得到司法機關的支援，這時，民事實體法債權的規定，也就得不到正確適用。

實體裁判失誤難以杜絕。（1）司法人員對案件事實的認定都是在有限時限內（審理期限）、根據有限的資訊資料（有效證據）、運用有限的技術手段（審判程序等技術），進行思維和判斷，而不可能無限期、無

47　審判委員會常有不同的法官對案件適用法律的不同與相左的觀點，雖然最後以少數服從多數做決議，但裁判只能有一種結果是正確的，對於那些不同的觀點，當然不會都是正確的。

止境地進行審理。因此，就每一個具體案件來說，司法人員對案件事實的認定都不是「絕對真理」，都只能是「相對真理」。很多案件隨着時間變化、新的證據出現，事實真相會重新暴露，原來對案件事實的認定可能完全被推翻。（2）在認定事實與適用法律之間，受司法人員的認知能力、法學素養、法律知悉、辦案經驗的限制，往往並不能都一步到位地獲得正確認識。在正確認識還沒有獲得的時候所作出的裁判，雖然形式上符合實體法律的規定，但並不是真實的正確適用法律。

（3）「疑罪從輕、留有餘地」的實際做法，包含了冤錯案件存在的「餘地」，這當然會釀成裁判的失誤，但是「疑罪從無」的「一刀切」程序原則，在司法人員中產生對於疑罪「寧可錯放，不可錯判」[48]的思想傾向，這種傾向在程序上來說是沒有問題的，是符合程序法設計、符合程序公正要求的，但是，對照實體法的「違法必究，執法必嚴」的要求，顯然是相背離的。如果因此而導致一些違法犯罪人員不被追究而逍遙自在地存在於社會，實體法的規定就被廢弛了，哪裏能談得上實體公正？

（三）實體公正理應達到

1. 實體公正具有權宜性

在一個初始建立法治的社會，在司法權威尚未有效建立的時期，要統一社會各方對於司法案件裁決的評價標準，是一個艱難的使命。法官整體品質不高並且沒有樹立起法官的權威，在這種情況下，法官的任何裁決都會受到或多或少的質疑，甚至絕大多數的敗訴方都不服裁決、認為裁決不公正，並且對法官有所怨恨，而勝訴方往往會感到僥倖、竊喜、戲劇般的滑稽。在這樣的情況下，唯有以實體法的規定來強制統一社會各界對司法案件裁決的評價標準。法治社會的建立過程也只有以這種強制性標準來統一法官與當事人以及相關社會成員對

---

48 沈德詠：〈我們應當如何防範冤假錯案〉，載《人民法院報》2013-05-06。

於案件的是非評判，並且就是要以這種形式大力地引導社會成員普遍地確立「依法辦事」的意識，來引導社會成員大眾以是否嚴格執行法律來評價和衡量司法行為的公正性。即，將實體公正觀逐漸地植入社會大眾的意識之中，最後使社會大眾自然而然地將實體公正作為評價和檢驗司法行為的標準，顯然，這只是確立司法標準時的權宜之計。可見，實體公正只是在法治社會尚在建立過程中的初級階段的司法標準，也是在這樣的階段而不得不採用的司法標準。

2.　實體公正具有保護性

實體公正就是嚴格準確按照法定的條件作出判斷和處理、嚴格準確按照法條的含義予以裁決和執行。這是一定時期對司法活動和司法行為的強制要求，是強制性司法標準。即從法律上規定了司法主體必須按照嚴格執法的要求做到實體公正，並作為司法主體的基本職責和義務。因此，所有的司法活動和司法行為都必須對照實體公正的標準來實施。否則，將會被問責和追責。那麼，反之而言，只要司法主體嚴格按照實體法的規定辦案，即使造成再大的冤假錯案，即使嚴重損害了社會正義，司法主體也沒有人需要承擔責任。這對於司法主體當然是一種莫大的保護。這是多麼現實、多麼可行的司法標準啊！然而，作為純粹追求維護社會正義的司法目的的司法活動，能始終停留在這樣境界上嗎？

3.　實體公正具有蓋然性

實體公正是在假設實體法的規定完全反映了案件中所要維護的社會正義的情況下，司法活動和司法行為所應遵循的標準。在實體法的制定較為成熟時，實體法的規定與案件中所要維護的社會正義相契合，是比較一般的、通常的、普遍的情況。但是，實體法存在缺漏是大多數歷史時期都不可避免和不可輕視的問題。在實體法不體現社會正義的時候，仍然只追求司法活動和司法行為符合實體法規定，一概以實體公正為司法標準，可能就會損壞社會正義。因此，實體公正在維護社會正義上，存在着有效與無效之間的或然性。最嚴格地按照實

體公正的標準辦案，也只能夠「大差不差」[49]地實現司法維護社會正義的目的，只能夠在多數司法案件中讓民眾「感受到公平正義」，而不可能讓民眾在每一件司法案件中「感受到公平正義」。可見，以實體公正作為司法標準，只是法學家和立法者們應用了實體公正在維護社會正義有效性上的蓋然性。所有親歷親為過的司法人員都清楚地知道：僅僅符合實體法的裁判，既枉罰過大批無辜，也放縱過很多惡魔！

三、以本原公正為最高司法標準

（一）本原公正是司法活動最高的價值標準

本原公正是社會正義最後防線的核心。司法之所以被認為是社會正義的最後一道防線，是因為維護社會正義的防線還有前置的多道防線：自治、德治、政治的方式，分別都是維護社會正義的防線。其中，政治的防線尤為重要。但是，政治的手段也並不是萬能的，很多時候會失靈，不僅不能維護社會正義，甚至會損害社會正義。當政治的手段未能維護社會正義的時候，社會正義的維護任務才會進入到司法防線的面前，這時，司法當然不能運用同政治一樣的方式，否則就同樣不能達到維護社會正義的效果。司法只能運用與政治不同的自身特有的方式，即以本原公正為最高標準的訴訟方式來對矛盾爭議做出處理，才能起到維護社會正義的作用，才能達到最後防線的效果。事實上，在過去很長時間裏，正是在政治與司法的手段運用時的先後順序上的認識模糊，致使司法活動偏離了本原公正標準，從而投身於各種時局中心活動之中，參與制造了大量的冤假錯案，出現了大規模的司法不公現象。

本原公正是司法活動的生命線。如果確定司法是維護社會正義的專門活動，那麼評價司法活動的唯一價值標準就是看其是否符合本

49　「大差不差」：河南方言，差不多的意思。

原公正標準。如前所論，一切社會爭議，本原上都是人們對於正義的理解與追求上出現了分歧、誤解、曲解、片面化，從而產生的衝突，也就是出現了非正義的狀態。那麼，解決爭議和衝突從而維護社會正義的方式當然可以以政治、德治、自治等方式矯治原來的非正義，從而實現新的正義。但是司法的不同特點就在於其以本原公正的處理結果來強制製造出新的正義。因此，本原公正使司法活動得以專門存在並成為維護社會正義的重要手段和基本條件。如果司法也可以矯枉過正，也可以搞「法外從重，以平民憤」，那麼法治的方式與政治的方式就沒有區別了，法治也就脫變成政治方式了。因此，司法活動之所以單獨存在，就是因為其活動的標準以本原公正為標準。在過去很長時間裏，當司法被作為「無產階級鐵拳」而使用時，就不是應用本原公正作為司法標準，其時，司法活動就不是嚴格意義的司法活動。

只有以本原公正為最高價值標準才能實現司法的職能。本原公正具有排他性。即，司法以本原公正為最高標準的同時，並不能再以其他價值為最高標準。因為，其他任何價值都會損害本原公正，或者說司法活動在適用本原公正標準時，再適用其他任何最高或更高標準都使本原公正失效或者被抵銷、被扭曲，本原公正就不復存在了。因此，在司法活動最高價值標準上搞多頭化、多元化、多樣化，都是不可行的，都必然改變司法的性質。

（二）本原公正是司法活動最高的檢驗標準

本原公正之上不能再以上級指示作為更高的司法檢驗標準。只有本原公正本身才是司法檢驗標準，可以據以評判司法活動和司法行為的對錯、優劣、是否有成效。除此之外，無論是什麼層級的上級，乃至頂層的司法主體，在法律面前也只是實施法律的一個主體，在本原公正的司法檢驗標準面前也只是遵從標準的一個主體。任何上司的意志都不能作為司法活動的檢驗標準。因為並不是每一個上級指示都符合法律精神原意、都符合本原公正的標準要求，當其與法律精神和本原公正標準相抵觸時，更是毫無疑問地不能予以服從。

本原公正之上不能再以時局中心要求作為更高的司法檢驗標準。司法波蕩的歷史清晰地反映，時局中心對於司法的要求經常會與司法維護社會正義的目的相異，時局中心的要求也經常並不穩定，甚至出現失誤和差錯。司法正是被時局中心要求的差錯和失誤所左右而生產出種種違背維護社會正義目的的判決，製造了一波又一波司法波蕩。因此，當司法是以本原公正為最高檢驗標準時，其他無論是「中心任務」的標準、「穩定大局」的標準、「壓倒一切」的標準、「重點工作」的標準，或「左」或「右」的標準，都不能與本原公正的標準同時應用於司法活動之中，不可盲目地以時局中心要求作為司法的最高標準，這是歷史的教訓。當然，對於符合本原公正標準的、有利於維護和實現社會正義的時局中心要求，毫無疑問也應當統一於本原公正標準的內容之中，受到司法的遵從。

本原公正之上不能再以法律條文作為更高的司法檢驗標準。因為司法的根本目的是維護社會正義，司法標準應當是指向實現根本司法目的的標準。雖然法律是努力符合維護社會正義的根本目的的，但是，具體的法律條文和文本，也經常地違背了自己的初衷，並不總是在維護社會正義，有時甚至危害着社會正義，或者對於維護社會正義毫無作用。而法律的這一天然弱點，恰恰促成了司法更加重要的社會地位和社會作用。司法彌補法律的缺漏，就是在法律不能有效維護社會正義的時候，司法主體運用自己的智慧、良知、公道心來維護社會正義，從而實現司法的根本目的。丹寧認為：「法官的真正作用就是在他的當事人之間做到公正。如果有任何妨礙實現公正的法律，那麼法官要做的全部本分工作就是合法地避開——甚至改變——那條法律，以便在提交給他的緊急案件中做到公正」[50]。本原公正的原則高於法律條文和過去的判例，因為本原公正的核心內涵就是司法活動維護了社會正義而決無對社會正義的損害。

50　【英】阿爾弗雷德•湯普森•丹寧：《家庭故事》，劉庸安譯，法律出版社，2000年5月第1版，第226頁。

　　本原公正也是檢驗裁判品質的最後的「度量衡」、是檢驗程序公正和實體公正標準的更高標準。在完全有把握確認程序公正、實體公正與本原公正不相背離的時候，程序公正、實體公正符合本原公正的內涵要求，這時候適用程序公正、實體公正標準也就是適用了本原公正標準。在不能確認程序公正和實體公正是否違背本原公正的情況下，也還是應當適用程序公正和實體公正的標準。因為這其中存在兩種可能，一種可能程序公正和實體公正是符合本原公正的，這時適用程序和實體公正標準最終符合本原公正標準，是正確的；另一種可能是程序公正和實體公正不符合本原公正，這時適用程序公正和實體公正標準最終可能是不正確的。如「疑罪從無」的適用，存在着錯放了人的可能性；「疑罪從有」，存在錯罰了人的可能性，但由於客觀上無法確定，只能以程序公正和實體公正為標準來實施司法行為，並且必須選擇可能對於社會正義損害最小的選擇作標準。從「疑罪從無」與「疑罪從有」的對比看，當然「疑罪從無」對於本原公正所造成的損害要小於「疑罪從有」可能造成的損害，因此，寧可選擇「疑罪從無」也不去選擇「疑罪從有」。本原公正標準只有在司法主體感受到程序公正和實體公正與本原公正有矛盾、不相符時而去適用。當適用本原公正標準之時，司法主體才最鮮明顯示其作為社會正義的主持者的正義感，顯示其作為社會正義的維護者的勇氣和擔當精神。這時才是體現司法主體的高尚素養和根本屬性的時刻。

（三）本原公正是司法活動最高境界的標準

　　本原公正來源於司法主體心中的良知和良心，又轉化為司法主體心中最根本的信念。本原公正標準通常並不需要直接適用，甚至不需要直接闡明，而是以司法主體的潛意識的形態存在，在司法主體判斷事實、適用法律、予以裁斷的瞬息之間就已被應用了。如果說本原公正有外在表現形式，或許可以描述為司法主體在裁斷案件時，對案件中的惡人惡行所表現出來的難以平息的義憤情緒、難以控制的心跳加快、難以遏止的血流加速！即使某些時候司法主體被強行要求僅僅遵

守程序和實體的公正而禁止講良知良心、講本原公正，司法主體們也還是應當在內心裏保留那份本原公正的標準，這是司法主體是否是一個真正的「judical」（正義者）的根本證明。內心沒有本原公正標準的司法主體，只是一個法律職業從業人員。內心堅守着本原公正標準才恰恰是司法主體異於和高於常人之處。非此，其與常人何異？可以說，在程序公正和實體公正的標準被普遍適用的情況下，在案件上是否適用本原公正標準，完全是掌控在司法主體手中的。司法主體可以真心為民眾尋找到本原公正，也可以明知而不為。因此，本原公正不僅構成司法主體信念的主要部分，而且其應用與否也完全取決於司法主體的道德意願。當對張志新處以死刑的時候、當對數十萬饑荒中「偷青吃青」以求活命的人處以刑罰的時候，司法主體們只要是正常的人，只要良知未泯，都知道雖然符合當時的法律規定，但不可能是公正的，不可能符合本原公正標準。假定當時的司法主體在自己的內心裏能夠堅守住本原公正的標準，那樣的司法波蕩與災難或許就會減弱很多。

本原公正是司法主體自由裁量權的最根本規範。刑法上的量刑幅度是司法主體行使自由裁量權的空間，民事司法、行政司法中司法主體也有自由裁量權。但是，「自由裁量權」並不是「隨意裁量權」，而是留給司法主體體現本原公正的餘地。司法主體行使自由裁量權不是比照法律條文或文字來裁決，也不是完全按個人意志來裁決，而是按照其內心良知中的本原公正的標準來裁決的。這個過程是對法律不能表現社會正義時對法律的彌補；這個過程是對本原公正標準的實際運用；這個過程也表明本原公正正是法官應當掌握的行使自由裁量權的尺子。法官心中沒有這樣一把尺子，當然就不可能正確行使自由裁量權。司法活動及其每一個司法行為作為公權力的行使過程，必然要接受社會公眾的核對和評價，其核對和評價必然要圍繞是否公正而開展。司法主體當然希望獲得社會大眾給予的公正的肯定評價，而這種評價的標準當然是社會公眾掌握和應用的本原公正的標準。司法主體當然承諾要努力做到公正司法，而這種承諾的公正標準也只能是本原公正的標準。

　　本原公正不能容忍那些「統一裁判尺度」的「東西」[51]。本原公正是在無數個別的案件中根據千差萬別的具體情況來實現的。當「統一裁判尺度」的「東西」出台之時，就否認了案件的千差萬別，也就否定了司法主體心中堅守的那份本原公正的標準，從而將司法主體最後自由裁量的神聖和莊嚴化為烏有。那些「統一裁判尺度」的「東西」將程序公正和實體公正推向了絕對，將司法主體變成百分之百執行程序法和實體法以及這些「統一尺度」的電腦，也將程序法和實體法存在的缺陷和漏洞放大到最大化，消除了司法給予其彌補的任何機會，也將本應陽光公開的司法裁判內部化，搞得一片黑暗陰森。而窮究這些「統一裁判尺度」的「東西」製造者和擁護者的出發點和動機，卻往往只是為了使自己在工作中出彩、加分、出成績，以搏取自身的上位。其所提供的這些「統一裁判尺度」的「東西」，不可避免地總是對一部分案件「左」了，而對另一部分案件肯定是「右」了，哪有什麼可用之價值？

51　現在眾多高級法院都熱衷於在法院內部制定和下發「統一裁判尺度」的文書，這些文書既不屬法律、司法解釋，也不算是一種文件，既不敢公開發文，又不允許對外透露，卻要求本院和下級法院貫徹執行，連稱之謂「材料」都不合適。所以，只能叫做「東西」。

第十二章　　改革司法體制

獨立司法

一、獨立司法的含義

（一）獨立司法的詞義

「獨立司法」作為一個片語，從其結構來看，其中「獨立」是情態副詞，是修飾「司法」的，而「司法」在其中則是一個動詞。在「獨立司法」這個片語中，並沒有主語成分，只是對謂語動詞賦予「獨立」情態，是對動作過程的一種情態特徵的描摹，其並不論這個動作主體是誰，只要其開展司法活動和實施司法行為，都要做到獨立司法。因此，從語義上分析，獨立司法只是應用於開展司法活動和實施司法行為的一種理念，只是對如何開展司法活動、如何實施司法行為的經驗性、規律性、技術性的要求。

「獨立司法」這一片語並不是憑空創造，而是從憲法和法律條文中提取出來的。

中國1954年頒佈的憲法第78條規定：「人民法院獨立進行審判，只服從法律」、第83條規定：「地方各級人民檢察院獨立行使職權，不受地方國家機關的干涉」[1]；同年頒佈的法院組織法第4條規定：「人民法院獨立進行審判，只服從法律」[2]；同年頒佈的檢察院組織法第

1　《中華人民共和國憲法》，1954年9月20日第一屆全國人民代表大會第一次會議通過，1954年9月20日第一屆全國人民代表大會第一次會議主席團公佈。

2　《中華人民共和國人民法院組織法》，1954年9月21日第一屆全國人民代表大會第一次會議通過。

6條第1款規定：「地方各級人民檢察院獨立行使職權，不受地方國家機關干涉」[3]。

中國現行的憲法第131條規定：「人民法院依照法律規定獨立行使審判權，不受行政機關、社會團體和個人的干涉」、第136條規定：「人民檢察院依照法律規定獨立行使檢察權，不受行政機關、社會團體和個人的干涉」[4]；現行的法院組織法第4條規定：「人民法院依照法律規定獨立行使審判權，不受行政機關、社會團體和個人的干涉」[5]；現行的檢察院組織法第4條規定：「人民檢察院依照法律規定獨立行使檢察權，不受行政機關、社會團體和個人的干涉」[6]。

以上憲法、法律條文中表達的「獨立進行審判」、「獨立行使審判權」，「獨立進行檢察」、「獨立行使檢察權」，按漢語使用習慣又可以縮略為「獨立審判」和「獨立檢察」的片語，而且這個片語明確確定了「獨立」在前、「審判」和「檢察」在後的連接順序。如果將「審判」、「檢察」按習慣看法都視為司法活動而簡稱為「司法」，那麼，綜合起來就可以得出「獨立司法」這一片語。可見，中國憲法和法律中已包含了「獨立司法」的片語，或者說「獨立司法」片語的來源是對中國憲法、法律有關條文的提煉和概括。

由此可知，「獨立司法」這一片語的含義就是：司法主體獨立負責地行使司法權，開展司法活動和實施司法行為不受法外因素的干預、指使、支配。其核心要義就是「獨立負責，不受干預」。

3　《中華人民共和國人民檢察院組織法》，1954年9月21第一屆全國人民代表大會第一次會議通過。

4　《中華人民共和國憲法》，2018年3月11日第十三屆全國人民代表大會第一次會議通過的《中華人民共和國憲法修正案》修正。

5　《中華人民共和國人民法院組織法》，2018年10月26日第十三屆全國人民代表大會常務委員會第六次會議修訂。

6　《中華人民共和國人民檢察院組織法》，2018年10月26日第十三屆全國人民代表大會常務委員會第六次會議修訂。

（二）獨立司法的內涵

1. 獨立司法意味着司法活動以專門方式獨立維護社會正義

　　一是意味着司法活動以維護社會正義為根本要務。即：維護社會正義是司法活動的中心任務、根本天職、最終目的。如前所論，社會正義是社會共同體存在基礎的「首要價值」，是「決不妥協的」，那麼司法活動維護社會正義的目的也是不能放棄或有絲毫縮減的。司法活動的開展過程的終極目的只在於維護社會正義，始終不應被其他任何政治的、經濟的、物質利益的、思想意識的目的所代替；司法活動對每個案件的處理，只是為了在案件當事人身上具體地維護社會正義，始終不能為任何其他功利的、偏私的、權威的、強勢的因素所阻卻；司法活動堅持維護社會正義，不能依據任何其他社會主體的意志放棄對具體案件中社會正義的維護，不能歪曲、改變、偷換、偽造具體案件中的社會正義。獨立司法是為了保證司法裁斷公平公正、中正獨立、不偏不倚，這只是在維護社會正義時所必須。反觀之，如果司法活動不是出於維護社會正義的目的而是出於其他的目的，如維護某些特殊主體的私利等，就根本不需要公平公正、中正獨立、不偏不倚，不需要獨立司法的原則，反而更需要「排好隊」、「站好位」，甚至越偏頗、越激進越好。

　　二是意味着在維護社會正義的多種方式中司法活動獨有其特別專門的作用方式。在維護社會正義的社會活動中，司法只是一個具有特殊形式的環節，即以「司法裁斷」的形式來維護社會正義。因此，並不能以為司法就是維護社會正義的唯一形式，也不能認為有了法院「公正的裁判」就能實現全部社會正義。在維護社會正義的工程中，法治的、政治的、德治的、自治的方式各有其職能，各擔其責任，司法只能承擔屬於自己在法治的方式中的那一部分職能和責任。司法不可能代替政治、德治、自治的方式所具有的維護社會正義的功能和作用，決不能試圖讓司法包攬全部社會矛盾糾紛的解決、強求司法去維護全部的社會正義。甚至可以認為，司法是輔助着政治、配合着德治、依

賴着自治，從而共同維護社會正義的。另一方面，司法又是以自己獨有的不可替代的方式維護社會正義的。法治不是維護社會正義的唯一方式，但卻是最後的保證；司法不是法治的唯一環節，但卻是最有力的環節。如果將法治維護社會正義的方式分為法律的教化、法律的遵守、法律的適用，那麼，司法活動就是法律的適用活動，是法治眾多環節中的一環。司法活動是特殊的、專門性的適用法律的活動，不可被更多的其他維護正義的方式所淹沒、混同或替代。不能讓司法違背自身的工作規則和運行規律，去比照政治的、經濟的、文化的規律和按照任意一種組織或個人的意志去運行。可見，既不能以司法代替其他方式維護社會正義，也不能用司法代替法治方式的其他環節去維護社會正義。

　　三是意味着司法不是鬥爭的武器、而是化干戈為玉帛的催化劑。獨立司法是司法活動的維護社會共同正義的目的和職能的必然選擇。在中國遵從的馬克思列寧主義科學社會主義理論中，階級鬥爭學說處於核心地位。根據階級鬥爭的學說：無產階級革命，組織武裝鬥爭，進而奪取政權，都是階級鬥爭的需要，是為了推翻剝削階級的統治、建立無產階級專政，由無產階級執掌政權；無產階級執掌的政權，主要職能就是鎮壓被推翻的剝削階級，就是延續階級鬥爭、進行新形式的階級鬥爭，即進行無產階級與已經被推翻的地主階級、資產階級等剝削階級之間的階級鬥爭；掌握在無產階級手中的一切國家機關的共同任務就是鎮壓被推翻的剝削階級的反抗，所有這些國家機關都必須擰成一股繩、一致對外地實施鎮壓階級敵人的任務。因而，無產階級專政（在中國稱人民民主專政）的國家機關可以有分工，但不可以有分立，必須有配合，但不可以有制約；各國家機關只是實施鎮壓任務工作流程中的不同環節，是同一支隊伍的兄弟部隊。在這種理論的主導下，不能容忍司法職能是維護整個社會共同正義的理念，不能容忍司法主體是處於超脫於階級鬥爭之上的中立者的理念，不能容忍司法在處理社會爭端時要不帶偏向、「獨立司法」的理念。1978年以後，中國宣佈階級鬥爭結束，並宣佈已經不再存在剝削階級，國家政權主要

職能已經不再是進行階級鬥爭，而是組織社會經濟文化建設、為全體國民謀取生活幸福。在這樣的社會歷史狀態下的司法活動，不可能再作為鎮壓階級敵人反抗的過程，不可能再關乎階級鬥爭。現實社會中發生和存在的矛盾、糾紛、爭端，都是非階級性的，如財產糾紛、債務糾紛、婚姻家庭糾紛、鄰里關係糾紛、意氣性格糾紛、經濟利益糾紛，以及刑事犯罪導致的社會關係的損壞等等，這些社會矛盾衝突的數量更大、範圍更廣、發生更為頻繁，是損害社會生活共同體的直接的危險因素，關係到每個社會成員最基本的生存需要。對於這些社會矛盾衝突，已不能靠階段性、突然性、忽冷忽熱、忽輕忽重的運動式方法去解決，更需要常規的、精細的、穩定的、連續不斷的司法活動去加以解決，更需要具有中立性、公平性、協調性、教育性和一定程度懲戒性的獨立司法的方式去加以解決。司法過程整體上是為了彌合社會裂隙而不是分裂社會和加大社會裂痕，是消除社會矛盾和衝突而不是加深矛盾、激化衝突，是維護矛盾各方共同合理地存在而不是壓制或從肉體上消滅矛盾的一方以保持另一方的存在。因此，司法不是鬥爭的武器，而是化干戈為玉帛的催化劑；法庭不是進行社會鬥爭的角力場，而是解除各方武器裝備的「卸甲坪」[7]。司法主體是因主持公道而令民眾信任和服從的專業素養和道德修養十分高尚的人，而不是實施階級壓迫或政治壓迫的社會統治者，司法因此而具有獨立維護社會正義的突出作用。

2. 獨立司法意味着開展司法活動獨立負責不受干預

一是獨立擔當。即開展司法活動和實施具體司法行為的職權和職責由專門的司法主體獨立擔負，非司法主體不可侵襲。其第一層含義，包含司法主體專業化的理念。司法主體專業化，指司法主體必須是具有司法活動專門知識、取得專業從業資格的人員構成。這是公認的司法活動的必要條件。雖然司法活動和司法行為並非如自然科學

---

7   卸甲坪，地名，位於湖北松滋市。傳說蜀將關羽在此卸甲休息，從而得名。

知識那樣專業特徵極其鮮明，而且與社會生活中處理一般社會事務和爭議糾紛的經驗做法也有所相似，都要對事實真相調查研究後作出是非曲直的判定，甚至法學理論知識也與政治理論知識有大量的交叉之處，都是源自最早的綜合社會科學理論的分流，但是，世界各國都將法學理論知識作為一項專業性極強的社會科學理論知識對待，將司法主體作為極具專業性的從業人員來對待，將司法主體開展的司法活動和作出的司法行為作為完全專業的活動和行為來對待。之所以這樣做，就是為了讓司法主體作出的司法活動和司法行為能夠更加必然地獲得相對人和廣大社會成員的廣泛認可，即為了使司法主體具有必要的權威性，從而從立法上有意地將司法主體專業化、職業化。其第二層含義，包含了對司法主體的法定授權。即只有經過法定程序獲得開展司法活動和實施司法行為資格者才能作為司法主體。任何其他社會主體，無論其地位多高、財富多廣、權勢多大，都不能代替司法主體開展司法活動和實施司法行為。並且任何僭越司法、私設法庭的行為，都會被視為嚴重破壞國家法制和觸犯法律的行為。其第三層含義，司法主體開展司法活動和實施司法行為的職權不得被任意剝奪、削減和侵犯。有學者也認識到，「沒有獨立審判的保障機制，獨任法官和合議庭將變成一個任人擺佈的司法傀儡，其所進行的法庭審理將淪為可有可無的司法儀式，而失去產生司法裁判的能力。正因為如此，維護裁判者的獨立審判權，實屬實現司法正義的必由之路」[8]。如果說司法活動要服從一定的領導，所服從的只能是法律規定的領導主體依法實施的領導。這就是說，任何組織機構和個人不能在法律規定之外依據自己的社會地位、權力、身份、級別、面子、情分、社會影響力、資源配置權等對司法主體發號施令、批示交辦，實施所謂的領導行為；同時，法定的領導主體也必須依法對司法主體實施領導行為，而不能依據個人的意志對司法主體任意實施領導行為。說到底，對於

8　陳瑞華：〈司法改革的理論反思〉，載《蘇州大學學報》：哲學社會科學版，2016年第01期，56–64頁。

可以對司法主體行使領導權的主體及其領導權的邊界，都必須通過立法審慎地確定。

二是獨立審理。即審理案件不受干預。司法活動主要過程之一是案件審理。獨立審理的含義就是：案件由合法的司法主體獨立受理、辦理、處理、審理[9]，司法主體審理案件時，任何非司法主體不得參與審理活動，無論是君主、統治者、領導者，還是領導組、專案組、工作組，無論是任命栽培司法主體的「伯樂」[10]，還是「領導身邊的工作人員」[11]，都不得直接參加「坐堂問案」，也不得「垂簾聽政」[12]般地在後台指揮，或者打招呼、遞條子、發指示、賣面子，也不能與非司法主體搞「聯合辦案」。一切非司法主體充其量只有「旁聽庭審、不得喧嘩」的資格和義務。同時，司法主體審理案件時，非本案的其他司法主體也不得參與和干預該案件的審理。非本案的司法主體不得憑藉自身有較高的身份，或較深的經驗和資歷而對辦理案件的司法主體發出指令和強令遵行。簡言之就是，司法主體行使職權時，「除了法律，沒有別的上司」[13]。

三是獨立裁斷。一般來說案件由審理者裁斷[14]，而裁斷上的獨立性則是獨立司法的關鍵內容。第一層意思：司法主體作出裁斷是代表獨立第三方作出。獨立第三方是處於爭議雙方之間的中立者，如民諺所說，是「一手托兩家」，也即體現為「司法中立」。其作出裁斷時只代表獨立第三方，不傾向當事人的某一方，無論一方多麼強勢而不予附

9　中國古代將法官稱為理官。理官，職官名。治理獄訟的官吏。《漢書‧卷三十‧藝文志》：「法家者流，蓋出於理官，信賞必罰，以輔禮制。」《初刻拍案驚奇‧卷二十三》：「崔生告訴道：『家父做了宣德府理官，歿於任所。』」

10　【唐】韓愈《馬說》：「世有伯樂，然後有千里馬。千里馬常有，而伯樂不常有」。伯樂，後被用於代指發現、舉薦、培養和使用人才的人，亦指私相關照、提攜他人的人。

11　領導人員的秘書、辦公室主任、司機等人員，俗稱為領導身邊工作人員。

12　晚清慈禧太后的執掌國家政權的方式。

13　馬克思名言。

14　「審理者裁判」並非一定之規。 中國歷史上也有「鞫讞分司」制度；中國現在的審判委員會發，行使裁斷權但並不是審理者；美國的刑事訴訟中，定罪屬陪審團、量刑屬法官。

和，無論一方多麼弱勢而不予歧視，對於各種主體之間的各種糾紛，以中立的身份和地位，依公正、科學的司法程序，居中加以解決。司法的重要價值是代表獨立第三方的獨立裁斷，沒有了獨立第三方性質的裁決和判斷，也就沒有司法活動存在的必要性，就沒有司法制度存在的必要性，所謂「審判」活動也就不再是司法活動了。第二層意思：司法主體的裁斷，不受任何干預、強制、逼迫而作出。裁斷只憑司法主體與法律規定所體現的意志相符合的內心判定而獨立作出。在裁斷前可以最大限度地聽取全部訴訟參與人的舉張，研究各方提供的證據，也可以聽取各類專家的意見和看法，甚至可以依合法程序聽取領導者、監督者的意見和看法，但最後裁斷只能由司法主體在綜合各種資訊、意見的基礎上獨立地作出，而不可以看哪方有更加強勢的人士出面就依從。第三層意思：同一司法主體對自己審理的同一案件，作出的裁斷應當是明確的唯一一種結論，不能模棱兩可或作出兩種以上的結論。同時，更不能由一個司法主體對同一個案件同時作出若干不同的但同時有效的裁斷。這其中體現了司法主體的內在骨氣和勇氣。第四層意思：裁斷一經作出並生效，既不能由司法主體隨意更改，也不被非經法定程序的其他司法主體更改。只有在當事人不服而上訴、抗訴、申訴的情況下，依法定程序由另一司法主體重新審理裁斷，才有可能發生改變[15]。

3. 獨立司法意味着司法責任由審理者、裁斷者承擔

一是責任後果由進行裁斷的司法主體獨自承擔。裁斷應當依據司法主體自己的內心確信而作出，真實地體現司法主體的裁斷意志與法律意志、社會正義、本原公正的契合，真實地表明裁斷體現了社會正義。如果裁斷被證明沒有體現社會正義，即司法主體錯誤地確信自己

15　在當事人沒有上訴、抗訴、申訴而服判息訴的情況下，「院長」等司法主體依據職權啟動審判監督，即可以在當事人未提出申請的情況下主動依職權提起再審，而且無時間限制，明顯將公權力隨意介入到私權利之中。這不僅忽視了對當事人是否通過再審以維護自己權益之決定權的尊重，而且也缺乏對當事人放棄上訴權及其產生的法律後果之意思自治的尊重。

的裁斷意志與社會正義契合，或者是服從任何非法定的意志而作出錯誤的裁斷，從而違背本原公正的司法標準，導致社會正義沒有得到應得的維護甚至受到損害，那麼司法主體自己就將承擔法定的責任。並且，這種責任不應當由其他任何組織或個人代為承擔。

二是責任壓力由進行裁斷的司法主體獨自承擔。責任壓力源自責任的制度設定，是先於裁斷作出而存在的，是一種風險告知所帶來的精神壓力。每一個司法主體對於自己辦理的案件，在作出裁斷前就應當感受到責任的壓力，這種壓力必須由裁斷者獨自承擔，而不可以得到轉移，從而使司法主體進行裁斷時真正感受到筆重千鈞、泰山壓頂般的壓力。這種責任壓力的獨立承擔，正是使司法主體在作出裁斷前抵禦一切可能導致裁斷不正確、不公正的消極因素的主觀動力，是精准裁斷的重要保障。假如一個領導者對辦案人作這樣的保證：「你按我的意見裁斷，出了事情我來負責」，這種保證肯定是毫無意義的，如聽而信之並因而自卸責任壓力，辦案人必將承受嚴重惡果。

三是責任選擇由進行裁斷的司法主體獨自承擔。司法主體要預先衡量自身經受司法監督考驗的能力，在立案公開、庭審公開、執行公開、聽證公開、文書公開、審務公開的面前，對自己的司法行為是否會受到質疑應當作出預先判斷，即使自信確實能夠做到本原公正維護社會正義，但如果自身與案件有一定利害關係而具有引起當事人或公眾對案件公正裁斷產生合理懷疑的可能時，就應當主動適用回避制度，自覺依法及時提出不宜辦理該案件的回避申請。顯然，自行申請回避應是適用回避制度的一般情況，而被申請要求回避，應當是較少的情況。回避與否的自行選擇，是司法主體獨自進行的，同時在選擇不回避的情形下，如果出現被質疑的後果，應當由司法主體承擔。

四是責任風險不可推諉。司法主體不得故意回避矛盾和風險，不得轉移裁斷責任。不得將應當作出的裁斷轉由其他司法主體作出。司法主體之所以不能拒絕裁斷，是因為如下的考慮:即裁斷的必要性與緊迫性大於對立法的指責和大於因判決的暫時性所帶來的影響。遵守「禁止拒絕作出判決」的原則，在歐洲是通例，「不管是規範漏洞、法律漏

洞和法漏洞或者領域漏洞，也不管上述的這些漏洞是屬於初始的(沒認識到的)和延後的(已認識到的)，對司法主體而言，在任何情況下都須適用禁止拒絕作出判決的規則」[16]。中國雖沒有確立不得拒絕裁判原則，但是，在學術界與實務界，人們普遍認同司法權的人民性和司法為民的理念，在審判活動中，法官不能對所受理的案件拒絕裁判。可見，獨立司法並不能讓司法主體獨立到可以不作為的地步。

五是責任成本由進行裁斷的司法主體擔當。司法主體的司法資格和權限的獲得，不是基於金錢、財富，而是基於該主體已具備的高尚品格和專業學識等精神財富。司法責任，是以司法主體的精神財富為保證的。司法責任的承擔，意味着司法主體對自己錯誤的司法活動或司法行為要付出犧牲名譽、地位、誠信、尊嚴、前途、職業生涯的代價。這對於一個具有尊榮地位的司法主體來説，將是極大的成本付出，這對於促進其司法行為公平公正、嚴格精准也是極為有效的作用力。

（三）獨立司法的價值

1.　獨立司法是司法裁斷的一般規律

司法活動具有特殊的性質和規律。從古至今，所有對社會糾紛的裁斷活動都具有以下特徵：（1）裁斷活動的本質是居中裁判；（2）裁斷活動的行為主體是居中的第三方；（3）裁斷活動應當具有相對於爭端各方或更大範圍社會成員所公認的權威地位；（4）裁斷活動是被動性的活動，先有糾紛和告訴，才會啟動裁斷活動機制；（5）裁斷活動必須遵循一定的程序；（6）裁斷活動依據既定規則，明斷是非曲直；（7）裁斷活動的決定必須由裁斷主體獨立作出，否則就沒有被信賴度。這些特徵中，始終中包含了獨立裁斷的內容。有裁斷活動就必有

16　范劍虹：〈論法官適用法律的空間及其司法獨立——以德國法為例〉（On the Space in application of law and judicial independence—An exemplar in Germany），發佈日期：2010-10-30，文章來源：互聯網，原載澳門《一國兩制》雜誌，2010年第三期。

獨立裁斷的要求，甚至在原始部落裏的巫師裁斷也是獨立行使絕不受他人干預的。

從原始社會進入文明社會，裁斷活動具有更加鮮明的特徵。除了居中裁斷的本質不變外；裁斷活動的被動性更加增強；裁斷活動的程序更加完善；裁斷活動的準則以法律為主，從而使司法活動成為社會裁斷活動的主要部分。在人類社會的歷史中，司法主體無論是哪個階級、階層或集團，都要思考司法活動應當遵守怎樣的規律才能更有效地處理社會糾紛問題，而共同的結論都是：司法活動要排除干預、獨立進行。

對於司法活動的主體，世界各國最早的共同選擇是相同的，都是由國家權力擁有者擔任司法活動的主體，從而使司法活動的開展、司法行為的實施由國家機關專屬行使。雖然，在後來的歷史中，各國司法權的行使主體權力範圍、政治地位各不相同，但對於司法活動和司法行為的技術性、規律性的認識還是相似的。普遍都認為：司法活動具有獨立性、中立性、專業性的特徵[17]，其中，無論是什麼主體實施裁決和判斷時，都需要具有獨立的不被干預的狀態。獨立司法、不受干預，成為長期以來普遍認同的司法活動規律，並進一步作為一項原則而成為司法程序的立法精神。當今世界各法治國家對於司法活動的規律所做的理論提煉，無不將「獨立性」作為第一規律[18]。

綜上可見，獨立司法，是人類社會司法裁斷活動普遍遵循的基本規律，是不同國家的相同遵循。不管什麼樣的政治體制下的司法活動都可以應用獨立司法規律，在「三權分立、相互制衡」的政治體制下的司法裁斷活動中可以應用，在人民代表大會政治制度下的司法活動中也可以應用；在「兩黨制」、「多黨制」國家的司法活動中可以應用，在「一黨制」、「多黨合作制」國家的司法活動中也可以應用。

17　萬鄂湘：《從中美司法制度比較看司法權的特點》，見：中外民商裁判網www.zwmscp.com，2008年11月24日。

18　陳瑞華：〈司法改革的理論反思〉，載《蘇州大學學報》（哲學社會科學版），2016年第1期，56-64頁。

2. 獨立司法是公正司法的基本保證

公正是司法活動的最高標準，是司法的靈魂。正是有了公正，司法主體才有權威和公信，判決裁定才能被社會接受，司法活動才能起到「定分止爭」、維護社會正義的作用。

但是，沒有「獨立」就沒有「公正」。司法活動如果不能獨立實施，如果允許和接受各種干預和干擾，那麼所有處理社會糾紛的裁斷就不可能被認為是公正的。確立獨立司法原則，目的就是為了排除各種因素的干擾，使每一件案件的司法裁斷只服從於法律的精神，從而讓民眾感受到公正。中國國家治理理念也深刻地揭示了獨立司法與公正司法之間的這種保證與被保證的關係，正如習近平所說：「規範司法行為，加大司法公開力度，回應人民群眾對司法公正公開的關注和期待。要確保審判機關、檢察機關依法獨立公正行使審判權、檢察權」[19]。

獨立司法一般具有這樣的作用順序：第一，實行獨立司法才能實現公正司法；第二，實現公正司法才能維護社會正義；第三，維護社會正義才能實現司法的目標和職能作用。如果忽略獨立司法，就必然導致司法經常而廣泛地受到干預、控制、支配、替代，那樣的司法活動過程，怎麼能保證其達致公正呢？所得出的裁斷結果，憑什麼能讓人相信是維護了社會正義呢？實踐的經驗教訓也一再說明：如果司法人員在司法活動中不具有獨立的意志，屈從於外來干涉和強權的壓力，就不能做到公正辦案，最終司法活動也就不能維護社會正義，整個司法過程就不具有實際社會意義。

19　習近平：「要努力讓人民群眾在每一個司法案件中都感受到公平正義，所有司法機關都要緊緊圍繞這個目標來改進工作，重點解決影響司法公正和制約司法能力的深層次問題。堅持司法為民，改進司法工作作風，通過熱情服務，切實解決好老百姓打官司難的問題，特別是要加大對困難群眾維護合法權益的法律援助。司法工作者要密切聯繫群眾，規範司法行為，加大司法公開力度，回應人民群眾對司法公正公開的關注和期待。要確保審判機關、檢察機關依法獨立公正行使審判權、檢察權」。見習近平：〈堅持法治國家、法治政府、法治社會一體建設（2013年2月23日）〉；載《習近平談治國理政》，外文出版社，2014年10月第1版，第145頁。

可見，獨立司法是公正司法的保障、前提和基礎，沒有獨立司法就沒有公正司法，並且最終會貽害於社會正義。

3. 獨立司法應是中國司法體制的核心原則

對獨立司法內涵和價值的分析表明，獨立司法其實就是對關於司法活動中的一系列以「獨立」為元素的主張的集合，就是對具備一定的「獨立」元素、能夠獨立地進行司法活動的狀態的描述。當這樣的描述被普遍認可並加以追求的時候，也就變成了一種司法活動的工作原則。獨立司法無須講求司法主體是否具有獨立政治地位和獨立政治權利，無論什麼樣的司法主體、無論誰是司法主體，只要他們開展司法活動，就應獨立負責、不受干預地進行。

但是，司法活動是由司法權行使而成就的，司法權的行使是由司法主體而實施的，司法主體行使司法權的權限是由司法體制而配置的。既然獨立司法是司法裁斷的規律和公正司法的保證，只有遵照獨立司法的要求才能公正、高效、正確地開展司法活動，那麼，作為開展司法活動主導方的司法體制，好比是司法活動的「上層建築」[20]，也就必然要尊重獨立司法的客觀規律，按照獨立司法的需要來構建自己。在司法組織的成立、司法人員的配備、司法權限的設置、司法物資的安排、司法管理的規制等司法體制諸要素的配置時，都要按照獨立司法的需要而作出，也即整個司法體制各方面都必須符合獨立司法的需要，從而確保司法體制的構建符合司法活動的需要，並進而符合實現公正司法和維護社會正義的需要。這就是要求確立獨立司法原則，並由之統領和貫穿於司法體制之中，將主觀上已經認識到的獨立司法規律和法則[21]全方位落實到司法活動的主體、客體、客觀行為等各個方面。

---

20 馬克斯主義哲學認為，上層建築是建立在一定經濟基礎之上的社會意識形態以及與之相適應的政治法律制度和設施等的總和。

21 「法則」，來源於日語，指一定條件下必然成立的事物間的相互關係。見史有為主編：《新華外來詞詞典》，商務印書館，2019年3月第1版，第311頁。

　　由此也可見，獨立司法不是國家權力的配置原則，而是司法要素的配置原則；不是國家司法權的設立原則，而是司法權運行機制的設立原則；不是整個司法制度的基本原則，而是司法體制構建的核心原則。

　　因為人們要共同生存，就要確立社會正義；因為確立了社會正義，就要進行司法維護；因為要進行司法維護，就要做到公平公正；因為要做到公平公正，就要獨立開展司法活動；因為要獨立開展司法活動，就要構建以獨立司法為核心原則的司法體制。這正是獨立司法成為中國司法體制核心原則的邏輯脈絡。並且也說明，中國司法體制以獨立司法作為核心原則，與本原公正的最高司法標準以及維護正義的根本司法目的是順理成章、一脈相承的關係。

　　當然，獨立司法在中國最大的應用範圍，也只是獨立行使對普通社會糾紛的司法裁斷權，並不包含獨立行使對公權力糾紛的司法裁斷權的內容。因為中國的司法權只被賦予了對普通社會糾紛的完整的司法裁斷權能，並不具有對國家公權力的制約權即公權力糾紛的司法裁斷權能。

二、獨立司法與司法獨立是兩回事

（一）獨立司法不應被司法獨立吸收

　　初版於1891年的美國《布萊克法律辭典》（*Black's Law Dictionary*）認為：「司法獨立（judicial independence），就是司法機構與政府、政治部門的結構性分離，使法官不受不適當的影響、黨派利益和利益集團的壓力」[22]。

22　Judicial independence: The structural separation of the judiciary from the political branches of government so that judges remain free from improper influences, partisan interests, and the pressures of interest groups. 引自 Bryan A. Garmer (Editor in Chief), *Black's Law Dictionary* (Tenth Edition), Thomson Reuters. p. 975.

　　初版於1928年的日本《法律學辭典》，將司法獨立的內容概括為六點：（1）獨立行使司法權，只受憲法和法律的約束；（2）司法權完全獨立，不受立法權、行政權的任何干預和束縛；（3）司法不受其他國家機關（包括總統）和任何政黨的監督和管理；（4）司法權行使時，不受其他任何事物和形勢的牽制和影響；（5）在審判案件中審判權完全獨立，不受任何人指揮和命令的拘束；（6）保障法官獨立性，為維護司法權的獨立，承認對法官特別強的地位保障和身份保障【23】。

　　1936年中國出版的《法律大辭書》，將司法獨立(Independence of the judiciary)概括出三層意思：（1）司法機關之組織與系統，不得與其他之組織與系統相混；（2）司法官行為之裁判，絕對不受任何人干涉，即其直轄上級機關，亦不得過問；（3）司法官之地位與執行職務時，依法受有一定之保障與尊敬【24】。

　　1998年中國出版的《法學大辭典》，將西方國家的「司法獨立」主張概括為三方面：（1）司法機關的組織自成獨立體系，與行政機關、立法機關的組織系統完全分離；（2）法官獨立行使審判權，不受任何干涉，即使是直轄的上級機關也不得過問；（3）法官的地位、職權均由特定的法律條款保障【25】。

　　新近的網路詞典《歐路詞典》，對司法獨立作了全面的概述：（1）司法獨立是司法需要遠離政府及其部門，也就是說，法院不應受到來自政府及其部門的或來自私人或黨派利益的不當影響。(2)司法獨立關於權力分立的思想是至關重要的和十分重要的。(3)不同的國家對司法獨立的理念或法官的選擇有所不同。促進司法獨立的一個途徑是賦予法官終身或長期的任期，使他們能夠根據法治和司法自由裁量權來決定案件並作出裁決，即使這些裁決在政治上不受歡迎，也不受到強有

23　參見【日】我妻 榮著：《新法律學辭典》，董璠輿譯，中國政法大學出版社，1991年6月出版，第430頁。

24　參見鄭競毅編著：《法律大辭書》，商務印書館，1936年出版，2012年9月重新排印第1版，第250頁。

25　參見曾慶敏主編：《法學大辭典》，上海辭書出版社，1998年12月第1版，第375頁。

力的利益的反對。(4)在一些國家，司法審查的權力增強了司法機關對立法機關的監督能力。例如，在司法機關認為政府某一部門拒絕履行憲法義務時，可以授權採取某些行動，或者宣佈立法機構通過的法律不符合憲法。(5)在轉型期國家和發展中國家，司法開支可由行政部門控制，這破壞了司法獨立的原則，因為它使司法機關在財政上依賴行政機關，但在另一些國家，憲法禁止立法部門降低現任法官的薪金[26]。

對於上述描述，結合有關文獻進行梳理，基本可以將各路言者所謂「司法獨立」的內容主張分出兩類：

第一類，屬於「高大尚」的：(1)司法權不受立法權、行政權的任何干預和束縛，完全獨立；(2)司法權制衡和約束行政權，也可以一定程度上代行立法權；(3)司法權約束和監督任何政黨的行為，司法官實施司法行為不受任何政黨的干預和束縛；(4)最高司法官享有至高無上的獨立地位，其與國家元首、行政首腦具有平行、並列、同等的社會地位；(5)司法機關對國家公權力機關的違憲行為進行審查與裁斷。

第二類，屬於「通俗具體」的：(1)各級司法機關的司法官不受任何行政官員的管轄和統領，只受代議機關彈劾罷免；(2)司法官獨立行使司法職權，審判具體案件，只向法律負責，不受其他任何機關、組

26　Judicial independence: Judicial independence is the concept that the judiciary needs to be kept away from the other branches of government. That is, courts should not be subject to improper influence from the other branches of government, or from private or partisan interests. Judicial Independence is vital and important to the idea of separation of powers.

Different countries deal with the idea of judicial independence through different means of judicial selection, or choosing judges. One way to promote judicial independence is by granting life tenure or long tenure for judges, which ideally frees them to decide cases and make rulings according to the rule of law and judicial discretion, even if those decisions are politically unpopular or opposed by powerful interests. This concept can be traced back to 18th century England.

In some countries, the ability of the judiciary to check the legislature is enhanced by the power of judicial review. This power can be used, for example, by mandating certain action when the judiciary perceives that a branch of government is refusing to perform a constitutional duty, or by declaring laws passed by the legislature unconstitutional.

https://www.eudic.net/v4/en/app/eudic。

織干涉，不受任何個人指揮和命令的拘束；（3）司法官實施司法行為，不受其他任何事物、形勢、大局、中心的牽制和影響；（4）司法官審理案件獨立思考，不受他人意志強行干預；（5）司法官審理案件態度中立、不隨風倒、不人云亦云；（6）司法官獨立辦案，不被他人強迫實施任何非司法的其他行為；（7）司法官履行職務的權利受法律特別保護，神聖不可侵犯。

上述第一類主張，細讀起來可以發現是屬於政治權力的配置與政治地位的劃分的主張。這些主張的本質是在政權中劃分出一個叫做「司法權」的權項，而與政權中的立法權、行政權相並列，對立法權、行政權起到分權、限權、制約、制衡的作用，目的是「以權力制約權力」，屬於根本政治制度層面的主張。所謂「司法獨立」主要是指這種與立法權、行政權相分立的司法權的獨立，是一種權力之爭的原則。「司法權獨立是共和制的重要內容之一」【27】，已成為歐美國家常用的口號。

而上述第二類主張，則明顯是對於法官如何辦案而提出來的，真實用意是要求開展司法活動應當獨立負責、不受干預、提高效率、保證品質。開展司法活動主要是進行裁斷，都要追求被裁斷的當事人以及社會大眾心服口服，因而都需要中正獨立的形式，排除不正當干預，否則就得不到社會大眾的信賴，也解決不了當事人之間的紛爭。因而，人們對於司法活動提出了一系列以獨立為核心元素的主張，這些主張得到社會的普遍認可和司法活動的有效印證後，就被遵從為司法活動的原則，並進而成為司法制度設計制定的原則。這些原則準確地概括就應當是「獨立司法」原則，主要用於辦理普通社會糾紛案件，而不應當歸入「司法獨立」或「司法權獨立」原則之中拿去用於權力爭鬥。

上述分析可見，「獨立司法」與「司法獨立」是應當區分開來的兩回事。長期以來人們將司法獨立與獨立司法不加區分，並一直混淆不清都說成是司法獨立，這是一個歷史的誤會！在中國，人們固執地將獨

27　"Jurisdiction independence is one important part of republic polity"，乃美媒體常見口號。

立司法納入司法獨立的內容之中【28】，同時，又將司法獨立視為「三權分立」學說的組成部分、視為資產階級政治制度的專有內容，將其貼上「資產階級意識形態」、「資產階級政治制度的原則」、「資產階級司法原則」的標籤【29】，結果在各方面對司法獨立加以否定和排斥時，獨立司法也常常被搞得不受待見。

（二）獨立司法與司法獨立的思想來源不同

1.　獨立司法是人類社會自然萌生的思想

　　獨立司法思想的來源，可以追溯到人類社會自古即有的居中調停處理矛盾糾紛時的「獨立第三方」、「中立者」、「居中者」的做法，也是世界各國司法活動普遍遵循的規則和經驗總結。在中國古代文明史中，早有獨立司法思想的記載，《尚書》、《孟子》、《史記》【30】等典籍均能看到相關內容。在中國古代司法制度上，就設有大理寺、刑部、都察院等獨立專司審理和裁斷案件的機構。沈家本認為獨立司法「非惟歐西通行之實例，亦我中國固有之良規。按宋之提點刑獄、元之廉訪

28　學界對司法獨立的現行理解是：司法獨立包含三個部分，司法權獨立是司法獨立的基礎和前提；法院獨立為司法權獨立提供組織和場所保障；法官獨立是司法獨立的核心、也是司法獨立的落腳點。參見譚世貴主編：《中國司法改革理論與制度創新》，法律出版社，2003年出版，第118頁。

29　劉瑞複：《中國獨立公正司法與西方國家「司法獨立」的根本區別》，（2014-12-27，22:00:50），來源：人民論壇網。

30　《尚書》記載，上古皋陶即說：「天敘有典，敕我五典五惇哉！」透露的思想是：法律由上天制定，不得違反，法官只服從法律。見：《書經集傳》（虞書‧皋陶謨），蔡沈注，上海古籍出版社，1987年3月第1版，第17頁。
　　《孟子》記載，孟子答問：「桃應問曰：『舜為天子，皋陶為士，瞽瞍殺人，則如之何』孟子曰：『執之而已矣。』『然則舜不禁與？』曰：『夫舜惡得而禁之？夫有所受之也。』『然則舜如之何？』曰：『舜視棄天下猶棄敝屣也。竊負而逃，遵海濱而處，終身欣然，樂而忘天下。』」孟子所言「有所受」，即透露了「依法辦案不受帝王的干預」的思想。見：《四書今譯》（孟子‧盡心章句上），夏延章、唐滿先、劉方元譯注，江西人民出版社，1986年9月第1版，《孟子今譯》第275頁。
　　《史記》記載，漢代張釋之言：「法者天子所與天下公共也。今法如此而更重之，是法不信於民也」透露了張釋之堅持獨立思考、服從法律、不受帝王意志干預和影響的主張。見：【漢】司馬遷：《史記》（張釋之馮唐列傳），韓兆琦評注，嶽麓書社出版發行，2004年5月第1版，第1381頁。

司，俱專掌刑獄，即明之按察使與布政使分職而理」[31]。同時，中國古代司法文明中更是造就了諸如狄仁傑[32]、包青天[33]、海瑞[34]、況鐘[35]等大量的優秀司法官員。他們的共同品質是：明鏡高懸、明察

---

31 轉引自董康：《調查日本裁判監獄報告書•謹》(1907年)，載何勤華、魏瓊編：《董康法學文集》，中國政法大學出版社，2005年8月第1版，第641頁。

32 狄仁傑 (公元630年–700年)，字懷英，並州太原 (今山西太原市) 人。唐朝武周時期政治家。出身太原狄氏，早年以明經及第，歷任汴州判佐、並州法曹、大理寺丞、侍御史、度支郎中、寧州刺史、冬官侍郎、江南巡撫使、文昌右丞、豫州刺史、複州刺史、洛州司馬等職，以不畏權貴著稱。儀鳳年間，狄仁傑升任大理寺寺丞。他在一年內判決大量積壓案件，涉及一萬七千人，卻無一人冤訴，後改任侍御史。https://baike.so.com/doc/1916484-2027640.html

33 包拯 (公元999年–1062年7月3日)，字希仁。盧州合肥 (今安徽合肥肥東) 人。北宋名臣。天聖五年 (1027年)，包拯登進士第。累遷監察禦史，曾建議練兵選將、充實邊備。歷任三司戶部判官，京東、陝西、河北路轉運使。入朝擔任三司戶部副使，請求朝廷准許解鹽通商買賣。改知諫院，多次論劾權貴。授龍圖閣直學士、河北都轉運使，移知瀛、揚諸州，再召入朝，曆權知開封府、權禦史中丞、三司使等職。嘉佑六年 (1061年)，任樞密副使。因曾任天章閣待制、龍圖閣直學士，故世稱「包待制」、「包龍圖」。嘉佑七年 (1062年)，包拯逝世，年六十四。追贈禮部尚書，諡號「孝肅」，後世稱其為「包孝肅」。有《包孝肅公奏議》傳世。包拯廉潔公正、立朝剛毅，不附權貴，鐵面無私，且英明決斷，敢於替百姓申不平，故有「包青天」及「包公」之名，京師有「關節不到，有閻羅包老」之語。後世將他奉為神明崇拜，認為他是奎星轉世，由於民間傳其黑面形象，亦被稱為「包青天」。https://baike.so.com/doc/1226741-1297568.html。

34 海瑞 (公元1514年–1587年)，字汝賢，號剛峰，海南瓊山 (今海口市) 人。明朝著名清官。海瑞一生，經歷了正德、嘉靖、隆慶、萬曆四朝。嘉靖二十八年 (1549年) 海瑞參加鄉試中舉，初任福建南平教渝，後升浙江淳安和江西興國知縣，推行清丈、平賦稅，並屢平冤假錯案，打擊貪官污吏，深得民心。歷任州判官、戶部主事、兵部主事、尚寶丞、兩京左右通政、右僉都禦史等職。他打擊豪強，疏浚河道，修築水利工程，力主嚴懲貪官污吏，禁止徇私受賄，並推行一條鞭法，強令貪官污吏退田還民，遂有「海青天」之譽。萬曆十五年 (1587年)，海瑞病死於南京官邸。獲贈太子太保，諡號忠介。海瑞死後，關於他的傳說故事，民間廣為流傳。https://baike.so.com/doc/2843683-3000962.html。

35 況鐘 (1383–1442) 明代官員，字伯律，號龍崗，又號如愚，漢族，江西靖安縣龍岡洲 (今江西省靖安縣高湖鎮崖口村) 人。況鐘早年曾在尚書呂震屬下為小吏，因有奇才，為呂震所重視，並推薦為儀制司主事。明成祖朱棣永樂年間，升遷為禮部郎中。宣德五年出任蘇州知府，正統六年 (1441)，況鐘在蘇州任期十年已滿，當地官民二萬多人向上級請求留任，最終任職長達十三年。在「仁宣之治」前後，未經科舉，由出身低賤的書吏做到知府，並且政績斐然的官員中，蘇州知府況鐘是其中最著名的一個。在蘇州任內，他勤於政事，忠於職守，除奸革弊，為民辦事，深得蘇州人民的愛戴。他死後，很多人為他哭泣，悲痛不已，並立祠紀念他。況鐘是明代一位受百姓尊敬的清官，蘇州人民稱他「況青天」，和包拯「包青天」、海瑞「海青天」，並稱中國民間的三大青天。昆劇《十五貫》，以歌頌況鐘剛正清廉的思想品格和深入實際的求實精神而使其婦孺皆知，至今仍在人們心目中留下難忘的印象。其功績《明史•況鐘傳》有較詳細記述，著述有《況太守集》、《況靖安集》等。https://baike.so.com/doc/6480074-6693777.html。

秋毫、公正廉明、剛正不阿、鐵面無私、秉公辦案、拒絕干預、特立獨行、不趨炎附勢、不附和權貴，都包含了獨立司法的理念，都對獨立司法理念進行了不斷詮釋和傳承。在中國民間，自古至今，無論村長、裏長、保長、族長、道長、住持、鄉紳、賢達、社區幹部、居委會主任，但凡被請為處斷糾紛時，也都要信守「一碗水端平」、「屁股不要坐歪」的中立與獨立的原則。

可見，獨立司法不是哪個思想家所發明的，而是人類社會自然而然萌生的，是世界各國的先民們普遍發現和尊崇的原始而古老的社會裁斷活動規則，是被各社會所有法律制度所汲取而從不隸屬哪個階級的一種意識形態，是人類社會司法裁斷活動普遍遵循的基本規律，是人類共創的文明成果。當司法技術程度越來越高，並逐步形成司法學、司法科學的時候，獨立司法也就成為司法科學的最基本的原理。

2. 司法獨立恰恰來源於思想家和政治設計師的設計

所謂國家，就是在政治上組織起來的社會或全體人民。國家與其他社會組織不同之處在於其目的（建立秩序和安全）、方式（法律及其實施）、領土（管轄範圍）和主權[36]。而直觀地看，國家實質上就是擁有共同的語言、文化、種族、歷史和領土的一個有機構成的巨型人群，是一定範圍內的人的生存共同體。有國家就必定有國家的治理和捍衛，實施這種治理和捍衛的公共權力就是國家權力，亦稱國家管治權、國家公權力。

自有國家以來，關於國家權力的構成方案和運行方式，一直為歷代思想家、政治家們所不懈地思考和探索。雖然最初人類社會在自然漸進的發展中形成了君主制，但之後，無數的智者都對國家權力的結構進行了設計和構想。在歐洲產生的最重要的設想，是關於國家權力結構上的要素分解、分權並立、權力制衡的思想與原則。

---

36 《不列顛簡明百科全書》（上下卷），中國大百科全書出版社編譯、出版、發行，2005年第1版，上卷，第597頁。

　　古希臘思想家亞里斯多德（公元前384-前322年），開拓了國家權力要素分解的思想先河。他在《政治學》一書中寫道：「一切政體都有三個要素」，即議事、行政、審判三種機能，「倘若三個要素（部分）都有良好的組織，整個政體也將是一個健全的機構」【37】。

　　古羅馬思想家波里比阿（公元前204年-前122年），從希臘城邦的滅亡和羅馬共和國的興盛的政治實踐中，以新的角度發展了亞里斯多德的「三要素」思想，率先描述了三個要素之間的制約關係。波里比阿認為羅馬關於政治權力的制度安排和實際運作中，執政官、元老院和人民的權力處於制衡之中，任何一種權力，如果不能獲得其他兩種權力的配合、支持，都不可能得到正常、有效地行使、運行，「三種權力中的任何一種，只要它願意，都可以阻撓或者配合其他兩者」，「在國家政治制度中，將所有最好的政體的優秀和與眾不同的特點結合在一起，從而使每一項原則都無法過度地擴張進而衰退為與之相對的惡劣的政體形式，每一種力量都受到其他力量的制約，它們當中的任何一個都不能對其他取得主導優勢並打破平衡，從而政治制度得以維持長久的均衡」【38】。

　　上述國家權力要素結構及其相互制約性的論述，為英國思想家洛克（公元1632年-1704年）分權思想的發展提供了基礎。洛克認為每個國家都有立法權、行政權和外交權，這三種國家權力應該是分立的並相互制約。

　　而將國家權力劃分為立法權、行政權、司法權三種，以形成相互並立、相互制約關係，即所謂「三權分立」的學說，則是法國啟蒙運動的先驅者、政治思想家孟德斯鳩（公元1689年-1755年）提出來的。孟德斯鳩分別論述了立法權、行政權、司法權三種權力的特性。孟德斯鳩認為，立法權是制定法律、修改或廢止已制定的法律的權力；立

37　【古希臘】亞里斯多德：《政治學》，商務印書館，1956年出版，第214頁。

38　轉引自袁柏順、王錚：〈以「混合政體」預防制度腐敗——波利比烏斯廉政思想初探〉；載《福建行政學院福建經濟管理幹部學院學報》，2007年第4期。

法機關應定期集會，制定法律，決定國家稅收、實施法律、監督和審查法律的執行；立法權應由人民集體享有，人民的這種立法權，應由人民選出的代表機關來行使。孟德斯鳩認為行政權是執行國家意志、維護公共安全、宣戰媾和、派遣或接受外交使節、防禦外國侵略的權力；行政事務要講究效率，如果將此權交給一個機關行使，往往會議而不決，拖延時間，貽誤時機；行政權，可以交給一個人掌握，或優先交給幾個人或一個集體。孟德斯鳩第一次闡明了司法權在國家政體中的地位，認為司法權是懲罰犯罪或裁決私人爭訟的權力；這種權力應該是獨立的、超然的，既不能交給特定階級——常設性的立法團體所專有，也不能交給某一特定職業人員所專有，而應當交給由人民選舉出的一些人所組成的法庭；法官同被告人地位平等，司法權必須依法行使。孟德斯鳩論述了立法、行政、司法三權分立的必要性，而且論述了三權不分立的危害性。他指出：「當立法權和行政權集中在同一個人或同一個機關之手時，自由便不復存在了，因為人們將要害怕這個國王或議會制定暴虐的法律，並暴虐地執行這些法律」；「如果司法權不同立法權和行政權分立，自由也就不存在了；如果司法權同立法權合而為一，則將對公民的生命和自由施行專斷的權力，因為法官就是立法者；如果司法權同行政權合而為一，法官便將握有壓迫者的力量」；「如果同一個人或是由重要人物、貴族或平民組成同一個機關行使這三種權力，即制定法律權、執行公共決議權和裁判私人犯罪或爭訟權，則一切便都完了」[39]。孟德斯鳩還列舉了當時三種權力不分立的國家的暴政狀況：「在意大利各共和國，三種權力合併在一起，……同一個機關，既是法律執行者，又享有立法者的全部權力。它可以用它的『一般的意志』去蹂躪全國；因為它還有司法權，它又可以用它的『個別的意志』去毀滅每一個公民」[40]。

39　【法】孟德斯鳩：《論法的精神》（上下冊），張雁深譯，商務印書館，1961年第1版，1987年6月北京第4次印刷，上冊，第156頁。

40　【法】孟德斯鳩：《論法的精神》（上下冊），張雁深譯，商務印書館，1961年第1版，1987年6月北京第4次印刷，上冊，第156頁。

　　司法權獨立的學說，正是在孟德斯鳩的學說中確立下來的，對當時法國大革命產生了深刻的影響，並成為後來憲政體制的一個普遍原則。

　　完成現代意義上分權制衡理論的是美國思想家湯瑪斯•傑弗遜（公元1743年–1826年）等人，他們認為「三權分立」思想是對集權與專制的否定，認為立法權、行政權、司法權三種權力不但要分立，而且必須相互制約，任何權力都不能擺脫其他權力的有效限制，否則仍然會產生專制和腐敗【41】。美國思想家亞歷山大•漢密爾頓（1757–1804年），主張「三權分立、相互制約」，更強調司法獨立，司法不受立法和行政的干預，而且要賦予最高法院對議會有違憲審查的權力，讓法院和終身任職的法官有力地制約議會【42】。

3.　獨立司法無端被司法獨立綁架

　　綜上分析可見，司法獨立或稱司法權獨立，最初是西方思想家們作為對國家權力結構設計方案之一而提出來的。最初只認為司法權是統一集中的國家權力中的一個要素，後來認為應將司法權分解獨立起來以免受其他國家權力的束縛，再後來則將司法權中委以違憲審查權以制約立法權、行政權並相互形成制衡關係。最後形成的司法權已不僅「是懲罰犯罪或裁決私人爭訟」的社會糾紛裁斷權，而更重要的是制約立法權、行政權的一種國家權力。這時的司法權，更可以稱為制約權、監督權、監察權、中間權、中立權等等。這種司法權從國家權力整體分立出來時，可以是「二權分立」之中的一項【43】，可以是「三權分立」之中的一項，也可以是「四權分立」、「五權分立」之中的一項。歐美思想家們認為最必須、最迫切需要從國家權力中分立的，就是這種監督和制約其他國家權力的一個權項，這時的司法權「懲罰犯罪或裁

41　參見李琳、魏延秋：〈簡析湯瑪斯•傑弗遜「立體制衡」的分權思想〉，載《法制與社會》，2009年1月。

42　參見周明田：〈混合政體論與漢密爾頓學說之聯繫〉，載《重慶社會科學》，2001年02期。

43　英格蘭憲政的精髓是司法審判權與政治統治權的二權分立。參見：李棟《通過司法限制權力：英格蘭司法的成長與憲政的生成》，北京大學出版社，2011年5月第1版，第342頁。

決私人爭訟」裁斷社會糾紛的作用已不如其制約國家權力的作用重要
了，並因為司法權被賦予了制約國家權力的權能而地位大大提高，而
成為國家三權之一。

到這裏應當看到，偉大的孟德斯鳩和漢密爾頓一開始就製造了一
個陷阱，讓無數的後人掉進其中：

第一，他們將司法權作為「三權分立」之一個權項，純屬偶然。國
家權力的分權，開始並無「司法權」，洛克的「三權」就沒有司法權。
這說明，即使國家權力實行分權，並不是非要有「司法權」的分權及獨
立。既可以進行「三權分立」，也可以進行「二權分立」、「三權分立」、
「四權分立」、「五權分立」；既可以有司法權的分立，也可以沒有司法
權的分立。在原本一元的國家權力中，其下一層級就有很多種權力，
如人權、財權、軍權、外交權、裁判權、監察權等劃分，那麼要將統
一的王權變成分立的「三權」，可以是任意的，如「立法權、行政權、
外交權」的分立，「立法權、財政權、人事權」的分立，「立法權、行政
權、監察權」的分立。完全可以不將「懲罰犯罪或裁決私人爭訟」的社
會糾紛司法裁斷權提高到三權之一的分權獨立的地位上來。

第二，他們提出司法權的初衷，就是設定一個制約立法權、行政
權的政治制約權。通過這個權項的制約，從而保障立法權、行政權按
照思想家的想像而正確有效地行使。這個權項雖然被稱之為司法權，
其實更應當稱為對立法、行政權的制約權。這個司法權與本是對社會
矛盾糾紛裁斷權的司法權在職能上關係並不大。可以說，孟德斯鳩和
漢密爾頓只是借用了司法權，來表達他們設計的政治制約權。而事實
上，後來搞三權分立的國家，其司法權獨立的主要內容還是政治制約
權，如美國大法官的權力、法國大法官的權力主要是政治權力。後人
誤以為司法獨立講得是對社會矛盾糾紛裁斷權的獨立，其實孟德斯鳩
和漢密爾頓根本不是要創造什麼社會糾紛司法裁斷權獨立的學說，而
且這原本就是一個裁斷活動的古老規則，何須再行創造？可見，無論
經歷怎樣的過程，原初被提出來的司法獨立所要表達的最重要內容就
是那種制約立法權、行政權的權力的獨立。

　　第三，他們將對公權力的制約權硬塞進司法權，目的是為了與司法裁斷權捆綁在一起好提出獨立的要求。這是因為對國家公權力的制約權是新的設計，要經過爭取才能獨立；而社會糾紛的司法裁斷權原本就是公認應當獨立負責、不受干預的，這樣捆綁只是為了對公權力的制約監督權能夠順利地分立出來、獨立起來。但是，他們將對國家權力的制約權與社會糾紛的司法裁斷權混合起來，提出以權力制約權力，使社會糾紛司法裁斷權擔負了不能承受之重。對公權力制約權需要在國家權力頂層上獨立，才能達到制約其他國家公權力的作用，但社會糾紛司法裁斷權根本不需要向國家權力頂層鬧獨立，而只是向試圖干擾案件裁斷的那些非法律許可的因素講獨立，基本上其所獨立的對象無非就是案件當事人、關聯人、地方官員，以及一些稍微有頭有臉的人等，社會糾紛司法裁斷權只是需要對這些無關政治緊要性的對象獨立。

　　第四，他們將司法權中的對國家權力制約權與社會糾紛司法裁斷權加在一起提出司法獨立，給司法案件裁斷活動的正常開展帶來了災難性影響。因為，象中國這樣不贊成「司法獨立，三權分立」的理論和政治體制的國家，並不能辨別孟德斯鳩和漢密爾頓偷換概念所設下的陷阱，因而在反對公權力制約權獨立的時候，也將司法案件裁斷的獨立性要求予以否定和反對，使司法案件裁斷的獨立性要求無端「躺槍」[44]，淪入說不清、道不明、有苦說不出的境地。甚至法官們想要表達「司法辦案真得要獨立負責、不受干預才得辦得准」這樣的話，都說不來、說出來也沒人聽。而且，他們將國家權力劃分成立法權、行政權、司法權三個部分，造成「三權」可以互不包含的假像，而真實的情況是，沒有哪個國家能將「三權」清晰地截然分開來的。司法權中除了對社會糾紛訴訟案件的裁斷權較為典型外，其餘如司法解釋權與立法權、司法執行權與行政執行權、司法裁決權與行政裁決權等等都難以分清。以至後人至今對於國家權力中「三權」如何劃分仍然各執一

44　「躺槍」，躺着也中槍的縮略語。

詞，並無統一定論，並且基於對司法權概念的不同理解而發生了無數「雞同鴨講」【45】般的錯位爭論。

　　但是，無論孟德斯鳩和漢密爾頓怎樣進行綁架，社會糾紛司法裁斷權都依然需要獨立進行。無論原始社會、奴隸社會、封建君主治下【46】，還是民主共和的國家都應如此。即使立法機關直接來開展司法活動，也會要求獨立負責不受干預地進行的；即使將司法活動交由仲裁委員會、調解委員會、街道居委會來開展，他們也會要求允許其獨立公正不受干預地辦理。無論哪個權力主體領導國家社會，都應當允許、支持、保障司法機關獨立負責不受干預地開展司法案件的裁斷活動。總之，獨立負責裁斷案件，是社會糾紛司法裁斷權的本來屬性和與生俱來的特點，並不是因為資產階級思想家們提出了司法獨立才開始具有。在這個世界上即使不存在「司法獨立、三權分立」的提法，社會糾紛司法裁斷的「獨立負責、不受干預」的要求和原則依然存在。

（三）獨立司法與司法獨立的適用領域不同

　　獨立司法只適用於司法辦案領域。獨立司法，致力於司法活動和司法行為在不被干預的情況下正確裁斷社會糾紛案件，達到維護社會正義的目的。簡單地說「獨立司法」的目的就是「把案子辦好」，讓司法活動主體正確辦好每一個司法案件，以精准地維護社會正義。由此也可見，獨立司法的內涵中不包含分割國家政治權力的內容，不包含重新分配國家政治權力的內容，不包含確立司法活動主體政治地位的內容，不包含確立司法主體對國家權力的制約權的內容。獨立司法是在國家權力全部分配完成之後，司法主體行使司法裁斷權處理具體案件時的一種方法。獨立司法只能服從於國家權力的分配結果，而不可能改變國家權力的分配狀況。在中國，獨立司法只是獨立行使社會糾紛

45　「雞同鴨講」，廣州方言，意為語言不通。

46　董康：〈調查日本裁判監獄報告書〉(1907年)；載何勤華、魏瓊編：《董康法學文集》，中國政法大學出版社，2005年8月第1版，第643頁。

司法裁斷權,而並無獨立行使對公權力司法制約權或獨立行使對公權力糾紛司法裁斷權的含義。

司法獨立則適用於政治體制領域:

(1) 司法獨立是專門解決國家權力劃分和制衡的原則和設計,是西方國家的一種根本政治制度。司法獨立的出發點是回答怎樣掌握政權的問題,本質上是政權分配的一種方式。其所要解決的是國家權力結構上實行集權制還是分權制的問題,是為了克服集權制、專權制、獨裁制政體的弊端而提出的原則和設計的制度。司法獨立的本質內涵就是要獲得一部分最高國家權力。因為,最初國家的立法權、行政權、司法權都是由唯一的國王來行使的,表現為統一的王權。而司法獨立,是要另行設立一個與國王並列的權力主體來專門行使司法權,本質上是對王權的分割。「三權分立」實際上是將國家權力分割成為立法、行政、司法三個份額(或類別),由三個權力主體來分別行使。

(2) 司法獨立強調的是賦予司法權主體制約其他並列的國家權力主體的權力,即實現國家權力的制衡。西方國家司法獨立的現實是:司法權行使主體的權力範圍主要包括了對其他政權行使主體的制約,即包含了對立法權、行政權等政治權力監督制約權。具體表現為司法權在國家中並不僅僅裁斷民間紛爭、更要審查裁斷行政行為的合法性、還要裁斷包括政黨和國家最高權力機構在內的一切社會機構和組織的被質疑違憲的行為,而被裁斷的所有主體都不能不接受司法權的審查裁斷,不得凌駕於司法權之上而不受控制和駕馭。即司法權可以對社會從最高國家權力擁有者到普通民眾個人等一切社會成員主體之間的爭議作出最終的、最權威的裁斷,而核心內容是對最高國家權力擁有者行為的審查裁斷權。

(3) 司法獨立強調最高司法主體與其他最高國家權力機構並列地具有至高無上的政治地位。司法獨立最重要的內容是最高司

法權行使主體向其他一切國家權力主體的獨立，包括向最高
立法機關、包括掌握着社會人財物資源配置使用權的最高行
政機關、包括行使法律監督權的最高檢察監察機關，包括產
生最高司法官員的組織人事及選舉機關等的獨立。司法獨
立，如果不是相對於這種實際控制國家最高權力行使主體而
獨立，就不能被視為獨立；如果司法權行使主體不能獨立，
也就不能約束和制衡這種最高權力主體的權力。可見，司法
獨立的實質就是權力主體上的分庭抗禮。實行司法獨立體制
的國家，其司法獨立包含的真義就是最高司法權行使主體是
「司法王國」裏的「國王」，同「立法王國」的「國王」、「行政
王國」的「國王」一樣，都具有在國家政治活動中至高無上的
地位。

（四）獨立司法與司法獨立在中國的境遇不同

1.　獨立司法原則是現行的中國司法體制的原則

中國的獨立司法理念雖然來源於久遠的傳統，但作為司法體制的
原則則是從蘇聯的司法制度體系中學習而得的。

列寧在其領導的1917年「十月革命」成功奪取政權、建立世界上第
一個社會主義國家後，對司法制度建設也進行了探索。列寧在《論「雙
重」領導和法制》【47】一文中提出：司法權和行政機關分開，獨立行
使訴訟權和審判權；法院的審判員依照全聯邦規定的法律，根據案件
本身的情況，作出是否有罪和量刑多少的判決。這些主張明確表達了
獨立司法的思想。在列寧的思想中，司法活動應與行政機關或其他團
體、個人相獨立，並明確要求：法院只服從法律，排除一切干擾，公
正司法，公開審判，不得徇私枉法、姑息養奸，唯有如此，才能真正
維護司法的權威。列寧的獨立司法思想對蘇聯司法制度和司法體制的

47　載：《列寧全集》第43卷，人民出版社，1987年10月第2版。

形成與發展具有決定性影響。蘇聯憲法內容也都明顯體現了列寧的獨立司法思想。1936年蘇聯憲法第112條規定:「審判員獨立,只服從法律」【48】;1977年蘇聯憲法第155條規定:「審判員和人民陪審員獨立,只服從法律」【49】,都明確表達了獨立司法理念。

　　新中國成立之初,司法制度建設走的是複製和移植蘇聯司法制度的道路。國家從蘇聯請來一批法學專家講授蘇聯的司法制度理論,同時,派出大量的學者和司法工作者去學習蘇聯的法學理論,考察蘇聯的司法制度。由於蘇聯的司法制度是建立在列寧司法權思想理論基礎之上的,因此,中國對蘇聯司法制度的移植,實際上就是按照列寧的司法權思想建構司法制度。即按照列寧的最高國家權力機構之下司法與行政分工的理論,建立「人民代表大會制度之下的法院獨立審判」的司法體制。其中,獨立審判的體制設計,就是對獨立司法理念的應用【50】。

　　從1957年以後到1976年的21年間,國家社會經受「反右」運動、「四清」運動、「文化大革命」運動、「一打三反」運動、「社會主義路線教育」運動等,在司法領域放棄了獨立司法的原則,在憲法中也將「人民法院獨立進行審判,只服從法律」的條文刪除【51】。

48　【蘇聯】卡爾賓斯基:《蘇聯憲法通論》,沈穎等譯,人民出版社,1953年11月第1版,第140-142頁。

49　見:「蘇聯憲法」,載https://wenku.baidu.com/view/d176d3e9998fcc22bcd10d52.html。

50　中央政法幹部學校國家法教研室編:《中華人民共和國憲法學習參考資料》,法律出版社,1957年3月第1版,第21頁。

51　《中華人民共和國憲法》(1975年)第25條:「最高人民法院、地方各級人民法院和專門人民法院行使審判權。各級人民法院對本級人民代表大會和它的常設機關負責並報告工作。各級人民法院院長由本級人民代表大會的常設機關任免。檢察機關的職權由各級公安機關行使。檢察和審理案件,都必須實行群眾路線。對於重大的反革命刑事案件,要發動群眾討論和批判」。《中華人民共和國憲法》(1978年)第41條:「最高人民法院、地方各級人民法院和專門人民法院行使審判權。人民法院的組織由法律規定。人民法院審判案件,依照法律的規定實行群眾代表陪審的制度。對於重大的反革命案件和刑事案件,要發動群眾討論和提出處理意見。人民法院審判案件,除法律規定的特別情況外,一律公開進行。被告人有權獲得辯護。」43條:「最高人民檢察院對於國務院所屬各部門、地方各級國家機關、國家機關工作人員和公民是否遵守憲法和法律,行使檢察權。地方各級人民檢察院和專門人民檢察院,依照法律規定的範圍行使檢察權。人民檢察院的組織由法律規定。最高人民檢察院監督地方各級人民檢察院和專門人民檢察院的檢察工作,上級人民檢察院監督下級人民檢察院的檢察工作。」

直到1978年，國家做出了加強社會主義民主和健全社會主義法制的重大決策，其中宣告「司法機關要保持應有的獨立性，要忠實於法律和制度」，從而重新提出了獨立司法的司法體制原則[52]。1982年全面修改憲法時，第126條寫為：「人民法院依照法律規定獨立行使審判權，不受行政機關、社會團體和個人的干涉」[53]，再次在憲法中寫上了獨立司法的司法體制原則。直至當前，憲法經歷幾次修訂，未對此條作出變動。1983年9月2日法院組織法第4條也寫上了：「人民法院依照法律規定獨立行使審判權，不受行政機關、社會團體和個人的干涉」，後一直到現在未變。

上述梳理可見，雖然獨立司法作為司法體制原則在中國被放棄了很長時間，儘管在司法體制獨立性的範圍上也有所變化，但是最終還是被認可了下來，並且在憲法和法律的文本紙面上一再將之確立為中國司法體制的原則。

2.　司法獨立原則與中國現行國家制度並不相干

雖然很多國家採用了司法獨立、分權制衡的政治制度，但並不表明這種政治制度適合所有國家，也不表明這個政治制度應是一個國家永遠實行不可更改的政治制度。新中國建立以來，中國並沒有採用這種政治制度，司法獨立原則與中國現行國家制度毫不相干。

不過，在司法獨立、分權制衡的政治制度的應用上，中國也有過特殊歷程。

自古以來，中國本沒有產生過「分權制衡」思想。從史前傳說即流傳有「自從盤古開天地、三皇五帝到如今」、「天無二日、國無二君」的觀念。賢明君主獨掌國家權力、造福國家人民，君權至上、國權獨攬是從來不受質疑的。中國古代漫長的奴隸社會、封建社會一直實行着君主政體，皇帝不僅是立法者、是最高行政長官，也是最高司

52　參見：〈中國共產黨第十一屆中央委員會第三次會議公報〉；載《三中全會以來重要文獻選編》，人民出版社，1982年8月第1版，第1–15頁。

53　馬懷德、鄧毅：〈司法獨立與憲法修改〉；載《法學》，2003年第12期。

法官。各地方政權組織也是一體化的州牧、知府、縣令等地方長官統一行使各種國家權力，實行的是司法與行政合一的體制。幾千年間，對國家權力的實踐和探索都是沿用和鞏固皇權集中獨裁制度，從無分權之說。

1840年鴉片戰爭以後，西方政治文化包括司法獨立、三權分立的思想和制度為國人所涉獵，並被一些進步人士極力推崇。思想家嚴複在翻譯孟德斯鳩的著作以後，極力推崇三權分立學說；章太炎在考察了西方的三權分立制度以後，提出：「三分其立法行政司法而各守以有司，刑官獨與政府抗衡，苟傅於辟，雖達尊得行其罰」[54]。到1898年的戊戌變法運動中，維新派竭力主張將「三權鼎立之制」作為變法之內容。康有為在其提出的變法方案中包含着司法與行政分開、審判獨立等內容。他提出：「夫國之政體，猶人之身體也。議政者譬若心思，行政者譬如手足，司法者譬如耳目，各守其官，而後體立事成」[55]。

1903年，清政府在內外交困的形勢下接受了「變法修律」的主張。修訂法律大臣、大理寺正卿沈家本極力主張仿照西方三權分立的原則建立司法與行政分立的體制，他向皇太後、皇上多次奏稱：「司法獨立，為異日立憲之始基」[56]；「東西各國憲政之萌芽，俱本於司法之獨立」[57]；「司法獨立為及今刻不可緩之要圖」[58]。其在為董

54　章太炎：《章氏叢書》，世界書局，1982出版，「刑官‧檢論卷七」。

55　康有為：〈上清帝第六書〉，載翦伯贊等編：《中國近代史資料叢刊‧第八種‧戊戌變法》，神州國光社，1953年9月第1版，第二冊，第197頁。

56　【清】沈家本：「司法獨立，為異日立憲之始基，非謂從前刑部現審辦理不善事更張也」。見沈家本：《修訂法律大臣沈家本等奏酌定司法權限並將法部原擬清單加具案語折》，載故宮博物院明清檔案部編：《清末籌備立憲檔案史料》（上下冊），中華書局，1979 年7月第1版，下冊，第827頁。

57　【清】沈家本：「竊維東西各國憲政之萌芽，俱本於司法之獨立，而司法之獨立，實賴法律為之維持，息息貫通，捷於形影，對待之機，固不容廢也」。見沈家本：《修訂法律大臣沈家本奏酌擬法院編制法繕單呈覽折》，載故宮博物院明清檔案部編：《清末籌備立憲檔案史料》（上下冊），中華書局，1979年7月第1版，下冊，第843頁。

58　【清】沈家本：「職是四者，則司法獨立為及今刻不可緩之要圖，顧或有謂小民之程度，未敷判官之資格未備者，此乃因循自誤之談」。轉引自董康：《調查日本裁判監獄報告書‧謹》（1907年），載何勤華、魏瓊編：《董康法學文集》，中國政法大學出版社，2005年8月第1版，第642頁。

康編撰的《裁判訪問錄》作序時，表述：「西國司法獨立，無論何人皆不能干涉裁判之事，雖以君主之命，總統之權，但有赦免，而無改正」[59]。其在《法學盛衰說》一文中強調了法律實施的意義：「一法立而天下共守之，而世局亦隨法學為轉移」[60]。直到1908年修成清朝《欽定憲法大綱》，其第11條規定：「法律為君上實行司法權之用，命令為君上實行行政權之用，兩權分立，故不以命令改廢法律」[61]，從而確定了君主立憲之下的司法與行政「兩權分立」的政治體制。

辛亥革命時期，孫中山十分重視建立分權制衡的政體。1912年《中華民國臨時約法》第4條規定：「中華民國，以參議院臨時大總統國務員法院行使其統治權」[62]，確立了參議院、臨時大總統、國務員、法院「四權分立」的政體。《中華民國臨時約法》確立了管治體制權力分立及權力制衡的原則。規定：立法權由參議院行使，並擁有政府財政的議決權，可質詢行政官員，和有權彈劾總統及國務員；行政權由臨時大總統行使，而臨時大總統是由參議院選舉產生；司法權由法院行使，法官由臨時大總統及司法總長任命；法官的獨立審判權亦受保障。不過，法官的違憲審查權並沒有確立，對行政機關的制衡，也

59　【清】沈家本：「西國司法獨立，無論何人皆不能干涉裁判之事，雖以君主之命，總統之權，但有赦免，而無改正。中國則由州縣而道府，而司，而督撫，而部，層層轄制，不能自由。從前刑部權力頗有獨立之勢，而大理稽察，言官糾劾，每為所牽制，而不免掣肘」。見沈家本：《歷代刑法考•寄簃文存八卷；卷六•裁判訪問錄序》，載徐世虹主編：《沈家本全集》（全八卷），中國政法大學，2010年1月第1版，第四卷，第751頁。

60　【清】沈家本：「法立而不守，而輒曰法之不足尚，此固古今之大病也。自來勢要之寡識之人，大抵不知法學為何事，欲其守法，或反破壞之，此法之所以難行，而學之所以衰也。是在提倡宗風，俾法學由衰而盛，庶幾天下之士，群知討論，將人人有法學之思想，一法立而天下共守之，而世局亦隨法學為轉移。法學之盛，馨香祝之矣」。見沈家本：《歷代刑法考•寄簃文存八卷•卷三•法學盛衰說》，載徐世虹主編：《沈家本全集》（全八卷），中國政法大學出版社，2010年1月第1版，第四卷，第691頁。

61　1908年《欽定憲法大綱》第11條規定：「發命令及使發命令之權。惟已定之法律，非交議院協贊奏經欽定時，不以命令更改廢止。法律為君上實行司法權之用，命令為君上實行行政權之用，兩權分立，故不以命令改廢法律」。載：《中國法制史參考資料彙編》（第二輯），西南政法學院法制史教研室，1979年5月編印，第12—13頁。

62　見：《中華民國臨時約法》，載：http://blog.sina.com.cn/s/blog_59cdab05010144ze.html。

只是規定了行政訴訟「別以法律規之」。故可以說分權及權力制衡的理念，在《中華民國臨時約法》時已播下種子。

1946年12月25日國民黨主持召開「國民大會」通過、1947年1月1日公佈、同年12月25日施行的《中華民國憲法》，第25-106條規定了國民代表大會、總統與立法權、行政權、司法權、考試權、監察權「五權分立」的政體結構，體現五分政權的構想。正如當時解釋中所說：「所謂司法在三權分立之國家乃與行政立法相對稱，在『五權分立』制度之中國，則與行政立法考試及監察權對立」[63]。目前，《中華民國憲法》以及其中的分權制衡、司法獨立的政治體制，還在中國台灣法域施行[64]。

1949年10月中華人民共和國成立後，在中國大陸法域廢除了包括《中華民國憲法》在內的《中華民國六法全書》，分權制衡、司法獨立的政治體制被廢止。並隨着1954年《中華人民共和國憲法》的制定，建立了人民代表大會的根本政治制度。

中國現行的人民代表大會根本政治制度，與「三權分立、權力制衡」的政治體制完全不同，不包含有「司法獨立、分權制衡」的內容。而從現實看，人民代表大會制度十分穩固，並沒有重新確立「司法獨立、分權制衡」理念和制度的社會基礎，事實上司法獨立理念和原則在中國沒有任何市場、沒有任何影響力。因此，對這個理念和原則開展批判，基本上也是無的放矢的事情，相反，卻在有意或無意之間，對「獨立負責、不受干預」的獨立司法原則給予了誤傷！

三、獨立司法的重要關聯問題

應當看到，獨立司法在中國是確定在憲法和法律的條款之中的司法體制原則，是中國司法體制類型的突出標誌。但是當前，獨立司法原

63　鄭競毅編著：《法律大辭書》，商務印書館，1936年出版，2012年9月重新排印第1版，第246頁。

64　陳聰富主編：《月旦小六法》之〈中華民國憲法〉，元照出版有限公司，2013年9月第15版，第1刷。

則並不是有沒有的問題，而是仍然存在着堅持得夠不夠、落實得到不到位，以及獨立司法的司法體制是否真正建立的問題。而問題的根源，則在於司法理論、實務界對獨立司法若干重要關聯問題存在模糊認識或思想困惑。因此，澄清獨立司法原則的重要關聯問題很有必要。

（一）獨立司法原則與堅持服務中心大局並不矛盾

所謂中心，往往是指政府在一個階段所要達成的社會建設的具體目標；所謂大局，往往是政府為了達到這種目標所進行的具體部署和安排。政府可以調動社會各方面的力量按照其部署去實現這些目標，並且將目標的實現作為任務分解到社會力量的各個方面。但是，唯有司法不能直接去分攤這些中心、大局的具體任務。因為，政府的目標和部署在推行過程中必然會出現各種各樣的矛盾、糾紛和問題，這些矛盾、糾紛、問題，如果得不到及時、有效、令人信服的解決，目標、部署、中心、大局就難以推行。司法不直接參加具體的社會關係而保持第三方地位，就是為了能夠令人信服地、有效地解決這些矛盾、糾紛和問題，從而為中心、大局的實現排除障礙、打通關節、清掃道路。司法能夠獨立負責、公正有效地解決社會矛盾、糾紛、衝突、爭議，難道不是對中心大局的最好的服務嗎？

然而，在中國司法實際中，並沒有完全弄清這個道理。長期以來，從「司法工作必須為農業互助合作運動服務」[65]、到「各級人民法院迅速行動起來保衛鋼鐵元帥升帳」[66]，到「努力為經濟社會發展提供有力司法保障」[67]，始終以為司法活動本身不具有為大局服務的功能，需要根據不同時期、不同區域的大局中心改變司法活動本職的工作方式和內容，以體現司法工作所發揮的為大局服務的看得見的功能作用。因此很多的司法主體經常會放下手中的案件，而直接去搞「大

65　司法部編：《司法工作通訊》，1954年第1期，第17頁。

66　最高人民法院編：《人民司法》，1958年第16期，第27頁。

67　王勝俊：《最高人民法院工作報告》(第十二屆全國人民代表大會第一次會議)，2013年3月10日。

煉鋼鐵」、「抓階級鬥爭」、「到經濟建設第一線」、「服務地方發展中心」等等。而各個時期、各種機構、各種組織也都能以「中心工作」為由給司法主體分攤工作任務，隨意安排和抽調司法人員去承擔諸如：「市場執法」、「治安巡邏」、「交通疏導」、「衛生整治」、「垃圾清運」、「行風評議」、「征地拆遷」、「下鄉掛職」、「計劃生育」、「文明創建」、「扶貧幫困」、「企業改制」、「強制火化」、「平墳挖屍」，等等所謂「中心工作」任務。更為普遍的是很多地方將法院作為政府的一個下屬單位對待，要求法院參加政府的各項重點工作，每年給法院下達「招商引資」、「清理拖欠農民工工資」、「清理拖欠民營企業債務」、「綠化達標」、「檔案達標」、「文明創建」等政府行政工作的任務，並進行考核評查。這些觀念和做法都是對於獨立司法的認識有偏差所造成。司法活動解決社會矛盾、糾紛、衝突、爭議，本是司法活動「為大局服務」的特有形式。司法活動正是以辦理案件、維護正義的專門活動來為社會發展、經濟建設、政治穩定的大局服務。只要獨立司法，做好本職司法工作、辦好每一件社會糾紛衝突的案件，在每一件案件中維護好社會正義，就是最好的「為大局服務」。獨立司法與「為大局服務」從來不是相脫離的關係，也從來不是相抵觸、相矛盾的工作，何須再加上如此眾多的行政工作的中心任務？

　　同時，司法是以專門維護社會正義為目的的。維護社會正義，意味着司法主體們永遠不能撂下手中的法槌、脫去自己的法袍、放棄自身的天職，而投身到那些正在發生爭議的經濟生活、行政管理的社會關係當中去；不能讓處理社會糾紛的司法人員成為社會糾紛的當事人或潛在當事人。如果那樣，就如同讓運動場上的裁判員放下口哨跑到場上代替球員踢球一樣奇怪和可笑。實際上，當司法活動表示要「重點保護國有企業」、「重點保護金融債權」、「自覺服從服務於地方經濟發展」的時候就具有了出偏差的危險。因為這時司法主體，會積極尋找表現機會、拿出具體行動，就必然會放棄和放鬆司法自身本來的職責和工作原則。如為了在案件審理中體現「為地方經濟建設服務」，很多司法主體就會窮盡智商，在案件審理中偏向於保護的某些經濟主體的利

益，卻犧牲另一部分當事人的合法利益，最終是使案件的審理失去公正、顯現出地方保護主義，使維護社會正義的目的不能得到實現。

可見，司法活動是社會治理的一個特殊環節，並不能同等地被攤派具體的經濟、行政任務。

（二）獨立司法原則與堅持人民代表大會制度並不矛盾

1. 獨立司法的司法體制是人民代表大會制度的組成部分

中國的根本政治制度是人民代表大會制度。如前人所述：「中國是社會主義類型的國家，所有國家一切權力，屬於人民。全國人民代表大會，即人民行使國家權力的最高機關。國務院和最高人民法院都要向它負責並報告工作。這就說明，全國人民代表大會，不僅是立法機關，而且是連同司法、行政均在它的統轄監督之下。這正是我們國家民主集中制的組織表現，而不是三權分立」[68]。可見在人民代表大會制度建立起始，就不存在「分權制衡」的設計，國家公權力不存在分解並立的設計，國家公權力總體統一於人民代表大會這個唯一的權力機構之內，進行分工隸屬的安排。政府、法院、檢察院，以及現在設立的監委，都是人民代表大會內部的分工安排，是人大下屬的工作機構，它們與人民代表大會不存在並立的地位，而是隸屬關係。獨立司法，並不相對於人大而獨立，在國家政權系統中只相對行政機關而獨立，從而構成了司法機關相對於政府獨立開展司法工作的體制結構。這種司法體制正是人民代表大會制度的不可缺少的組成部分。

2. 獨立司法的司法體制是人民代表大會制度下位的法律制度

獨立司法的司法體制是人民代表大會制度體系中的一個環節。獨立司法是人民代表大會制度體系中對於由人民代表大會產生的司法主體權力配置和開展司法活動的一種最為基本的規則。這種基本規則衍

68　李木菴：〈批判從舊法觀點出發的審判獨立〉，載《政法研究》，1958年第1期。

生出完整的司法制度系統，這個司法制度系統正是對人民代表大會制度的落實。獨立司法不僅不與人民代表大會制度相抵觸，而且本來就是人民代表大會制度體系中的重要設定。獨立司法是人大授權的獨立司法。沒有獨立司法這一條，甚至就會形成人民代表大會「自行行使司法權」的格局，也就意味着人民代表大會制度失去其科學性。

3. 獨立司法的司法體制與人民代表大會制度精神相契合

應當看到，獨立司法的司法體制，與人民代表大會批准設立和選舉任命產生司法崗位人員制度，與司法主體向人民代表大會負責並報告工作接受審議制度，與司法主體接受人民代表大會監督制度，是緊密聯繫、共同存在、共同發揮作用的。獨立司法，並不具有讓司法主體獨立於人民代表大會的含義，並不具有司法主體與人民代表大會分權制衡的含義。因此，無須以堅持人民代表大會根本政治制度為由而對獨立司法原則予以懷疑；無須擔心堅持獨立司法原則與向人民代表大會負責、接受人民代表大會監督相抵觸。人民代表大會要給予司法主體的「指導」、「監督」、「支持」，恰恰就是對其是否貫徹、怎樣實現獨立司法的「指導」、「監督」、「支持」，要解決的「問題」恰恰就是實施獨立司法中的困難、阻力和問題。事實上人民代表大會與司法主體對獨立司法的追求具有高度的一致性。

（三）獨立司法原則與堅持國家民主集中制並不矛盾

1. 獨立司法符合國家民主集中制要求

中國現行憲法第 3 條規定:「中華人民共和國的國家機構實行民主集中制原則」、「中央和地方的國家機關職權的劃分，遵循在中央的統一領導下，充分發揮地方的主動性、積極性的原則」。

獨立司法作為一種司法體制，實際是在國家政治體制確定司法權範圍內的內部獨立體制。獨立司法就是在國家中央機構的統一領導下，司法機關遵照司法規律，主動、積極地開展司法工作的具體方式，是符合國家民主集中制制度要求的。獨立司法也是中國執政黨的

一貫主張。中國共產黨十一屆三中全會、十二大、十三大、十四大、十五大、十六大、十七大、十八大、十八屆三中全會、十八屆四中全會、十九大、十九屆四中全會[69]都對獨立司法原則進行了宣示和明確部署，成為對司法體制建設的核心指示。貫徹獨立司法原則是對執政主體的主張和要求的貫徹和執行，也正是對憲法確立的國家民主集中制制度的堅持和遵循。但在司法實際中，獨立司法原則並沒有得到普遍的堅守，原因在於人們認識上還存在誤區。在司法理論和司法實務界，一些學者和司法主體不敢提獨立司法原則，總是擔心講獨立司法就會被認為是「鬧分權、鬧分立」[70]，甚至將「獨立」二字當成敏感詞彙，對「獨立進行」、「獨立行使」、「獨立公正」等帶有「獨立」二字的詞語都儘量避而不用[71]。這些認識，實際是將「獨立」開展司法活動與維護服從國家民主集中制對立起來。一方面反映其沒有理解獨立

69　(1)黨的十一屆三中全會提出：「檢察機關和司法機關要保持應有的獨立性；要忠實於法律和制度，忠實於人民利益，忠實於事實真相；要保證人民在自己的法律面前人人平等，不允許任何人有超於法律之上的特權」。(2)黨的十二大報告提出：「今後，我們要要領導人民繼續制訂和完備各種法律，加強黨對政法工作的領導，從各方面保證政法部門嚴格執行法律」。(3)黨的十三大報告提出：「保障司法機關依法獨立行使職權，提高公民的法律意識」。(4)黨的十四大報告提出：「要嚴格執行憲法和法律，加強執法監督，堅決糾正以言代法、以罰代刑等現象，保障人民法院和檢察院依法獨立進行審判和檢察。」(5)黨的十五大報告提出：「推進司法改革，從制度上保證司法機關依法獨立公正地行使審判權和檢察權，建立冤案、錯案責任追究制度」。(6)黨的十六大報告：「從制度上保證審判機關和檢察機關依法獨立公正地行使審判權和檢察權。」(7)黨的十七大報告提出：「保證審判機關、檢察機關依法獨立公正地行使審判權、檢察權」。(8)黨的十八大報告提出：「進一步深化司法體制改革，堅持和完善中國特色社會主義司法制度，確保審判機關、檢察機關依法獨立公正行使審判權、檢察權」。(9)黨的十八屆三中全會《中共中央關於全面深化改革若干重大問題的決定》提出：「確保依法獨立公正行使審判權檢察權」。(10)黨的十八屆四中全會《中共中央關於全面推進依法治國若干重大問題的決定》提出：「完善確保依法獨立公正行使審判權和檢察權的制度」。(11)黨的十九大報告提出：「深化司法體制綜合配套改革，全面落實司法責任制」。(12)黨的十九屆四中全會強調：「堅決排除對執法司法活動的干預」。

70　1957年反右運動中對憲法規定的「人民法院獨立進行審判，只服從法律」被斥責為「反對黨的領導」「以法抗黨」「向黨鬧獨立」。參見郝鐵川：〈堅持法治無懼被批〉，載《法制日報》：法制網，2014-09-17。

71　歷年最高法院向人大所作報告，很少有提到「依法獨立行使審判權」的詞句的。「法院獨立行使國家審判權是中國司法工作的一項重要原則，雖然在1954年憲法首次得以表述，但1957年反右運動以來，一直被當作資產階級的法治原則而加以批判」。參見熊先覺：《中國司法制度》，中國政法大學出版社，1986年出版，第89頁。

司法與國家民主集中制的科學內在聯繫，另一方面也反映其貫徹執行憲法原則的堅定性不夠。

2.　獨立司法不會削弱國家集中統一領導

司法權在政權體系中，權限範圍很小，只是被動等案上門處理一個一個的具體案件，以此為社會大眾提供服務。司法主體的手中從來沒有任何可以向社會大眾分配的物質資源，從來不能對整個社會發號施令，從來不能領導社會走向；司法主體並沒有組織力、沒有號召力、沒有凝聚力、沒領導力，甚至被賦予的強制力和執行力也不過是代行的一點行政權力，隨時可以被限縮和削減。可以說，在「治國理政」體系中司法主體經常處於「輔助」的地位。司法的過程只是一種文案、書卷式的思維活動過程，只是作出一種判斷，只能向社會提供一種思維成果，並且僅提供給需要使用的特定的社會成員所用，只可間接地起到法律教化和行為標杆的作用。而實際上在大量的民間糾紛案件處理過程中，只要雙方當事人自行和解，之前作出的司法裁判無論多麼精道，無論由多麼高級別的法官作出，無論耗用了多少法官的心血，立即就被作廢而被扔進紙簍。由此也可見得，獨立司法只是司法主體開展司法活動和實施司法行為的一種工作方法，強調獨立司法只是為了建立一個適應司法工作特殊需要的司法權配置方式。獨立司法本質只是要讓司法主體可以獨立思考、提供給社會的一種獨立的理性的正確的思維結論、提供給社會更加精准的品質更高的精神產品和智慧成果；只是要求在處理具體案件時，法律規定能被正確依照，其他因素不能干預和干擾。獨立司法正是在國家集中統一領導下按照法律規定對具體案件進行處理，這與國家民主集中制在本質上不可能發生矛盾。而在現實中，有一些領導幹部干預案件辦理的行為，恰恰是違背國家集中統一領導要求的自由意志的表現，獨立司法的司法體制如果能夠對這些干預司法的行為予以「堅決排除」[72]，恰恰是對國家民主集中制的有力堅持。

72　見《中共中央關於堅持和完善中國特色社會主義制度推進國家治理體系和治理能力現代化若干重大問題的決定》：「堅決排除對執法司法活動的干預」。

3. 獨立司法是對國家集中統一領導的維護和支持

獨立司法是對國家集中統一領導的誠懇的維護和支持。司法主體在司法活動中並沒有自己的特殊利益，司法活動是秉持特有的公正中立立場而處理案件，從而參與國家治理。司法主體對一個案件又一個案件進行審理和裁斷，實際是對國家治理所進行的最精心的修補，也是對國家集中統一領導的最細緻的維護，最終是有效地提高國家治理工作品質與效果。就刑事司法而言，國家意志已經貫徹於刑法及司法頂層發佈的其他法律文件之中，那麼刑事司法只要嚴格遵照執行、精准規範適用即可。就民事司法而言，處理的是平等的法人、自然人相互間的財產和人身權利的糾紛，而且是個案的微觀處理，司法按照司法規律和審判方式獨立負責地逐案處理，恰恰在整體上給國家治理分擔了巨量的任務。就行政訴訟而言，雖然對行政機關的具體行政行為有制約作用，但是獨立負責地開展行政審判，則恰恰能夠防止行政濫作為、不作為，有力促進依法行政，符合國家集中統一領導的要求。

獨立司法的體制構成

一、法官獨立審判是獨立司法體制的內核

（一）法官獨立審判的含義

在中國古代歷史上，實行行政與司法不分的君主政體，並不設立自上而下的專門審判機關，也不設定法官這種官職。近代清末修律之後，仿日本「裁判所」在全國分級設立「審判廳」為專門審判機關，稱其中審判人員為廳丞、推事，輔助人員為典簿、主簿、錄事[73]。民國期間將各級審判廳改稱「法院」，稱審判人員為「法官」，始用法

---

73 見四川省地方誌編纂委員會：《四川省志·檢察·法院志》，四川人民出版社，1996年6月第1版，第170–171頁。

官的稱謂【74】，對應於日文之「裁判官、判事」、英文之「judge」，具
體職務包括「院長」、「庭長」及「推事」。新中國建立後，廢止了「法
官」的稱謂，改稱法院審判人員為「審判員」、「助理審判員」。1990年
代重新應用「法官」之稱謂，指依法行使國家審判權的審判人員【75】，
是根據法律在法院審理和裁決案件、行使司法權的法定公務人員的一
種職務稱謂【76】。

　　法官獨立審判，是法官辦案方式與機制的一種設計，屬於司法體
制的組成部分。獨立司法的司法體制構成中，最為重要的就是法官獨
立審判的方式與機制。

　　美國法學家亨利•密斯所說：「在法官作出判決的瞬間，被別的觀
點，或者被任何形式的外部權勢或壓力所控制或影響，法官就不復存
在了。宣佈決定的法官，其作出的決定哪怕是受到其他意志的微小影
響，他也不是法官」【77】。法官在履行審判職能過程中，應當在法定權
限內，運用法律知識、司法經驗、人性良知，根據自己對案件事實的
評價和法律的誠摯理解，不受其他機關、團體、社會任何組織或任何
個人的影響與干涉，獨立作出判斷和裁判，這已成全球性共識，並由
此而得出一個專門概念，即「法官獨立」（independence of judges）【78】，
而其完整的含義就是「法官獨立行使審判權」、「法官只應當接受監督而
不應當接受命令」【79】。

74　1912年《中華民國臨時約法》第48條規定：「法院以臨時大總統及司法總長分別任命之法官組織之」。

75　見曹建明、何勤華：《大辭海.法學卷（修訂版）》，上海辭書出版社，2015年12月第1版，第478頁。
　　又見現行《中華人民共和國法官法》第2條：「法官是依法行使國家審判權的審判人員，包括最高
　　人民法院、地方各級人民法院和軍事法院等專門人民法院的院長、副院長、審判委員會委員、庭
　　長、副庭長和審判員」。

76　【美】克密特•L霍爾主編《牛津美國法律百科辭典》，林曉雲等譯，法律出版社，2008年2月第1
　　版，第351頁；薛波主編《元照英美法詞典》，北京大學出版社，2003年5月第1版，第744頁。

77　【美】羅傑•科特威爾：《法律社會學導論》，潘大松譯，華夏出版社，1989年版，第307頁。

78　譚世貴等著：《中國法官制度研究》，法律出版社，2009年11月第1版，第202頁。

79　譚世貴等著：《中國法官制度研究》，法律出版社，2009年11月第1版，第207頁。

　　法官獨立審判的思想和實踐在歐洲很早就有了。英國大法官丹寧勳爵曾描述：17世紀英國首席大法官科克，拒絕了國王對他審判案件前同國王商議的要求，他說：「如果服從陛下的命令，停止審案，那麼就會拖延實施公正。這是違反法律的，也是違反法官的誓詞的」；後來，國王免去了科克的職務，科克仍然說：「一名法官不應該應國王的要求而拖延審理的案件」[80]。賀衛方對這個歷史掌故也有過更詳細的描述[81]。科克的這種法官獨立審判的思想得到傳揚，後成為通行的憲法原則。

　　近現代，世界上很多國家都在本國憲法中確立了法官獨立審判的原則。採用成文憲法的國家一般都對法官獨立審判予以了明確的規定，並實際得到貫徹。如：《德國威瑪憲法》《日本國憲法》《韓國憲法》《泰國憲法》《阿拉伯聯合大公國臨時憲法》《德意志聯邦共和國基本法》《意大利憲法》《俄羅斯聯邦憲法》《丹麥王國憲法》《加拿大憲法》《卡達國永久憲法》《沙烏地阿拉伯王國治國基本法》[82]等等。採

80　【英】丹寧勳爵：《法律的未來》，劉庸安、張文鎮譯，法律出版社，1999年11月第1版，第8-13頁。

81　見賀衛方：《超越比利牛斯山》，法律出版社，2003年9月第1版，第273頁。

82　(1)《德國威瑪憲法》(1919年)第102條規定：「司法權賦予法官行使，法官獨立判案並且只服從法律」；(2)《日本國憲法》(1946年11月3日正式公佈，1947年5月3日正式施行)第76條第3款規定：「所有法官依良心獨立行使職權，只受本憲法和法律的約束」；(3)《韓國憲法》(1987年10月27日全民投票通過)第103條規定：「法官根據憲法和法律，憑良心獨立審判」；(4)《泰國憲法》(1996年10月22日頒佈)第190條規定：「審判員司司法工作者，可以獨立地依據法律規定對訴訟案件進行審理和審判工作」；(5)《阿拉伯聯合大公國臨時憲法》第94條規定：「公正是權威的基礎。法官獨立審判，不服從任何權威，只服從法律和自己的良心履行自己的職責」；(6)《德意志聯邦共和國基本法》第97條第1款規定：「法官具有獨立性，只服從法律」；(7)《意大利憲法》第101條第2款：「法官只服從法律」；(8)《俄羅斯聯邦憲法》第120條規定：「法官是獨立的，只服從於俄羅斯聯邦憲法和聯邦法律」；(9)《丹麥王國憲法》第64條規定：「法官在履行職務時，完全依據法律行事。非經判決不得將法官免職，也不得未經本人同意而將法官調職，因法院重新組織而調職除外。但是，法官年滿65歲得退休，因此而退休後的收入不得減少」；(10)《加拿大憲法》(1982年)從公民權利的角度確立司法獨立原則：公民享有由「獨立的不偏袒的法庭舉行公平的公開的審判」的權利；(11)《卡達國永久憲法》第131條規定「法官獨立。除了法律，任何權力都不得凌駕於法官的判決之上。任何主體均不得干預司法程序」；(12)《沙烏地阿拉伯王國治國基本法》第 46 條規定：「司法機關是獨立機關。判決時，除了伊斯蘭教法，沒有其他機關可以凌駕於法官之上」。見孫謙、韓大元主編：《司法機構與司法制度》(《世界各國憲法》分解資料叢書)，中國檢察出版社，2013年2月出版。

用不成文憲法的國家，法官獨立審判也已成為有約束力的憲法慣例。而在《世界司法獨立宣言》《關於司法獨立最低限度標準的規則》《關於審判人員、陪審員和陪審技術顧問的獨立性及律師的獨立性的宣言草案》[83]等國際公約中也將法官獨立審判作為國際上通用的司法原則而寫入。

在中國政治法律制度史上，1910年清末修律中仿日本制定的《法院編制法》，第一次確認了法官獨立審判不受行政干預的原則[84]。此後，歷次憲法性文件《中華民國臨時約法》、「天壇憲草」、《中華民國約法》、「雙十憲法」、《中華民國憲法草案》、「五五憲草」、《中華民國

83　(1)《世界司法獨立宣言》(1987年8月聯合國經濟與社會理事會通過)，則規定「每個法官均應自由地根據其對事實的評價和對法律的理解，在不受來自任何方面或由於任何原因的直接或間接的限制、影響、誘導、壓力、威脅或干涉的情況下，對案件秉公裁判」。(2)《關於司法獨立最低限度標準的規則》(國際法學家協會)，指出「法官在履行審判職能，製作司法判決等活動中，只能服從法律的要求與其良心的命令」。(3)《關於審判人員、陪審員和陪審技術顧問的獨立性及律師的獨立性的宣言草案》(1988年聯合國人權委員會)，其中對將法官獨立的解釋是：「在作出判決的過程中，法官應與其司法界的同事和上級保持獨立；法官個人應當自由地履行其職責，根據他們對事實的分析和法律的理解，公正地裁決其所受理的案件，而不應有任何的約束，也不應為任何直接或間接不當影響、慫恿、壓力、威脅或干涉所左右，不論其來自何方和出自何種理由」。參見：《中國的司法體系需要進一步完善》，中顧法律網http://news.9ask.cn，發佈時間：2011-05-1。

84　1910年在沈家本的主持下，中國制訂了第一部全國性的《法院編制法》，該法第165條規定行政主官及檢察官「不得干涉推事之審判」，從而第一次在法律上確認了法官獨立的工作制度。

憲法》【85】，都有法官獨立審判的規定。

在馬克思主義理論之中，對於法官獨立審判的原則和制度也是肯定的。馬克思最著名的有關司法問題的論斷就是：「法官除了法律就沒有別的上司。法官的責任是當法律運用到個別場合時，根據他對法律的誠摯的理解來解釋法律」【86】，表明了對法官獨立審判思想的充分肯定。歷史上，蘇聯、民主德國、波蘭、古巴、越南【87】等社會主義國家也都確認了法官獨立審判原則。

85　（1）1912年《中華民國臨時約法》第48條規定：「法院以臨時大總統及司法總長分別任命之法官組織之。」第五十一條：「法官獨立審判，不受上級官廳之干涉。」第52條：「法官在任中，不得減俸或轉職，非依法律受刑罰宣告，或應免職之懲戒處分，不得解職。懲戒條規以法律定之。」（2）1913年《中華民國憲法草案》（又名「天壇憲草」，中華民國二年十月三十一日國會憲法起草委員會擬定），第88條規定：「法官獨立審判，無論何人不得干涉之。」第89條：「法官在任中，非依法律不得減俸、停職或轉職。法官在任中，非受刑罰宣告或懲戒處分，不得免職，但改定法院編制及法官資格時不在此限。法官之懲戒處分，以法律定之。」（3）1914年《中華民國約法》（中華民國三年五月一日公佈）第44條：「司法以大總統任命之法官組織法院行之。法院編制及法官之資格，以法律定之。」第48四十八條：「法官在任中不得減俸或轉職；非依法律受刑罰之宣告或應免職之懲戒處分，不得解職。懲戒條規，以法律定之。」（4）1923年《中華民國憲法》（又名「曹錕憲法」、「雙十憲法」，中華民國十二年十月十日由中華民國憲法會議公佈，第一部中華民國憲法）第101條：「法官獨立審判無論何人不得干涉之。」第102條：「法官在任中，非依法律不得減俸停職或轉職。法官在任中，非受刑法宣告或懲戒處分，不得免職。但改定法院總制及法官資格時，不在此限。法官之懲戒處分以法律定之。」（5）1934年國民黨政府的《中華民國憲法草案》第83條規定：「法官依法獨立審判。」（6）1936年《中華民國憲法草案》（又名「五五憲草」，中華民國二十五年五月五日【公元1936年5月5日】宣佈，中華民國二十六年五月十八日【公元1937年5月18日】修正）第80條：「法官依法律獨立審判。」第81條：「法官非受刑罰或懲戒處分或禁治產之宣告，不得免職；非依法律，不得停職、轉任或減俸。」（7）1946年《中華民國憲法》（民國三十五年【1946年】12月25日國民黨主持召開的「國民大會」通過，民國三十六年【1947年】1月1日公佈、同年12月25日施行）第80條（法官之地位）規定：「法官須超出黨派之外，依據法律獨立審判，不受任何干涉。」其中第81條（法官身份之保障）規定：「法官為終身職，非受刑事或懲戒處分，或禁治產之宣告，不得免職。非依法律，不得停職，轉任或減俸」。此憲法在台灣法域至今仍然施行。見陳聰富主編：《月旦小六法》之《中華民國憲法》，台灣元照出版有限公司，2013年9月第15版。

86　《馬克思恩格斯全集》第1卷，人民出版社1972年版，第76頁。

87　（1）1936年蘇聯憲法第112條規定：「審判員和陪審員獨立行使職權，只服從法律」。（2）1963年民主德國憲法要求：「審判員、陪審員和社會法庭成員審判獨立，僅受德意志民主共和國憲法、法律和其他法規約束。」（3）波蘭社會主義時期的憲法和法律反覆強調：法官獨立審判，不受干涉。（4）現行《古巴共和國憲法》第122條規定：「法官獨立行使審判權，只服從於法律。」（5）現行《越南社會主義共和國憲法》第130條規定：「法官和陪審員獨立審判，只服從法律。」

中國共產黨在奪取全國政權之前所建立的根據地政權，也有過實行「法官獨立行使審判權」的嘗試。如：1946年《陝甘寧邊區省憲》（基本法）第58條明確規定：「各級法官得依法獨立進行其審判權」[88]。

以上梳理可見，法官獨立審判是世界上很多國家憲法中都有的規定，並不論其國家意識形態有何不同。

（二）法官獨立審判的內容

1. 法官審理和裁斷案件，應當向自己的「上司」和「長官」們的意志獨立

法官對案件處理的審判意志依法獨立。法官是「法律由精神王國進入現實王國控制社會生活關係的大門。法律借助法官而降臨塵世」[89]。作為司法活動操作者的法官，其重要作用日漸突出，面對人們對公正司法的期望，法官辦案所要實現的最直接的要求即法官憑自己對事實的瞭解對照所認知的法律進行審判。這就需要賦予法官審判時的獨立地位，因為任何通過自己主觀思考作出的具有特定內容的結論必須以排除任何外界的干預、干擾為前提，否則就會造成獨立意志的喪失，從而導致結論不符合自己的本意。法官在審理案件過程中，依法享有全權審理和裁判案件的權力，在行使審判權的過程中，只對法律負責，憑藉自己對法律的理解、對社會正義的把握，結合案件事實，表達出自己真實的審判意志，從而作出客觀、公正的裁決。法官的裁決不應當再由任何「上司」、「長官」來統一簽批、簽發。法官對案件的這種審理過程不應受到所在法院內法官的各種上司的干涉，原因在於上司的干涉有多種可能：（1）如果長官的干涉代表着法院外部行政機關、社會團體的意志，這種代表只會導致裁判不公正；（2）如果上司的干涉來自於法院外部的有權有勢的組織或個人代當事人表達的意

88　轉引自：〈中國獨立審判憲法原則發展小史〉，載《北京日報》，2014年6月16日。

89　【德】拉德布魯赫：《法學導論》，中國大百科全書出版社，1997年7月出版，第100頁。

志，這種意志只能代表當事人一方的意志和利益，只會導致裁判不公正；(3) 如果長官的干涉源自於其自己對案件的理論層面的看法或對案件處理的具體不同意見，而要求主審法官必須接受，則已經超越了職權，侵犯了案件主審法官的審判權，混淆了職務責任的範圍；(4) 如果長官的干涉源自於自己對法律的理解，試圖以之統一全院或全庭法官的「裁判尺度」，對於長官們的這種試圖，法官當然不應被強迫接受，因為沒有證據證明長官們對法律的理解一定比全院或全庭的法官們都更加精准，無法證明長官提供的「裁判尺度」一定更符合法律的原旨而不違背法律精神，沒有任何「上司」、「長官」自己能夠證明自己的審判意志更高明於法官依據法律形成的審判意志；(5) 如果長官的干涉是出於對整個法院發展和生存的共同利益考慮，而對具體案件提出的應時、應景的處理方式，對此，法官也不可以接受，因其實質是「以案謀公」，同樣也會導致裁判的不公正。由此可見，法官在審理案件的過程中對「上司」和「長官」的干涉與控制都是不可以接受的。這也說明法院裏的一切「上司」和「長官」對法官審判案件都不具有干涉權，他們只有提供服務、提供參考意見、提供合理化建議、提供更多便利條件的義務。這就如同大學校長不能干涉教授的研究成果和學術觀點、醫院院長不能干涉醫師所開給病人的用藥處方和診療方案，他們只能為教授的教研、醫師的診療創造和提供更好的條件一樣。法官獨立審判不僅僅局限於法官的獨立，即法官的身份獨立和實質獨立，還應包括在法院內部的人格獨立、精神獨立、地位獨立，即法官獨立於其同事或上級。法官的裁斷不應受任何上司、長官、領導、同事的強迫。任何上司、長官、領導的意志強迫下的所作出的裁斷，法官不予負責。誰強迫，誰負責！

2. 法官審理和裁斷案件，應當向審判組織、集體意志、少數服從多數原則獨立

　　任何訴訟案件本質上都是在當事人相互間的認識和意志的不一致、無法統一的情況下，到法官面前尋求一種意志來統一當事人的意

志。因此，對任何案件的正確裁決只能有一種意志。為了確保一種意志的形成，從而有效地統一當事人的意志，就必須高度尊重審理案件主辦法官的意志。裁決本應當由主辦法官一個人做出，任何形式的集體裁決都不是審判工作的常態。任何審判組織除了主辦法官之外的一切成員都只能是輔助人員，並不能表達自己對案件的獨立的裁決意見，因為，如果審判組織的成員每個人都獨立表達意見，那麼審判組織的成員越多，不同的意見就越多。本來當事人之間是因為對一個事物有兩種意見不能統一而發生爭議並進而進行訴訟的，而到了審判組織之中，人人都拿意見，那樣也許會出現三、四種甚至更多種意見，最後怎麼可能統一當事人的意志呢？所以，審判上的集體主義，是不符合審判工作的特點的。由此也可知，中國司法制度中合議庭制度、審判庭會議制度、審判委員會制度，其存在的價值都很有限，在其實行少數服從多數而作出裁決、簡單進行多數票決斷的時候，或許冤假錯案正在發生、本原公正正在丟失，而當這種消極結果出現的時候，竟然還沒有具體的人來承擔責任。法官獨立審判不能兼用集體主義的審判工作方式，不能採用少數服從多數為原則。如果可以用少數服從多數的投票表決的方式裁決，每個案件的審判工作都將變得十分簡單：可以不動用任何智慧，而由一幫人簡單地無記名投票，用幾分鐘時間就可以解決。但是，那樣做該有多少非正義會被放行呀！那樣的司法該是多麼的不講道理呀！案件的審理所處理的是當事人的權利和利益，並不是法院內部的事情、不是法官自家的事情，法官有什麼權利以投票這種簡單的方式來輕率地處理當事人的權利和利益呢？法官只有在裁斷處理案件時進行精細的智力創造性勞動的義務，而根本無權以少數服從多數的投票方式來處理當事人權益。

3. 法官審理和裁斷案件，應當向一切對法官的管理性獎勵或懲罰獨立

法官審判案件是一種腦力勞動，是智慧創造的過程。法官辦理案件決不能為了獲得什麼精神或物質的獎勵而進行案件審理，決不能搞

「辦案大躍進」。否則，法官辦案就變成了「以案謀獎」、「以案謀私」的過程，案件審判的公正性就根本不能保證。長官或上級法院或領導機關不能像考核行政官員的GDP數字一樣，不斷提升對法官辦理案件的考核指標。一切行政管理、目標考核、獎懲激勵與法官審判工作的性質都不相符合。在法院內部的管理中簡單套用行政管理、經濟管理、企業管理的方法是不可行的。法官的長官、上級法院、法院的領導機關不能這樣要求法官辦案，法官對於這樣的要求應當不予接受。對於法官，只有在存在濫用職權、行為失當、有失尊嚴，或不審而判、怠忽職守、無視法律等情況下，要求其承擔責任，即對其進行事後追究，予以懲罰。很明顯這樣不會對其審斷案件的獨立性造成任何威脅，這種事後追究必須確保準確無誤。對法官對案件作出的裁斷，無論是作肯定與否定都只能通過訴訟程序去解決，而不能在對法官獎懲中解決。

4.　法官審理和裁斷案件，應當向一切監督方的考核要求和考核指標獨立

　　法官需要忠誠的只是法律，對於自己的這種忠誠，法官可以任由他人檢驗、監督。但是，法官辦案決不應顧忌到任何監督考核機構的監督考核，決不應顧忌到怕引起誤會和猜測而不敢嚴格遵行法律作出裁斷，決不應為了迎合監督考核機構的眼色或輿論的導向而改變自己的審判意志。因為，監督考核者不具有對法官所辦案件的裁斷權，無權對法官的裁斷進行褒貶臧否，而且法官的裁斷以法律為標準，監督考核的標準往往是拋開法律，另搞一套。法官正當的獨立行使審判權行為決不能因為有監督考核者的存在而不敢正常行使、自打折扣，不能以監督考核的標準作為審理案件的標準。一切影響法官獨立審理和裁斷案件的監督考核，都應當被法官置之度外。可資借鑑的有德國法官法第26條第1款明確規定：「法官只在不影響其獨立性的範圍內接受職務監督」。對法官的職務監督權僅僅局限於對法官特定行為方式的批評，以及請求或敦促該法官將來改變行為方式，監督不能影響或限縮法官審理權、裁斷權。

5. 法官審理和裁斷案件，應當向權勢、人情關係的壓力獨立

法官不是任何社會成員個體的奴婢，法官絕不是侍奉當事人的侍者，法官審判案件絕不是只為當事人服務。法官審理案件根本目的是維護社會正義、維護整個社會人們生活的共同體的健康。法官獨立審判，必須不輕信當事人的聲淚俱下和巧言令色；必須不遷就參與人的無理取鬧和威逼利誘；必須不理睬關聯人的以權壓法與仗勢欺法；必須不接受人情關係的牽制、羈絆與掣肘。任何時候都不應當將案件當事人簡單等同於「人民群眾」、不能將案件當事人任何要求都當成「人民群眾的呼聲」。法官審判案件必須剝去一切欺瞞和假像，還事實以本來面目；法官不被任何軟的、硬的壓力所強迫，如果有這種強迫，就更需要法官獨立審判的制度以及法官獨立的精神來抵禦。法官審判案件，在眾多影響因素中，只認事實與法律。

6. 法官審理和裁斷案件，應當向社會輿論獨立

在現代社會生活條件下，任何當事人、關聯人都可以輕易地製造出任何狀態的輿論氣氛。這些所謂輿論都應當為法官所不屑。因為這些所謂輿論包含的都只是輿論製造者所代表的個人利益的訴求，不可能中立公正。任何「憤青」[90]、「大V」[91]、「名嘴」[92]，對訴訟案件所發表的任何議論，都不可為法官所輕信，因為輿論中的發言者永遠可以不對自己的言論負責，而只有法官要對自己的裁斷意見終身負責。任何權威、專家、學者的「意見」，都不可以作為法官裁斷的尺度，因為最接近事實真相的人除了當事人就只有法官，何況這些「意見」都是收到了酬勞才作出。任何社會組織或個人都不應拿「聯名信」

90　「憤青」(Angry Young Men)，是「憤怒青年」的簡稱。參見《幾千年來中國為何憤青輩出？》，資訊頻道http://zixun.xuekewang.com/ls/201107/269188.html，文章來源：《看世界》。

91　國內的微博服務商，如新浪、騰訊、網易等都有個人認證服務，它們經過個人認證的微博用戶，在其微博昵稱後都會附有類似於英文大寫字母「V」的圖示，因此，在這個過程中，經過個人認證並擁有眾多粉絲的微博用戶便被網友稱之為「大V」。

92　「名嘴」，俗語，通常把著名、優秀的廣播、電視節目主持人，稱之為「名嘴」。

強迫法官改變審判和裁斷的意志，「聯名信」絕不是客觀事實的證據，而是當事人或代理人收買而形成，法官決不能為之所動。同時，法官也要向自己的同仁獨立，不受居心不良者種種議論的影響，不採用經驗主義，不參照別的法官的做法。法官審判案件只能相信自己對於法律的理解和秉持的良知、良心。

7.　法官審理和裁斷案件，應當獨立於自己的宗教信仰、個人偏好

　　法官的審判是世俗的活動，審判的案件和當事人是世俗的案件和當事人，審判所依據的法律是世俗的人的生存規則，因而與任何神聖的宗教教義都會有相當大的差距。法官不能以聖人的標準來衡量當事人的思想認識水平，而只能以法律這種世俗的社會生活標準來衡量案件當事人的言行。法官也不能依據自己的政治信仰來核對和裁斷案件當事人的言行，因為每個人都有自己的政治信仰的自由，法官不能將自己的政治信仰強加給案件當事人。法官理論上只有不帶有黨派的優越感和「政治任務」的壓力，才可能對全部當事人的案件做出穩定的公正的處理，只有不帶有偏向與捍衛黨派的義務感，才可能對因為黨派政策的原因導致的社會矛盾糾紛作出公平公正的符合社會共同體存在之正義要求的處理。法官個人不能對當事人有特別的好惡、對所涉事實不可有特別的興趣、對案件爭議理由不可有特別的個人偏見。

8.　法官審理和裁斷案件，應當獨立於自己內心的欲望與需求

　　法官不可以將案件所涉的事物與自己的利益聯繫起來；法官不可與當事人發生任何個人感情糾葛、不可在涉案物品上發生任何供求關係、不可搭乘案件中任何方便之機會；法官不可以收受任何當事人、關聯人的精神或物質利益上的好處；不可以利用辦案玩社交、拉關係、搞攀附。否則，不僅涉嫌違反法官行為規則，而且意味着法官已經被收買而成為某種僱傭，意味着法官已失去了自己的獨立人格。法官甚至不可以接受當事人任何一方的感謝之詞、旌表之旗，否則，在當事人的另一方眼中，法官也就失去了獨立性和公正性，會被人所不

齒。人們希望法官在解釋和適用法律時立場中立，就是希望法官不以自己的私人利益或個人偏好為基礎去做出裁決，就是希望司法裁斷只受法律規則和原則的支配。

（三）法官獨立審判的價值

1. 只有法官獨立審判，才能使「法院依法獨立行使審判權」得到落實

由此可見，只有「法官獨立審判」才能明晰法官與法律的正確關係、法官與院長的正確關係、法官與法院的正確關係。在中國的法律本意中，真正獨立行使審判權的主體只應是法官，而不可能是作為一個組織機構的法院或作為其代表者的院長。

2. 只有法官獨立審判，才能提高法官隊伍素質、素養、能力，保證辦案品質與效率

在法官獨立審判的機制下，真正需要高綜合素質、高法律專業素養、高處事斷案能力人來行使審判權。有了這樣的需要，國家社會才會培養這樣的人才；已有的這樣的人才才會流向法官崗位，法官隊伍整體水準才會真正改觀。長期以來，中國法院不管有沒有法律專業教育背景，不管天資聰明或愚鈍，不管情商、智商高還是低，甚至不管是不是文盲、法盲加流氓[93]，皆可以找個理由吸納進來充當法官，皆可以滿足其待遇要求而讓他辦案，皆可以讓他以專門處理當事人的權

93　案例：「三盲院長」姚曉紅案。
　　姚曉紅，小學未畢業，原系山西省絳縣供銷社招收的職工。1983年調到絳縣法院開車，後以「以工代幹」的名義任辦公室副主任、主任，1990年通過弄虛作假轉成國家幹部，1995年7月被提拔為絳縣法院副院長。1999年8月，山西運城地區中級人民法院一審認定，被告人姚曉紅在法院工作期間貪污公款16.75萬元，已構成貪污罪，情節嚴重；同時認定姚曉紅、田東林、魏文煥等非法拘禁的他人有5次15人，已構成非法拘禁罪。非法拘禁導致1人輕傷、1人輕微傷，被告人姚曉紅系主犯，應從重處罰。根據上述犯罪事實，終審對姚曉紅數罪並罰判處無期徒刑。見：〈綜述：「三盲院長」案震驚中南海〉，載http://www.sina.com.cn 1999年12月24日 16:39 《南方週末》。

益為業來混飯糊口，甚至還可以不斷升遷、青雲直上而成為領導法官的院、庭長。此種情形雖然「細思極恐」【94】，但之所以如此也有其存在的根源，即既有的審判工作機制並不是法官獨立審判的機制，而是「集體審、領導判」的機制。在這種機制下，秉承的是「三個臭皮匠，頂個諸葛亮」的理念，並不需要審判人員具有高素質、高素養和高能力。在一些法院中，「臭皮匠」大量充斥，「劣等貨幣」優先流通，濫竽充數者橫行無忌，傑出專業人才卻難以存身。真可謂：各色人等，雜然相陳；高尚粗鄙，良莠不分；腐敗實惠，逐之如蠅；崇高清廉，假意奉行；堂堂法院，晃若市井；「六難三案」，民怨沸騰。更可怕的是，大量中級法院、高級法官、最高法院的二審法官和再審法官，竟然是沒有一審辦案經驗，他們竟然也敢來對一審案件「把關」！但如果實行法官獨立審判，法官「是騾子是馬都拿出溜溜」，必將使所有「皮匠」、「劣幣」、「濫竽充數」者無處遁形，不合格司法人員將被淘汰，「沒有金剛鑽」者不可入門。法官隊伍必定更加純潔，辦案質效才有可靠保證。

在法官獨立審判的機制下，即使是合格的法官，也會精益求精、不斷學習鑽研，不斷提高業務能力和水準，不斷修煉自己的道德情操。法官的辦案能力和水準是不斷學習和磨煉而養成的，必須經過長期的、伴同全部職業生涯的修煉過程，絕不僅僅靠修學法學院課程就能夠完成。這是因為每一個案件的裁判其實都是一個複雜的思辨過程，是一個理論應用於實際的過程，需要法官既是精通法學、熟悉法律的專家，還要是明察秋毫、分析精准、斷事如神、處事果決、能掌控事物發展走向的實踐家。法官只有不斷學習，不斷提高自己專業知識、理論水準和實際工作能力，才能勝任高難度、高標準的審判工作任務。法官獨立審判正是法官提高自身的壓力和動力，正是激發法官

94　「細思恐極」，指仔細想想，覺得極其恐怖。其用法主要是營造一種遲緩加混亂的效果。多用於形容人的恐懼心情。基於習慣的原因，經常被用作細思極恐。是出自於網路的詞語。

不斷學習、不斷提高審判工作能力的有力杠杆和機制。當法官在獨立審判中承擔着職業尊榮的時候，職業需要所形成的壓力該有多麼大的激勵作用呀！在這種激勵下，任何一個心智正常的法官都會無比努力地學習，只有這樣，審判工作的品質和效率才會有根本的保證。

在法官獨立審判的機制下，法官對自己所裁決的案件會真正承擔責任。在「少數服從多數，集體共擔責任」的制度設計中，案件審理和裁決結果，取決於以院長、庭長以及其他的多數人的意見，實際必然形成「集體審理、領導終裁、無人負責」的局面。單個法官包括主辦法官，既不負主要責任，也就不能保證其樹立強烈的責任感、責任心。沒有責任感的法官，其所辦的案件品質和效率也就不可能得到保證。此外，法官辦案時失去了責任的壓力，必然為辦人情案、枉法裁判、司法腐敗大開方便之門。一件案件從收案到保全、從審理到裁判、從判決到執行，來自各個方面的批條、遊說、講情、賄賂收買、利益交換等干擾都會湧到法官和院庭長的面前，一些失去「心靈門衛」的法官和院庭長們必然難以抵禦防範，最終一部分人就被攻破而走上徇私枉法之路。而如果順着法官獨立審判的路子走，即「誰審理誰裁判，誰裁判誰負責」，法官的責任將無可推脱，責任感、責任心必將大為增強，怠於履職、怠忽職守的行為必將大為減少，追求品質極致、追求工作聲譽的風氣必然大為增多，辦案品質必會提高很快。同時，那些干預法官辦案的現象，也必然會受到強烈的抵制，因為，不會有哪個法官願意以身家性命為代價去冒險承擔違法辦案風險。徇私枉法、不法裁判的問題也必將因此而可杜絕。

在法官獨立審判的機制下，審判案件的效率也必然會得到有效提高。效率是法律的價值之一，但是如果實行的是院長對案件負責的機制，「審案的不判，判案的不審」，案件下判前院長總是憂心忡忡、放心不下，逼迫副院長、各種審判組織、各種會議層層把關，必然拖延時間，審判效率必然大打折扣。法官獨立審判，能夠減少管理層級，杜絕繁複且有害的東西，縮短辦案流程和時間，無疑是保證審判效率的重要途徑。

3. 只有法官獨立審判，審判活動才能讓民眾感受到公平公正

只有法官獨立審判才能避免司法不公大量發生的可能。無論什麼樣的司法體制之下，每一份司法裁判最終都是經過法官之手而作出的；無論多麼大的冤假錯案和司法不公，都是經過法官之手而造成的。但是，從歷史的事實看，法官的判決往往是受命而判，是聽從院、庭長的指示而判，是根據有關考核指標的指揮棒而判，因此，全部冤假錯案和不公正的裁決不過是這樣一種行政化工作機制下形如傀儡的法官們的裁判所形成的司法總產品。法官獨立審判，要形成的就是法官獨立行使審判權不受來自法院內部各種主體的干預和控制的工作機制，結果就是要排除法院內部的行政化工作機制。可以設想，如果實現法官獨立審判，建立了有效的法官獨立行使審判權的工作機制，審判工作顯然就是另一種景象。從邏輯上分析必然是：（1）假定全部法官都缺少法律素養，這種情況下就一定會有大批的判案不公、司法不公情況出現。但是，這種情況顯然不可能出現，因為在建立法官隊伍時就可以精挑細選精英化的優秀法官，而不可能全部挑選到素質不好的人員來充數。（2）假定全部法官每個人法律素養和綜合素質都很好，那麼就不會發生判案不公、司法不公的情況。但是，這種情況並不能保證做到，要絕對保證每一個法官都優秀是不可能的，因為事物沒有絕對。（3）假定少數或極少數法官法律素養或綜合素質不好，那麼，就會發生少部分或極少數判案不公、司法不公的情況。這是實際可能存在的情況，但可以通過教育、培訓和組織調整，從而最大程度地改善法官隊伍素質狀況，在這種情況下，當然會由於少數個體法官的法律素養和綜合素質不好而導致一些司法不公情況的出現，但是絕不可能出現大規模、大批量、週期性的司法不公的問題。同時，在這種情況下，全體法官中也會因為不同的司法能力、司法主張、認識水準而導致案件裁決在法官之間有差別，近似的案件處理結果之間會不平衡，但這樣的差別、不平衡是少量的、局部的，並且是可以隨着法官隊伍素質和能力的整體提高而減少到最少的狀態，而絕對不會形成所有法官所判案件在一個時期都趨於一個相同的偏向、在下一個時期

又趨於另一個相反的偏向，從而不再會形成大批的冤假錯案和司法活動品質上的大起大落。這也是一種自然形成的制衡狀態。

只有法官獨立審判才能進行真正的公正審判。法官獨立審判是程序公正的核心要求。對於當事人而言，他們可以依據自己親身體驗和感受評判結果的公正與否，而對於沒有感知事實本身的社會大眾，只能根據程序來評判結果的公正與否。因此，在程序的設計和應用中，核心問題就是體現審判中的法官的獨立地位和獨立意志，否則，當事人和社會大眾只從表面和直觀的角度看，就會得出司法不公的評判。同時，法官獨立審判是實現案件裁判結果實體公正的基礎。人們僅憑經驗或常識都知道，只有糾紛衝突問題的處理者保持了獨立、中立、超然的地位，才有可能客觀公正處理問題；而如果問題的裁判者——法官不能獨立行使職權，就必然意味着受外界各種因素的影響和趨利避害本能的驅使，也就不可能客觀公正地對問題做出裁斷，實體公正就無法實現。法官獨立審判是正確行使司法權的必然要求[95]。因此，法官獨立審判就是在整個審判過程中，法官保持獨立，與當事人或當事人利益代表人沒有任何直接或間接的利害關係，他才能根據自己對事實的判斷和對法律的理解來做出公正的裁判。

只有法官獨立審判才能使民眾真正信賴法官。法官獨立審判，才能夠真正做到只服從於法律，而不被非法律意志的他人的意志所干擾，從而保持其裁決的精准公正。法官獨立審判也是一種必要的保障機制，是保證法官在司法活動中遊刃有餘於法律規範的空間，施展法律的智慧和才能，從而在當事人心中建立對法官的信賴和對法律的信仰。因此，只有法官獨立審判，正義才能體現，並始終處在陽光之下而蕩滌一切污濁。「在判定對任何人提出的任何刑事指控或確定他在一件訴訟案中的權利和義務時，人人有資格由一個依法設立合格的、獨

---

95 參見曹傑：《關於法官獨立行使審判權的若干思考》，江蘇法院網，www.jsfy.gov.cn，2011-02-14。

立的和無偏倚的法庭進行公正的和公開的審訊」[96]，其所説明的正是這個邏輯。

二、團隊合作辦案是獨立司法體制的主幹

（一）團隊合作辦案的含義

1.　工作團隊

現代管理學提出：工作團隊（work team），是由通過積極協作、個人責任和集體責任以及彼此互補的技能來努力完成某個特定的共同目標的成員組成的群體。例如國外一些醫院的重症監護室團隊，包含一名受過重症監護醫學領域培訓的醫生、一名藥劑師、一名社會工作者、一名營養師、一名重症監護室主管護士、一名呼吸治療師以及一名牧師[97]。

綜合各種紛紜複雜的説法[98]，也可以將工作團隊概括為「5P」結構：

（1）Purpose（目標）。要求團隊應該有一個既定的目標，為團隊成員導航，知道要向何處去，沒有目標這個團隊就沒有存在的價值；團隊的目標可以把大目標分成小目標具體分到各個團隊成員身上，大家合力實現這個共同的目標；同時，目標還應該有效地向大眾傳播，讓團隊內外的成員都知道這些目標，有時甚至可以把目標貼在團隊成員的辦公桌上、會議室裏，以此激勵所有的人為這個目標去工作。

96　見：1966年聯合國《公民權利和政治權利國際公約》，第14條第1項。載https://wenku.baidu.com/view/d6e8305a804d2b160b4ec0c3.html。

97　斯蒂芬·羅賓斯（Stephen P.Robbins）/ 瑪麗·庫爾特（Mary Coulter)著：《管理學》，劉剛、程熙鎔、梁晗等譯，中國人民大學出版社，2017年1月第1版，第358–360頁。

98　參見：「工作團隊」，載https://wenku.baidu.com/view/d27ff7ed0975f46527d3e1e9.html。

（2）People（人）。人是構成團隊最核心的力量，2個(包含2個)以上的人就可以構成團隊。目標是通過人員具體實現的，所以人員的選擇是團隊中非常重要的一個部分；在一個團隊中可能需要有人出主意，有人定計劃，有人實施，有人協調不同的人一起去工作，還有人去監督團隊工作的進展，評價團隊最終的貢獻；不同的人通過分工來共同完成團隊的目標，在人員選擇方面要考慮人員的能力如何，技能是否互補，人員的經驗如何。

（3）Place（定位）。即團隊的定位，團隊在組織中處於什麼位置，由誰選擇和決定團隊的成員，團隊最終應對誰負責，團隊採取什麼方式激勵下屬？個體的定位，作為成員在團隊中扮演什麼角色？是訂計畫還是具體實施或評估？

（4）Power（權限）。團隊當中領導人的權力大小跟團隊的發展階段相關，一般來說，團隊越成熟領導者所擁有的權力相應越小，在團隊發展的初期階段領導權是相對比較集中；團隊權限關係兩個方面：一是整個團隊在組織中擁有什麼樣的決定權（財務決定權、人事決定權、資訊決定權），另一個是組織的基本特徵（組織的規模多大、團隊的數量是否足夠多、組織對於團隊的授權有多大、它的業務是什麼類型）。

（5）Plan（計畫）。計畫具有兩層面含義：一是目標最終的實現，需要一系列具體的行動方案，可以把計畫理解成目標的具體工作的程序；二是提前按計劃進行可以保證團隊的順利進度，只有在計畫的操作下團隊才會一步一步的貼近目標，從而最終實現目標。

2. 審判團隊的定義

工作團隊與行政組織不同。在一般的科室班組的行政組織中，科長、主任、班組長都成了「官」、「領導」，主要職能是行使管理權，是對其他成員分派工作任務、進行審核把關、進行統計考核，自己一般

不親自幹活，主要的活由下面的人幹。而工作團隊中分主要成員和輔助人員，主要工作任務由主要成員或團隊負責人去操作實施完成，而輔助人員只是分工從事一切次要的、輔助、單一的工作，配合好主要成員完成工作任務，團隊的主要成員以自己為主幹活，而不是以下面的人為主幹活。

　　工作團隊典型體現為：醫療團隊；藝術創作團隊；明星演員工作團隊；律師工作團隊；小型一人的各種事務所等。

　　根據上述推論，也可以推導出審判團隊（trial team）的定義。審判團隊，就是：法院內部設立的，圍繞審判工作的目標，由法官及其他輔助人員組成，根據法律賦予的權限，完成執法辦案的具體任務，較為固定的工作單元性的組織。當然也不排斥更多的概括[99]。

　　審判團隊合作辦案，就是由審判團隊的全體成員協同完成審理、裁斷及相關輔助事務等處理案件（teamwork to handle cases）工作的機制。影視劇中包青天帶領公孫策、展昭、張龍、趙虎、王朝、馬漢等一干人辦案的形式，就是一種辦案團隊的典型表現。

3.　審判團隊辦案機制的特點

　　審判團隊辦案的工作機制為很多國家法院所採取，並已形成三大特點[100]：

(1) 結構科學。「結構科學」是指審判團隊中通行「主輔」結構。美國、英國司法輔助人員多，專業化程度高，分工十分明確，保證了法官專注辦案。在英國，法官助手又被叫作主事法官。主事法官的職權基本囊括了審判法官在非公開開庭的時間內能夠行使的除審判權之外的所有權力。美國法院的審

99　徐州市中級人民法院《審判團隊工作規則（試行）》：「審判團隊，是指為順利完成司法審判工作，推進案件公正高效辦理，由一定數量的法官、法官助理、書記員或其他審判輔助人員按照司法工作規律組織和運行，相對固定、密切協作的共同體」。載http://xzzy.chinacourt.gov.cn/article/detail/2018/09/id/3506921.shtml

100　參見李昊、李賢華〈法院組建審判團隊域外做法〉，載《人民法院報》，2017年1月8日。

判團隊中有法律助理、技術助手、法律研究、計畫擬定、教
育培訓、行政管理、會計統計、數據庫管理、幕僚律師、書
記員和法警等輔助人員。德國法院的輔助人員包括司法公務
員、書記員、執行官、法醫、法警、司法行政人員、緩刑監
督官等。日本法院的輔助人員包括書記員、執行員、調查
官、法警、秘書等，法官與輔助人員。組建審判團隊時，一
般要選擇人員搭配的模式，然後才是安排團隊人員的數額。

(2) 職責分明。「職責分明」是指審判團隊中嚴格界定工作職責。
德國1909年，就把作為法官權限的訴訟費用確定與執行工
作，交由記錄官來行使。日本1960年，法律授權書記員可以
接受法官命令，輔助法官進行法令、判例及其他必要事項的
調查，書記員開始介入審判事項。1886年，美國國會就作出
規定，聯邦最高法院每位大法官必須配備法官助理。法官助
理的主要工作是：查閱卷宗，找出雙方爭議的焦點；提供學
術界動態，闡述法理依據；撰寫備忘錄；草擬司法判決意見
書；編輯校對判決和裁定；協助證據出示；率領出庭人員宣
誓；保管物證；負責聯絡工作。書記員的任務也很重。美國
法院書記員要負責對庭審過程、演講、談話、會議及其他事
件逐字記錄，並將即時記錄的資訊由電腦保存和顯示。英國
法院中的書記員要負責對法官作提示，還可受法官之命進行
必要的調查，在經當事人同意的情況下，可審理不超過200英
鎊訴訟標的賠償案件。

(3) 管理嚴密。「管理嚴密」是指審判團隊嚴格加強內部管理。組
建審判團隊的目的，是為了提高辦案效率，保證公正司法，
因此，對審判團隊的管理是很重要的。在美國，要想成為一
名書記員，必須獲得法律博士學位，由法官根據自己的需
求，從法學院獲得法律博士學位的畢業生中挑選。在日本，
報考法院書記員必須在法院職員綜合研究所的考試中合格，
並在該研究所經過1至2年的研修後才能取得資格。書記員研

修時間，法學本科畢業生要求一年，其他專業畢業生要求兩年。書記員屬於國家公務員，具有充分的職業穩定性。在英美國家，法官助理和書記員工作上對法官個人負責。雖然工資由法院開支，但法官助理和書記員由法官個人錄用，並由法官個人管理。在大陸法系國家，法官助理和書記員在工作上對法院負責，如德國的司法公務員按公務員管理辦法進行管理，由上級法院統一錄用，工作上對整個法院負責。

（二）團隊合作辦案的內容

1.　每個法官應有自己的辦案團隊

法官獨立審判，並不是讓法官一個人辦案，而是讓法官帶領自己的審判團隊辦案。在每一個審判團隊中，除了法官，其餘都是輔助法官辦案的人員。這些輔助人員與法官之間有穩定的配合關係，其工作服從法官的安排、接受法官的監督、向法官負責。輔助人員相互之間有明確的分工協作關係。審判團隊的配備一般包括：法官、法官助理、書記官、文員、法警、電子技術人員等。一般是一個法官帶一個團隊，團隊帶領人就是法官；必要時也可以由幾個法官組成聯合團隊，聯合團隊也無團隊長，但可以有牽頭人。牽頭人只能是輪流的、臨時的，與其他法官也是平等而無領導或隸屬關係的。

2.　每個法官在自己的團隊中應處於核心領導地位

每個法官在自己的團隊中對輔助人員具有領導作用，對輔助人員可以分配工作任務、指揮工作行動、進行管理監督和考核評價，同時，對輔助人員工作技能也可以指導和訓練。全體團隊成員必須遵守團隊紀律，服從法官的指揮，如有違反應當承擔懲罰性後果。

3.　每個團隊相互間應並立無隸屬關係

審判團隊之間無論人數多少，無論辦案任務輕重，無論是否受到特別重視，相互間都是平等的、並立的、無隸屬關係的。不存在一

個團隊隸屬於另一個團隊，或一個團隊對另一個團隊具有領導和支配權。由此，而保證每一個法官的獨立審判權不被侵犯。

4.　每個團隊應有完整的辦公條件

每個團隊都應當有獨立的辦公場所和技術設備，都應當有單獨的對外聯繫方式。公務用車、警務保障、財務開支都應當得到單獨而充分的保障。

5.　每個團隊應有獨立的安排工作的權利

審判團隊辦案，除分案權由法院綜合服務部門統一行使外，團隊應具有充分的安排工作的權利。如安排確定具體開庭時間、結案時間、送達時間，都應當由團隊依據法定程序的規定確定。每個團隊都應具有依據法律規定製作裁判文書和發出裁判文書的權利。

（三）團隊合作辦案的價值

1.　只有團隊合作辦案才能保障法官獨立審判

法官獨立行使審判權必須運用團隊機制。因為，審判權的行使是一種複雜的工作過程，其中包含的事務性工作非常多。一般有：立案分案工作、案卷材料的收轉工作、開庭排期和通知的製作與聯絡工作、法庭或其他開庭場所的安排和佈置工作、證據交換的組織工作、物證的接收和保管工作、電子設備的調試使用和維護工作、開庭過程中的記錄工作、庭審秩序的維持和庭上情況處置工作、裁判文書的起草與校核工作、各種文書印刷製作工作、各種文書的送達及回執接收工作、卷宗資料的整理裝訂工作、卷宗材料的複製及歸檔工作、訴訟費的收退工作、裁決生效後的督促履行工作、上訴材料的接收和移送工作、生效裁決的強制執行工作，等等，每個案件幾乎都是一個工程項目。如果將法官獨立審判權理解為法官一個人辦案，讓法官完成每

個案件的全部具體工作，法官將不堪重負。審判團隊辦案，就是要讓法官專門行使核心裁量權，只辦理少量必須由法官親自辦理的事務；同時，由法官安排、指導、監督團隊中的審判輔助人員分擔完成其他大量的審判事務性工作。只有這樣法官獨立審判才能進行下去，才具有可持續性、可循環性。

2.　只有團隊合作辦案才能保證審判工作質效得到提高

中國法院傳統的審判庭和合議庭，廣義上也是團隊，但都是行政機構或帶有行政機構性質的審判組織。審判庭是凌駕於法官之上的組織，其審判意志可以否定法官意志，法官必須服從審判庭的一切審判工作事務的安排。合議庭則以少數服從多數的形式凌駕於法官之上，從而壓縮法官的審判意志。因此，其所表明的實際就是集體審判、多數人決斷，其決斷的標準只是人數或票數的多寡或職位的高低，而對法律的精准理解和對事實的正確判斷的根本標準意義則退而下之了。從而必然地限制審判工作質效的提高，同時，高素質法官及其工作時間都屬於稀缺資源大量消用於輔助性事務，也必然減弱其對於案件裁斷的用心程度，也限制了審判質效提高的空間。審判實行團隊合作辦案，是對審判庭、合議庭辦案形式的重大突破，也是對高素質法官及其工作時間稀缺資源的有效利用。可以不斷提高審判工作品質與效率。

3.　只有團隊合作辦案才能解決「案多人少」難題

「案多人少」是中國很多法院多年來不斷反映最強烈的問題，但又是始終沒有得到認真分析和滿意回答的問題。從世界各國數據對比看，法官年均辦案最多的有數千件的，少的也有數百件、近千件，而中國法官年人均辦結案件數量，只有區區幾十件。中國法官年均辦結案件數量是世界上最少的，但普遍卻感到很累，感到難以承受，也是

叫「案多人少」叫得最凶的【101】。中國法官一個人一年辦幾十件案件，就已普遍感到「案多人少」，而外國的法官一個人一年辦幾千案件，是如何辦掉的呢？秘密就在於其普遍實行團隊合作辦案。

團隊合作辦案正是各國普遍採取的應對「案多人少」的方式，外國的每個辦案團隊雖然只有一位法官，卻有幾名甚至幾十名輔助人員。這種團隊合作辦案的優勢在於：可以對輔助人員實行動態增減，即案件增多的時候就增加團隊中的輔助人員，案件數量下降時可減少團隊中的輔助人員。同時，對輔助人員的管理實行雇員制，即實行公司員工式的用人方式，以勞務服務合同確定其與審判機構的勞動關係。這樣，當「案多」的情況出現的時候，通過輔助人員的增加，以更多地分擔案件審判中的事務性工作，法官集中精力進行核心裁斷工作，這樣分工配合，「人少」的問題一發生就能夠消化解決。

中國法院和法官之所以普遍感到「案多人少」是個問題，原因在於中國法院一直未採用團隊辦案的機制，也一直未重視司法輔助人員的人力資源配置問題。法官辦案都是個人承辦或合議庭集體承辦，辦理案件的全部事務幾乎都是法官承擔。同時，合議庭辦案時，法官相互參加庭審和合議，每個法官都要重複消耗工作時間。同時，法官還必須花大量的工作時間參加各種會議和活動，能夠用於辦案的時間被不斷壓縮。此外，每個法院始終有大約三分之一、甚至更多的法官，

---

101 2015年部分國家人口、法官、案件比率：

國別	每萬人案件數	每十萬人法官數	法官人均案件數
美國	3,300	10	3,300
澳洲	580	4.5	1,300
德國	510	25	200
日本	275	3	910
新加坡	594	5	1,282
印度	170	1.3	1,350
中國	100	15	70

圖表顯示，2014年，中國全國平均每位法官處理案件數70件，是美國法官的40份之1，澳洲的19份之1，日本的13份之1；新加坡的15份之1，印度的19份之1。此表由尋集資料整理而成。

從事所謂領導工作、行政管理、案件管理、人事管理、財物管理、檔案管理、後勤管理、黨務政工、調研宣傳、工青婦活動、人大政協聯絡、思想理論教育等工作，還有的法官長期被抽調到院外搞中心工作。這麼多的法官基本不辦案或完全不辦案，將案件都壓向了其他法官。這種情況說明，法官大量的工作時間、部分法官全部工作時間都被審判輔助事務以及行政等非審判事務佔用了。

可見，「案多人少」是審判團隊尚不健全或尚未建立時所存在的問題，只要有健全的審判團隊，將法官承擔的審判輔助事務和非審判事務卸下來交給專門的輔助人員去辦理，「案多人少」的問題就不會再存在。

三、法院服務保障是獨立司法體制的基礎

（一）保障型法院的要求

1.　行使有限管理權

組織學理論表明，組織機構的存在，必須有其內在凝結機制，主要表現為管理權的存在。法院作為一種由若干法官和其他司法人員對外開展司法活動和實施具體司法行為，從而行使司法權的組織機構，應當存在三種對內管理權：

（1）對司法活動和司法行為的管理權。即對法官和辦案團隊辦案的方式、流程、成果、品質的管理權，通俗地講就是「管案」。對司法活動和司法行為的管理權的設定和行使應特別審慎，因為管理權本質上具有行政強制性的特質，而司法權是對當事人權益的處分權，法官必須有獨立、中立的意志，不受干預和強制，才能作出讓當事人認為公正的裁決，故對司法活動與司法行為的管理權與司法權本質上是相抵觸的。但是，沒有對司法活動和司法行為的管理行為，司法權的行使並不能順利啟動和進行，所以，既要設立和行使對司法活動和司法行為的管理權，又不能侵襲、代行、限制司法權，不能阻

礙司法權正當的行使。對司法活動和司法行為管理權的行使者在司法權面前不能有任性，不能插手案件審理裁判，不能干預和改變裁判結果，不能駁奪法官的裁斷權，不能撤銷法官對在手案件的審判權，也不應聽取法官對案件審判的請示彙報和作出任何指示，即應當以決不侵襲司法權為管理行為邊界。

(2) 對行政事務的管理權。即法院財物資源，以及對法院機構正常運行的佈置、安排、協調、推動等行政服務性事務的管理權。通俗地講就是「管錢管事」。對行政事務的管理，是一種全方位的純粹的行政管理。這部分管理權的行使者，應當是依照行政管理的規則和規律開展管理活動。

(3) 對工作人員的管理權。即通常說的「管人」。法院管理權行使者，在行使管人權時，主要是管理司法輔助人員、綜合行政工作人員，而不應當行使對法官的人事管理權。因為，法官並不是法院任命而是由專門的法律機構任命的，法官的審判權並不是由法院或院長授予而是由法定授權機關授予的。也可以說：法官都是授權和任命機關派駐到法院來行使審判權的。因此，對法官的遴選、任命、考核、晉升、降級、免職、調離等重大人事管理活動，均應由授權機關實施。法院只能有配合授權機關辦理好相關事務工作的職責和義務，而不能行使任何決定權，也不能行使任何提出決定性意見的權力。

2. 更多行使保障職能

當明確了法官獨立審判是獨立司法的司法體制核心，就可以認為法院的主要職能就是為法官獨立審判和團隊合作辦案提供服務保障。法院應當負責向社會接收需要審判的案件並向法官分配、提供案件（即立案、分案工作）；法院應當負責為法官配備充足的輔助人員以組建審判團隊，並做好輔助人員的遴選、培訓、教育、管理工作（即人力資源

工作）；法院應當負責為法官提供辦公和開庭等工作的場所及設備設施
（即後勤服務工作）；法院應當負責組織庭審等活動的籌備和技術支援
（即技術裝備工作）；法院應當負責取得開展司法活動的經費和物資保
障（即行政財務工作）；法院應當負責落實法官的物質生活待遇和法官
晉升、培訓、發展等權利保障（即待遇保障工作）；法院應當負責保障
法官履職的人身安全和老病傷殘等特殊情況下勞動權、休息權、生存
權等各種權利的實現（即權利保障工作）。法院不可以是主宰和支配法
官的權力機器；法院不可隨意剝奪法官等司法人員合法權利，不應當
搞「五加二」、「白加黑」竭澤而漁似的管理，去滿足法院院長的政績需
要。總體來看，法院應當成為一個為法官獨立審判提供全方位服務的
服務性機構。

3.　對外為法官的職務行為承擔責任

　　法院如果被視為生產線，那麼法院生產線上只生產「裁判」這種
產品。同時，全部產品投放到社會，售後品質還是要由法院來保證。
法院應當向社會承諾所有出自法院的裁判達到「公正、高效、權威」
的品質標準，並為此承擔責任。社會成員對出自法院裁判不滿的，應
當是對法院的不滿，而不是對法官的不滿；社會成員要求的經濟賠
償，應當是要求法院賠償，而不是要求法官賠償；社會成員對不合格
裁判的問責，應當是向法院問責，而不是向法官問責。因為不合格裁
判的產生，首先要追問的原因，應當是法院保障工作是否存在缺陷？
法官獨立審判是否得到了保障？如果是法院保障不足、法官獨立審判
未實現，那麼產生的不合格裁判必須由法院全部承擔後果責任。只有
在法院保障完整充分、法官獨立審判充分實現，而完全由於法官的主
觀故意或重大過失而產生不合格裁判，才可以在法院向社會承擔責任
之後，由法院報授權機關向法官追究責任。顯然，那種公佈法官的大
量個人資訊、公開法官工作的全部過程，直接將法官作為責任主體推
交給社會和當事人的做法，是對法院職能上的認識錯位，是法院對自
己職能、職責的推諉。法院永遠要為司法活動和司法行為承擔責任；

法院永遠不能讓當事人或其他社會成員來直接追究法官職務行為的責任；法院永遠不能強迫法官因其職務行為而直接面對社會成員的報復傷害。法院正是因為作為全部裁判活動的責任主體、最大限度地保障法官獨立審判，從而才具有存在的價值，才是一個有用的東西。

（二）保障型法院的內容

1. 管理主體分設

（1）首席法官。每一法院法官中設一首席法官，作為行使司法權的法官的代表者和司法活動、司法行為管理負責人。首席法官由授權機關任命產生。首席法官的職權是，在其自身承辦案件的同時，負責召集法官會議，負責督促各審判團隊履行審判職責，負責法官辦案任務的調配，負責司法輔助工作的安排。首席法官不是案件的最高裁決者，而是司法工作秩序的維護者，是法官之間工作配合的協調者，首席法官不應具有改變其他法官裁決意見、左右其他法官裁決意志的權力。設立首席法官辦公室或稱審判管理辦公室，配備一定數量司法輔助人員開展工作。首席法官的職權界限，意味着法院內部不存在審判權高於其他法官的法官，而只有平行存在的行使審判權的法官；意味着法院內部也不存在審判權高於其他審判組織的審判組織，而只有平行存在的審判辦案團隊。首席法官進行的審判管理是一種協作式的管理。

（2）院長。作為法院全部行政工作的負責人，主要職責是：圍繞法官獨立審判，搞好服務保障工作。院長由授權機關任命產生，無須進行選舉。院長可不辦理案件、可不參加審判委員會、可不參加法官專業會議、可不行使法官審判職權，可與案件審理裁判工作完全脫離開來，即使具有法官資格，也可暫停使用。院長是全體法官獨立審判最大的服務員，是司法行政工作的總負責人，是司法資源的總分配調節人。院長對

外是法院的法定代表人，代表法院向授權機關和上級機關報告工作、代表法院申請財政預算、代表法院接受各界工作聯繫，代表法院向外爭取資源和權利。設立院長辦公室或稱院辦公室。院長職權的邊界就是，院長不是法官審判活動的領導者，而是法院行政服務工作人員的領導者，院長絕對不能侵犯、干預、控制審判權，而只能主管錢、物和非審判事務。院長既不是法院的「老大」，也不是法官的「老闆」。

(3) 人事委員會主席。領導人事委員會工作。受授權和任命機關的委託辦理法官人事事務；負責對法官之外等各序列人員的自主考核、教育培訓、嘉獎、懲罰。負責收集和反映法官和其他司法工作人員的請求，維護法官和全體職工的合法權利。人事委員會主席可以兼任法官協會、工會等組織的領導。

2. 部門職能「拎清」[102]

(1) 確定合議庭、審判庭、法官會議的審判組織性質，取消其對法官的行政管理職能。審判長、庭長、副庭長、法官會議召集人不具有行政領導權和行政管理職能，只具有工作協調、召集的職權，其產生於法官，由法官兼任。取消法官向庭長、副庭長彙報案件的方式，擴大合議庭主審法官對案件的決定權。同時，確定立案、執行、警務、審判研究等機構是司法輔助機構，而不是與法官平行甚至凌駕於法官之上的部門。司法輔助機構，日常應當直接按照審判組織的要求辦理司法輔助事務，接受首席法官的領導和指揮。司法輔助機構人員也可以直接編入法官辦案團隊。審判組織和辦案團隊，應當可以直接或通過首席法官，來獲得執行員和警務人員等司法輔助人員的配合與支援，否則只會徒增工作環節、降低工作效率。

---

102 「拎清」，分得清，上海方言。

（2）確定綜合行政部門、文秘檔案部門、調研部門、裝備財務管理部門等行政部門的服務職能。取消其對審判工作的部署、安排、管理、指揮、考核、評判的職能。確定副院長、處長、副處長、主任、副主任等行政職務的服務性質，明確這些行政職務只有從事行政服務、處理行政事務、為審判提供行政輔助支持的職能而無管理支配審判活動的職能。消除行政工作崗位對法官裁判工作的控制和干預，消除以行政工作方式支配案件審判的情況，保證法官在審判案件中的獨立地位不受干擾。所有司法行政工作崗位都列名為行政輔助崗位，所有司法行政工作職務都列為行政輔助職務，所有司法行政工作人員都列為行政輔助人員，以突顯法官在法院的主體地位。嚴禁行政人員向法官批示或授意案件處理意見；嚴禁行政人員參與案件審理與裁決。

（3）確定考評機構、人事部門、權利保障、教育培訓機構作為人事委員會的工作機構。考評委員會由法官組成，不是法官群體的體外監督管理者；只有法官自身才有資格考評法官的業績，如果由其他人考評法官，勢必造就一個凌駕於法官之上的考評者群體，這個考評者群體就會成為對法官裁斷行為進行「裁判」的法官之上的「法官」，成為凌駕於審判權之上的權力主體，在這種情況之下法官獨立審判也就成為空談。人事部門是為法官提供人事工作服務的專門機構，只能為法官辦理按期晉升、工資待遇、獎勵福利等人事事務。按規定、按時限、主動、全面、細緻地做好人事事務工作，是人事部門的基本職責；不按規定、不按時限、不認真細緻主動做好本職工作，就是失職。人事部門不是法官「進退流轉」[103]的決定者，不能充當強勢、關鍵、核心、要害部門。應當由法官來評價人事部門，而不應當由人事部門來評價法官。教育培

103　「進退流轉」，指進步、退休、交流、轉崗，等人事變動。

訓部門是法官提高專業素質的交流平台，無論是法院內設的法官培訓學院還是委託培養的法學院，重要職能是實現法官精英化，向着法官精英化的方向推動法官提高素質，並中肯地評判或評定法官已達到或未達到精英化水準。

3. 擴大法官獨任審判的範圍

（1）控制法官會議集體討論裁斷案件的範圍。將集體討論決定的案件限定在重大、疑難、複雜、敏感案件的範圍內，並嚴格把握重大、疑難、複雜、敏感案件的界限和標準。允許法官會議對部分案件只討論而不做最終裁斷，只形成諮詢意見，供法官審判案件時參考；任何法官只能在會上就案件發表意見，不得在會下向承辦法官就案件提出處理意見。

（2）縮小合議庭合議案件的範圍。已有合議案例的類似案件、經常重複出現的簡單案件，普通民事、商事、智慧財產權案件，行政訴訟案件，普通刑事案件等，凡獨任法官能夠作出裁決的，都無須合議決議。並且合議制中也要更強調對主辦法官的意見的尊重。

（3）放寬獨任審判的審級。中級、高級法院、最高法院受理的案件都應允許一部分實行獨任審判。

（三）保障型法院的價值

1. 法院是保障法官獨立審判、團隊辦案的操作平台

法官獨立審判、審判團隊合作辦案是獨立司法體制必須具有的實體內容。沒有法官獨立審判和審判團隊辦案，法院對外而言的「獨立行使審判權」也是實現不了的，只是徒有其名的一個空殼。但是，法官獨立審判和審判辦案，必須依託於法院機構才能存在。沒有法院為依託，法官獨立審判和審判團隊辦案就變成一盤散沙、各自為政的「個體戶」、「小診所」、「事務所」式的活動，不可能開展重大司法活動，也無法保證司法活動的品質，並且不能體現審判活動的國家公權力活動性

質，從而失去標杆效應。同時，公正司法是通過法官的公正裁判得以呈現的。法官的公正裁判必須有法院的物質保障才能製作出來。沒有法院的物質條件和運作過程，再優秀的法官也不能完成哪怕是一件有效的裁判。

另一方面，也正是承認法院是承載公正司法的物質載體、法院只有體現和實現其作為公正司法的載體的作用時，才不會要求法官只是一味地服從院長等上司的需要和意圖。法院只有體現和實現其作為公正司法的載體時，才會消除其存在的妨礙法官公正裁判的種種可能。法院的存在才具有積極意義。

2. 法院是保障法官獨立審判、團隊辦案的強制力保證

司法權的權威體現於法官所做出的裁判的權威。這種權威是在公正裁判的基礎上，當事人信服和社會公眾的贊成而體現的。當然，司法權威也來自形式和強制。法院提供的威嚴的法袍、莊重的法庭、規範的程序、嚴肅的氛圍，所構成的「看得見的正義」，也是裁判的權威性的重要來源。同時，法院開展司法活動的過程中無處不在的「國家強制力保證」也使法官的裁判具有了國家行為的權威性特徵。由此證明，法院強有力地支撐着法官裁判的權威性。這正是法院處於保障法官獨立審判的地位才會迸發出的作用力。正是依靠法院的強制力的捍衛，法官獨立審判才能得以施行，才能具有對當事人和社會的權威。法院也正是依據強制力，在維護好法官作出的合格裁判的權威的基礎上，一個案件一個案件地、一點一滴地樹立國家司法權的權威以及整個國家政權的權威。

3. 法院是保障法官獨立審判、團隊辦案的總體代表

法院作為本院法官及所有審判團隊的總體代表向社會報告司法活動開展情況，與社會對接、溝通。法院負責統計法官辦案的階段性總體情況向授權機關報告並向社會發佈；法院負責接收社會各界對本院法官辦案的意見建議並回饋給本院法官；法院負責調查研究案件審理工作宏觀上存在的問題並對工作佈局進行安排；法院負責外部法院

和其他組織機構的聯絡工作；法院負責生效裁判的執行工作和信訪化解工作；法院負責非裁判案件及其相關問題的處理。法院負責宣傳維護法官的整體形象，法院充當社會公眾和各界代表與法官之間的聯絡處所，促進和保障法官與各界的順暢溝通。法院以保障為主要職能，就是說法院不再是具體案件的審判主體，但仍是國家司法權的獨立行使主體。法院可以自己的名義活動，以自己的名義參加到各種法律關係、政治關係、經濟關係當中，成為各種社會關係的獨立主體。法院對外的職能是代表法官群體向社會承攬服務事項、接供服務產品的組織機構，是通過法官獨立審判供給社會以公正的裁判，從而為社會提供服務的服務機構，法院需要對外爭取審判資源，為法官獨立審判排憂解難。法院通過對外的獨立存在性，從而更好地對法官獨立審判過程提供充足的資源和全面的保障。

推進司法體制改革

一、確定「獨立司法」的司法體制改革目標

（一）認清既有司法體制的根本缺陷

科學合理的司法體制，是公正司法的保證。司法體制好，可以讓司法活動更加公正，司法體制不好，會使公正司法難以成行。司法體制的設計和安排如果與司法規律和社會期待相背離，就是不科學、不合理的司法體制，就不是好的司法體制，就必然長期大量地產生司法不公。不好的司法體制總是表現出兩面性：一方面由司法體制設計者自己來看，總覺得是正確實施了法律、造就了自認的「司法公正」，但是另一方面，按照社會成員大眾的期待來看，感受到的總是司法不公。由於司法體制頂層設計不科學、不合理、不成熟、有漏洞而造成的司法不公，可稱之為「體制性的司法不公」[104]。對於體制性的司法

不公，體制設計者往往會有兩種態度：一種是強迫社會成員大眾服從於體制設計者自認的「司法公正」；一種是順應社會成員大眾的期待，對體制的設計和安排進行調整，即進行司法體制的改革。司法體制改革本質上就是革新不當的司法體制或其中某些機制環節，就是司法體制的完善、轉型、更新的過程。然而，對於司法體制的設計和掌控者來說，在大多數時候總是更多地傾向於強迫社會成員大眾服從於既有的司法體制。因為，對司法體制進行改革並非輕而易舉的事情，而是一場深刻的利益調整和艱難的自我革命，沒有一種偉大的勇氣，是不敢啟動和推行的。然而歷史又始終啟迪着制度設計師：不能保障維護社會正義的司法體制，終究是要被改革掉的！

進行司法體制改革，首要的問題是要搞清楚既有的司法體制到底存在着什麼嚴重弊端和根本缺陷，即回答：為什麼要進行司法體制改革？對於一個已經運行了很久的司法體制，要進行改革，必須先搞清楚哪裏不合適、哪裏需要改，而不能永不停息地進行探索、試驗，不能無止無休地翻來覆去、改來改去，即「治大國若烹小鮮」。只有揭示了既有司法體制存在的根本缺陷，才能說明改革具有必要性，改革才具有理由和根據，才能夠有的放矢、一語中的。

揭示司法體制缺陷，不能一直只搞「問題導向」。因為所謂「問題導向」，猶如「頭痛醫頭、腳痛醫腳」的治療方式一樣，只是指出了現行司法體制運行中表現出來的各種各樣的不良現象，並未揭示司法體制本身的根本缺陷。如果只按照「問題導向」進行司法體制改革，只能永遠停留在問題探查和改革試驗上，而不能進入精准開刀式的正式改革。揭示司法體制根本缺陷，也不能簡單仿效某種國際潮流、學術觀點、理論體系或新鮮理念，而應當來自對全部司法實踐活動的認識和對大量司法現象的綜合分析所獲得的確切結論，是司法實踐活動積累矛盾的大揭露，是在深刻總結和認識長期司法實踐利害得失之後才能得出的認識。同時，揭示司法體制根本缺陷，應當是將司法體制運行的現狀與司法規律相對照的結果，前提在於認識、尊重、遵循司

法規律，在於準確甄別違背司法規律、制約司法功能作用發揮的體制環節。

認識和遵循司法規律是揭示司法體制根本缺陷的前提和基礎，並且是司法體制改革取得成功的關鍵。從世界法治國家的經驗看，公認的司法規律至少有：第一，司法必須維護最廣泛的社會正義；第二，司法主體獨立裁判案件，不受非法干預，確保公正司法；第三，嚴格遵守法定正當程序，以程序公正來保證實體公正；第四，司法的親歷性與判斷性要求，即讓審理者裁判、由裁判者負責；第五，國家保障司法裁判的公信力和權威性[105]。揭示司法體制根本缺陷就是要認識到司法體制中不符合上述司法規律的不正確、不合理、不科學、不相符的弊端。司法體制改革應是對照司法規律，在揭示司法體制根本缺陷的基礎上，進行司法體制調整、完善的過程，其極其重要的內容就在於革除不符合司法規律的制度設計和機制環節。

前文的論證，實際是在揭示中國司法體制存在的根本缺陷，就是：實際存在着司法一長制！並由此而衍生出司法責任不能落實、司法成效摻水造假、公平正義得不到良好實現的一系列問題。

實際存在的司法一長制或者說是一長化的司法體制，其殘缺之處就在於：（1）將「法院獨立行使審判權」嬗變為「院長獨立行使審判權」了；（2）將法官裁斷案件要「獨立負責、不受干預、只服從法律」的基本司法規律摒棄於法院大門之外了；（3）司法一長制必然導致司法權的集權制、集權制必然產生不公正的司法行為和司法腐敗。

這種司法體制一長化，與司法目的附從化、司法標準偏執化是相適應的，是一定的司法目的和司法標準下必然出現的制度模版。但是，當司法根本目的被確定為維護社會正義、司法最高標準被校正為實現本原公正的時候，司法體制一長化就必然成為司法體制設計上的根本缺陷而暴露出來，因而必然成為司法體制改革所要破除和革新的焦點問題。

---

105 參見陳光中：《對深化司法體制改革問題的思考》，載《中國科學報》，2014年12月5日。

至於通常所説的「案多人少」、「司法不公正、司法不嚴格、司法不廉潔、司法不規範」、「六難三案」、「冷硬橫推」等等問題，只是司法體制一長化所導致的表面症狀，是癬疥之疾，通過司法體制改革克服司法體制根本缺陷與弊端後即可消失。

（二）認清新建制度體系的核心內容

司法體制改革的主要內容是建立新的具體制度和工作機制體系。

中國正在進行的司法體制改革，已經提出一系列制度建設的要求，例如：（1）完善確保依法獨立公正行使審判權和檢察權的制度；（2）優化司法職權配置；（3）推進嚴格司法；（4）保障人民群眾參與司法；（5）加強人權司法保障；（6）加強對司法活動的監督[106]。

從上也可以看到，司法體制改革作為國家上層建築的規模行動，內容十分廣泛。一方面是重新安排既有司法體制內外部各要素主體與司法主體之間的關係。包括：各級執政主體及其工作部門與司法主體之間的關係；各級人大及其內設機構和人大代表與司法主體之間的關係；各級政府及其掌握實權的行政工作部門與司法主體之間的關係；各級政協及其委員與司法主體之間的關係；各級工會、共青團、婦女聯合會等社會團體的各級組織與司法主體之間的關係；各要素主體的各級領導機構中各位領導成員或一般成員與司法主體之間的關係。另一方面是重新安排司法主體內部上下級機構之間的關係，各種司法機關之間的關係，各級司法機關內部各構成單元之間的關係，特別是司法機關中每個工作崗位之間的關係。

而重新安排司法主體與外部、內部各要素成分之間的關係的實質，則是對各要素主體所擁有的公權力進行調整和重新配置。包括：各級人大及其內設機構與人大代表對司法主體的法律監督權的重新配

---

106 見《中共中央關於全面推進依法治國若干重大問題的決定》（2014年10月23日中國共產黨第十八屆中央委員會第四次會議通過）。

置；各級政府及其掌握實權的行政部門對司法主體人、財、物管理權的重新配置；各級政協機構及其委員、各社會團體的各級組織、各官方媒體對司法主體的監督權的重新配置；各級法院、檢察院、公安局、司法局等主體之間司法權的重新配置；各要素主體的領導機構、領導幹部實際具有的對司法主體辦理案件實際存在的「過問招呼權」、「內幕知情權」、「指導建議權」的規範、限制或禁止；對法院法官、院庭長、審判委員會各自職權的重新配置。

這些調整和重新配置都必須是「動真格」的。因此司法體制改革對各要素主體的影響必然是極其深遠的，震動的程度也必然是極其深刻的。司法體制改革對於司法體制內外這樣眾多要素主體之間關係的調整，對於這樣眾多機構和組織的權力的重新配置，進行着這樣重大的社會變革，當然必須統一於一個科學合理的核心原則，從而形成系統配套的具體制度系統，以對各種要素主體之間的權力配置進行合理劃分與銜接。否則，必然呈現一片混亂的場面和「五花八門」的景象，只會將原有的司法體制搞亂，不能使司法體制得到優化，甚至將今天改革的「成果」作為明天再改革的對象。

司法體制改革在建立新制度方面，最要害的內容就在於確立獨立司法的核心原則，按照獨立司法的體制構成，堅持系統、協調、配套、完整的要求，進行制度的系統順暢的設計和制定。

（三）確定司法體制改革的專有目標

目標問題是司法體制改革的基本問題。司法體制改革的目標，應當既包含改革要革除的缺陷與弊端，也包含改革中需要新建的制度機制的形態與框架；既是改革的方向與願景，也是改革成敗的最終檢驗標準。但是，對司法體制改革目標的概括，是一個深入分析客觀實際，並抽象設計、充分論證、進行創造性思維的過程。目標一開始只能是理論結論，是人腦中的一種設想。這種結論和設想總要以語言文字形式的表述而為社會所知曉。因此，對目標的準確而精煉的概括十分重要。

目標是成系列的。總體的改革應有一個總體目標，每個專項改革都有專有的目標，而專項改革的具體步驟、具體行動、具體階段也都有其更具體的目標。專項改革的專有目標，是實現總體目標直至最終目標的基礎。而關於司法體制改革的所有理論研究和論證所要追尋、所能作出的最重要貢獻就是揭示出這個目標系列；改革的行動家的全部工作都是要緊緊抓住這個系列目標不放鬆、緊緊圍繞這個系列目標不偏移地去實踐。

在當前的司法體制改革實踐中，對於司法體制改革目標的表述是很豐富的。

第一種說法是：深化司法體制改革，加快建設公正高效權威的社會主義司法制度，維護人民權益，讓人民群眾在每一個司法案件中都感受到公平正義[107]。

第二種說法是：進一步深化司法體制和社會體制改革，着眼於加快建設公正高效權威的社會主義司法制度，完善司法管理體制和司法權力運行機制，規範司法行為，加強對司法活動的監督，保證公正司法，依法維護人民群眾權益，提高司法公信力；着眼於推進國家治理體系和治理能力現代化，加快形成科學有效的社會治理體系和公共法律服務體系，提高社會治理水準；着眼於建設高素質法治專門隊伍，推進正規化、專業化、職業化[108]。

第三種說法是：公正是法治的生命線。公正司法對社會公正具有重要引領作用，司法不公對社會公正具有致命破壞作用。必須完善司法管理體制和司法權力運行機制，規範司法行為，加強對司法活動的

---

107 見：《中共中央關於全面深化改革若干重大問題的決定》(2013年11月12日中國共產黨第十八屆中央委員會第三次全體會議通過)。

108 《關於深化司法體制和社會體制改革的意見及其貫徹實施分工方案》(中辦發【2014】24號)新華網北京4月9日電。

監督，努力讓人民群眾在每一個司法案件中感受到公平正義[109]。

第四種說法是：司法體制改革就是要徹底解決司法不公、冤假錯案、司法腐敗以及金錢案、權力案、人情案等問題，其核心就是要提高司法公信力，建立適應社會發展需要的司法體制機制。現有的司法體制機制與當前社會的發展、國家的需要、人民的要求等存在不協調、不適應的問題，而解決影響司法公正、制約司法能力的體制性、機制性、保障性障礙等問題，必須依靠司法體制的改革。

就這些司法體制改革目標表述的內容來分析，實際具有三個層級：

第一層級的目標，是國家社會法治建設的目標。「建設社會主義法治國家」、「讓人民群眾在每一個司法案件中都能感受到公平正義」的表述屬於這個終極性層次的目標。民眾對司法工作滿意不滿意、答應不答應、擁護不擁護，其衡量的標準就是司法是否維護了社會正義，這是人類千古以來的追求，是對司法目的的追尋，也是司法體制的根本價值和終極目標。如果這個根本司法目的的實現受限，而原因又在於司法體制，那麼就必須對司法體制進行改革；如果原因在於司法程序，就必須對司法程序進行改革；如果原因在於某些司法工作機制，就必須對具體的司法工作機制環節進行改革。換言之，實現維護社會正義的司法目的是全部司法活動、司法制度、司法改革的共同目標，是司法體制改革專有目標所服務的上位總目標，而不是司法體制改革這一改革環節的專有目標。

第二層級的目標，是在優良的司法體制保障下的司法活動和司法行為所應達到的目標，即「公正、高效、權威」的目標。這個目標包含有三個關鍵字：公正、高效、權威。公正是最核心的價值，沒有公正，高效並無意義；沒有公正，不可能有司法權威。高效則是公正的

109　2014年10月20日至23日，中國共產黨第十八屆中央委員會第四次全體會議在北京舉行。全會聽取和討論了習近平受中央政治局委託作的工作報告，審議通過了《中共中央關於全面推進依法治國若干重大問題的決定》。十八屆四中全會提出，全面推進依法治國，總目標是建設中國特色社會主義法治體系，建設社會主義法治國家。

保障，因為公正是相對的，在一定的時空不可能產生絕對的公正，因此，在改革中設計司法體制、機制，必須兼顧公正和效率，不能顧此失彼。至於權威，它既是公正、高效的結果，也是公正、高效的外部體現；沒有司法的公正和高效，司法的權威不可能憑空產生；反之，司法如果沒有權威，則可以肯定司法活動和司法行為不夠公正或不夠高效。因此，公正、高效、權威三者是一個辯證的關係和互動的過程。公正、高效、權威作為司法活動與司法行為的目標，是司法主體開展的司法活動和實施的司法行為所應當達到的境界和標準，是對本原公正的司法標準的具體描繪和生動說明。而司法體制則是確保司法活動和司法行為達此境界和標準的必要條件。「建立公正、高效、權威的社會主義司法制度」，應當理解為建立確保司法活動和司法行為達到「公正、高效、權威」境界和標準的司法制度。因此，司法體制改革實質是要通過改革建立一種更加優良的司法體制來確保司法活動和司法行為公正、高效、權威。而這種司法的境界和標準也是司法體制改革專有目標所服務的上一階位即全部司法制度改革的目標，但不是司法體制改革本身的專有目標。

第三層級的目標，即優良的司法體制的建設目標。這個目標所代表的是所要建立的司法體制與原有司法體制相比所不同的更具優良品質的核心特質。這個核心特質即「依法獨立公正」的表述，並被反覆強調為司法體制改革的重要目標內容。司法體制改革的專有目標表面可以理解為建立司法主體「依法獨立公正」行使司法權的司法體制[110]。而在「依法」、「獨立」、「公正」這三者之間，「公正」屬於司法標準，應屬於上一個階位的目標，不是司法體制改革的專有目標；「依法」是對「獨立公正」的修飾，本身不能成為司法體制改革的目標；因此，只有「獨立」才是關鍵字、是關鍵的關鍵。可見，司法體制改革的專有的直接目標，已經無可避免地顯現為增強司法體制的「獨立」屬性了。雖然

---

110 雖然這個表述是法條規定的，但並未實際落實，因此「依法獨立公正」並不是已經建成的體制，故而作為司法體制改革的目標。

在已有的宣稱中還不夠鮮明，但從以上分析可以重新概括為：司法體制改革的目標，就是要建設「獨立司法」的科學、優良、符合司法規律的司法體制。

在上述三個層級的目標中可見，真正屬於司法體制改革的專有目標，是第三層級的目標，即建設和完善獨立司法的司法體制。為了準確確定司法體制改革目標，保證司法體制改革的順利推進，對司法體制改革專有的直接目標不需要混雜在第一、二層級的目標中來表述，而應當進行極其鮮明的表述：

第一，必須鮮明地將既有司法體制的根本缺陷表述出來。在對司法體制改革目標的表述上，應當旗幟鮮明地將既有司法體制中存在的應當予以革除的缺陷表述出來。而不能只是雜然相陳地鋪敘司法體制運行過程表現出來的各種不良現象和問題，那樣只會沖淡和混淆對司法體制改革目標的把握。既有的司法體制的必須革除的主要缺陷就是：司法體制一長化的問題，這是司法體制改革目標必須表述的內容。

第二，必須鮮明地將獨立司法作為目標寫在司法體制改革綱領性文件上。雖然已有人說過：「確保人民法院依法獨立公正行使審判權，是司法改革的重要目標內容」[111]，但現實很多的改革參與者對此並沒有真正領會和認識。由於表述的不明確，導致改革的執行者、參加者思想認識不清晰，也導致了改革行動上的不順暢。有的地方司法體制改革方案甚至沒有提到「依法獨立公正」這幾個字；有的地方的司法改革工作的領導人員始終不提這一目標內容。因此，必須明確宣佈完善「獨立司法」的司法體制是司法體制改革的直接目標。只有「獨立司法」的目標得到實現，才能保證「公正、高效、權威」目標的實現。「獨立司法」是司法體制改革的專有直接目標，也是全部司法改革目標體系中最關鍵的目標。司法體制改革的制度建設性工作必須圍繞「獨立司

---

111 見：《最高法發佈「四五改革綱要」 65項舉措勾繪法院改革路徑》，（2015-02-27，08:14:00），來源：人民網（北京）。

法」做文章；必須修正與「獨立司法」相偏離的舊規定、舊習慣、舊做法；必須將「獨立司法」作為司法體制改革的核心目標，只有這樣才能保障司法體制改革沿着正確方向前進。

第三，必須鮮明地將法官獨立審判作為核心要求擺在司法體制改革措施的中間，作為改革目標的核心內容。雖然完善司法責任制、實現「讓審理者裁判，讓裁判者負責」的要求，包含了法官獨立審判的含義，但是，司法體制改革實踐中反作用力非常大，甚至呈一邊倒地要求由院庭長、綜合管理部門及社會各方主體「對法官辦案實行最嚴格的監督管理」，實際是要否定法官獨立審判，否定「讓審理者裁判，讓裁判者負責」的司法責任制核心內涵。因此，必須明確宣佈「獨立司法」目標的核心就是要實行法官獨立審判，只有落實「法官獨立審判」才能破除司法體制一長化的缺陷，這是司法體制改革的真實目標。偏離這個目標的做法，都不屬於司法體制改革的舉措，而是對司法體制改革的對抗。

第四，必須鮮明地將法官獨立審判與法院獨立司法「雙重獨立」的完整構成闡述明白，並據此形成司法體制改革措施的有機構成。法官獨立審判是核心，法院獨立司法是法官獨立審判的前提和保證。一切對法院外部關係的調整都要圍繞實現法院獨立司法來設定改革措施；一切對於法院內部關係的調整都要圍繞實現法官獨立審判來設定改革措施。並且，必須明確法院的建設方向是要形成保障型法院，將法院打造成為法官獨立審判提供服務和保障的組織機構。因此，必須明確擺佈好法院機構與法官之間的關係、院庭長與法官之間的關係、綜合管理部門與法官之間的關係、審判業務部門與法官之間的關係、司法輔助服務人員與法官之間的關係、法官與法官之間的關係。不能擺正這些關係或保持原有的關係狀態，就意味着司法體制改革沒有得到實際推進。

綜上所述，對司法體制改革專有直接目標可以明晰表述為：破除司法體制一長化癥結，建立和完善以獨立司法為核心原則的司法體制。內容包括：完善法官獨立審判制度、團隊合作辦案制度、法院全

面保障制度。此外，再完善以審判為中心的司法執行制度、檢察公訴制度、社會矛盾多元化解制度、司法調解制度、律師管理制度、司法行政制度等，建立科學、配套行使司法權的司法體制系統。

二、明確「以上督下」的司法體制改革路徑

（一）正視「體改」實情

　　司法體制改革對於司法制度改革，即「體改」對於「司改」，是隸屬關係。「體改」是「司改」的一個環節，但是最動真格的環節。

　　2002年，中國即提出從司法規律和特點出發，完善司法機關的機構設置、職權劃分和管理制度，健全權責明確、相互配合、相互制約、高效運行的司法體制[112]。

　　2008年，再次部署司法體制改革，提出從優化司法職權配置、落實寬嚴相濟刑事政策、加強司法隊伍建設、加強司法經費保障等四個方面的具體改革任務[113]。

　　2013年，啟動新一輪的司法體制改革，內容是進行以司法責任制為核心的全面深化的司法體制改革[114]。新一輪司法體制改革行動，在各級法院主要是推進四項重點任務的改革，即：實行法官員額制為重點的司法人員分類管理制度；實行「讓審理者裁判、讓裁判者負責」的司法責任制；實行司法人員職業保障制度；實行司法機關人財物省

---

112 2002年，中共十六大報告提出「推進司法體制改革」；2003年5月，中共中央對司法體制改革作出指示，決定組成中央司法體制改革領導小組，於2004年底形成了《關於司法體制和工作機制改革的初步意見》，提出了10個方面35項改革任務。最高人民法院相應出台了《人民法院第二個五年改革綱要》。

113 中共十七大提出「深化司法體制改革」，2008年11月，中共中央政治局原則通過了《中央政法委員會關於深化司法體制和工作機制改革若干問題的意見》。之後最高法院和最高檢察院也相繼宣佈各自的改革方案。

114 中共中央十八屆三中全會《中共中央關於全面深化改革若干重大問題的決定》指出：要「深化行政執法體制改革，確保依法獨立公正行使審判權檢察權，健全司法權力運行機制，完善人權司法保障制度」。

級統一管理【115】。同時，全國法院還普遍進行了大量的審判制度和內部工作機制方面的綜合配套改革。

幾年來，按此既定的重點任務，新一輪司法體制改革以「重點突破」、「強力推進」的方式如火如荼地開展。經過改革舉措的落實，原來要解決的一些問題已得到了一定程度的解決。如：實行立案登記制、實行裁判文書上網、實行領導幹部和內部人員過問案件登記制、規範司法人員與律師接觸等，都具有顯效。其中領導幹部和內部人員過問案件登記制實施後，廣泛出現了「零報告」的結果，顯示法官辦案受外部和內部干預的情況得到有效扼制。到 2017 年 10 月，全國司法體制改革的重點任務基本完成。此後繼續進行的主要是司法體制綜合配套改革。

中國司法體制改革雖有宏大進展，但實踐中也出現了多種令人困惑的新問題。如：

(1) 實行法官員額制，本意是實現法官正規化、專業化、職業化，但現實的「案多人少」的矛盾問題，使作為辦案主體的員額法官感到案更多了、人更少了、辦案任務壓力更大了。有一部分具備條件的人員並不積極踴躍申報參加法官遴選，且優秀法官離職現象也未減少。

(2) 實行司法責任制，本意是為了加強對司法人員辦案過程的責任壓力，確保公正司法。但司法人員對此反應並不積極，因為給司法人員賦予了無限責任，感到難以承受。

(3) 改善司法人員待遇保障，主要是行政工作領域的改革，涉及公務員管理制度、國家工作人員工資制度、國家財政管理使用體制、幹部管理體制等範圍的相關部分的改革。這些方面改革的執行者、參與者對此項改革所應做的工作並不積極主

---

115 《堅持頂層設計與實踐探索相結合，積極穩妥推進司法體制改革試點工作──訪中央司法體制改革領導小組辦公室負責人》，2014年6月15日，來源：新華網。

動。法官退休、轉崗、政治待遇始終未明確，一些物質待遇也未落實。

(4) 實行司法機關人財物省級統一管理，在司法機關內外回應都不積極。法院需要獲得所處地方更多的外部支援，自己的工作才能得到更多的方便，工作和人員發展的機會才會更多，待遇保障才能得到更多的改善，各個法院都為此進行過長時間的努力、深耕。司法體制改革要打破這樣的格局，實行「人財物」省統管，使法院丟失原來營造的本地環境，有的法院預測自身生存狀態將可能變得更加不堪，因此要求暫緩這項改革。

(5) 司法體制改革被改革的主體眾多，對改革態度不一。被改革的司法人員隊伍，對改革以後自己的處境並不明晰，多數只是等待觀望；各級法院的領導者，既擔心改革使自己大權旁落，也擔心改革帶來對業務工作的衝擊。整體上表現出改革動力不足，只能靠改革設計者和領導者的「強力推進」而推進。

(6) 司法體制改革真實的目標就是建立保證公正司法的新體制，但是至今新體制尚不完整配套，外部干預仍然存在，司法不公並未絕跡。

（二）堅持頂層推行

1. 堅持頂層設計方案

司法體制改革屬於上層建築的改革，只能由頂層來設計推動，這與經濟基礎領域改革是不同的。經濟體制改革本質上是生產關係的改革、經濟基礎的改革，因而需要更多的生產力中最活躍的因素即各種「經濟人」來創造豐富多彩的有利於生產力發展的生產關係。因此，經濟體制改革走的是「由下而上」的道路。司法體制改革，並不能仿效經濟體制改革的道路，只能採取「自上而下」的改革路徑。原因在於：

(1) 司法體制改革涉及對公共權力的重新配置。經濟體制改革的任務是使經濟主體擺脫政府不合理的約束，成為充滿活力的市

場經濟主體,是國家公權力機關與非公權力組織管理關係的調整,這就決定了作為經濟主體的農戶和企業在很大程度上不依賴政府的行為而可以自行運作改革。而司法體制改革的任務涉及國家公權力機關之間橫向的權力配置關係的調整,也涉及司法機關上下級之間權力配置關係的調整,更涉及各級司法機關內部各工作單元、權力行使主體之間權力配置關係的調整,在此情況下,司法體系中的任何主體都不可能自行運作改革措施,而只能由國家公權力頂層機構來設計方案、採取舉措。

(2) 司法體制改革涉及對法律制度的部分突破。經濟體制改革雖然面臨一些制度性約束,但這些制度主要是政策、規章,各經濟組織是各自獨立的經濟主體,經濟體制改革的措施可以在局部地區、部分主體之中進行試驗性推行。而司法體制改革是在法律體系已經形成,在司法體制的主要構架以及司法活動的主要程序已由法律所規定的情況下進行的,必然受法律的嚴格約束,決不能形成破壞國家法律制度的負面作用。也就是說,司法的統一性和法制的統一性是任何情況下都不能變通的,司法體制改革的進程和措施都必須受到法律的限制,只能逐步試驗[116]。

(3) 司法體制改革涉及對政治體制的牽扯聯動。司法體制改革屬於政治體制改革系統工程中的一個組成部分,因而更需要從全局出發進行全面的綜合規劃和協調。基層司法機關改革實踐所進行的探索創造,雖然從形式上看有一定的針對性,但由於受其級別地位、工作範圍等限制,往往缺乏對與該問題相關的其他問題的深入思考,難以徹底解決問題,處於治標不治本的狀態。因此,儘管司法體制改革需要各級司法機關積極參與,但要保證司法體制改革全面、順利地推進,就必須

---

116 參見顧培東:〈中國司法改革的宏觀思考〉,載《法學研究》,2000 年第3期。

堅持統一規劃、「自上而下」的基本途徑，即國家最高層從總
體上設計和制定改革現行司法體制和機制的基本方案，按計
劃、分階段地逐步實施。

總之，司法體制改革的所有設計必須來自頂層，改革的所有措施
必須來自頂層，改革的所有意見和建議都只能提供給頂層做參考，事
關改革所有問題都必須反映給頂層，由頂層甄別後拿出應對和解決的
方案。司法體制改革不能容許各自為政、各行其是、各搞一套、各具
特色。否則，必然導致「各取所需的選擇性改革」局面，導致改革的迅
速失敗。所以，在司法體制改革中，並不能搞「從某地實際出發」、「立
足某地實際」、「形成可複製、可推廣的經驗和制度機制」，更不能大量
搞「某省特色」、「某市特色」、「某縣特色」、「某區特色」；或者搞「某
省模式」、「某市模式」、「某縣模式」、「某院模式」。這都是不符合司法
體制改革性質和特點的危險動作。

2. 堅持頂層下達項目

作為司法體制改革主體的國家頂層已經下達了多項司法體制改革
項目任務[117]。

當前，圍繞完善和落實獨立司法目標，還需要強化更多改革項目
與措施。例如：

117　主要有：(1) 省級以下司法機關人財物統一管理；(2) 探索建立與行政區劃適當分離的司法管轄制
　　度；(3) 建立符合職業特點的司法人員管理制度；(4) 健全司法權力分工負責、互相配合、互相制約
　　的機制；(5) 改革審委會制度，完善主審法官、合議庭辦案責任制，讓審理者裁判，由裁判者負責；
　　(6) 明確各級法院職能定位，規範上下級法院審級監督關係；(7) 推進審判公開，錄製並保留全程
　　庭審資料，增強法院文書說理性，推動公開法院生效裁判文書；(8) 嚴格規範減刑、假釋、保外就
　　醫程序，強化監督程序；(9) 廣泛實行人民陪審員、人民監督員制度，拓寬人民群眾有序參與司法
　　渠道；(10) 進一步規範查封、扣押、凍結、處理涉案財物的司法程序；(11) 健全錯案防止、糾正、責
　　任追究機制，嚴禁刑訊逼供、體罰虐待，嚴格實行非法證據排除規則；(12) 逐步減少適用死刑罪
　　名；(13) 廢止勞教制度，完善對違法犯罪行為的懲治和矯正法律，健全社區矯正制度；(14) 健全國
　　家司法救助制度，完善法律援助制度；(15) 完善律師執業權利保障機制和違法違規執業懲戒制
　　度，加強職業道德建設，發揮律師在依法維護公民和法人合法權益方面的重要作用。見：《中共中
　　央關於全面深化改革若干重大問題的決定》（2013年11月12日中國共產黨第十八屆中央委員會第
　　三次全體會議通過）。

(1) 充分使用不平均的司法資源。探索案件管轄與行政區劃適當分離的司法管轄制度。通過提級管轄、集中管轄，審理行政案件或者跨地區民商事、環境保護案件。

(2) 提升司法隊伍職業化水準。建立初任法官統一招錄、集中培訓、基層任職、有序流動、逐級遴選的機制。建立預備法官訓練制度。建立選拔律師、法律學者等專業法律人才擔任法官制度。針對不同審級法院的法官設置不同的任職條件逐級遴選制度。完善法官懲戒制度。建立科學合理、客觀公正的業績評價體系和考核晉升機制。

(3) 健全司法權力運行機制。廢止審者不判判者不審的制度、審判工作內部層層審批制度、上下級法院之間的行政化請示報批制度。理順司法權與司法行政事務權、司法權與監督權的關係。建立主審法官、合議庭辦案責任制。改革審判委員會制度，審判委員會主要研究案件的法律適用問題。建立完善院長、副院長、審判委員會委員或審判委員會直接審理重大、複雜、疑難案件的制度。明確四級法院職能定位，探索充分發揮一審法院明斷是非定分止爭、二審法院案結事了、再審法院有錯必糾、最高法院保證法律統一正確實施的職能。進一步規範和落實上下級法院的審級監督，確保審級獨立。

(4) 深化司法公開。進一步完善公開機制、創新公開方式、暢通公開渠道，依託現代資訊手段確保各項公開措施得到落實，實現以公開促公正。除法律規定不宜公開的以外，都應公開審判；庭審全程應該同步錄音錄影，併入卷存檔。

(5) 改革人民陪審員制度。擴大人民陪審員數量和來源，建立隨機抽選的機制，保障人民陪審員參審權利，提高陪審案件比例。

(6) 嚴格規範減刑、假釋和保外就醫程序。要從申請、裁定、決定各環節，嚴格規範減刑、假釋、保外就醫程序，特別是強化

對裁定、決定程序的監督制約，實行對減刑、假釋和暫予監外執行的網上協同辦案，防止刑罰變更執行環節腐敗現象的發生。健全對假釋、暫予監外執行的管理制度，強化管理責任，防止漏管、脫管和重新違法犯罪，提高矯治效果。

3.　堅持頂層創新制度

制定系統配套的成文制度，是司法體制改革必須做好的工作。制度的設計制定，必須是根據嚴格的原則和嚴謹的理論結合深入調研獲知的實際情況而在頂層設計師的「設計室」中完成的，而不能由某些實際工作崗位「首創精神」創造出來。司法體制改革中的制度設計只能根據改革所必須遵循的核心原則和系統要求來進行，這個核心原則就是「獨立司法」的原則。這個核心原則上的任何搖擺，都會導致改革方向的迷茫搖擺，導致制度設計上的廢品。因為，司法體制改革如果不因為要實現「獨立司法」核心原則的要求，其實就沒有大刀闊斧改革的必要，只要小修小補即可。有人認為「理論上很完善的制度並不一定可以付諸實施，而行之有效的制度卻未必是事先設計好的」[118]，這只是對一些微小瑣碎的制度而言，對於司法體制中的制度和機制不能允許未經論證設計就讓其去「行之有效」的，因為其所謂的「效」恰恰可能完全是負面的、具有破壞性的。司法體制改革在理論上，應當反對機械的、保守的觀點，做到解放思想、積極探索、大膽創新，只有這樣才能發現和獲得新的科學的原則和精神。當這種原則和精神確定下來以後，就必須在改革的措施和行動上堅定不移地、步調統一地貫徹這個原則精神。

司法體制改革很大程度上就是司法制度創新的過程。這種創新當然不是廣泛的自由的創新，而是按照「新的精神原則來制定新的制

118　季衛東:《法治與選擇》，載《中外法學》，1993年第4期。

度」【119】。司法體制改革的制度設計理念應當是，全部制度設計在內在精神原則上統一創新，而在規範制定上要積極穩妥、嚴格有序。因此，司法體制改革要發揮制度創新的正面效應，在每一項改革措施出台之前，都必須進行充分審慎的研究、論證，做到既要積極，又要穩妥，避免因操作不慎而產生負面效應。司法體制改革進展已有時日，可以說取得了一系列成就。但是也有很多司法體制的狀況尚未改變，核心就是「獨立司法」核心原則尚未正確貫徹落實。正是由於司法體制中的這種「獨立司法」核心原則不落實，因而在過去很長時間裏一再造成週期性大規模的司法不公，在現在和將來，這種司法體制上的殘缺仍然是產生司法不公的土壤和根源。同時，「獨立司法」核心原則沒有正確落實也是造成當前司法領域種種不良現象和問題的重要原因。週期性大面積司法不公只是司法體制缺陷的表面症狀，法學理論上對當前司法領域存在不良現象和問題所做的概括，也不是問題的實質，但集中地反映了司法體制的「獨立司法」核心原則未正確落實的問題。

因此，如果說必須對現行司法體制進行改革，那麼就是要改變「獨立司法」核心原則未正確落實的狀況，以從司法體制上消除大規模司法不公再度發生的危險，並消除當前司法領域發生種種不良現象與問題的體制性原因。因此，制度創新要創新制定的，正是那些體現「獨立司法」全部精神的制度，而不是創建一些限制和阻礙「獨立司法」的制度。

當前創新制度的重點，應當是：

(1) 建立法官隊伍精英化的制度。最高法院法官由全國人大常委會任命和考核管理，地方各級法院的法官統一由各級人大常委會任命和考核管理。對現有法官隊伍可採取重組措施：一是嚴格執行法官遴選制度，大力從資深律師、高等法律院校教師、法學研究機構的研究人員中選任法官，中高級法院嚴禁

119　參見梁治平：《法辨——中國法的過去、現在與未來》，貴州人民出版社，1992年版，第155–156頁。

從本院助理中遴選法官，確保形成法官入職和成長的良性通
道。二是採取有力的措施，保留高素質的法官，防止出現「測
評推薦」中劣勝優汰的反常現象，防止優秀法官流失。三是加
強對法官的業務培訓，更新、改善其知識結構，切實提高其
素質能力。四是進一步落實法官辭退、免職的制度，對不符
合法官條件的人員應堅決予以免職、辭退，形成常規淘汰機
制。五是將對法官的人事管理權還給授權機關，法官既然是
人大任命授權的，人大不能不管，而應當行使對法官的監督
考核晉升的權力。此外，特別要選取法律精英來擔任法院領
導人員。

（2）建立完備的法官職業保障制度。一是身份地位的保障制度。
確立法官為終身之職。為解法官後顧之憂，使其免受外部干
擾而依法行使職權，規定法官一經任命，便不得隨意更換，
不得被免職、轉職或調換工作，只有依據法定條件，才能予
以彈劾、撤職、調離或准其提前退休。從實踐來看，許多地
方的法院的法官聽命於行政領導的指示，偏袒本地當事人，
其中一個重要的原因就是法官身份上缺乏保障。法官的身份
獨立一旦得到充分保障，那麼，法官獨立行使審判權在一定
程度上也可以得到實現。二是生活待遇的保障制度。給予法
官充分的經濟生活保障，吸引社會中的優秀人才進入法官隊
伍，留住這些優秀人才盡心盡責地為社會服務，並確保法官
做到公正、廉潔。制定諸如法官高薪制、法官退休制、法官
專職制、法官正常晉升級別制等。三是人身權利的保障制
度。不光是宣告「法官人身權利不受侵害」，重要的是對非
法侵害法官人身權利的行為要及時追究和懲處。目前，對於
司法人員人身權利的侵害已成社會風氣。類似十偃法官被刺

案【120】、馬彩雲法官被殺案【121】、黑社會頭目直接向法官潑硫酸案【122】的暴力傷害司法人員事件層出不窮;公開在網絡等媒體誹謗污蔑司法人員的現象已經成風;匿名向各級領導機關、監督機關投遞的誣告信如雪片亂飛;對司法人員的恐嚇、威脅、侮辱、辱罵到處都有;針對司法人員的設計陷害、設局敲詐手段方式花樣百出;強行上門送禮行賄、攔路糾纏沒完沒了。必須建立對侵害法官人身權利的違法犯罪行為嚴查、重處的制度,建立對法官人身安全的特別保護制度。

(3) 建立適合法官獨立審判的工作程序和機制。司法行政化是當前司法制度中司法程序和司法機制中最有特色的缺陷,司法去行政化已被作為司法體制改革的一個着眼點。所謂去行政化,就是在法院內部實現司法行政管理權與司法審理裁判權的分離,確保獨任法官、合議庭在行使裁判權時不受那些司法行政管理者的干擾【123】;就是從管理方式,職責範圍等不同範疇,分離法院行政職能和審判職能,確立法官行使審判權在法院全部工作中的中心地位。但是,司法去行政化,與

---

120 2015年09月10日,來源:荊楚網消息:9月9日上午,十堰市中級人民法院發生一起傷害案件,犯罪嫌疑人胡慶剛因不服法院二審判決,在收到判決書時,突然用隨身攜帶的刀具刺向法官,致使4名法官受傷。

121 《北京昌平法院法官馬彩雲遭2名歹徒槍擊殉職》(2016-02-28,08:21:52),中國法院網訊:據最高人民法院今日(28日)凌晨消息,26日晚21時30分許,北京市昌平區人民法院回龍觀法庭法官馬彩雲在住所樓下遭到兩名歹徒槍擊,經搶救無效死亡。兩名歹徒逃跑後自殺身亡。據悉,其中一名歹徒李大山是馬彩雲審理的一起離婚後財產糾紛案件的原告。自2007年至今,馬彩雲年均結案近400件。由於工作突出,馬彩雲多次榮立個人三等功。

122 《廣東惠州黑社會頭目因敗訴指使人向法官潑硫酸》2012年07月11日10:35人民網(來源:《廣州日報》)2010年,胡某星因與他人發生經濟糾紛引發官司,案件由惠東縣法院民二庭庭長柯某主審,在此案審理期間,胡某星多次恐嚇柯某。最後此案胡某星敗訴。胡某星遂指使胡某波、李某輝、胡某明等人於2010年3月1日在柯某住處附近用硫酸將柯潑傷。

123 陳瑞華:〈司法改革的理論反思〉,載《蘇州大學學報》(哲學社會科學版),2016年第1期,第56-57頁。

確立以法官獨立為核心的司法工作機制還有一定的距離。去行政化雖然可以增強法官行使審判權的獨立性，但因為不是明確以法官獨立為目標，所謂去行政化在程度上就不可能達到法官獨立的需要。一些新的制度意見，尚沒有明顯加強法官行使審判權的獨立性，更沒有對司法行政化最集中表現的司法一長化提出破除方案，僅僅明顯加強了法官的責任壓力[124]。這種新的制度意見，對獨立司法的含義和意義並無深刻把握，對於獨立司法保障公正司法的作用並無把握，對於集體辦案、院長負責的司法一長化工作機制所隱含的對公正司法的潛在危害並無把握。因此，司法工作機制的改革還有必要沿着全面正確落實獨立司法原則的路徑深入前行。

（4）創設司法輔助人員隊伍建設制度。2013年司法體制改革實行人員分類管理以來，司法輔助人員隊伍普遍還沒有建好。至2017年6月，全國法院已遴選出12萬餘名員額法官[125]，但法官助理和書記員普遍未有合理的配備。如：安徽全省法院2016年底，共有員額法官4860人，僅有法官助理有2,400人、聘用制書記員4,500人，配比為1:0.49:0.92，其中，一部分助理和書記員還被安排在非業務部門工作[126]。實際上，相當多的員額法官仍沒有助理和書記員輔助工作，還是在「白加黑、五加二」地拼消耗辦案；相當多的辦案錯誤和瑕疵還不能有效避

124　最高法院頒發的《關於完善人民法院司法責任制的若干意見》是司法體制改革的重大成果之一。內容尚一：一是賦予法官的獨立權力，規定：「法官有權對案件事實認定和法律適用獨立發表意見」；法官獨任審理案件時「直接簽發裁判文書」。二是保留了司法行政化的框架，規定：「審判委員會的決定，合議庭應當執行」；院長、副院長、庭長、法官考評委員會「履行審判管理和監督職責」等。三是更加嚴厲地確定了對法官的工作責任的追究與懲戒，規定了審判責任的範圍；審判責任的承擔；違法審判責任追究程序，等。參見最高人民法院司法改革領導小組辦公室編著：《〈最高人民法院關於完善人民法院司法責任制的若干意見〉讀本》，人民法院出版社，2015年11月出版。

125　見最高院：《法官員額制改革已全面完成全國共遴選出12萬餘名員額法官》，載新華網2017-07-02。

126　見施立業等主編：《安徽法治藍皮書（2017）》，安徽人民出版社，2017年9月第1版，第66頁。

免,辦案品質不能保證。對此情況,各地也採取了一些針對性的措施,但有很多克服不了的困難。國外的司法輔助人員配備情況與中國有很大不同,主要就是比例高、人數多、資源充足,如美國,法官人均配備輔助人員7-8人,最多時達30餘人[127]。民國時期的中國法院,其司法輔助人員配比也是很高的,法官人均配備的輔助人員也超過3-4人[128]。因此,亟須在頂層設計上,創設司法輔助人員隊伍建設的制度,統一規定司法輔助人員隊伍應有的與法官的配比規模,同時對其聘用錄用方式、經費來源保證、職責任務分工、工作要求和職業守則、待遇保障、晉升通道、勞動保護、退職退休等各方面作出完善的制度規定。

(5) 創設科學完善的團隊辦案制度。中國法院近年的司法體制改革中,審判團隊普遍快速組建。如安徽全省126個法院,在2016年底,共組建審判團隊1,688個[129]。但普遍存在的問題是團隊與審判庭重合,仍由庭長、副庭長領頭負責,與原來行政化辦案機制相比沒有多大區別。目前,對於如何建強建好審判團隊,各地認識還不統一。因此,也亟須司法主體頂層加強審判團隊制度設計。一是要規範審判團隊的組建類型;二是要確立法官的核心主體地位;三是要確定法官助理的職責;四是要明確書記員職責;五是要推進審判團隊機制的實

---

127 美國司法部門採取了謹慎增加法官數量、大量配置輔助人員的基本人事政策,1980 年聯邦法官483名,司法輔助人員14551名,比例為1:30.12;目前,聯邦法官與司法輔助人員的比值在1:10到1:11之間。法國最大的上訴法院巴黎上訴法院為例:該法院共有250名法官,有700名公務員為其服務,另外還有1000人在其辦公樓內從事輔助工作。德國法官人數只佔法院總人數的25%,約佔法院編制5%左右,其餘均為法官輔助人員。韓國有11000名司法公務員,是法官數的6.75倍。上述國家辦案的全部事務中90%以上由輔助人員承擔了,法官只做核心裁判行為。以上數據情況提取自:《域外司法制度專題研究》,最高人民法院外事辦公室、國家法官學院合編。

128 1946年四川高等法院,有推事(即法官)10人,而書記官即配有13人,其他各種輔助人如主簿、記錄等十幾種有20人。法官人均配備輔助人員3.3人。見:四川省地方誌編纂委員會:《四川省志•檢察•審判志》,四川人民出版社,1998年6月第1版,第172頁。

129 見施立業等主編:《安徽法治藍皮書(2017)》,安徽人民出版社,2017年9月第1版,第67頁。

際運行。此外，要組建專業化審判團隊，專司某類型案件的審判，提升裁判正確率。如組建商標糾紛審判團隊、金融糾紛審判團隊等。

（三）排除內外阻力

當改革行動的目標確定下來，凡是背離這個目標的因素，就是改革行動所面臨的不利因素，也就是需要花氣力去克服的阻力。當司法體制改革行動所圍繞的是建立和完善獨立司法的司法體制這個目標時，那麼與之相反的各種制約因素就成為需要克服的阻力。

1. 排除來自院庭長的阻力

中國法院司法體制改革的最大的執行力應當是院庭長，但是，改革的最大阻力也可能是法院的院長、副院長、庭長、副庭長。因為院長是已然的當權者，不願意被削權，副院長、庭長、副庭長是未來的院長。在一個高度「官本位」的社會，當官和掌權是一部分人的人生追求，權力是已有官員們的生命價值，尤其是在法院長期執掌全部人財物資源配置權和最高審判權的院長，幾乎人人都有「為權而生、為權而死」、「沒有權毋寧死」的人生觀。進行司法體制改革，實行法官獨立審判，將審判權配置給普通的法官，破除實際存在的司法一長制，這對於院長們來說無異於痛如斷腕的自殘，對於未來院長們來說就是斷了生路和前途。他們必然想不通、難接受、十二萬分不情願。

現實中，他們會自行站到把握全局的制高點上，提出種種冠冕堂皇的「意見和建議」。他們會說：「不能把法院獨立審判，搞成法官獨立審判」，而其實，往往是他們不願放棄實際存在的司法一長制。他們會說：「實行法官獨立審判，目前法官隊伍的素質能力還不適應」，而其實，往往是院庭長們很擔心自己並不能順利通過遴選當上員額法官。他們又會說：「放權不能放任，為了防止法官濫用權力必須強化院庭長對案件品質的管理權」，而其實，長期濫用權力的從來都不是法官而恰恰是院庭長們。他們還會說：「為了解決司法不廉潔的問題要對法官建

立廣泛監督約束機制，其中院庭長監督這一環節必須加強」，而其實，司法腐敗的主體從來都是以院庭長們為主，他們常常像手電筒一樣「只照他人不照自己」。他們會總而言之地說：「獨立司法制度已很完善」，但其實，他們喜歡實際存在的司法一長制，並不希望獨立司法，他們都習慣於對外廣結善緣、搞權力交換，不僅不拒絕行政機關、社會團體和其他個人干預案件，而且更願意主動、自覺地服從這些干預，經常積極爭取「各路大神」對法院工作的指導、監督、惠顧，甚至認為一個法院沒有外部「領導」常常來「指導」就是工作做得不夠好。

而他們提出最多的則是「案多人少」的問題。司法體制改革以來，由於司法輔助人員配備不到位、審判團隊不健全，加上立案登記制改革確實導致訴訟案件的猛烈增長，因此「案多人少」問題沒有得到解決。但是，這個問題的根子恰恰是在院庭長們落實改革要求不堅決上。而他們中的一些人卻抓住「案多人少」問題，來否定頂層改革方案，說「案多人少」是改革不成功的表現，進而提出要突破法官員額限制、廢止法官員額制。有的高、中級法院放棄擇優要求，反覆在本院遴選，使原有審判員、助審員全部轉成了員額法官；有的甚至為了照顧情緒，竟公然違背法官逐級遴選制度規定，直接從本院法官助理中遴選初任法官。其實，他們每個人都知道，「案多人少」本來就存在，不是改革導致的，相反只有通過改革才能解決。改革建立的新機制正是解決「案多人少」問題的有效機制，特別是要將司法輔助人員隊伍建設機制配套建立好。不歸因於自身落實頂層改革措施不堅決、不到位，反而找理由否定司法體制改革的方案，實際上反映了院庭長們內心對頂層改革方案的抵觸。

可見，完善獨立司法為核心原則的司法體制，實質就是要將被院庭長們長期集中掌握的獨立審判權拿過來交還給法官來獨立行使，院庭長們必然成為這種改革的嚴重的阻力。在這一點上，千萬不能相信院庭長們都是改革的真誠擁護者和積極推動者，而必須把他們當做改革的對象。在改革的推進中必須對院庭長們嚴加教育、嚴格督察、嚴厲問責，只有這樣，才能排除改革的最大阻力。

2. 排除來自法官的阻力

現有法官雖然已是經過改革後遴選出來的員額法官，但他們選擇繼續做法官，並非都是為了更好地行使審判權、實現法治理想，而主要是奔着提高了的法官待遇與保障而來的。

在改革的措施中，對於實行人員分類管理，他們是受益的，當然是贊成和支持的。但是，對改革的核心內容即獨立司法中的實行法官獨立審判的機制，具體表現為「司法責任制」，他們恰恰並不歡迎並有很強的抵觸情緒。原因是，在舊有的司法體制下，法官長期養成了對院庭長等上級領導以及上級組織的依賴心理，現在要求其獨立行使審判權，必然導致其害怕、擔心、心理不適應，因而會轉變成對改革不熱心、不支持、不樂意的態度。而且，獨立司法只是司法活動維護社會正義的需要，是民眾對司法工作和法官的要求，卻不是每個法官自身的渴望和追求，更不是長期在集權保姆式的管理方式中成長過來的法官的根本需求。作為既有的法官，他們一直以來沒有被要求樹立「維護社會正義」的司法目的，沒有被要求樹立真正的法治理想和信仰，他們認為自己只是通過辦案來掙錢養家糊口的「司法民工」。因此，他們會說：他們更願意接受院庭長的監督，更願意服從院庭長的領導，更願意讓院庭長簽發其裁判文書，更願意回到過去「集體審判、領導定奪、個人不負責」的機制上去。因此，千萬不能將法官當成改革的主體和主人翁，而過高地估計了他們參與改革的熱情。

法官們對於提高待遇和保障的改革措施，當然是擁護贊成的。但也不要低估了他們的內心期待。法官職業的本質是運用個人的法律知識和智慧，解決當事人之間的矛盾糾紛，這與律師的工作本質相似。但是，因為法官是為國家工作的、律師是給自己當老闆的，法官與律師在獲得報酬上一直都存在很大差距。法官對職業的堅守主要靠思維定勢在維持。但隨着時代變遷、最有奉獻精神的老一代法律人的退出，法官職業對思想多元的新一代的法律人的吸引力正在日漸減弱，因而，年輕的司法人員離職、改行、流失的現象不斷出現。及至在司法體制改革進程中，法官待遇已有所提高的情況下，員額法官也還

在源源不斷地離職。他們用腳對現有程度的司法體制改革投了不贊成票，特別是對其承擔的責任和獲得的待遇保障的不合理配比表示了失望。如何穩定法官隊伍已經成為愈益迫切需要解決的問題。司法改革不可能無視這一現實的迫切問題，必須進一步提高法官的待遇以穩定法官隊伍。甚至在一定範圍可以認為司法改革的當務之急就是要進一步落實政策，切實提高法官的待遇保障，不提高法官的待遇保障就意味着改革失敗。

法官是真正的司法生產力，司法體制改革就是要解放和發展這一生產力，法官天然不應當是改革的阻力。改革的方案，首先要承認法官「司法民工」的自我認知，承認其勞動的崇高價值，立足於這樣的依據來確定具體舉措。只有真真實實地切實可靠地提高法官的待遇和保障，改革才能得到法官的真心擁護。在這樣的基礎上，再去談提高法官的政治素質、奉獻精神，或許才會有時間和機會。

3. 排除來自其他方面的阻力

一是解決冗員難消化的問題。機構臃腫、人浮於事是各級法院長期存在的普遍現象。各級法院往往有過半數的人員和內設機構都在從事政工、行政、調研、文秘、裝備、宣傳、新聞資訊、後勤管理、基本建設、物資發放、老幹部服務等工作。更有一些人擔任虛職，尸位素餐，無所事事。一些法院甚至允許人員長期不上班、在職讀研讀博、吃空餉。如何改變這種狀況，把人力資源最大限度配置到辦案崗位上去，這是一個一直難以解決的問題。實行員額制以後，冗員消化問題勢必更加困難，未能遴選入額的原審判員、助審員，如果工作不積極的話，就意味着冗員隊伍大幅增長。同時，在司法輔助人員不夠用的情況下，通過聘用編制外人員擔任，實際上又使法院隊伍劇烈膨脹，冗員更加合法化，不幹事、無事生非現象將更加嚴重。改革來到這樣的問題面前，必將變得猶豫不決，並且因為拿不出妥善的解決方案而漸生維持現狀的念頭。因此，對冗員問題必須專門拿出對策。

　　二是解決改革實施者的行動力不強的問題。各級法院司法體制改革工作機構一般放在政工部門、審判管理部門、研究室，工作人員絕大多數是綜合行政人員。從實際表現看，這些人員確已對司法體制改革的推進作出了極大貢獻，但不可否認他們也存在很多不足：其一，他們大多不懂司法業務，更不懂司法改革的理論，對頂層設計理解易出偏，落實工作易出差錯；其二，他們難免有本位主義，在改革方案中看到的是法官和業務部門的待遇、保障、地位在提高，而看不到對自身和所在部門的好處，必然有心理落差，工作動力不足、積極性會下降，有的把注意力放到為自身爭取有利政策上，有的甚至對應做的工作故意拖延貽誤；其三，他們普遍有畏難情緒，司法體制改革工作是司法各要素重新組合、司法權重新配置的工作，矛盾有時很尖銳、過程有時很慘烈、認識有時很不統一，他們普遍感到工作難以駕馭，主動性、創造性不強。因此，司法體制改革工作，應當抽派精通司法業務的法官為主、政工人事等人員為輔組成專門班子來開展。

　　三是解決外部協同作用不強的問題。司法體制改革並不單純是司法機關內部工作機制的改革，還涉及多個行政部門和權力機關相關工作制度的配套改革。如：編制管理部門對司法機關人員數、職位數編制的管理控制機制，財政部門對司法機關財務供給工作機制，權力機關對司法機關職務任命管理工作機制，醫療保障機構對司法機關人員的分類保障工作機制，等等。司法體制改革需要這些部門機構協同配合對相應工作機制進行調整改革。但是，這是給這些部門機構額外增加的工作，其本身並不得益，因而他們並不當然具有很高的積極性、主動性。有些部門會提出要等本系統的上級部署，有些部門會提出要與非司法機關綜合平衡考慮，有些部門會提出各種質疑，有些部門提出存在克服不了的困難，有些部門會提出給自身增加人員、內設機構和工作經費要求。這種必然發生的情況，必須花較大的氣力反覆溝通、上門說服、集體討論、單獨交流，千方百計做好協調工作，使大家齊心協力，從而落實司法體制改革各項任務和要求。

三、為「獨立司法」立個法

（一）制定獨立司法法的必要性

1. 只有獨立司法法才能安排好所涉國家權力關係

司法法（law of judicial administration），指關於行使司法權之法【130】。在中國屬於司法法範圍的規範性法律文件雖然有所存在，但是因為立法理論上未認識到司法法的特點，故而這些法律文件之間系統性、協同性、整體性不強，特別是都沒有體現獨立司法的精神，沒有用獨立司法原則統領司法法各具體規範。只有制定一部專門的完善地突出獨立司法原則和精神的「獨立司法法」，才能將各種司法法文件合成為一個有機的體系；只有制定一部專門的獨立司法法才能安排好憲法規定下的國家權力劃分後司法主體與其他各類國家權力主體的關係。在獨立司法原則之下如何擺佈各類國家權力主體之間的關係，並不是司法主體能夠解決的問題，也不是司法體制改革能夠整體解決的，更不是靠司法主體協調做工作所能做通的。實行獨立司法，本質上就是對原來一長化的司法體制的否定，必然引起一系列公權力的重新配置，也必然地對大量公權力主體的行為自由有所限制，因而必然會有阻力、抵觸、違抗。只有通過立法，運用立法的權威，消除種種阻力，促成人們普遍接受，才能使獨立司法得以實現。

2. 只有獨立司法法才能控制廣大社會成員不干預司法

獨立司法是司法活動對社會的獨立行使。對於廣大社會主體干預司法的行為的控制，任何部門組織制定的規章制度都是不能奏效的，而司法主體自身呼籲、論證甚至發佈文件規定更不管用。要使全體社會成員普遍遵守，唯有制定法律，只有制定獨立司法法，才能約束全體社會成員尊重司法、不干預司法。

---

130 鄭競毅編著：《法律大辭書》，商務印書館發行，1936年出版，2012年9月重新排印第1版，第248頁。

3.　只有獨立司法法作出規定才能制裁損害獨立司法的行為

　　「法無明文規定不為罪」。必須有法律規制才能規範行為，必須制定和實施獨立司法法這樣使全社會一切社會主體普遍遵守的，能普遍適用於全社會一切社會成員的行為規範系統。對於違反獨立司法制度要求的行為，只有施以國家強制力的處罰與制裁，才能最終得到有效治理。

（二）制定獨立司法法的可行性

1.　制定獨立司法法有憲法依據

　　現行憲法明確規定了「法院獨立行使審判權」、「檢察院獨立行使檢察權」，包含了「獨立司法」、「司法不受干預」的含義。憲法法條需要轉化為行為規範才有實際價值，憲法原則必須作為行為規範的內在精神才會具有社會意義。獨立司法作為憲法確定的原則必須轉化為獨立司法法行為規範，如果始終不據之制定行為規範，實際是將憲法原則束之高閣而變成一紙空文。因此，制定和實施獨立司法法是落實憲法獨立司法原則的最有力的措施。

2.　憲法原則給制定獨立司法法留下空間

　　作為憲法對獨立司法只能作原則性規定，也只需要作原則規定。將原則性規定轉化為具體行為規範的工作作為空白留下來，正好給制定獨立司法法一個填補空白的機會。單獨制定獨立司法法不僅符合憲法原旨、與憲法及現有法律不相衝突，而且是填補法律空白完善法律體系的重要舉措。

3.　制定司法法的國外先例

　　有大陸法系學者認為：司法法是「法官用以解決糾紛的規範的總和」、「是其他法律的保障法」[131]。法國制定有《法國民事司法法》。

---

131 【法】洛伊克•卡迪耶：《法國民事司法法》，楊藝寧譯，陸建平審校，中國政法大學出版社，2010年10月第3版，第3頁、第7－8頁。

俄羅斯在1991年發佈《俄羅斯司法改革構想》以後，制定並實施了一系列司法法，包括：《法官地位法》《司法體系法》《法官經費法》《法院執行官法》《裁判執行法》等【132】。中國最高法院屢屢提出「確保人民法院依法獨立公正行使審判權的體制還不夠健全」【133】問題，但是問題僅靠呼籲是解決不了的。結合司法體制改革的實際，如能制定和實施「獨立司法法」，將會以法制的形式落實獨立司法原則，將會提升國家法制建設的整體水準。

4. 已有的制度建設成果給制定獨立司法法提供了極好素材

除了現行《憲法》《法院組織法》《法官法》堅持了司法體制的「獨立司法」原則，《中華人民共和國法官職業道德基本準則》【134】也體現了獨立司法的精神。特別是2014年以來，司法體制改革中出台的一系列文件，如：《關於司法體制改革試點若干問題的框架意見》《法官、檢察官職務序列改革試點方案》《法官、檢察官工資制度改革試點方案》《關於領導幹部干預司法活動、插手具體案件處理的記錄、通報和責任追究規定》《關於進一步規範司法人員與當事人、律師、特殊關係人、中介組織接觸交往行為的若干規定》《司法機關內部人員過問案件的記錄和責任追究制度》《關於切實防止冤假錯案的規定》《關於進一步規範涉案財物處置工作的意見》《關於完善人民法院司法責任制的若干意見》《關於人民法院推行立案登記制改革的意見》《關於建立完善國家司法救助制度的意見（試行）》《關於完善法律援助制度的意

---

132 《域外司法制度專題研究》，最高人民法院外事局、國家法官學院編輯，第141–143頁。

133 《2013年最高人民法院工作報告》（2014–02–27，16:23:46），來源：中國青年網。

134 2001年10月18日通過的《中華人民共和國法官職業道德基本準則》第13條規定：「法官應當尊重其他法官對審判職權的獨立行使」。2010年修訂後重新發佈《中華人民共和國法官職業道德基本準則》第8條規定：「堅持和維護人民法院依法獨立行使審判權的原則，客觀公正審理案件，在審判活動中獨立思考、自主判斷，敢於堅持原則，不受任何行政機關、社會團體和個人的干涉，不受權勢、人情等因素的影響」。

見》【135】，以及《保護司法人員依法履行法定職責規定》【136】等文件，都體現了獨立司法的精神。這些文件不僅是良好立法素材，而且也亟待立法將之貫串起來形成制度性、規範性文件的體系，亟待固化以發揮更好的社會作用。各省制定和試行的人員分類管理辦法，司法團隊組建辦法、人員編制統管的辦法、經費統管的辦法、建設專案等公物統管的辦法、內部行政保障的辦法，也都可以加以提煉固化。在此基礎上，完全有條件構建一部與《法院組織法》《法官法》平行並列的《獨立司法法》。

（三）獨立司法法應有的內容

1. 應當規制獨立司法主體的範圍和職責

對《憲法》上規定的法院獨立司法作擴充解釋。即：法院獨立司法核心是法官獨立審判。進而，規制法官的獨立司法主體職責，規定法官取得資格後與其身份相關的權利與義務具體項目；規定法官擔任法官職務後與其職務相關的職權與職責的具體項目；規定法官審理案件時的職權與職責的具體項目；規定法官權利保障方式。規制法院的獨立司法保障職責和方式，規定法院對內的工作職權與職責、對外的應具有的社會權利和應承擔的社會義務；規定法院內部專門設立法官獨立審判的維護保障機構；規定法院內部各組成單元不得過問干預法官獨立審判的要求；規定對法院內部一長化的破除，實行領導機構職責分立，首席法官管案件審判，院長管服務保障，人事委員會管人力資源；規定法院對外部干預司法的抵制權、抗議權、追究權及其具體實施渠道；規定法院可拒絕法院外部機關和社會組織對法院下達的各種指標，拒絕外部組織對法院進行的一切考核、考評、獎懲，拒絕一切於法無據的對法院的指控、查究、批評行為。

---

135 見：《司法體制改革取得突破性進展和明顯成效》，（2016年08月07日，08:54），來源:法制網。

136 見：《中辦國辦印發〈保護司法人員依法履行法定職責規定〉》，（2016年07月29日，07:54），來源:人民網·人民日報。

2. 規制人民代表大會保障和監督司法活動的範圍和方式

各級人民代表大會與法院之間的關係應當有章可循，人民代表大會對於獨立司法的保障和監督也應當有規範可以操作。周密地規定人民代表大會會議、人民代表大會常設機構及其內設機構、人民代表大會代表個體對於獨立司法的保障義務和監督權利的範圍，規定其行使這些權利、履行這方面義務的規範的方式。完善有效的監督，克服司法監督不規範、監督主體眾多而體系混亂、監督渠道眾多而制度化規範化程度較低的問題，解決目前普遍存在的個人監督、不當干預、濫施影響問題，使法院接受監督制度化、程序化、法律化。「就人類的天性的一般情況而言，對某人的生活有控制權，等於對其意志有控制權，在任何置司法人員的財源於立法機關的不時施捨之下的制度中，司法權和立法權的分立將永遠無從實現」[137]。因此，必須明確，人民代表大會監督是對法院整體工作的監督，而非個案監督，當事人對判決不服的，可以通過法律救濟途徑，而不該動用權力機關來干預；同時也要明確，人民代表大會的監督是事後監督，而不是在案件審理過程中監督。

3. 規制檢察機關監督司法活動的具體範圍和方式

清晰界定檢察權監督司法活動的範圍、方式。明確規定檢察機關對外部干預獨立司法的行為的檢查、監督、追究範圍。檢察機關的監督只能限於法官個人的違法行為、違紀行為以及道德品行等情況，而不能涉及法官對案件的裁判意志。

4. 規制行政機關保障和不得干預司法活動的內容和方式

要規定行政機關為法院配置人、財、物資源特別是提供經費保障的職責和必須履行的法律義務；規定嚴格限制行政機關在對法院配置

---

137 【美】漢密爾頓:《聯邦黨人文集》，程逢如等譯，商務印書館，1980年6月第1版，第391頁。

資源時的主觀任意性；規定行政機關為法院配置資源的必經程序；規定對於行政機關不履行保障司法的法律義務所必須承擔的責任；規定司法向人大彈劾、質詢行政機關怠於保障司法的問責權及其方式。規定行政機關不得實施或變相實施任何形式的控制、支配、指使、干預法院獨立司法和法官獨立審判的行為。從長遠來看，法院司法活動要真正擺脫地方行政權的干預，就要逐步實現司法預算和編制獨立。

5.　規制各類社會主體對獨立司法的尊重

規定各類社會團體不得干擾司法活動的具體要求。規定各級工會、各級共青團、各級婦聯組織及其領導機構、工作機關，有責任和義務組織帶領社會各界群眾支援和維護獨立司法。禁止各級各類社會團體以任何形式干預獨立司法；並具體規定干預獨立司法的責任後果及追責方式。

6.　規定各級各類領導幹部不得干預司法活動的具體要求

規定各級領導幹部尊重獨立司法、不干預司法的規範要求；規定領導幹部干預司法的禁止性行為具體表現；規定領導幹部違犯干預司法的禁止性規定後應受到的法律處罰方式；規定追究干預司法行為的主體、方式、程序。

7.　禁止任何個人和各種社會組織妨害獨立司法

規定妨害獨立司法的禁止行為，如：禁止案件當事人、關聯人捏造事實、誣告陷害法官，禁止案件當事人、關聯人在案件判決前後強迫法官接待其信訪；禁止任何在網絡等媒體上或以其他形式公開發佈對法官的攻擊性言論；禁止任何損害法官尊嚴的行為，等等。規定妨害獨立司法應當承擔的民事責任、行政責任、刑事責任；規定追究公民和各種社會組織妨害獨立司法的主管部門、主體責任、程序方式；規定啟動調查核實對法官獨立司法信訪舉報的特別嚴格的要求。

8. 規制媒體合理監督但不得妨礙司法活動的要求

要在制度上防範新聞媒體的報導不客觀、有的帶有明顯的傾向性、干擾法院正常審判工作的問題。既要健全保障新聞自由的內外環境，暢通新聞媒體評論司法工作的渠道，也要為新聞媒體評論司法工作設置合理的界限【138】。

---

138 美國在協調新聞監督與獨立司法之間的衝突與對抗時，美國學者司德門的話頗具啟發意義：「法律與新聞自由兩者之間衝突得到解決，絕不能認為某一方面取得勝利，或某一方面被擊敗，而應看着整個社會受益」。參見曹瑞林：《新聞法制學初步》，解放軍出版社，1998年第1版，第217頁。

結 語

❧❧❧❧❧❧❧❧❧❧❧❧❧❧❧❧❧❧❧❧❧

　　本書是對中國法院司法活動統計資料的一次發掘式研究。

　　在這次發掘式的研究中，我像考古工作者那樣，移開多且又多的雜物、鏟去厚而又厚的泥土、開挖寬上加寬的溝槽，去追尋那一個深埋着的「窖藏」。

　　在這次發掘式研究中，我悉心鑽研分析了數百本資料彙編、數千份圖表案卷、數萬個統計數據。我觀察到：司法活動統計數據呈現的波蕩性狀中，隱藏着令人震驚的情況，而形成司法波蕩的原因首先在於司法體制。我觀察到：不完善的司法體制是多麼殘酷無情、令人恐懼，而這種不完善竟然是憲法法律早已經確立的「法院獨立行使審判權」的精神沒有得到堅持和正確落實。

　　在這次發掘式研究中，我更深刻地認識到：造成司法波蕩的根源性原因其實並不僅在於司法體制。司法體制的一長化和諸多不完善，根源在於司法目的的附從化和司法標準的偏執化。長期以來，由於沒有恆定的司法目的，一切司法活動都處於附從的地位，從而使配合、支持、附和於各種當務需要成為司法目的。又因為這些當務需要都成了司法目的，從而使司法主體必然地將其對這些當務需要的最熱忱的態度、最執着的擁護、最「一邊倒」的偏袒當成司法標準。這樣偏執的司法標準，就必然地決定了司法工作需要「大呼隆」、「一窩蜂」、「統一行動」、「步調一致」的方式，因而就必然導致司法體制呈現一長化的結構，並決定了實際司法體制運行的品質和結果。而這個結果卻是使司法失去了其必須有的居中裁判功能，只剩下滿足眼前需要的功能，而最終結果卻是一輪又一輪地造成讓世人膽戰心驚的司法波蕩。對司法

波蕩現象的研究使人昭然明白地看到,司法體制的一長化決定於司法標準的偏執化,司法標準的偏執化決定於司法目的的附從化。

在這次發掘式研究中,我十分清晰地感知:單單進行司法體制的改革未必能解決現實和未來的司法不公問題,司法目的的正確確立、司法標準的理性回歸是更重要的、根本性的前提。所以,現實需要對司法領域全面改革,要全面解決司法目的附從化、司法標準偏執化、司法體制一長化的問題。

在這次發掘式的研究中,當我用考古工作者手中毛刷一樣精細的筆觸,刷開司法活動大數據上最後一層歷史灰塵的時候,終於看到了那無價之寶般的照耀四方的光芒!這不是別的珍寶之光,而是司法制度和司法活動的精神與骨髓之寶光、是司法正義之光!

這個寶光簇擁着的司法正義就是這樣的結論:司法的根本目的是維護社會正義!司法的最高標準是實現本原公正!司法的必由體制是真正的獨立司法!而對這個司法正義最精煉的概括,正是習近平主席所說:

「努力讓人民群眾在每一個司法案件中都能感受到公平正義」!

當我看到這個司法正義之光的時刻,突然感到眼下的法官都很簡單,都不過是司法職業從業者而已。法官們每天對照同樣的條文,表述類同的問話,撰寫格式固定的文書,作出符合院長要求的裁斷。大家工作的目的只是把案件辦掉,而把案件辦掉的目的只是為了把下一個案件再辦掉!大家只知道所認定的事實要有證據、所作出的判斷要有依據,不能夠因為這兩方面有硬傷而受到詬病,或因之承擔責任而影響自己的職業生涯與幸福人生。大家需要操心的,只是完成好工作任務,讓院長滿意,並從而獲得薪酬,以及表揚、獎金、晉級,或者謀得一官半職。大家幾乎不需要去想明白:辦案對國家社會有什麼極端重要性?怎樣辦案才是正確的?大家也並不在意:應該有一個什麼樣的明確的司法目的?應該有一個什麼樣的統一的司法標準?應該有一個什麼樣的科學合理的司法體制?

當我看到這個司法正義之光的時刻，也突然明白了怎麼樣才是真正的法官！我真正明白了馬克思「獨立的法官既不屬於我，也不屬於政府」[1]之言的深刻含義：法官，右手舉着維護正義的寶劍，左手持着體現公正的天平，獨立於蒼茫天地之間，處斷紛紜複雜的世事，從而引導人類和諧共存！法官不是任何社會主體的附庸，不是任何權勢者的奴婢，也不同於普通的芸芸眾生，他們是正義之神！每一個法官，都應當是正義之神！

當我看到這個司法正義之光的時刻，也就形成了我的研究主張：第一，法官，應是「正義維護者」或「正義裁判官」；第二，司法，應是法官運用法律來維護社會正義和消除非正義的事業；第三，司法改革，必須體現司法目的正義化、司法標準公正化、司法體制獨立化的要求。而這些主張，歸結起來其實只有一個期待：

快快煉成一批掌握司法正義的法官吧，將司法裁斷權更多地賦予他們！

1　馬克思：《第六屆萊茵省議會的辯論（第一篇論文）》，載《馬克思恩格斯全集》第1卷，人民出版社，1956年12月第1版，第181頁。

後記

❧❧❧❧❧❧❧❧❧❧❧❧❧❧❧❧❧❧❧❧❧❧❧❧

我用了五年時間供讀香港城市大學的法學博士學位。在這五年的求學過程中，我享受到了人生至高無上的快樂——學習的快樂！

在香港學習期間，我曾在荃灣海邊的汀蘭居寓居，沐浴了無盡的清新海風；曾在美麗娟秀的紫荊花下漫步，流覽過無數夢幻般的海景。港島市民文明典雅、彬彬有禮的風範不斷淘洗我的心靈；來自世界各地的學子自覺刻苦、追求知識的精神堅定了我堅守學業的信心。

我曾在Run Run Shaw Library的書籍海洋中整日沉淪；曾在Chow Yei Ching School of Graduate Studies國際學術會議上就法學或國際政治問題參與討論；曾在立法會觀看香港憲政的實情實景；曾在律政司考察香港司法行政的高效運行；曾在高等法院和區域法院觀摩香港司法審判活動的完整過程；曾在Victoria Harbour港灣邊與同學們討論英美法系的底蘊，並赴韓國高麗大學接受大陸法系法學理論的交流培訓。

而對我來說最重要的，是有機會系統聆聽眾多的世界頂級法學家思想理論的傳播，接受大量先進法律文化的指引。美國耶魯大學國際法學泰斗Michael Reisman教授、香港城市大學校長郭位教授、香港城市大學法律學院院長王貴國教授、香港大學法律學院院長傅華伶教授的講座，教給了我治學的基本方法論。香港城市大學的顧敏康教授、林峰教授、賀欣教授、梁美芬（香港立法會議員）副教授、楊帆副教授、關文偉博士、陳磊博士，他們所進行的系統授課，大幅拓寬了我的理論視野，為我重造了厚實的法學理論基礎。學習期間我還聆聽了北京大學王錫鋅教授、陳瑞華教授、尹田教授，清華大學周光權教授，中國人民大學楊立新教授，北京師範大學盧建平教授等國內法學家極為精要的最新法學理論講座，參加了國家法官學院梁欣教授等舉辦的學

術沙龍，使我對中國與世界各國法學理論前沿問題，有了更加深刻的瞭解。對於這麼多老師，我的內心充滿敬仰，更要表達無盡的感謝！

王貴國教授是我的第一任博士導師。他為我的論文選題和初稿的修改傾注了大量心血，親筆作了多次的批改。直到退休前夕，他還為我組織了論文預答辯。他曾強忍腰痛，對我的論文初稿進行了長達3小時的分析和點評。我為王貴國教授的嚴謹細緻的治學精神、海一樣博大精深的法學思想所深深地折服，更為王貴國教授對我的教導，充滿感激之情。

朱國斌教授是我的第二任博士導師。朱國斌教授是一位學識淵博的法學大家，也是一位師德高尚的教育大家。我的論文修改曾一度陷入極端迷茫之中，幾乎要放棄論文的選題。朱國斌教授仔細披閱、反覆分析了我的文稿後，給予了充分的肯定。朱國斌教授不僅幫我找回了論題研究的價值，也幫我找回了完成論文的自信，更幫我找回了一次人生取得重大成就的機會！正是在朱國斌教授的精心指導下，我的論文才最終得以完成，並通過了正式答辯。如今回想起來，我對朱國斌教授的感激之情，真如珠江之水波濤永連！

香港城市大學已是我人生的最高母校。在這所母校裏，還有很多令我難忘的教務和行政人員：Miss Helen SUEN、Miss Elaine Cheung、Miss LUI Wai Yi Rosita、Miss Phyllis MAK、Miss KWOK Sze Ki Agnes、Miss KWOK Pui Ling、Miss Emily Chow、Miss LEE Kit Ching Tammy、Miss LIN Haiying、Miss YUEN Kris F Y，無論我在校期間還是不在校期間，他們都給了我無微不至的關懷，提供了大量的幫助，讓我感受到母校家一樣的溫暖。在我的內心裏，已對他們產生親如家人的情感！

我有本班25位博士同學，還有前後幾個年級的博士同門。我們在同一教學樓裏、跟隨着同一老師，一同活動、一同學習。我們互相幫助、互相交流，相處得是那麼融洽、開心。我深深地感謝我的同學、同門，更會永遠保持我們的友誼！

我深深地體會到，能夠通過學習明白一些過去沒有明白的事情，能夠通過研究認識到別人沒有認識到的道理，這是一種最快樂的人生

體驗。在我的論文課題研究中，我看懂了中國司法制度的特徵，把握到了這一司法制度的發展脈絡，並且將之揭示出來，我覺得這就是一種人生的成功。這一成功除了我自己刻苦努力的原因，更多的是國家和社會培養的結果。因此，在今後的歲月裏，我理應將自己的所學更好地應用到社會實踐之中！

在我的論文答辯通過之後，朱國斌教授不僅繼續指導我進行修改完善，還反覆囑咐我要交付出版。他對自己學生的學業成果如此重視，真正是孔孟風範的好師長啊！

香港城市大學出版社陳明慧老師對本書稿精心審讀、悉心指導，在此，我向她致以崇高敬意！

願我們每個人的人生中，都能繼續不斷地享受學習的快樂！

鄭昌華

2018年11月24日於香港城市大學張永珍學人樓

參考文獻

一、經典著作和重要文獻

《毛澤東選集》（第1–5卷），北京：人民出版社，第2版，1991年6月。

《列寧全集》（第6、17、29、31、43卷），北京：人民出版社，1984–1990年。

《列寧選集》（第1–4卷），上海：上海人民出版社，第2版，1972年10月。

《江澤民文選》（第1–3卷），北京：人民出版社，2006年8月。

《建國以來毛澤東文稿》（第1–13冊），北京：中央文獻出版社，1992年1月。

《胡錦濤文選》（第1–3卷），北京：人民出版社，2016年9月。

《馬克思恩格斯全集》（第1、13、42卷），北京：人民出版社，1956年12月。

《馬克思恩格斯選集》（第1–4卷），北京：人民出版社，1972年5月。

《習近平談治國理政》，北京：外文出版社，2014年10月。

《習近平關於全面依法治國論述摘編》，中央文獻出版社，2015年4月。

《習近平總書記重要講話文章選編》，中央文獻出版社，2016年4月。

《習近平談治國理政》（第二卷），北京：外文出版社，2017年11月。

《彭真文選》，北京：人民出版社，1991年5月。

《董必武政治法律文集》，北京：法律出版社，1986年2月。

《董必武法學文集》，北京：法律出版社，2001年6月。

《劉小奇選集》（上下卷），北京：人民出版社，1985年12月。

《鄧小平文選》（第1–3卷），北京：人民出版社，1994年10月。

《謝覺哉文集》，北京：人民出版社，1989年10月。

二、工具書

《不列顛簡明百科全書》（上下冊），北京：中國大百科全書出版社編譯發行，2005年9月。

《中國大百科全書法學卷》，上海：中國大百科全書出版社，1984年9月。

《法學詞典》（增訂版），上海：上海辭書出版社，1986年2月。

【日】我妻榮編輯：《新法律學辭典》，譯校代表董璠輿，北京：中國政法大學出版社，1991年6月。

【美】比克斯：《牛津法律理論詞典》，邱昭繼譯，北京：法律出版社，2007年5月。

【美】克密特·L·霍爾：《牛津美國法律百科辭典》，林曉雲等譯，北京：法律出版社，2008年2月。

【英】大衛·M·沃克編著：《牛津法律大辭典》，北京社會與科技發展研究所組織翻譯，北京：光明日報出版社，1988年8月。

【英】大衛·米勒、【英】韋農·波格丹諾主編：《布萊克維爾政治學百科全書》（新修訂版，兩卷本），北京：中國政法大學出版社，2011年1月。

【英】B·S·埃弗里特（B. S. Everitt）著：《劍橋統計學辭典》（*The Cambridge Dictionary of Statistics*），錢曉明譯，上海：上海財經大學出版社，2010年12月。

5141課題組編：《智慧財產權法學詞典》（第二版），北京：北京大學出版社，2008年5月。

中國社會科學院法學研究所法律辭典編委會編：《法律辭典》，北京：法律出版社，2003年1月。

王家福主編：《經濟法律大辭典》，北京：中國財政經濟出版社，1992年8月。

江平、巫昌禎主編：《現代實用民法詞典》，北京：北京出版社，1988年6月。

江平主編：《中國司法大辭典》，長春：吉林人民出版社，1991年2月。

李偉民主編：《法學辭源》，北京：中國工人出版社，1994年4月。

李偉民主編：《法學辭海》（1–4冊），北京：藍天出版社，1998年10月。

李偉民主編：《法學辭源》（1–5冊），哈爾濱：黑龍江人民出版社，2002年8月。

李偉民等主編：《中國司法語典》，北京：中國工人出版社，1993年4月。

李開榮主編：《漢英政治法律詞典》，北京：中國書籍出版社，2002年1月。

肖賢富主編：《中外市場經濟法律知識大辭典》，北京：中國政法大學出版社，1994年1月。

周振想主編：《法學大辭典》，北京：團結出版社，1994年1月。

胡志勇主編：《英漢社會科學大詞典》，北京：科學出版社，2011年1月。

苑春鳴主編：《漢英法律分類詞典》，鄭州：河南科學技術出版社，2004年1月。

張光博等編撰：《簡明政治學詞典》，北京：吉林人民出版社，1985年1月。

張海鵬、臧宏、時惠榮主編：《當代社會科學大詞典》，南京：南京大學出版社，1995年7月。浦法仁編著：《法律辭典》，上海：上海辭書出版社，2009年1月。

曹建明、何勤華分科主編：《大辭海‧法學 卷（修訂版）》，上海：上海辭書出版社，2015 年 12 月。

陳忠誠編著：《英漢漢英法律用語辨正詞典》，北京：法律出版社，2000 年 1 月。

喻偉泉主編：《實用智慧財產權法學新詞典》，長春：吉林人民出版社，2004 年 1 月。

彭克宏主編：《社會科學大詞典》，北京：中國國際廣播出版社，1989 年 10 月。

曾慶敏主編：《法學大辭典》，上海：上海辭書出版社，1998 年 12 月。

楊春洗等主編：《刑事法學大辭典》，南京：南京大學出版社，1990 年 12 月。

鄒瑜、顧明主編：《法學大辭典》，北京：中國政法大學出版社，1991 年 12 月。

劉復之主編：《中華人民共和國法律大辭書》，長春：長春出版社，1991 年 8 月。

鄭競毅編著：《法律大辭書》，北京：商務印書館，2012 年 9 月。

霍根正：《司法行政詞典》，北京：中國社會科學出版社，2010 年 1 月。

薛波著：《元照英美法詞典》，北京：北京大學出版社，2017 年 3 月。

蘇醒主編：《中國律師大辭典》（上下卷），北京：法律出版社，1992 年 2 月。

Collins Internet-Linked Dictionary of Statistics, Statistic Defined and Explained. Collins Press, January 2005.

Garner, A. *Black's Law Dictionary* (10th edition). Thomson West Press, May 2014.

三、中文著作

（一）法理學方面

中國政法大學科研處編：《法治與和諧——首屆中國法治論壇論文集》，北京：中國政法大學出版社，2007 年 9 月。

王仲方、卓翔主編：《走向法治：30 篇影響中國法治進程的法學論文》，長沙：湘潭大學出版社，2008 年 11 月。

王廣：《正義之後：馬克思恩格斯正義觀研究》，南京：江蘇人民出版社，2010 年 9 月。

包玉秋：《法理學研究》，北京：人民出版社，2007 年 3 月。

何懷宏：《公平的正義：解讀羅爾斯〈正義論〉》，濟南：山東人民出版社，2002 年 1 月。

呂世倫、文正邦主編：《法哲學論》，北京：中國人民大學出版社，1999 年 2 月。

李步雲：《走向法治》，長沙：湖南人民出版社，1998 年 8 月。

李陽春：《制度正義論》，廣州：廣東人民出版社，2016年3月。

李奮飛：《寫意法治：正義的底線》，北京：清華大學出版社，2014年5月。

周濂：《正義的可能》，北京：中國文史出版社，2016年10月。

季衛東：《大變局下的中國法治》，北京：北京大學出版社，2013年6月。

居正：《法律哲學導論》，北京：商務印書館，2012年12月。

居正：《為什麼要重建中華法系——居正法政文選》，北京：中國政法大學出版社，
    2009年6月。

林火旺：《正義與公民》，長春：吉林出版集團有限責任公司，2008年4月。

泮偉江：《當代中國法治的分析與建構》，北京：中國法制出版社，2012年3月。

俞可平主編：《國家底線：公平正義與依法治國》，北京：中央編譯出版社，
    2014年12月。

姚建宗：《法理學》，北京：中國政法大學出版社，2006年1月。

洪冬英：《實現正義的選擇與規範》，北京：中國人民大學出版社，2013年6月。

胡波：《社會正義的思想追尋》，哈爾濱：黑龍江教育出版社，2013年12月。

孫國華、周元：《公平正義：社會主義法治的核心價值》，北京：中國人民大學出版社，
    2014年1月。

張友漁：《張友漁學術精華錄》，北京：北京師範學院出版社，1988年6月。

張文顯主編：《法理學》，北京：高等教育出版社、北京大學出版社，1999年10月。

張文顯著：《二十世紀西方法哲學思潮研究》，北京：法律出版社，1997年1月。

慈繼偉：《正義的兩面》（修訂版），北京：生活•讀書•新知三聯書店，2014年10月。

楊謙、王桂豔主編：《公平與正義問題研究》，南寧：廣西人民出版社，2018年3月。

熊秉元：《正義的成本：當法律遇上經濟學》，北京：東方出版社，2013年8月。

劉小楓編：《格勞秀斯與國際正義》，北京：華夏出版社，2011年1月。

劉品新：《經由法律的正義》，北京：清華大學出版社，2013年12月。

劉進田、李少偉：《法律文化導論》，北京：中國政法大學出版社，2005年9月。

謝治菊：《差等正義及其批判研究》，北京：中國社會科學出版社，2018年3月。

羅中玉、姜陽編著：《法律：社會關係的調整器》，北京：時事出版社，1985年5月。

蘇聯司法部全聯盟法學研究所：《國家與法權通史》（第一、二、三分冊），北京：中國
    人民大學出版，1954年12月。

（二）憲法學方面

王照東：《政治文明視野中的權力問題研究》，北京：中國社會科學出版社，
　　2006年12月。

王磊：《憲法的司法化》，北京：中國政法大學出版社，2000年2月。

朱國斌、郭寶平：《探尋憲政之路：從現代化的視角檢討中國20世紀上半葉的憲政試
　　驗》，濟南：山東人民出版社，2005年1月。

朱國斌：《中國憲法與政治制度》（第二版），北京：法律出版社，2006年8月。

吳愛明、朱國斌、林震：《當代中國政府與政治》（第三版），北京：中國人民大學出版
　　社，2015年3月。

李步雲主編：《憲法比較研究》，北京：法律出版社，1998年11月。

汪習根主編：《司法權論——當代中國司法權運行的目標模式、方法與技巧》，武漢：
　　武漢大學出版社，2006年5月。

林峰編著：《百 年 憲 政 與 中 國 憲 政 的 未 來》，香 港：香 港 城 市 大 學 出 版 社，
　　2011年3月。

張軍：《憲法隱私權研究》，北京：中國社會科學出版社，2007年6月。

莫紀宏：《現代憲法的邏輯基礎》，北京：法律出版社，2001年12月。

許長青：《產學合作與法律制度創新：大學知識產業化的立法促進研究》，北京：高等
　　教育出版社，2010年10月。

陳雲生著：《憲法監督司法化》，北京：北京大學出版社，2004年1月。

陳曙峰：《香港政制常識解難101》，香港：商務印書館（香港）有限公司，2013年2月。

程春明：《司法權及其配置：理論語境、中曲法式樣及國際趨勢》，北京：中國法制出版
　　社，2009年3月。

黃竹勝：《司法權新探》，南寧：廣西師範大學出版社，2003年6月。

劉松山：《憲法監督與司法改革》，北京：智慧財產權出版社，2015年5月。

（三）司法制度與司法學方面

中央人民政府司法部編：《蘇聯司法實務》，北京：中央人民政府司法部，
　　1951年11月。

公丕祥、董開軍主編：《司法公信建設——司法改革研究》（2012年 卷），北京：法律出
　　版社，2013年8月。

公丕祥：《司法改革研究：人民法院能動司法方式》，北京：法律出版社，2012年3月。

公丕祥：《當代中國的司法改革》，北京：法律出版社，2012年8月。

尤韶華：《香港司法體制沿革》，北京：智慧財產權出版社，2012年5月。

尹忠顯：《司法能力研究》，北京：人民法院出版社，2006年2月。

尹晉華主編：《法律的真諦：寫給執法者的書》，北京：中國檢察出版社，2006年1月。

王小林、吳傑主編：《邁向和諧的司法正義》，北京：人民法院出版社，2009年1月。

王小林：《和諧司法論綱》，北京：法律出版社，2012年1月。

王公文、許兵：《中外司法體制比較研究》，北京：法律出版社，2013年2月。

王利明：《司法改革研究》，北京：法律出版社，2000年1月。

王海軍：《近代俄國司法改革史》，北京：法律出版社，2016年6月。

王晨：《司法公正的內涵及其實現》，北京：智慧財產權出版社，2013年9月。

王舸：《司法行政哲學》，北京：中國政法大學出版社，2014年11月。

王貴國主編：《中國法官》（第一輯），北京：法律出版社，2013年3月。

王貴國主編：《中國法官》（第二輯），北京：法律出版社，2017年1月。

王越飛主編：《司法改革與法院工作創新》，北京：河北人民出版社，2009年12月。

王聖誦、王成儒合著：《中國司法制度研究》，北京：人民出版社，2006年5月。

王雷：《基於司法公正的司法者管理激勵》，北京：法律出版社，2010年4月。

史煥章主編：《司法倫理學》，上海：上海人民出版社，1988年9月。

左衛民主編：《中國司法制度》，北京：中國政法大學出版社，2002年2月。

田禾主編、呂豔濱副主編：《司法透明的國際比較》，北京：社會科學文獻出版社，2013年2月。

任允正、劉兆興主編：《司法制度比較研究》，北京：中國社會科學出版社，1996年12月。

任永安，盧顯洋：《中國特色司法行政制度新論》，北京：中國政法大學出版社，2014年9月。

朱武、劉治旺、施榮根、雍奇：《司法應用邏輯》，鄭州：河南人民出版社，1987年11月。

朱國斌：《香港司法制度》，鄭州：河南人民出版社，1997年7；修正第二版，香港：中華書局，2013年7月。

江國華、吳展：《司法法學》，武漢：武漢大學出版社，2015年4月。

江國華：《中國司法學》，武漢：武漢大學出版社，2016年7月。

何家弘主編:《中外司法體制研究》,北京:中國檢察出版社,2004年1月。

吳家友主編:《法官論司法和諧》,北京:法律出版社,2007年12月。

吳家友主編:《法官論司法能力》,北京:法律出版社。2006年11月。

宋冰編:《美國與德國的司法制度及司法程序》,北京:中國政法大學出版社,1998年1月。

宋孝賢:《走向司法公正》,北京:中國檢察出版社,2002年4月。

宋遠升:《司法論》,北京:法律出版社,2016年9月。

宋濤:《守護正義:西方司法之路》,長春:長春出版社,2016年1月。

李軍編著:《中國司法制度》,北京:中國政法大學出版社,2009年9月。

沈瑋瑋、葉開強等:《人民司法:司法文明建設的歷史實踐》,廣州:中山大學出版社,2016年8月。

沈德詠、景漢朝:《司法調解教程》,北京:中國法制出版社,2012年11月。

沈德詠:《司法改革精要》,北京:人民法院出版社,2003年6月。

沈德詠主編,李少平、衛彥明副主編:《全面深化司法改革促進司法公正》,北京:人民法院出版社,2016年4月。

沈德詠主編:《應對危機看司法》,北京:法律出版社,2009年12月。

肖建國:《司法公正的理念與制度研究》,北京:中國人民公安大學出版社,2006年6月。

肖揚主編:《當代司法體制》,北京:中國政法大學出版社,1998年5月。

周玉華:《司法要略》,北京:法律出版社,2010年11月。

周玉華主編:《中國司法學》,北京:法律出版社,2015年6月。

周萃芳、卞建林:《司法認知論》,北京:中國人民大學出版社,2008年9月。

周暉國:《人民司法的科學發展:周暉國司法文集》,北京:中國民主法制出版社,2012年6月。

周溯:《行進在司法路上》,北京:法律出版社,2012年12月。

周道鸞:《司法改革與司法實務探究》,北京:人民法院出版社,2006年5月。

周冀榮主編:《司法的溫暖》,北京:法律出版社,2012年3月。

周繼業主編:《司法的責任與擔當:能動司法‧應對金融危機》,北京:法律出版社,2010年3月。

季金華:《司法權威論》,濟南:山東人民出版社,2004年1月。

武建敏、盧擁軍：《審判的藝術》，北京：人民出版社，2009年3月。

武建敏：《司法理論與司法模式》，北京：華夏出版社，2006年8月。

邵建東主編：《德國司法制度》，廈門：廈門大學出版社，2010年7月。

金邦貴主編：《法國司法制度》，北京：法律出版社，2008年10月。

侯欣一：《從司法為民到人民司法》，北京：中國政法大學出版社，2007年4月。

信春鷹、李林主編：《依法治國與司法改革》，北京：中國法制出版社，1999年9月。

姚奎彥：《公正司法與司法公信：審判理論與實務研究》，北京：法律出版社，
　　2016年1月。

姚奎彥主編：《公正司法與司法公信：審判理論與實務研究》，北京：法律出版社，
　　2016年1月。

胡玉鴻：《司法公正的理論根基：經典作家的分析視角》，北京：社會科學文獻出版
　　社，2006年4月。

胡夏冰、馮仁強編著：《司法公正與司法改革研究綜述》，北京：清華大學出版社，
　　2001年5月。

胡雲騰：《司法改革》，北京：社會科學文獻出版社，2016年3月。

范愉、彭小龍、黃娟編著：《司法制度概論》，北京：中國人民大學出版社，
　　2016年10月。

范愉主編：《司法制度概論》，北京：中國人民大學出版社，2004年6月。

夏業良：《制度是怎樣煉成的》，天津：天津人民出版社，2002年1月。

夏錦文：《司法現代化》，北京：法律出版社，2016年11月。

孫明強：《制度勝於一切》，北京：新華出版社，2007年1月。

孫笑俠著：《司法的特性》，北京：法律出版社，2016年10月。

孫萬勝著：《司法制度的理性之徑》，北京：人民法院出版社，2004年4月。

徐昕：《法國司法前沿》，廈門：廈門大學出版社，2013年12月。

秦策、張鐳：《司法方法與法學流派》，北京：人民出版社，2011年1月。

翁子明：《司法判決的生產方式：當代中國法官的制度激勵與行為邏輯》，北京：北京
　　大學出版社，2009年5月。

翁國民：《「法庭之友」制度與司法改革》，北京：法律出版社，2006年12月。

馬新嵐著：《鑄造司法公信》，北京：法律出版社，2014年7月。

高一飛:《司法改革的中國模式》,北京:法律出版社,2011 年 11 月。

高其才、肖建國、胡玉鴻:《司法公正觀念源流》,北京:人民法院出版社,2003 年 4 月。

崔永東:《司法改革與司法公正》,上海:上海人民出版社,2016 年 1 月。

崔永東:《司法學原理》,北京:人民出版社,2011 年 7 月。

崔永東:《司法學論綱》,北京:人民出版社,2014 年 1 月。

崔永東主編:《司法學研究 (2014)》,北京:人民出版社,2014 年 12 月。

張文伯:《我看各國司法》,台北文星書店,1967 年 2 月。

張文顯:《司法的實踐理性》,北京:法律出版社,2016 年 9 月。

張永泉:《司法審判民主化研究》,北京:中國法制出版社,2007 年 10 月。

張志銘、韓大元、肖建國等編:《建設公正高效權威的社會主義司法制度研究》(1–4 冊),北京:中國人民大學出版社,2013 年 3 月。

張步文:《司法證明原論》,北京:商務印書館,2014 年 1 月。

張其山:《司法三段論的結構》,北京:北京大學出版社,2010 年 6 月。

張建偉:《司法競技主義——英美訴訟傳統與中國庭審方式》,北京:北京大學出版社,2005 年 10 月。

張柏峰主編:《中國的司法制度》,北京:法律出版社,2004 年 10 月。

張紅:《司法賠償研究》,北京:北京大學出版社,2007 年 4 月。

張進德:《司法文明與程序正義》,北京:中國政法大學出版社,2015 年 5 月。

張衛平、齊樹潔主編,丁啟明執行主編:《司法改革論評》(1–21輯),廈門:廈門大學出版社,2001–2016 年每年。

曹文澤、崔永東主編:《司法學研究》(2015),北京:人民出版社,2015 年 12 月。

章武生、左衛民主編:《中國司法制度導論》,北京:法律出版社,1994 年 11 月。

章武生等著:《司法公正的路徑選擇:從體制到程序》,北京:中國法制出版社,2010 年 7 月。

許光雲:《中國司法內幕》,銀川:寧夏人民出版社,1999 年 1 月。

郭成偉主編:《外國司法制度概要》,南京:江蘇人民出版社,2001 年 8 月。

陳文興:《司法公正與制度選擇》,北京:中國人民公安大學出版社,2006 年 10 月。

陳弘毅、陳文敏、李雪菁、陸文慧合編:《香港法概論》,香港:三聯書店有限公司,2013 年 3 月。

陳光中、江偉主編：《訴訟法論叢》（第8卷），北京：法律出版社，2003年5月。

陳光中主編：《中國司法制度的基礎理論專題研究》，北京：北京大學出版社，2005年6月。

陳光中等著：《中國司法制度的基礎理論問題研究》，北京：經濟科學出版社，2010年2月。

陳金釗、孫光寧：《司法方法論》，北京：人民出版社，2016年3月。

陳根發著：《司法與傳媒》，北京：智慧財產權出版社，2015年8月。

陳國慶、王佳：《司法制度》，南京：江蘇人民出版社，2015年7月。

陳斯主編：《法官視野中的司法》，廈門：廈門大學出版社，2010年5月。

陳業宏、唐鳴：《中外司法制度比較》，北京：商務印書館，2000年6月。

陳增寶：《法官心理與司法技巧》，北京：中國法制出版社，2012年3月。

陳衛東：《司法公正與司法改革》，北京：中國檢察出版社，2002年5月。

陸而啟：《法官角色論：從社會、組織和訴訟場域的審視》，北京：法律出版社，2009年9月。

陸豐：《蘇聯司法制度》，北京：大東書局，1951年1月。

傅志人：《日本司法概況》，北京：法律出版社，1984年3月。

景漢朝主編：《司法成本與司法效率實證研究》，北京：中國政法大學出版社，2010年10月。

程漢大、李培鋒：《英國司法制度史》，北京：清華大學出版社，2007年6月。

賀榮主編：《公正司法與行政法實施問題研究：全國法院第25屆學術討論會獲獎論文集》，北京：人民法院出版社，2014年1月。

黃永維主編：《人民法院司法公開與司法創新指南》（總第1輯），北京：人民法院出版社，2015年12月。

黃素萍、楊德志編著：《司法機關組織法》，北京：中國政法大學出版社，2006年7月。

楊一平：《司法正義論》，北京：法律出版社，1999年1月。

楊建軍：《司法能動主義與中國司法發展》，北京：法律出版社，2016年3月。

萬鄂湘主編：《司法體制改革與刑事法律適用研究：全國法院第二十一屆學術討論會論文集》（上下冊），北京：人民法院出版社，2009年12月。

萬鄂湘主編：《建設公正高效權威的社會主義司法制度研究：全國法院第二十屆學術討論會論文集》（上下冊），北京：人民法院出版社，2008年11月。

萬鄂湘主編:《探索社會主義司法規律與完善民商事法律制度研究——全國法院第23
　　屆學術討論會獲獎論文集》(上下冊),北京:人民法院出版社,2011年12月。

葉三方、楊正明主編:《司法視野下的法律適用》,北京:人民法院出版社,
　　2008年3月。

董開軍主編:《司法行政學》,北京:中國民主法制出版社,2007年9月。

董開軍主編:《司法改革形勢下審判管理基本理論與實踐研究》,北京:法律出版社,
　　2016年12月。

董皞:《司法解釋論》,北京:中國政法大學出版社,1999年1月。

董璠輿:《日本司法制度》,北京:中國檢察出版社,1992年2月。

廖奕:《司法均衡論——法理本體與中國實踐的雙重建構》,武漢:武漢大學出版社,
　　2008年9月。

熊先覺、劉運宏:《中國司法制度學》,北京:法律出版社,2007年6月。

熊先覺:《中國司法制度》,北京:中國政法大學出版社,1986年12月。

熊先覺:《中國司法制度新論》,北京:中國法制出版社,1999年1月。

熊先覺:《司法制度與司法改革》,北京:中國法制出版社,2007年7月。

熊先覺:《司法學》,北京:法律出版社,2008年6月。

熊先覺主編:《國際司法制度》,北京:天津人民出版社,1994年1月。

熊先覺等編:《中國司法制度資料選編》,北京:人民法院出版社,1987年1月。

褚紅軍:《司法前沿》,北京:人民法院出版社,2010年12月。

褚紅軍:《能動司法與公司治理》,北京:法律出版社,2010年2月。

趙琳琳:《澳門司法制度新論》,北京:社會科學文獻出版社,2015年1月。

齊奇:《法治中國與司法公開》,北京:方志出版社,2014年2月。

齊樹潔、陳斯:《司法的智慧》,北京:廈門大學出版社,2015年12月。

齊樹潔主編:《美國司法制度》,廈門:廈門大學出版社,2010年6月。

齊樹潔主編:《英國司法制度》,廈門:廈門大學出版社,2007年2月。

劉仁文著:《司法的細節》,南寧:廣西師範大學出版社,2016年3月。

劉立憲、張智輝主編:《司法改革熱點問題》,北京:中國人民公安大學出版社,
　　2000年10月。

劉恆志:《司法人權論》,石家莊:河北大學出版社,2013年6月。

劉智峰主編:《走向司法公正:司法腐敗紀實》,北京:中國物資出版社,1998年12月。

劉瑞川：《司法的精神》，北京：人民法院出版社，2006 年 6 月。

劉練軍：《司法要論》，北京：中國政法大學出版社，2013 年 3 月。

蔣大興主編：《司法制度學：問題點與文獻源》，北京：中信出版社，2004 年 5 月。

鄧成明主編：《正義需要代理：律師法治基本問題研究》，北京：法律出版社，2014 年 3 月。

鄧輝：《司法政治學研究初論》，上海：復旦大學出版社，2015 年 11 月。

魯千曉、何媛：《司法方法學》，北京：法律出版社，2009 年 3 月。

繆蒂生：《當代中國司法文明與司法改革》，北京：中央編譯出版社，2007 年 1 月。

謝佑平：《司法公正的建構》，北京：中國檢察出版社，2005 年 6 月。

韓秀桃：《司法獨立與近代中國》，北京：清華大學出版社，2003 年 10 月。

韓德明：《司法現代性及其超越》，北京：人民出版社，2011 年 12 月。

聶長建：《司法判決研究》，北京：中國社會科學出版社，2011 年 12 月。

懷效鋒主編：《中國特色社會主義司法制度改革與完善研究》，北京：中國政法大學出版社，2012 年 8 月。

譚世貴主編：《中國司法制度》，北京：法律出版社，2016 年 8 月。

譚世貴主編：《中國司法原理》，北京：高等教育出版社，2004 年 2 月。

譚世貴等著：《中國法官制度研究》，北京：法律出版社，2009 年 11 月。

譚紅：《司法的理論與實務若干問題研究》，濟南：山東人民出版社，2010 年 7 月 1 日。

蘇澤林主編：《法官職業化建設指導與研究》，北京：人民法院出版社，2004 年 5 月。

（四）刑事司法方面

刑法學全書編委會發行：《刑法學全書》，上海：上海科學技術文獻出版社，1993 年 4 月。

何家弘：《亡者歸來：刑事司法十大誤區》，北京：北京大學出版社，2014 年 12 月。

何家弘：《遲到的正義：影響中國司法的十大冤案》，北京：中國法制出版社，2014 年 6 月。

李永紅：《刑事司法論》，北京：中國檢察出版社，2006 年 7 月。

李衛紅等著：《刑事司法裁判權的獨立與受制》，北京：中國人民大學出版社，2008 年 3 月。

杜宇：《轉型社會中「刑事責任理論」的反思與重構》，北京：中國政法大學出版社，2012 年 6 月。

狄小華、李志剛編著:《刑事司法前沿問題:恢復性司法研究》,北京:群眾出版社,2005年8月。

周光權:《刑法學的向度》,北京:中國政法大學出版社,2004年7月。

周道鸞、張軍主編:《刑法罪名精釋》,北京:人民出版社,2007年11月。

林維主編:《最高法院如何掌控死刑:美國聯邦最高法院死刑判例經典選編》,北京:北京大學出版社,2014年7月。

金川主編:《罪犯權利缺損與救濟研究》,北京:清華大學出版社,2008年7月。

孫國祥:〈寬嚴相濟刑事政與刑罰制度改革〉,載孫國祥:《刑法基本問題》,北京:法律出版社,2007年8月。

秦穎慧:《刑事司法新論》,北京:經濟日報出版社,2009年12月。

馬躍:《美國刑事司法制度》,北京:中國政法大學出版社,2004年9月。

高銘暄、馬克昌主編:《刑法學》,北京:北京大學出版社、高等教育出版社,2000年10月。

崔敏主編:《刑事訴訟與證據運用・第四卷》,北京:中國人民公安大學出版社,2008年5月。

張明楷:《刑法學》,北京:法律出版社,2007年8月。

張紹謙:《刑法因果關係研究》,北京:中國檢察出版社,1998年4月。

陳光中、【德】漢斯——約格・阿爾布萊希特主編:《中德不起訴制度比較研究》,北京:中國檢察出版社,2002年1月。

陳國慶:《刑事司法指南》,北京:法律出版社,2014年12月。

陳敏編著:《公民參與司法研究——以刑事司法為視角》,西安,西北工業大學出版社,2012年9月。

陳瑞華:《比較刑事訴訟法》北京,中國人民大學出版社,2009年12月。

陳瑞華:《刑事訴訟的前沿問題》,北京:中國人民大學出版社,2011年3月。

陳瑞華:《看得見的正義》,北京:北京大學出版社,2013年7月。

陳瑞華:《程序性違法的發生學解釋》,載陳瑞華《程序性制裁理論》,北京:中國法制出版社,2005年1月。

陳衛東:《程序正義之路》(第一、二卷),北京:法律出版社,2005年6月。

陳澤憲主編:《犯罪定義與刑事法治》,北京:中國社會科學出版社,2008年8月。

陳興良:《刑法哲學》(上下冊),北京:中國政法大學出版社,2009年9月。

陳興良主編 ：《刑種通論》，北京：人民法院出版社，1993年9月。

陳興良主編：《中國刑事政策檢討——以「嚴打」刑事政策為視角》，北京：中國檢察出版社，2004年6月。

黃風：《國際刑事司法合作的規則與實踐》，北京：北京大學出版社，2008年7月。

楊兆龍：《楊兆龍法學文選》，北京：中國政法大學出版社，2000年1月。

楊春洗：《刑法理念新探索——楊春洗文集》，北京：北京大學出版社，2003年7月。

楊傑輝：《刑事審判對象研究》，北京：中國社會科學出版社，2010年4月。

賈東軍、國章成：《嚴打刑事政策：反犯罪的中國經驗》，北京：中國人民公安大學出版社，2008年3月。

齊文遠：《罪名詞典》，武漢：長江出版社，1999年9月。

劉樹德、於同志：《刑事審判前沿問題思考》，北京：北京大學出版社，2008年7月。

樊崇義：《邁向理性刑事訴訟法學》，北京：中國人公安大學出版社，2006年3月。

樊崇義主編：《刑事訴訟法學》（修訂本），北京：中國政法大學出版社，1999年12月。

樊鳳林：《刑事科學論衡》，北京：中國人民公安大學出版社，2004年10月。

蔡國芹：《刑事調解制度研究》，北京：中國人民公安大學出版社，2010年6月。

黎宏：《刑法學》，北京：法律出版社，2012年4月。

盧建平主編：《中國刑事政策研究綜述》，北京：中國檢察出版社，2009年8月。

謝進傑：《刑事審判對象理論》，北京：中國政法大學出版社，2011年9月。

謝瑞智：《刑事訴訟法概論》，台北，台灣商務印書館股份有限公司出版發行，2012年10月。

（五）民事司法方面

王貴國中文主編、施法華英文主編：《香港合約法綱要》，北京：北京大學出版社，1995年8月。

王澤鑒：《民法總則》，北京：北京大學出版社，2009年12月。

史尚寬：《債法總論》，台北，榮泰印書館，民國六十七年出版。

田平安主編：《民事訴訟法原理》，廈門：廈門大學出版社，2012年12月。

江平主編：《民法學》，北京：中國政法大學出版社，2007年9月。

佔善剛、胡輝：《民事司法的理論與實務》，北京：中國政法大學出版社，2016年9月。

吳太軒著：《技術標準化的反壟斷法規制》，北京：法律出版社，2011年6月。

吳慶寶編：《權威點評最高法院合同法指導案例》，北京：中國法制出版社，2010年6月。

李旺主編：《聯合國民商事司法準則撮要》，北京：中國政法大學出版社，2003年1月。

李曉秋：《資訊技術時代的商業方法可專利性研究》，北京：法律出版社，2012年6月。

周枏：《羅馬法原論》，北京：商務印書館，2009年11月。

易繼明：《私法精神與制度選擇——大陸法私法古典模式的歷史含義》，北京：中國政法大學出版社，2003年1月。

武欽殿：《物權意思主義——中國現行法上物權變動模式研究》，北京：人民法院出版社，2007年2月。

胡銘、趙駿、周翠：《轉型社會多元糾紛解決》，北京：智慧財產權出版社，2011年10月。

徐學鹿主編：《商法研究》（第一輯），北京：人民法院出版社，2000年1月。

馬莉莉：《民事司法解釋研究》，北京：人民法院出版社，2012年6月。

常怡主編，吳明童、田平安副主編：《民事訴訟法學》，北京：中國政法大學出版社，1999年7月。

張文彪、董開軍編：《中華人民共和國經濟合同法講話》，北京：法律出版社，1986年12月。

章武生：《民事司法現代化的探索》，北京：中國人民公安大學出版社，2005年3月。

傅郁林：《民事司法制度的功能與結構》，北京：北京大學出版社，2006年10月。

楊振山、【意】斯奇巴尼主編：《羅馬法·中國法與民法法典化》，北京：中國政法大學出版社，1995年11月。

董開軍：《債權擔保》，哈爾濱：黑龍江人民出版社，1995年1月。

董開軍主編：《中華人民共和國合同法釋義》，北京：群眾出版社，1999年4月。

董開軍主編：《中華人民共和國保險法釋義》，北京：中國計畫出版社，1995年9月。

董開軍主編：《中華人民共和國擔保法原理與條文釋義》，北京：中國計畫出版社，1995年1月。

齊樹潔主編：《民事司法改革研究》，廈門：廈門大學出版社，2000年8月。

齊樹潔主編：《美國民事司法制度》，廈門：廈門大學出版社，2011年10月。

齊樹潔主編：《英國民事司法制度》，廈門：廈門大學出版社，2011 年 9 月。

劉敏：《當代中國民事訴訟調解率變遷研究》，北京：中國政法大學出版社，2013 年 2 月。

劉敏：《當代中國的民事司法改革》，北京：中國法制出版社，2001 年 2 月。

劉銀良：《智慧財產權法》，北京：高等教育出版社，2010 年 11 月。

鮑永正：《電子商務智慧財產權法律制度研究》，北京：智慧財產權出版社，2003 年 10 月。

戴建志、陳旭主編：《智慧財產權損害賠償研究》，北京：法律出版社，1998 年 9 月。

羅敏威：《香港合約法》（增訂版），香港：中華書局（香港）有限公司，2018 年 7 月。

羅敏威：《香港侵權法》，香港：中華書局（香港）有限公司，2015 年 7 月。

譚啟平主編：《中國民法學》，北京：法律出版社，2015 年 3 月。

（六）行政司法方面

皮純協、何壽生：《比較國家賠償法》，北京：中國法制出版社，1998 年 9 月。

江必新：《中國行政訴訟制度之發展——行政訴訟司法解釋解讀》，北京：金城出版社，2001 年 8 月。

何海波：《司法審查的合法性基礎——英國話題》，北京：中國政法大學出版社，2007 年 8 月。

周佑勇主編：《行政法學》，武漢：武漢大學出版社，2009 年 7 月。

姜明安主編：《公法理論研究與公法教學》，北京：北京大學出版社，2009 年 6 月。

胡肖華主編：《權利與權力的博弈——行政訴訟法修改縱橫談》，北京：中國法制出版社，2005 年 3 月。

胡衛列：《行政訴訟目的論》，北京：中國檢察出版社，2014 年 8 月。

夏宏根主編：《行政法學》，南昌：江西高校出版社，1994 年 10 月。

馬生安：《行政行為研究——憲政下的行政行為基本理論》，濟南：山東人民出版社，2008 年 1 月。

董開軍主編：《行政處罰法答疑》，北京：中國方正出版社，1996 年 6 月 。

應松年主編：《行政行為法——中國行政法制建設的理論與實踐》，北京：人民出版社，1993 年 12 月。

龔祥瑞主編：《行政法與行政訴訟法》，北京：法律出版社，1989 年 6 月。

（七）司法史方面

《海瑞集》，陳義鐘編校，北京：中華書局，1962 年 1 月。

山東省地方史志編纂委員會編：《山東省志‧司法志》，濟南：山東人民出版社，1998 年 9 月。

王年一：《大動亂的年代》，鄭州：河南人民出版社，1988 年 1 月。

王健：《西法東漸：外國人與中國法的近代變革》，北京：中國政法大學出版社，2001 年 8 月。

王新生：《習慣性規範研究》，北京：中國政法大學出版社，2010 年 1 月。

王德志等著：《民國憲政思潮研究》，北京：中國政法大學出版社，2010 年 11 月。

本書課題組著：《中華民族凝聚力的形成與發展》，南京：江蘇人民出版社，2013 年 1 月。

安徽省地方誌編纂委員會編：《安徽省志‧司法志》，合肥，安徽人民出版社，1997 年 1 月。

江蘇省司法廳：《江蘇省司法志》，北京：方志出版社，2005 年 3 月。

何俊志：《從蘇維埃到人民代表大會制──中國共產黨關於現代代議制的構想與實踐》，上海：復旦大學出版社，2011 年 12 月。

何蘭階、魯明健主編：《當代中國的審判工作》（上、下冊），北京：當代中國出版社，1993 年 12 月。

李啟成：《晚清各級審判廳研究》，北京：北京大學出版社，2004 年 6 月。

李鼎楚：《事實與邏輯：清末司法獨立解讀》，北京：法律出版社，2010 年 12 月。

汪楫寶：《民國司法志》，北京：商務印書館，2013 年 4 月。

沈國琴：《中國傳統司法的現代轉型》，北京：中國政法大學出版社，2007 年 8 月。

延安地區審判志編委會編：《延安地區審判志》，西安，陝西人民出版社，2002 年 4 月。

南平市地方誌編纂委員會編：《南平地區志》，北京：方志出版社，2004 年 4 月。

孫國強：《全球學》，貴州，貴州出版集團公司、貴州人民出版社，2008 年 2 月。

陝西省地方誌編纂委員會編：《陝西省志‧審判志》（第五十八卷），西安，陝西人民出版社，1994 年 9 月。

馬小紅主編：《中國法律思想史研究》，北京：中國人民大學出版社，2007 年 3 月。

張晉藩：《中華法制文明的演進》，北京：中國政法大學出版社，1999 年 11 月。

張晉藩主編：《社會轉型與法律變革研究》，北京：中國政法大學出版社，2011 年 1 月。

張培田：《法的歷程—中國司法審判制度的演進》，北京：人民出版社，2007 年 6 月。

張培田：《法與司法的演進及改革考論》，北京：中國政法大學出版社，2002 年 12 月。

張慶軍、孟國祥編著：《民國司法黑幕》，南京：江蘇古籍出版社，1997 年 1 月。

章燕：《清代法官的司法觀念》，北京：法律出版社，2014 年 5 月。

許恩榮：《征途——一名戰士的奉獻》，海拉爾：內蒙古文化出版社，1998 年 8 月。

郭成偉主編：《新中國法制建設 50 年》，南京：江蘇人民出版社，1999 年 9 月。

陳金全、汪世榮主編：《中國傳統司法與司法傳統》（上下冊），西安：陝西師範大學出版社，2009 年 7 月。

湖北省地方誌編纂委員會：《湖北省志·司法志》，武漢：湖北人民出版社，1998 年 8 月。

程樹德：《九朝律考》，北京：中華書局，2003 年 1 月。

賀衛方：《超越比利牛斯山》，北京：法律出版社，2003 年 1 月。

楊健：《文化大革命中的地下文學》，北京：朝華出版社，1993 年 1 月。

楊鴻烈：《中國法律思想史》，北京：中國政法大學出版社，2004 年 4 月。

鳳凰書品編著：《民國司法十案錄》，北京：現代出版社，2016 年 1 月。

劉進田、李少偉：《法律文化導論》，北京：中國政法大學出版社，2005 年 9 月。

羅昶：《倫理司法：中國古代司法的觀念與制度》，北京：法律出版社，2009 年 3 月。

（八）法律文件、資料彙編

《2008–2010 安徽法院優秀調研成果集》，安徽省高級人民法院編印，2012 年 7 月。

《2010–2012 安徽法院優秀調研成果集》，安徽省高級人民法院編印，2014 年 6 月。

《中央人民政府法令彙編》（1951 年），北京：法律出版社，1982 年 1 月。

《中國共產黨社會主義時期文獻資料選編》，第 1–6 冊，中共中央黨校黨史教研室編印，1987 年 6 月。

《中國法制史參考資料彙編》（第 二、三輯），西南政法學院法制史教研室編印，1979 年 6 月。

《司法工作通訊》，中央人民政府司法部編印，1954–1956 年每年各期。

《安徽法院志（1667–985）》，安徽省高級人民法院編印，2011 年 3 月。

《安徽法院志（1986–2011）》（一、二冊），安徽省高級人民法院編印，2011 年 3 月。

《安徽省法院系統第二十屆學術討論會獲獎論文集》，安徽省法官培訓學院編印，
　　2008年11月。

《安徽省法院系統第十七屆學術討論會獲獎論文集——司法能力與司法體制改革研
　　究》，安徽省法官培訓學院編印，2006年3月。

《安徽省法院系統第十九屆學術討論會獲獎論文集》，安徽省法官培訓學院編印，
　　2007年12月。

《安徽省法院系統第十八屆學術討論會獲獎論文集——公正司法與構建和諧社
　　會》，安徽省法官培訓學院編印，2006年12月。

《安徽省法院系統第十五屆學術討論會獲獎論文集——民商法理論與審判實務研
　　究》，安徽省法官培訓學院編印，2004年2月。

《安徽省法院系統第十六屆學術討論會獲獎論文集——現代司法理念與審判方式改
　　革研究》，安徽省法官培訓學院編印，2004年12月。

《安徽省法院系統第十四屆學術討論會獲獎論文集——程序公正與訴訟制度改
　　革》，安徽省法官培訓學院編印，2003年2月。

《安徽省高級人民法院年鑒》，安徽省高級人民法院編印，2003–2018年每年。

《法理講義——關於法律的道理與學問》，中國社會科學院法學研究所編印，
　　2009年9月。

《宣城市中級人民法院年鑒》，宣城市中級人民法院編印，2003–2015年每年。

《宣城市中級人民法院志（1989–2002）》，鄭昌華任編委會副主任，宣城市中級人民
　　法院院志編委會編印，2006年5月。

《政府工作報告彙編》（1950年），北京：人民出版社編輯兼出版，1950年9月。

《域外司法制度專題研究》，最高人民法院外事局、國家法官學院編印，
　　2008年1月。

《第二屆全國司法會議文件》，中央人民政府司法部編印，1953年5月。

《第四屆全國司法工作會議文件》，北京：法律出版社，1958年6月。

《量刑規範化實務指南》，安徽省高級人民法院刑事審判第三庭編印，2010年4月。

中央政法公報編輯委員會編輯：《中央政法公報》，北京：政務院政治法律委員會發
　　行，1950–1956年每年各期。

中央政法幹部學校國家法教研室編：《中華人民共和國憲法學習參考資料》，北京：法
　　律出版社，1957年3月。

中央檔案館編：《中共中央文件選集》（第1–18冊），北京：中共中央黨校出版社，
　　1990年4月。

中共中央文獻研究室編:《建國以來重要文獻選編》(1949–1965)(1–20冊),北京:中央文獻出版社,2011年6月。

中共中央政法委員會:《社會主義法治理念讀本》,北京:中國長安出版社,2009年9月。

中共中央黨史研究室:《中國共產黨歷史》(第1卷上、下冊)、(第2卷上、下冊),北京:中共黨史出版社,2011年1月。

中共保定市委黨史研究室編:《中共保定黨史大事記》(1949.10–1978.12),北京:中央文獻出版社,1999年1月。

中共黑龍江省委黨史研究室編:《中共黑龍江黨史大事記》(1949.10–1989.12),哈爾濱:黑龍江人民出版社,1991年1月。

中國法學會主管主辦、中國法律年鑑編輯部編輯:《中國法律年鑑》(1987–2018年)每年,北京:中國法律年鑑出版社。

北京大學法學院司法研究中心編:《美國聯邦最高法院200年經典判例選讀:憲法的精神》,北京:中國方正出版社,2003年10月。

北京市律師協會編:《北京市律師行規彙編》,北京:中國政法大學出版社,2005年3月。

北京市海淀區律師協會編:《京律拍案》,北京:中國政法大學出版社,2016年5月。

北京智慧財產權法編:《智慧財產權法院論叢第一輯》,北京:法律出版社,2015年10月。

全國人大常委會法制工作委員會行政法室編:《行政訴訟法立法背景與觀點全集》,北京:法律出版社,2015年1月。

全國人大常委會法制工作委員會審定、肖揚總主編:《中華人民共和國法庫》(1–22冊),北京:人民法院出版社,2002年1月。

安徽大學法學院編:《安徽大學知名法學教授論文選》,合肥,安徽大學出版社,1999年9月。

安徽省高級人民法院編:《安徽法院大數據分析應用文集》,北京:法律出版社,2016年7月。

安徽省高級人民法院編:《安徽法院精品裁判文書彙編》,北京:法律出版社,2016年7月。

李偉民、宋樹濤主編:《中華人民共和國法律全書》(1–12卷),杭州,浙江電子音像出版社,2000年1月。

委內瑞拉玻利瓦爾省共和國:《委內瑞拉玻利瓦爾省共和國憲法》,北京:中國檢察出版社,2015年9月。

法律出版社法規中心編：《中華人民共和國合同法律法規全書》（含示範文本），北京：法律出版社，2017年2月。

馬齊彬、陳文斌等編寫：《中國共產黨執政四十周年1949–1989》，北京：中共黨史資料出版社，1989年5月。

國家統計局人口統計司、公安部三局編：《中華人民共和國人口統計資料》（1949–1985年），北京：中國財政經濟出版社，1988年1月。

國家統計局編：《中國統計年鑒》，北京：中國統計出版社1990–2012年每年。

國家智慧財產權局辦公室政研處 、 智慧財產權出版社編：《優秀專利調查研究報告集（IX）》，2017年6月。

國務院法制辦公室編：《法律法規全書》（第十四版），北京：中國法制出版社，2016年4月。

郭德宏等主編：《黨和國家重大決策的歷程》（第1–6卷），北京：紅旗出版社，1997年1月。

陳聰富主編：《月旦小六法》，台北，元照出版有限公司，2013年9月。

陶百川等編纂：《最新綜合六法要旨增編、判解指引、法令援引、事項引得全書》，台北，三民書局股份有限公司，2012年9月。

最高人民法院、司法部辦公廳編：《人民司法工作在躍進──人民司法工作必須為中心工作服務》，北京：法律出版社，1958年9月。

最高人民法院：《人民司法》每年各期，北京：人民司法雜誌社，1957–1960年 、1963–1966年 、1978–2014年 。

最高人民法院：《人民法院工作年度報告》（2009–2014），北京：法律出版社，2015年11月。

最高人民法院：《中國法院的司法改革》（白皮書），北京：人民法院出版社，2016年2月。

最高人民法院公報編輯部編：《中華人民共和國最高人民法院公報》，北京：人民法院出版社，2000–2014年每年各期。

最高人民法院公報編輯部編：《中華人民共和國最高人民法院公報全集》（1985–1994），北京：人民法院出版社，1995年11月。

最高人民法院公報編輯部編：《中華人民共和國最高人民法院公報全集》（1995–1999），北京：人民法院出版社，2000年5月。

最高人民法院司法改革領導小組辦公室編著：《〈最高人民法院關於完善人民法院司法責任制的若干意見〉讀本》，北京：人民法院出版社，2015年11月。

最高人民法院司法改革領導小組辦公室編寫：《〈最高人民法院關於全面深化人民法院改革的意見〉讀本》，北京：人民法院出版社，2015年4月。

最高人民法院政治部、北京市高級人民法院等編：《時代先鋒宋魚水》，北京：人民法院出版社，2005年3月。

最高人民法院政治部、江蘇省高級人民法院編：《人民信服的好法官陳燕萍》，北京：人民法院出版社，2010年4月。

最高人民法院政治部編：《最美基層法官》，北京：人民法院出版社，2014年6月。

最高人民法院研究室編：《司法手冊》（第1–24輯），北京：人民法院出版社，1980–2012年每年。

最高人民法院研究室編：《全國人民法院司法統計歷史資料彙編》（1949–1998民事部分），北京：人民法院出版社，2000年9月。

最高人民法院研究室編：《全國人民法院司法統計歷史資料彙編》（1949–1998刑事部分），北京：人民法院出版社，2000年9月。

最高人民法院涉港澳台工作指導小組編：《公正司法的制度保障——第三屆海峽兩岸暨香港澳門司法高層論壇文集》，北京：人民法院出版社，2016年9月。

最高人民法院港澳台司法事務辦公室編：《建構人民信賴之司法——第二屆海峽兩岸暨香港澳門司法高層論壇文集》，北京：人民法院出版社，2015年6月。

最高人民法院港澳台司法事務辦公室編：《現代司法制度下調解之應用——首屆海峽兩岸暨香港澳門司法高層論壇文集》，北京：人民法院出版社，2012年3月。

最高人民法院編寫組：《人民法院審判理念讀本》，北京：人民法院出版社，2011年4月。

湖南省政法委員會司法改革辦公室編：《司法改革講話》，長沙：湖南通俗讀物出版社，1952年1月。

湖南省高級人民法院研究室編：《轉型時期司法規律實證研究——湖南省法院系統學術討論會論文集》，北京：國防科技大學出版社，2011年11月。

鄭昌華撰：《宣城地區中級人民法院志（1949–1988）》，宣城地區中級人民法院院志編委會編印，2003年6月。

羅正楷主編：《中國共產黨大典》，北京：紅旗出版社，1996年6月。

四、中文譯著

【日】小島武司、伊藤真編：《訴訟外糾紛解決法》，丁婕譯，向宇校，北京：中國政法大學出版社，2005年9月。

【日】小島武司：《司法制度的歷史與未來》，汪祖興譯，北京：法律出版社，2000年5月。

【日】小野梓:《國憲泛論》,陳鵬譯,丁相勘校,北京:中國政法大學出版社,2009年4月。

【日】松波仁一郎:《日本商法論》,鄭釗譯,北京:中國政法大學出版社,2005年1月。

【日】長穀部恭男:《法律是什麼?》,郭怡青譯,台北,台灣商周出版社,2012年11月。

【日】門田隆將:《與絕望抗爭:尋求正義的3300個日夜》,許金玉譯,北京:北京大學出版社,2014年8月。

【日】染野義信:《轉換時期的民事裁判制度》,林劍鋒譯,北京:中國政法大學出版社,2004年12月。

【日】美濃部達吉:《行政裁判法》,鄧定人譯,北京:中國政法大學出版社,2005年10月。

【日】穗積陳重:《復仇與法律》,曾玉婷、魏磊傑譯,北京:中國法制出版社,2013年5月。

【古希臘】亞里斯多德:《政治學》,郭仲德譯,西安,西北大學出版社,2016年1月。

【古希臘】柏拉圖:《法律篇》,張智仁、何勤華譯,上海:上海人民出版社,2001年7月。

【古希臘】柏拉圖:《理想國》,張竹明譯,南京:譯林出版社,2012年7月。

【古羅馬】西塞羅:《論法律》,王煥生譯,上海:上海人民出版社,2006年1月。

【古羅馬】查士丁尼:《法學總論—法學階梯》,張企泰譯,北京:商務印書館,1989年12月。

【古羅馬】斐洛:《論律法》,石敏敏譯,北京:中國社會科學出版社,2007年8月。

【印】阿馬蒂亞•森(Amartya Sen):《正義的理念》,王磊、李航譯,劉民權校譯,北京:中國人民大學出版社,2012年4月。

【法】皮埃爾•特魯仕主編:《法國司法制度》,丁偉譯,北京:北京大學出版社,2013年1月。

【法】托克維爾:《論美國的民主》,吉家樂譯,北京:中國華僑出版社,2014年3月。

【法】孟德斯鳩:《波斯人信札》,羅大岡譯,北京:商務印書館,1958年1月。

【法】孟德斯鳩:《論法的精神》,張雁深譯,北京:商務印書館,1961年1月。

【法】洛伊克•卡迪耶:《法國民事司法法》,楊藝寧譯、陸建平審校,北京:中國政法大學出版社,2010年1月。

【法】德尼•朗克羅瓦:《法國司法黑案》,龔毓秀、徐真華譯,成都,四川人民出版社,1988年3月。

【法】盧梭:《社會契約論》,李平漚譯,北京:商務印書館,2011年4月。

【法】羅伯特•雅各:《上天•審判——中國與歐洲司法觀念歷史的初步比較》,李濱譯,北京:上海交通大學出版社,2013年4月。

【法】讓—呂克•南茜:《不可能的正義:關於正義與非正義》,簡燕寬譯,北京:新星出版社,2013年7月。

【俄】《俄羅斯聯邦民法典》,黃道秀等譯,北京:中國大百科全書出版社,1999年2月。

【美】E•博登海默:《法理學法哲學與法律方法》(修訂版),鄧正來譯,北京:中國政法大學出版社,2004年1月。

【美】H•W•佩里:《擇案而審——美國最高法院案件受理議程表的形成》,傅郁林、韓玉婷、高娜譯,北京:中國政法大學出版社,2010年1月。

【美】大衛•凱瑞斯(David Kairys)編輯:《法律中的政治:一個進步性批評》,信春鷹譯,北京:中國政法大學出版社,2008年1月.

【美】巴里•C•菲爾德:《少年司法制度》(第二版),高維儉、蔡偉文、任延峰譯,北京:中國人民公安大學出版社,2011年8月。

【美】弗蘭克:《初審法院:美國司法中的神話與現實》,趙承壽譯,北京:中國政法大學出版社,2009年10月。

【美】本傑明•卡多佐:《司法過程的性質》,蘇力譯,北京:商務印書館,1997年3月。

【美】本傑明•卡多佐:《法律科學的悖論》,勞東燕譯,北京:北京大學出版社,2016年9月。

【美】安吉娜•J•大衛斯:《專橫的正義:美國檢察官的權力》,李昌林、陳川陵譯;北京,中國法制出版社,2012年10月。

【美】西維亞•斯諾維斯:《司法審查與憲法》,諶洪果譯,北京:北京大學出版社,2005年9月。

【美】亨利•J•亞伯拉罕(Henry J. Abraham):《司法的過程》(第7版),泮偉江等譯,北京:北京大學出版社,2009年8月。

【美】伯納德•施瓦茨:《行政法》,徐炳譯,北京:群眾出版社,1986年10月。

【美】克里斯多夫•M•布魯納:《普通法世界的公司治理:股東權力的政治基礎》,林少偉譯,北京:法律出版社,2016年6月。

【美】克里斯多夫•沃爾夫:《司法能動主義——自由的保障還是安全的威脅?》,黃金榮譯,北京:中國政法大學,2004年9月。

【美】拉姆（Lamb, B.）、【美】斯溫（Swain, S.）【美】法卡斯（Farkas, M.）編：《誰來守護公正：美國最高法院大法官訪談錄》，何帆譯，北京：北京大學出版社，2013年1月。

【美】拉斯韋爾、【美】麥克道格爾：《自由社會之法學理論：法律、科學和政策的研究》，王貴國總審校，王超等譯，北京：法律出版社，2013年8月。

【美】昂格爾：《法律分析應當為何？》，李誠予譯，北京：中國政法大學出版社，2007年4月。

【美】保羅•羅賓遜：《正義的直覺》，謝傑、金翼翔、祖瓊譯，上海：上海人民出版社，2018年7月。

【美】柯恩（Jerome A. Cohen）、唐哲（Jeremy L. Daum）、高進仁（Seth. T. Gurgel）：《當代美國死刑法律之困境與探索：問題與案例》，【美】蔡婷霞（Sharon N. Chaitin-Pollak）流程編輯，劉超、劉曠怡譯，北京：北京大學出版社，2013年2月。

【美】約翰•埃格里斯托：《最高法院與立憲民主》，錢錦宇譯，北京：中國政法大學出版社2012年3月。

【美】約翰•羅爾斯：《萬民法——公共理性觀念新論》，張曉輝、李仁良、邵紅麗、李鑫等譯，長春：吉林人民出版社，2011年01月。

【美】美國量刑委員會編：《美國量刑指南——美國法官的刑事審判手冊》，逄錦溫等譯，北京：法律出版社，2006年7月。

【美】馬丁•夏皮羅：《法院：比較法上和政治學上的分析》，張生、李彤譯，北京：中國政法大學出版社，2005年11月。

【美】理查•波斯納：《法官如何思考》，蘇力譯，北京：北京大學出版社，2009年1月。

【美】理查•波斯納：《法理學問題》，蘇力譯，北京：中國政法大學出版社，2002年1月。

【美】理查•波斯納：《波斯納法官司法反思錄》，蘇力譯，北京：北京大學出版社，2014年7月。

【美】理查•波斯納：《法律、實用主義與民主》，凌斌、李國慶譯，北京：中國政法大學出版社，2005年10月。

【美】傑佛瑞•圖賓：《九人，美國最高法院風雲》，何帆譯，上海：上海三聯書店，2010年4月。

【美】傑羅姆•柯恩（Jerome A. Cohen）、趙秉志主編：《死刑司法控制論及其替代措施》，北京：法律出版社，2008年12月。

【美】喬納森•海特：《正義之心：為什麼人們總是堅持「我對你錯」》，舒明月、胡曉旭譯，杭州，浙江人民出版社，2014年5月。

【美】惠特曼：《合理懷疑的起源：刑事審判的神學根基》，侶化強、李偉譯，北京：中國政法大學出版社，2012年6月。

【美】提摩太•凱勒：《慷慨的正義——上帝的恩典如何讓我們行義》，李晉、馬麗譯，上海：上海三聯出版社，2015年5月。

【美】斯蒂芬諾斯•畢貝斯：《刑事司法機器》，薑敏譯，北京：北京大學出版社，2015年8月。

【美】斯蒂芬諾斯•畢貝斯：《刑事司法機器》，薑敏譯，北京：北京大學出版社，2015年8月。

【美】愛德華•懷特：《奧利弗•溫德爾•霍姆斯：法律與本我》（*Law and the Inner Self, Justice Oliver Wendell Holmes*），孟純才、陳琳譯，北京：法律出版社，2009年5月。

【美】達瑪什卡：《司法和國家權力的多種面孔》，鄭戈譯，北京：中國政法大學出版社，2004年6月。

【美】漢密爾頓、傑伊、麥迪森著：《聯邦黨人文集》，程逢如、在漢、舒遜譯，北京：商務印書館，2015年12月。

【美】德沃金：《法律帝國》，李瓊英、林欣譯，北京：中國大百科全書出版社，1996年1月。

【美】撒母耳•弗萊施哈克爾：《分配正義簡史》，吳萬偉譯，南京：譯林出版社，2010年11月。

【美】霍姆斯：《法律的生命在於經驗——霍姆斯法學文集》，明輝譯，北京：清華大學出版社，2007年2月。

【美】黛博拉•L•羅德：《為了司法/正義：法律職業改革》，張群、溫珍奎、丁見民譯，北京：中國政法大學出版社，2009年3月。

【美】羅奈爾得•德沃金：《身披法袍的正義》，周林剛、翟志勇譯，北京：北京大學出版社，2010年10月。

【美】羅爾斯（Rawls. J.）：《正義論》（*A Theory of Justice*），何懷宏等譯，北京：中國社會科學出版社，1988年3月。

【美】羅爾斯（Rawls. J.）：《作為公平的正義》（*Justice as Fairness*），姚大志譯，北京：中國社會科學出版社，2011年2月。

【美】贊恩：《法律的故事》，劉昕譯，南京：江蘇人民出版社，2010年5月。

【美】龐德：《通過法律的社會控制法律的任務》，沈宗靈譯，北京：商務印書館，1984年4月。

【英】大衛•米勒：《民族責任與全球正義》，楊通進、李廣博譯，重慶，重慶出版社，2014年1月。

【英】丹寧勳爵（Denning, A.T.）：《法律的未來》，劉庸安、張文鎮譯，北京：法律出版社，1999年11月。

【英】丹寧勳爵（Denning, A.T.）：《法律的正當程序》，李克強、楊百揆、劉庸安譯，北京：法律出版社，2011年7月。

【英】丹寧勳爵（Denning, A.T.）《法律的界碑》，劉庸安，張弘譯，北京：法律出版社第2版，2011年9月。

【英】丹寧勳爵（Denning, A.T.）：《法律的訓誡》，楊百揆、劉庸安、丁健譯，北京：法律出版社，2011年7月。

【英】丹寧勳爵（Denning, A.T.）：《最後的篇章》，劉庸安、李燕譯，北京：法律出版社，2011.7。

【英】布勒德：《英國憲政史》，陳世第譯，北京：中國政法大學出版社，2003年7月。

【英】布萊恩・巴厘（Brian Barry）著：《作為公道的正義》，曹海軍、允春喜譯，南京：江蘇人民出版社，2008年9月。

【英】布萊恩・巴厘：《社會正義論》，曹海軍譯，南京：江蘇人民出版社，2007年4月。

【英】休・柯林斯：《馬克思主義與法律》，邱昭繼譯，北京：法律出版社，2011年11月。

【英】阿德里安・A・S・朱克曼主編：《危機中的民事司法》，傅郁林等譯，北京：中國政法大學出版社，2005年8月。

【英】哈特：《法律的概念》，張文顯等譯，北京：中國大百科全書出版社，1996年1月。

【英】哈特：《哈特論邊沁：法理學與政治理論研究》，諶洪果譯，北京：法律出版社，2015年6月。

【英】威廉・葛德文：《政治正義論》，何慕李譯，北京：商務印書館，1980年4月。

【英】梅因：《古代法》，沈景一譯，北京：商務印書館，1959年1月。

【英】湯姆・賓漢（Tom Bingham）：《法治——英國大法官如是説》，陳雅晴譯，香港：商務印書館（香港）有限公司出版，2013年2月。

【英】溫斯坦萊：《溫斯坦萊文集》，任國棟譯，北京：商務印書館，1982年6月。

【英】賈桂琳・霍奇森：《法國刑事司法——偵查與起訴的比較研究》，張小玲、汪海燕譯，北京：中國政法大學出版社，2012年11月。

【英】雷蒙德・瓦克斯著：《牛津通識讀本・法哲學：價值與事實》，譚宇生譯，南京：譯林出版社，2013年5月。

【英】薩達卡特・卡德里：《審判為什麼不公正》，楊雄譯，北京：新星出版社，2014年5月。

【英】羅伯特・霍克特：《經典60：法律》，王凡、祖利軍譯，香港：商務印書館（香港）有限公司，2012年7月。

【英】邊沁：《道德與立法原理導論》，時殷弘譯，北京：商務印書館，2000年12月。

【意】貝卡利亞：《論犯罪與刑罰》，黃風譯，北京：中國大百科全書出版社，1993年1月。

【意】阿奎那：《論法律》，楊天江譯，北京：商務印書館，2016年8月。

【瑞士】湯瑪斯・弗萊納：《司法機關的獨立性》，高中譯，北京：中國方正出版社，2009年1月。

【德】拉倫茨：《法學方法論》，陳愛娥譯，北京：商務印書館，2003年9月。

【德】拉德布魯赫：《法律智慧警句集》，舒國瀅譯，北京：中國法制出版社，2001年10月。

【德】拉德布魯赫：《法學導論》，米健譯，北京：法律出版社，2012年7月。

【德】阿恩特・海德・齊勒爾：《德國的法制》，德意志聯邦共和國大使館編印，2000年1月。

【德】英戈・穆勒：《恐怖的法官——納粹時期的司法》，王勇譯，中國政法大學出版社，2000年9月。

【德】馬克斯・韋伯：《論經濟與社會中的法律》，張乃根譯，北京：中國大百科全書出版社，【德】尼可拉斯・魯曼：《社會中的法》，台灣國立編譯館主譯、李君韜譯，台北，國立編譯館與五南圖書合作翻譯發行，2009年12月。

【德】康得：《法的形而上學原理——權利的科學》，沈叔平譯，北京：商務印書館，1991年9月。

【德】湯瑪斯・達恩史戴特：《失靈的司法：德國冤錯案啟示錄》，鄭惠芬譯，北京：法律出版社，2017年10月。

【德】黑格爾：《法哲學原理》，范揚、張企泰譯，北京：商務印書館，1961年6月。

【德】奧特弗利德・赫德：《政治的正義性：法和國家的批判哲學之基礎》，龐學銓、李張林譯，上海：上海譯文出版社，2006年5月。

【德】魏德士：《法理學》，吳越、丁曉春譯，北京：法律出版社，2005年6月。

【蘇聯】卡爾賓斯基：《蘇聯憲法通論》，沈穎等譯，北京：人民出版社，1953年11月。

邁克爾・L・弗雷澤著：《同情的啟蒙——18世紀與當代的正義和道德情感》，胡靖譯，南京：譯林出版社，2016年9月。

五、英文著作

Bacon, Francis. *The Essays*. Easton Press, 1980.

Barnett, Hilaire, BA, LLM, Queen Mary, University of London. *Constitutional & Administrative Law* (4th edition). Cavendish Publishing Limited London Sydney.

Bilancia, Philip R. *Dictionary of Chinese Law and Government*. Stanford University Press, 1981.

Bingham, Tom. *The Rule of Law*.

Cardozo, Benjamin N. *The Nature of The Judicial Process*. Yale University Press, 1991.

Center for Civic Education. Reading for the citizen of the World, *Foundations of Democracy: Authority, Privacy, Responsibility and Justice*. Center for Civic Education, Calabasas, CA, USA, 2009.

Chirelstein, Marvin A. Professor of Law,Columbia University. Westbury. *Federal Income Taxation A Law Student's Guide to the Leading Cases and Concepts* (Sixth Edition). New York The Foundation Press, Inc., 1991.

Doernberg, Richard L. *International Taxation In a Nutshell*. West Publishing, 1989.

Fraser, Nancy. *Justice Interruptus: Critical Reflections on the postsocialist Condition*. Routledge, 1996.

Gellhorn, E., Kovacic, William E.. *Antitrust Law and Economics in Nutshell* (Fourth Edition). West Publishing, 1994.

Hart, H. L. A. *The Concept of Law* (Clarendon Law Series)(3rd Edition). Oxford University Press, October 2012.

Hart, H. L. A. *Punishment and Responsibility: Essays in the Philosophy of Law*. Oxford University Press, 2008.

Hayek, F. A. *Law, Legislation and Liberty, Volume 1: Rules and Order*. University of Chicago Press, 1978.

Hayek, F. A. *Law, Legislation and Liberty, Volume 2: The Mirage of Social Justice*. University Of Chicago Press, 1978.

Hayek, F. A. *Law, Legislation and Liberty, Volume 3: The Political Order of a Free People*. University of Chicago Press, 1978.

Holmes, Oliver Wendell Jr. *The Path of the Law*. Martino Fine Books, 2012.

Jowell, J. L., Le Sueur, A., De Smith, S. A. and Lord Woolf. *De Smith, Woolf, and Jowell's Principles of Judicial Review* (International Student Edition). Sweet & Maxwell, 1999.

Kellogg, Frederic R. *Oliver Wendell Holmes Jr. and Legal Logic.* University of Chicago Press, 2018.

Leong, Andrew Phang Boon. *Law of Contract* (First Singapore and Malaysian Students' Editon). 1998.

McEldowney, John F., LL.B., Bh.D. Reader in Law at the University of Warwick. *Public Law* (2nd Edition). London. Sweet & Maxwell, 1998.

Miller, Mark C. *Exploring Judicial Politics.* Oxford University Press, 2008.

Plucknett, Theodore F. T. *Concise History of the Common Law.*

Posner, Richard A. *How Judges Think.* Harvard University Press, 2010.

Postema, Gerald J. *Bentham and the Common Law Tradition* (2 ratings by Goodreads).

Pound, Roscoe. *Interpretations of Legal History* . Cambridge University Press, 1923.

Pound, Roscoe. *An Introduction to the Philosophy of Law.* Yale University Press, 1954.

Pound, Roscoe. *Jurisprudence* (I , II, III, IV, V). West Publishing, 1959.

Principles of Administrative Law (2nd Edition). Oxford University Press Australia, 2013.

Shears, Peter. *James' Introduction to English Law* (13th Edition). 1996

White, G. Edward. *The American Judicial Tradition.* Oxford University Press, 1976.

White, G. Edward. *Oliver Wendell Holmes* (Lives and Legacies Series). Oxford University Press, 2006.

Willams, Peter Alderidge. *Judicial Misconduct.* Q.C. Pelanduk Publications.